CONTRE-COURANTS

L'ANNÉE DE LA FEMME

Claire Bretécher

CONTRE-COURANTS
Les femmes s'écrivent à travers les siècles

MARY ANN CAWS
Graduate Center
City University of New York

NANCY K. MILLER
Lehman College and the Graduate Center,
City University of New York

ELIZABETH A. HOULDING
University of Nevada, Reno

CHERYL A. MORGAN
Hamilton College, Clinton, New York

PRENTICE HALL, ENGLEWOOD CLIFFS, NEW JERSEY 07632

Library of Congress Cataloging-in-Publication Data

Contre-courants : les femmes s'écrivent à travers les siècles / [edited
  by] Mary Ann Caws . . . [et al.].
        p.   cm.
    Includes bibliographical references.
    ISBN 0-13-042920-1
      1. French literature—Women authors.   2. French literature—Women
  authors—Problems, exercises, etc.   3. Women—French-speaking
  countries—Literary collections.   4. French literature—Women
  authors—Bio-bibliography.   5. Women—France—Literary collections.
  6. French language—Readers.   I. Caws, Mary Ann.
  PQ1107.C66   1995   94-12379
  840.8'09287—dc20   CIP

Editor-in-Chief: Steve Debow
Director of Development: Marian Wassner
Associate Editor: Maria F. Garcia
Production Manager: Debra Brennan
Project Manager: Marina Harrison
Production Coordinator: Tricia Kenny
Cover Design: Christine Wolf
Cover Art: Sonia Delaunay, "Danseuse pour le Carnaval de Rio",
  © 1994 Artists Rights Society (ARS), New York/ADAGP, Paris

© 1995 by Prentice-Hall, Inc.
A Paramount Communications Company
Englewood Cliffs, New Jersey 07632

Printed in the United States of America
10 9 8 7 6 5 4 3 2 1

ISBN 0-13-042920-1

PRENTICE-HALL INTERNATIONAL (UK) LIMITED, *London*
PRENTICE-HALL OF AUSTRALIA PTY. LIMITED, *Sydney*
PRENTICE-HALL CANADA INC., *Toronto*
PRENTICE-HALL HISPANOAMERICANA, S.A., *Mexico*
PRENTICE-HALL OF INDIA PRIVATE LIMITED, *New Delhi*
PRENTICE-HALL OF JAPAN, INC., *Tokyo*
SIMON & SCHUSTER ASIA PTE. LTD., *Singapore*
EDITORA PRENTICE-HALL DO BRASIL, LTDA., *Rio de Janeiro*

Contents

III

IV

V

VI

VII

PAROLES ET POLITIQUES   225

VIII

CORRESPONDANCES ET INTERVIEWS   256

IX

PASSAGES   284

Editors' Note

The selections here range from the Middle Ages to the present, from Marie de France to Mariama Bâ, Simone Schwarz-Bart, Anne Hébert, and Nicole Brossard; they include a wide variety of genres: stories, poems, manifestos, autobiographical writing, letters, political and historical documents, and interviews. The thematic organization, with internal chronological arrangement for each theme, is intended to provide an overall narrative structure more compelling than a simple chronological line. Themes such as the ones we have chosen point toward debate and permit discussion on several levels. Although the chronological arrangement within each section provides some coherence, each instructor can rearrange the readings as seems wisest.

We have wanted above all to present some pragmatic realities of women's lives as women see and write them; these realities are often different from what the writers—or we—would have imagined or hoped. The ways in which these realities and imaginings differ from their Anglophone counterparts lend themselves to the readers' own imaginative investigation.

This reader is intended for at least a double purpose: to stand alone in courses concerned with women writing in French, or to develop a vocabulary and to furnish discussion topics in intermediate and advanced classes where additional texts are used. Furthermore, the introductory essays, bio-bibliographical entries, and the literary selections, many of which appear anthologized here for the first time, make this text an invaluable reference tool for both students and instructors.

ORGANIZATIONAL FEATURES

We have provided a flexible pedagogical apparatus to aid in the presentation and understanding of the texts themselves:

1. Editors' Introduction to *Contre-courants*.
2. An introductory essay outlining the primary focus of each thematic section.
3. Bio-bibliographical entries for each individual author.
4. Brief remarks preceding each text, which contextualize the selection.
5. Annotated selection.
6. Topical questions to develop close reading skills.
7. Closing each thematic section, suggested topics for broader discussion and/or composition.

We have selected the following forty-six authors and seventy-one texts in order to produce an anthology that is both pedagogically sound and illustrative of the breadth of French and Francophone women's writing. With the exception of Mariama Bâ's *Une si longue lettre,* Françoise Ega's *Lettres à une noire,* and Simone Schwarz-Bart's *Pluie et Vent sur Télumée Miracle,* we have not excerpted novels or plays. Other genres, such as essays, manifestos, journalistic and autobiographical writings, have been cut as seemed necessary for reasons of length and marked accordingly.

MAC, NKM, EAH, CAM
New York, August 1993

CONTRE-COURANT [kɔ̃tRəkuRɑ̃]. *n. m.* (1789; de *contre-*, et *courant*). ◆ 1° Courant secondaire qui se produit en sens inverse d'un autre courant. ◆ 2° Mar. *Naviguer à contre-courant :* en remontant le courant. « *Ceux qui luttent contre leur époque et nagent à contre-courant* » (MAUROIS).

Petit Robert
Dictionnaire de la langue française

Introduction

In the last chapter of *This Sex Which Isn't One,* Luce Irigaray calls on women to rethink the relation between language and life: "If we keep on speaking the same language together, we're going to reproduce the same history. Begin the same old stories all over again." From Marie de France to Nicole Brossard, women writing in French have taken up the pen to tell their own—another—story. *Contre-courants* assembles works by forty-six women writers from the Middle Ages to the end of the twentieth century. But what stories and which writers? What does a woman write?

We begin with the relation of women to literature. Marie de France, the twelfth-century writer of whom we know so little, brilliantly inaugurates a long tradition of female authorship in French. In the Prologue to her *Lais* she implicitly urges women to bring their individual visions into language: "Anyone who has received from God the gift of knowledge and true eloquence has a duty not to remain silent: rather should one be happy to reveal such talents." In this first section, we have chosen historically representative examples of what twentieth-century feminists have called "coming to writing," the process by which women writers historically have confronted and subverted the social codes about gender and identity that encouraged their silence. What does it mean to be a woman and to write? What are women's rights? The narrative of female authorship has been a rich chronicle of struggle and pleasure. It has also been a story of dissent: writing "à contre-courant."

In the eight sections that follow, we have emphasized the central issues that have dominated the work of two decades of feminist and cultural criticism in the United States and in Europe: the ways in which women's access to culture is mediated by gender, class, and symbolic structures. The emphasis is both textual and sexual; we focus on the complicated relations between sexual identity and literary practices, between gender and genre, between politics and poetics. Under this umbrella of social, cultural, and political critique we have identified specific concerns that recur explicitly and implicitly throughout the volume. Each section is arranged chronologically, which makes the continuity of women's dissidence dramatically clear.

From a variety of viewpoints, the writers we have chosen contest the imposition of conventional female plots. These writers resist the reduction of a woman's life to a sexual fate seen through the happily-ever-after of fairy tales. Although many of our selections deal with love, the stories they tell establish a critical perspective: they propose a revision of the social relations between the sexes. All of the customary heterosexual expectations for a female life—love, marriage, motherhood—are subject to a skeptical gaze. If feminist writing demonstrates this kind of self-consciousness about woman's identity, then the works included here should be considered as feminist. In each section we can hear a challenge to the inherited cultural fictions about femininity as well as an analysis of the processes of social construction through which woman is not, in Simone de Beauvoir's famous words, "born a woman," but becomes one. Although each section is conceived as a whole, if read in order, the sections tell a story of their own; they offer an alternative plot, or at least a running commentary on the familiar ones. Our story begins with the "birth" of the woman writer, with the emergence of women writers across the centuries; we end with themes of aging and death.

La Venue à l'écriture

In our first section, we focus on the stakes of women's authorship. For each writer, the process of coming to writing is both an individual and a social act. All lay claim to a passion for writing and for the mastery of its many forms: the lay, the ballad, the sonnet, lyric, the letter, autobiography, polemic, the novel. *Contre-courants* is as much a story of the forms of writing as it is of the women writing.

En Famille

From this constructed perspective of the woman writer, we review the conventional locations of female plot, beginning with the family. Whatever the feelings of love and intimacy, family life often proves to be an arena of conflict and separation. The dominant emphasis here, not surprisingly, falls on the mother-daughter relation, seen from both the mother's and the daughter's perspective. In these scenes of family life, mothers and daughters struggle with expectations of bonding that are not always fulfilled. From the aristocratic setting of the marquise de Sévigné's passionate correspondence with her daughter, to the "café-épicerie" world of Annie Ernaux's parents in postwar France, or Mariama Bâ's educated middle-class family in Senegal, it becomes clear that the mother-daughter connection is complicated and is also, as Adrienne Rich has shown, the "great unwritten story."

Corporalités

This section, a prologue to the one on love stories that follows, offers a glimpse of the vast repertory of writing by women about their physical natures and relationships. In her manifesto, « Le Rire de la Méduse, » French feminist Hélène Cixous calls on women to "write their body." Although bodies seem to be clearly visible, clothing the body in words proves to be a difficult project: its unprosaic nature results in a frequent reliance on poetic form. We are left with a body covered in language, clothed in text. We are not sure what we are seeing, and what we are seeing through.

Histoires d'amour

In her portrait of the woman in love, Simone de Beauvoir, after describing women's capacity for self-abnegation and idealization of the object of their passion, remarks succinctly: "No man really is God." It is this fatal discrepancy that causes the suffering described in much of women's writing. What is important to see, however, is the self-consciousness that shapes the perspective here, suggesting that love in its many forms is as literary as it is real, and that love's real reward is the texts it brings into being. The tension between the idealized other and the desiring self produces a literature of tremendous range and intensity. Taken togther, these selections display a lover's discourse of both exaltation and despair.

Le Mariage

As students of French literature will already know, love and marriage do not necessarily go together. In fact, from the medieval *lais* of Marie de France to contemporary interviews with Moroccan women, we find an almost universal continuity of caustic disappointment with marriage as an institutional arrangement. The conventions of the marriage plot deprive women of independent forms of social and intellectual expression. The roles of husbands and wives are constructions that limit rather than develop intimate exchange. The stories ask the reader to invent other ways of being in the world.

Féminismes

With section six we interrupt the fictions of the marriage plot to focus on writing that takes aim at women's social conditions in a broader political and cultural context. As early as Christine de Pisan's *Livre de la Cité des Dames*, women writers assumed the role of cultural critics to question masculine authority and prerogatives. The texts we have chosen represent only a fraction of a long and complex tradition of specifically feminist analysis. Addressing issues of personal auton-omy, female creativity, social constraints, and clichés of sexual identity, these writers make an articulate case for a revision of gender stereotypes. They voice the crucial importance of understanding the vital connection between individual aspirations and cultural frameworks.

Paroles et Politiques

Section seven continues the focus on social critique, but here cultural criticism gives way to political analysis tied to significant events in French history: 1789, 1830, 1848, the Commune, the social upheaval of the 1930s. The authors take on the issue of women's rights in a changing world. As the *Pétition des femmes du Tiers-Etat au Roi* shows, revolution does not necessarily entail improvement in women's conditions. In "Féminismes" and "Paroles et Politiques" we see the emergence of a new kind of writing: journalism. As we move into the modern period, women engage in new scenes of struggle and writing. They evince a pas-sion for vocation in both their actions and their prose.

Correspondances et Interviews

In this section women writers engage with their masculine counterparts: together they discuss literature, society, and the relations between the sexes. In a word, they take up the themes that many of the women writers have addressed in ear-lier chapters. In the late eighteenth century, the prolific novelist Marie-Jeanne Ric-coboni challenges Laclos's representation of women, notably of the villainous marquise de Merteuil. Toward the end of her career, George Sand offers support to her younger colleague, Gustave Flaubert. In an issue of the journal *L'Arc* (1975), Simone de Beauvoir interviews her lifelong intellectual companion Jean-Paul Sartre on his ideas about women and feminism.

Passages

In the final section, selected modern authors reflect on aging and the shape of a woman's life. Colette's reminiscence about having a child at forty, as a writer, brings us back full circle to the question with which we began: what does it mean to be a woman who writes? Here, the authors contemplate the close of their writ-ing careers, and turn to thoughts about writing, aging, and death. Although the pain of getting older is not avoided in our selections, women's aging should also be seen as an occasion for us as readers to rethink the cultural assumptions about the passing of female beauty. Colette speaks at the end of her life of the difficulty of putting an end to writing. But of course there is no end to writing.

ACKNOWLEDGEMENTS

We would like to thank the following people for their much appreciated participation in this project. Gina Fisch-Freedman and Katharine A. Jensen contributed bio-bibliographical entries for many of our authors. Rosie S. Reiss and Frédéric Maurin read the manuscript at different stages and made thoughtful stylistic suggestions. Fred Cassidy ably handled the necessary permissions. Their generous collaboration is gratefully acknowledged here.

We are also grateful to the many colleagues who reviewed *Contre-courants* and provided generous ideas and suggestions: Bette G. Hirsch, Cabrillo College; Jean Marie Schultz, University of California, Berkeley; Raylene Ramsay, University of Aukland, New Zealand; Helene Germain-Simoes, University of Kansas; Samia I. Spencer, Auburn University; and Mildred Mortimer, University of Colorado at Boulder.

Credits

We wish to thank the authors, publishers, and holders of copyrights for their permission to reprint the following materials:

Simone Weil, "Lettre à une élève" in *La condition ouvrière,* © Editions GALLIMARD, 1961.

Nathalie Sarraute, *Enfance,* © Editions GALLIMARD, 1983.

Annie Ernaux, *Une femme,* © Editions GALLIMARD, 1987.

Marguerite Yourcenar, "J'espère que ce livre . . .", "Phèdre ou Le Désespoir" in *Feux,* © Editions GALLIMARD, 1974.

Simone de Beauvoir, *La force de l'âge, Une mort très douce, Le deuxième sexe,* I et II, *La force des choses,* © Editions GALLIMARD.

Claire Bretécher, *Les Frustrés,* © Le Nouvel Observateur, 1975.

Nicole Brossard, "Je veux revoir cette séquence (mars 1980)", in Anthologie 80, *Le Castor Astral,* 1981, France.

Colette, "La Couseuse" from *La Maison de Claudine,* © Hachette 1960.

Marguerite Duras, *L'Amant,* Editions de Minuit, 1984.

Luce Irigaray, *Et l'une ne bouge pas sans l'autre,* Editions de Minuit, 1979.

Mariama Bâ, *Une si longue lettre,* Les Nouvelles Editions Africaines, 1986.

Joyce Mansour, "Invitez-moi", Editions de Minuit, 1955.

Joyce Mansour, "Noyée au fond d'un rêve ennuyeux," © Editions Pierre Seghers, 1960.

Luce Irigaray, *Ce sexe qui n'en est pas un,* Editions de Minuit, 1977.

Anne-Marie Albiach, "Enigme", Mercure de France, 1971.

Madeleine de Scudéry, "La Carte de Tendre," Slatkine Reprints, 1973.

Hélène Cixous, *La Jeune née,* Union Générale d'Editions, 1975, reprinted with permission of the publisher.

Assia Djebar, *Femmes d'Alger dans leur appartement,* des femmes, 1980. Reprinted with permission of the publisher.

Joyce Mansour, "Les Vices des hommes," Editions Pierre Seghers, 1953.

Andrée Chédid, "Femmes de tous les temps," Editions Flammarion, 1976. Reprinted with permission of the publisher.

Colette, *L'Etoile vesper,* © Librairie Arthème Fayard, 1986.

Marguerite Duras, *L'Amant,* Editions de Minuit, 1984.

Raymonde Linossier, *Bibi-la-Bibiste,* La Violette Noire, 1991. Reprinted with permission of the publisher.

Marie-Claire Bancquart, "Définition", Ed. Saint-Germain-des-Près, 1977, reprinted with permission of the publisher.

George Sand and Gustave Flaubert, *Correspondances de Flaubert/Sand,* appareil critique de Alphone Jacobs © Flammarion, 1981. Reprinted with permission of the publisher.

I

LA VENUE À L'ÉCRITURE

Marie de France présente ses *Lais* comme la simple transposition en vers de contes qu'elle aurait entendus. Mais en même temps, déclare-t-elle au début de « Guigemar », le premier texte du recueil, elle assume pleinement ses responsabilités d'auteur : « Celui qui dispose d'un bon sujet est peiné s'il ne le traite pas bien. » Elle refuse de renoncer à l'activité d'écrivain — celle entreprise par « un homme ou une femme de grand mérite » — même si les envieux du pays lui en veulent. Ici, au seuil d'une longue tradition de femmes écrivains, nous trouvons la première justification de l'acte d'écrire par une femme : « Apprenez, seigneurs, ce que dit Marie, qui connaît ses devoirs envers son temps. »

Quels sont les devoirs d'une femme qui se voue à l'écriture ? Quels en sont les plaisirs, les angoisses ? Comment une femme décrit-elle l'enjeu de ses efforts ?

De siècle en siècle les femmes écrivains mettent l'accent sur la tension entre les lieux communs qui régissent les rôles censés convenir à leur sexe et le désir qu'elles ont de s'exprimer librement en tant qu'artiste, intellectuelle, poète ou romancière. Elles soulignent aussi le désir de se faire un nom et en se nommant de se façonner une existence sociale autre que celle exigée par les codes de ce que l'on pourrait appeler la féminité obligatoire. Pour la plupart des femmes écrivains la signature constitue le moyen de se forger une identité publique malgré les obstacles idéologiques à cette insertion sociale. Ainsi Catherine des Roches décrit dans son sonnet la concurrence symbolique et réelle entre les objets valorisés pour la femme — la *quenouille*[1] et autres emblèmes domestiques — et les instruments de son métier de poète, l'encre et la plume. Souvent sur la défensive, ces auteurs se construisent et s'inventent malgré l'opinion publique et le jugement hostile de leurs familles : la mère de la petite Aurore Dupin se moque de ses premiers efforts littéraires — « tes belles phrases m'ont bien fait rire » — et sa belle-mère lui défend de mettre *son* nom sur la couverture de livres imprimés. George Sand se

---

1. petit bâton, garni en haut d'une matière textile que les femmes filaient au moyen du fuseau ou du rouet

donne un nom de plume qui marque à la fois un refus d'une identité féminine classique et un défi au monde littéraire.

Au vingtième siècle la venue à l'écriture d'une femme fait moins scandale ; le désir de jouir d'une certaine renommée, l'intensité de l'ambition artistique se font entendre de façon moins ambiguë. Dans ses mémoires, Simone de Beauvoir évoque le fantasme qui a inspiré sa carrière d'écrivain — l'envie de devenir un personnage imaginaire, une héroïne — et d'émouvoir ainsi un public de lecteurs et de lectrices. Sur un ton et sur un mode très différents, Françoise Ega exprime le besoin de produire un témoignage sur les conditions sociales de ses compatriotes et par là même d'agir sur le monde en tant qu'écrivain. Son texte est à la fois une fiction et une intervention. En même temps très proche et très lointaine des poètes qui l'ont précédée, Nicole Brossard n'a plus à défendre son droit à l'écriture. Elle se vante de sa maîtrise et décrit librement sa volonté de manier la matière et les outils de son travail d'écriture. « Je veux revoir cette séquence » exprime l'assurance créatrice d'une poète moderne qui sait par l'invention de son langage se construire en femme et en poète. Enfin Maryse Condé, de retour en Guadeloupe après une longue absence, s'interroge sur les rapports entre l'écriture et les lieux d'une identité artistique. Elle examine le rôle et les responsabilités de l'écrivain francophone à la fin du vingtième siècle.

Marie de France (1140 ?–1190 ?)

La première femme française dont on connaît des textes, Marie de France écrit au douzième siècle des *Fables* et des *Lais* (de brefs récits en vers). Elle est probablement née en Normandie, et elle vit par la suite à la cour d'Angleterre où elle compose ses œuvres. Celles-ci témoignent de sa connaissance du latin et des textes classiques (surtout d'Ovide), ce qui signifie qu'elle possédait un niveau de savoir rare même pour les femmes de l'aristocratie à cette époque-là. Les *Lais* de Marie de France étaient célèbres dans les cours où on les récitait aux nobles. Les femmes surtout semblent les avoir aimés, y voyant l'expression de leur propre désir.

Au départ, le lai faisait partie de la tradition orale bretonne et celtique : on chantait une aventure pour la commémorer. Marie de France est la première à écrire ces lais et inaugure ainsi un nouveau genre narratif. Comme elle le dit dans son « Prologue », elle ne veut pas « laisser perdre dans l'oubli » les lais qu'elle a entendus. Elle en écrit douze, tous en octosyllabes, par couplet de vers. Influencés par les lais bretons et celtiques, les *Lais* de Marie de France font écho à deux autres courants littéraires des onzième et douzième siècles : la *romance* et l'amour courtois. La *romance*, qui traite des histoires de l'antiquité grecque et romaine (le *Roman de Thèbes*, le *Roman d'Enéas*), a pour sujets principaux les femmes, l'amour et la douleur. La *romance* insiste, en général, sur l'accord entre l'amour et le mariage, et fait ainsi contraste avec les *Lais* et avec l'amour courtois. Les histoires de l'amour courtois présentent un chevalier amoureux d'une femme mariée et hautaine. Pour obtenir ses faveurs, le chevalier doit subir des épreuves et souffrir.

Reprenant les thèmes de l'amour et de l'amour adultère, Marie de France les modifie pour proposer une perspective féminine. La moitié des *Lais* représente les difficultés des femmes ayant fait un mariage malheureux — situation courante à une époque où les mariages étaient arrangés pour le bien des hommes, des familles et des pays. Contrasté avec l'amour frivole et l'amour-propre, le véritable amour est, dans les *Lais,* une obligation et un soutien réciproques. Cet amour, bien que souvent adultère, n'est donc ni immoral ni amoral ; il soulage la femme de ses souffrances conjugales et donne à l'homme une satisfaction qu'il ne peut trouver dans la poursuite des ambitions mondaines. Tous les amants n'arrivent pourtant pas au bonheur suprême de la vie qu'est l'amour, puisqu'on ne peut y parvenir que grâce à la générosité, à la souffrance et au courage.

Lais (1180 ?)
Espurgatoire saint Patriz (1180 ?)
Fables (1180 ?)

PROLOGUE AUX *LAIS*

Dans un prologue l'auteur médiéval se justifie souvent de son travail en évoquant des traditions dans lesquelles il ou elle prétend s'inscrire. Dans le prologue de Marie de France, essayez de noter la façon dont elle s'autorise à entreprendre son projet d'écrire. Ce texte et les lais que nous donnons dans d'autres sections ont été récrits en français moderne. Le texte original est en vers.

Celui à qui Dieu a donné du savoir et un talent de conteur n'a pas le droit de garder le silence ni de demeurer caché et il ne doit pas hésiter à se montrer. Lorsqu'un beau fait est connu de quantité de gens, alors le récit qu'on en tire commence à fleurir, puis lorsque les éloges suivent en abondance, voilà que ses fleurs *s'épanouissent*[1]. Selon le témoignage de Priscien, les auteurs anciens avaient autrefois coutume dans leurs ouvrages de laisser leurs idées dans une ombre assez épaisse pour que les générations suivantes qui devraient les étudier aient la possibilité de commenter le texte et de l'enrichir avec leur propre interprétation. Les philosophes le savaient et comprenaient d'eux-mêmes que plus le temps passerait, plus les hommes affineraient leurs pensées et plus ils seraient capables de survivre dans l'avenir. Celui qui veut se protéger du vice doit étudier et s'appliquer à entreprendre une tâche difficile. Par ce moyen il peut davantage *s'écarter*[2] du mal et se libérer d'une grande souffrance. C'est pourquoi je me suis mise à former le projet d'écrire quelque belle histoire et de la traduire du latin en langue commune. Mais ce travail ne m'aurait pas valu grande estime car tant d'autres l'avaient déjà fait ! Alors j'ai songé aux lais que j'avais entendus. Je ne doutais pas, et même j'étais certaine, que leurs premiers auteurs et propagateurs les avaient composés pour perpétuer le souvenir des aventures qu'ils avaient entendu raconter. J'ai entendu le récit d'un certain nombre et je ne veux pas les laisser perdre dans l'oubli. J'en ai donc fait des contes en vers, ce qui m'a coûté bien des *veilles*[3] !

En votre honneur, noble roi, vous si valeureux et si courtois, devant qui toute joie s'incline et dans le coeur duquel toutes les qualités prennent racine, j'ai entrepris de recueillir ces lais puis d'en composer des récits en vers. Je pensais et me disais en moi-même, sire, que je vous les offrirais en hommage. Si vous voulez bien les accepter, vous me causerez une très grande joie qui me rendra heureuse à jamais. Ne me jugez pas présomptueuse si j'ai l'audace de vous offrir ce présent. Et maintenant écoutez le commencement !

---

1. s'éclosent, s'ouvrent 2. se détourner de, ne pas suivre
3. moments sans sommeil, consacrés à quelque occupation pendant le temps normalement destiné à dormir

QUESTIONS

1. Quelles sont les premières qualités artistiques évoquées par Marie de France ?
2. Quelle est l'origine des récits qu'elle entend offrir ? Selon elle, comment un récit prend-il vie ?
3. Quelle figure emploie-t-elle pour décrire un « beau fait » ?
4. A quelle tradition fait-elle référence ? Va-t-elle en faire partie ? Expliquez.
5. Décrivez le travail de transposition des lais en vers.
6. En hommage à qui Marie de France offre-t-elle son travail ?

Christine de Pisan (v. 1365–v. 1430)

Née à Venise, Christine de Pisan vit à Paris où son père est appelé comme médecin astrologue du roi Charles V. Dans ce milieu courtois et érudit, Pisan passe son enfance à étudier, mais ses études sont interrompues par son mariage en 1379 à Etienne de Castel, qui sera plus tard secrétaire de Charles VI. Onze ans après le mariage, Castel meurt et laisse sa femme avec trois enfants. Pisan reprend ses études, surtout des auteurs grecs et latins, et décide de vivre de sa plume. En 1399, elle publie *L'Epître au dieu d'amour* dans lequel elle critique la misogynie du *Roman de la Rose* de Jean de Meung (qui continue le roman commencé par Guillaume de Lorris). Cette critique fait partie d'une dispute épistolaire célèbre des humanistes à propos du *Roman de la Rose.* En communiquant ces lettres de dispute à la reine, Isabeau de Bavière, Pisan établit sa réputation comme écrivain et surtout comme un écrivain qui défend les femmes contre la misogynie littéraire.

Dans un de ses ouvrages les plus célèbres, *Le Livre de la Cité des Dames,* Pisan reprend le livre de Boccace, *De claris mulieribus,* pour révéler ses préjugés contre les femmes. Elle démontre, par contraste, la force, la vertu et l'intelligence des femmes aussi bien que leur créativité culturelle.

Pisan défend les capacités et les droits féminins de plusieurs façons. Au début de sa carrière, elle écrit surtout des poèmes lyriques qu'elle arrange par la suite dans des cycles, représentant des conversations entre amants du point de vue tantôt de la femme, tantôt de l'homme. Elle proteste contre le code traditionnel de l'amour courtois qu'elle cherche à démystifier. A l'encontre de Marie de France, Pisan ne voit pas un bonheur possible dans l'amour adultère qui, selon elle, finit toujours mal. A travers des textes allégoriques et autobiographiques, Pisan insiste sur le rôle des femmes dans la politique. En 1405, elle publie le *Livre des trois vertus,* dans lequel elle réclame les droits de la femme en introduisant « ce principe nouveau...que la femme doit par son industrie, son intelligence et son dévouement être la collaboratrice de son mari, son substitut et, en bien des cas, sa conscience ». Pendant la deuxième moitié de sa carrière, Pisan écrit des commentaires politiques et dépeint les événements désastreux d'un pays déchiré par la guerre civile. A la fin de sa vie, elle se retire dans un couvent hors de la violence de Paris. C'est là qu'elle compose son dernier poème, *La Ditié de Jeanne d'Arc* (*Le Poème de Jeanne d'Arc*), inspiré par cette jeune femme exaltée.

Ballades (1393)

L'Epître au dieu d'amour (1399)

Le Livre du Chemin de Long Estude (1403)

Le Livre des faits et bonnes mœurs du sage Roi Charles V (1405)

Le Livre de la Cité des Dames (1405)

Le Livre des trois vertus (1405)

Lamentation sur les maux de la guerre civile (1410)
Le Livre de la paix (1413)
La Ditié de Jeanne d'Arc (1434)

« BALLADE » (1402–1405)

Dans ce qui est probablement son premier recueil poétique, Cent Ballades, *Christine de Pisan s'adonne à l'une des formes fixes les plus populaires de l'époque, la ballade. Comprenant trois couplets avec un refrain, ce dernier poème du recueil insiste sur le statut de l'auteur aussi bien que sur son rapport avec le public. En quoi consiste ce rapport ?*

Cent ballades ai-je écrites
Toutes celles de mon sentiment.
Ainsi sont mes promesses *quittes*[1]
A qui m'en pria chaudement.
Nommée m'y suis proprement ;
Qui le veut savoir ou non,
En la centième entièrement
En écrit j'y ai mis mon nom.

Je prie ceux qui les auront lues
Et qui les liront par la suite,
Et partout où elles seront dites,
Qu'on les prenne légèrement,
Sans les commenter méchamment ;
Car je n'y pense que *bonnement*[2]
Et au dernier vers proprement
En écrit ai-je mis mon nom.

Ne les ai faites pour mérite
Avoir, ni aucun paiement ;
Mais en mes pensées élues
Les ai, et bien petitement
Suffirait mon *entendement*[3]
A les faire dignes de renom,
Non par désintéressement
En écrit ai-je mis mon nom.

QUESTIONS

1. Selon vous, quel est le sujet traité dans cette ballade ?
2. Par quel procédé Pisan insiste-t-elle sur son activité poétique ? Comment l'évoque-t-elle ?
3. Commentez l'effet de la position de cette ballade à la fin du recueil.

1. tenues　2. franchement, simplement　3. intelligence, compréhension

Catherine des Roches (1542 ?–1587)

Catherine des Roches et sa mère, Madeleine (1520 ?–1587), font partie d'une coterie littéraire à Poitiers et publient ensemble deux recueils de poèmes, en 1578 et 1583. Dans plusieurs de ses poèmes, Catherine des Roches s'allie avec la femme bourgeoise dont elle loue l'habileté pratique par rapport à la frivolité de la femme aristocrate. Si elle valorise les travaux ménagers féminins, c'est souvent pour justifier son ambition littéraire. L'importance accordée au milieu domestique compense, en quelque sorte, son désir de se faire une place d'écrivain dans le domaine public.

Dans d'autres poèmes, Catherine des Roches récrit la tradition littéraire *pétrarquiste*[1] selon laquelle la bien-aimée n'est qu'un objet silencieux du désir masculin. En créant des dialogues entre l'amant et la maîtresse, des Roches donne à celle-ci une façon d'exprimer son propre désir et d'influencer son amant.

Les Œuvres de Mesdames des Roches de Poitiers, mère et fille (1578)
La Puce (1583)

« À MA QUENOUILLE » (1578)
« À MES ECRITS » (1578–1579)

Dans chacun des deux sonnets[2] suivants, Catherine des Roches s'adresse non à des personnes mais à des objets de sa vie, la quenouille d'une part, ses écrits d'autre part. Essayez de préciser pour chaque poème le rôle accordé à l'écriture.

A MA QUENOUILLE

Quenouille, mon souci, je vous promets et jure
De vous aimer toujours, et jamais ne changer
Votre honneur domestic pour un bien étranger
Qui erre inconstamment et fort peu de temps dure.

---

1. Imitation de la manière de Pétrarque, poète et humaniste italien (1304–1374) qui a initié la vogue des recueils de sonnets en séquence. Dans ses poèmes les plus célèbres, Pétrarque chante son amour pour la dame inaccessible, Laure. Le pétrarquisme établit une rhétorique de l'amour : portrait de la dame, éloge de sa beauté, description des souffrances que sa présence ou son absence provoquent. Cette rhétorique s'accompagne d'une stylistique où se retrouvent métaphores filées, antithèses, hyperboles et jeux de mots.
2. De l'italien *sonneto*, petit son ou chansonnette. Poème divisé en deux quatrains et deux tercets. Introduit en France vers le début du seizième siècle.

Vous ayant au côté, je suis beaucoup plus sûre
Que si encre et papier se venaient arranger
Tout à l'entour de moi : car, pour me revenger,
Vous pouvez bien plutôt repousser une injure.

Mais, quenouille, ma *mie*[1], il ne faut pas pourtant
Que, pour vous estimer, et pour vous aimer tant,
Je délaisse de tout cette honnête coustume

D'écrire quelquefois : en écrivant ainsi,
J'écris de vos valeurs, quenouille, mon souci,
Ayant dedans la main le *fuseau*[2] et la plume.

A MES ECRITS

Je ne pensais jamais que vous eussiez de force
Pour forcer les efforts de l'oubli et du temps,
Aussi je vous écris comme par passe-temps,
Fuyant d'oisiveté la vicieuse *amorce*[3].

Et pour ce, mes écrits, nul de vous ne s'efforce
De vouloir me laisser, car je vous le défends.
Où voudriez-vous aller ? hé, mes petits enfants,
Vous êtes habillés d'une si faible *écorce*[4] !

Je crois que vous pensez me faire quelque honneur,
Pour m'emporter aussi envieux du bonheur,
Que deux frères ont eu portant leur mère au temple :

Lorsqu'elle demanda digne loyer aux Dieux,
Un sommeil éternel leur vint siller les yeux,
Et cela, mes enfants, vous doit servir d'exemple.

QUESTIONS

« A ma quenouille »

1. A quoi des Roches compare-t-elle la quenouille dans le premier quatrain ? Quel est le « bien étranger » ?
2. Comment est-ce que le poète nuance son éloge absolu de la quenouille à partir du premier tercet ?
3. Quelle fusion s'opère entre les devoirs domestiques et l'écriture dans le dernier tercet ? Quels sont les rapports entre la quenouille et la plume ?

1. amie
2. petit instrument en bois qui sert à tordre et à enrouler le fil lorsqu'on file à la quenouille
3. ce qui attire ; appât   4. fig., enveloppe extérieure, apparence

« A mes écrits »

1. Quelle raison des Roches invoque-t-elle pour son activité d'écriture ? Comment est-ce que cela se distingue du portrait de la quenouille dans le premier sonnet ?

2. Quelle métaphore de ses écrits apparaît dans le deuxième quatrain ? En quel sens est-elle motivée ?

3. Dans les deux tercets, qu'est-ce que le poète reproche à ses écrits ? Quel cas est-ce qu'elle leur cite comme exemple à ne pas suivre ?

George Sand (1804–1876)

Légendaire parce qu'elle s'habillait en homme, fumait, et avait plusieurs amants, George Sand a écrit plus de soixante romans, vingt-cinq pièces de théâtre, vingt-six contes et nouvelles, une autobiographie volumineuse, seize mille lettres, et des essais. Née Amantine-Aurore-Lucile Dupin, Sand est élevée par sa grand-mère paternelle à Nohant après la mort de son père et le départ de sa mère pour Paris. Sand reçoit des leçons particulières du précepteur de son frère avant de passer deux ans au couvent des Anglaises à Paris. A l'âge de dix-huit ans, elle se marie avec le lieutenant Casimir Dudevant ; ils auront deux enfants. Dudevant est un débauché, au point d'épuiser les biens de sa famille, et après treize ans de mariage, ils se séparent.

En 1830, Sand s'installe à Paris et cherche un moyen de subvenir aux besoins de sa famille. Elle devient la collaboratrice et la maîtresse d'un jeune écrivain, Jules Sandeau, et publie avec lui le roman *Rose et Blanche* sous le nom de Jules Sand. En 1832, sous le nom qui deviendra définitivement le sien, George Sand publie le premier roman qu'elle écrit seule, *Indiana,* qui est un succès immédiat et lui permet de vivre de façon indépendante. Ainsi se lance-t-elle dans une longue carrière d'écrivain.

Dans ses textes, Sand expose la condition féminine tout autant que l'inégalité et l'injustice dans les rapports entre les sexes. Elle critique surtout l'institution du mariage tel qu'il est défini par le *Code civil* publié en 1804 sous Napoléon.[1] Elle critique aussi l'éducation des femmes — surtout celle du couvent — qui ne leur donne aucune instruction utile. Selon Sand, sans une vraie formation intellectuelle, les femmes ne devraient pas participer à la politique. Dans son œuvre, Sand représente l'aristocrate, la bourgeoise, la paysanne et l'artiste pour montrer la condition féminine à tous les niveaux sociaux. Malgré sa critique du mariage bourgeois, Sand esquisse sa vision du couple idéal, en soulignant les caractéristiques androgynes des hommes et des femmes et en valorisant la complémentarité des éléments masculins et féminins de chaque partenaire. Dans *Histoire de ma vie,* une des plus grandes œuvres autobiographiques du dix-neuvième siècle, Sand crée le portrait non seulement d'une femme écrivain remarquable mais de toute une génération d'écrivains et d'artistes.

Indiana (1832)

Lélia (1833)

Jacques (1834)

Lettres d'un voyageur (1837)

Mauprat (1837)

Consuelo (1842–1844)

La Mare au diable (1846)

1. Le Code civil (1800–1804) est l'ensemble des lois et dispositions légales unifiant la législation en France. Sous le Code, la femme mariée doit obéissance à son mari. Voir l'introduction à « Paroles et Politiques ».

HISTOIRE DE MA VIE (1854–1855)

Dans les deux extraits suivants de son autobiographie, George Sand raconte ses débuts littéraires. Elle décrit les moments marquants de la construction du personnage de l'auteur. Quelles notions de l'art est-ce que Sand développe ?

I.

Vers l'âge de douze ans je m'essayai à écrire ; mais cela ne dura qu'un instant ; je fis plusieurs *descriptions,* une de la vallée Noire, vue d'un certain endroit où j'allais souvent me promener, et l'autre d'une nuit d'été avec clair de lune. C'est tout ce que je me rappelle, et ma grand-mère eut la bonté de déclarer à qui voulait la croire que c'était des chefs-d'œuvre. D'après les phrases qui me sont restées dans la mémoire*, ces chefs-d'œuvre-là étaient bons à mettre au cabinet. Mais ce que je me rappelle avec plus de plaisir, c'est que, malgré les imprudents éloges de ma bonne maman, je ne fus nullement *enivrée*[1] de mon petit succès. J'avais dès lors un sentiment que j'ai toujours conservé ; c'est qu'aucun art ne peut rendre le charme et la fraîcheur de l'impression produite par les beautés de la nature, de même que rien dans l'expression ne peut atteindre à la force et à la

spontanéité de nos émotions intimes. Il y a dans l'âme quelque chose de plus que dans la forme. L'enthousiasme, la rêverie, la passion, la douleur n'ont pas d'expression suffisante dans le domaine de l'art, quel que soit l'art, quel que soit l'artiste. J'en demande pardon aux maîtres : je les vénère et les chéris, mais ils ne m'ont jamais rendu ce que la nature m'a donné, ce que moi-même j'ai senti mille fois l'impossibilité de rendre aux autres. L'art me semble une aspiration éternellement impuissante et incomplète, de même que toutes les manifestations humaines. Nous avons, pour notre malheur, le sentiment de l'infini, et toutes nos expressions ont une limite rapidement atteinte ; ce sentiment même est vague en nous, et les satisfactions qu'il nous donne sont une espèce de tourment.

L'art moderne l'a bien senti, ce tourment de l'impuissance, et il a cherché à étendre ses moyens en littérature, en musique, en peinture. L'art a cru trouver dans les formes nouvelles du romantisme une nouvelle puissance d'expansion. L'art a pu y gagner, mais

*Il y avait entre autres métaphores une lune qui *labourait les nuages, assise dans sa nacelle d'argent.*

_____

1. fig., remplie d'une sorte d'ivresse des sens, transportée

l'âme humaine n'élève ses facultés que relativement, et la soif de la perfection, le besoin de l'infini restent les mêmes, éternellement avides, éternellement inassouvis. C'est pour moi une preuve irréfutable de l'existence de Dieu. Nous avons le désir inextinguible du beau idéal : donc le désir a un but. Ce but n'existe nulle part à notre portée, ce but est l'infini, ce but est Dieu.

L'art est donc un effort plus ou moins heureux pour manifester des émotions qui ne peuvent jamais l'être complètement, et qui, par elles-mêmes, dépassent toute expression. Le romantisme, en augmentant les moyens, n'a pas reculé la limite des facultés humaines. Une grêle d'épithètes, un déluge de notes, un incendie de couleurs, ne témoignent et n'expriment rien de plus qu'une forme élémentaire et naïve. *J'ai beau faire*[2], j'ai le malheur de ne rien trouver dans les mots et dans les sons de ce qu'il y a dans un rayon du soleil ou dans un murmure de la brise.

Et pourtant l'art a des manifestations sublimes, et je ne saurais vivre sans les consulter sans cesse ; mais plus ces manifestations sont grandes, plus elles excitent en moi la soif d'un *mieux* et d'un *plus* que personne ne peut me donner, et que je ne puis pas donner moi-même, parce qu'il faudrait, pour exprimer ce plus et ce mieux, un chiffre qui n'existe pas pour nous et que l'homme ne trouvera probablement jamais.

J'en reviens à dire plus clairement et plus positivement que rien de ce que j'ai écrit dans ma vie ne m'a jamais satisfaite, pas plus mes premiers essais à l'âge de douze ans, que les travaux littéraires de ma vieillesse, et qu'il n'y a à cela aucune modestie de ma part. Toutes les fois que j'ai vu et senti quelque sujet d'art, j'ai espéré, j'ai cru naïvement que j'allais le rendre comme il m'était venu. Je m'y suis jetée avec ardeur ; j'ai rempli ma

tâche parfois avec un vif plaisir, et parfois, en écrivant la dernière page, je me suis dit : « Oh ! cette fois, c'est bien réussi ! » Mais, hélas ! je n'ai jamais pu relire l'épreuve sans me dire : « Ce n'est pas du tout cela, je l'avais rêvé et senti et conçu tout autrement ; c'est froid, c'est à côté, c'est trop dit et ce ne l'est pas assez. » Et si l'ouvrage n'avait pas toujours été la propriété d'un éditeur, je l'aurais mis dans un coin avec le projet de le refaire, et je l'y aurais oublié pour en essayer un autre.

Je sentis donc, dès la première tentative littéraire de ma vie, que j'étais au-dessous de mon sujet, et que mes mots et mes phrases le gâtaient pour moi-même. On envoya à ma mère une de mes *descriptions* pour lui faire voir comme je devenais habile et savante ; elle me répondit : *Tes belles phrases m'ont bien fait rire, j'espère que tu ne vas pas te mettre à parler comme ça.* Je ne fus nullement mortifiée de l'accueil fait par elle à mon élucubration poétique ; je trouvai qu'elle avait parfaitement raison, et je lui répondis : « Sois tranquille, ma petite mère, je ne deviendrai pas une pédante, et quand je voudrai te dire que je t'aime, que je t'adore, je te le dirai tout bonnement comme le voilà dit. »

Je cessai donc d'écrire, mais le besoin d'inventer et de composer ne m'en tourmentait pas moins. Il me fallait un monde de fictions, et je n'avais jamais cessé de m'en créer un que je portais partout avec moi, dans mes promenades, dans mon immobilité, au jardin, aux champs, dans mon lit avant de m'endormir et en m'éveillant, avant de me lever. Toute ma vie j'avais eu un roman en train dans la cervelle, auquel j'ajoutais un chapitre plus ou moins long aussitôt que je me trouvais seule, et pour lequel j'amassais sans cesse des matériaux. Mais pourrai-je donner une idée de cette manière de composer que j'ai

---

2. Je m'efforce en vain

perdue et que je regretterai toujours, car c'est la seule qui ait réalisé jamais ma fantaisie ?

Je ne donnerais aucun développement au récit de cette fantaisie de mon cerveau, si je croyais qu'elle n'eût été qu'une bizarrerie personnelle. Car mon lecteur doit remarquer que je me préoccupe beaucoup plus de lui faire repasser et commenter sa propre existence, celle de nous tous, que de l'intéresser à la mienne propre ; mais j'ai lieu de croire que mon histoire intellectuelle est celle de la génération à laquelle j'appartiens, et qu'il n'est aucun de nous qui n'ait fait, dès son jeune âge, un roman ou un poème.

II.

Après le couvent, j'avais encore quelque chose à briser, non dans mon cœur, mais dans ma vie. J'allai voir mes amies Jane et Aimée. Aimée n'eût pas été l'amie de mon choix. Elle avait quelque chose de froid et de sec à l'occasion qui ne m'avait jamais été sympathique. Mais, outre qu'elle était la sœur adorée de Jane, il y avait en elle tant de qualités sérieuses, une si noble intelligence, une si grande droiture, et, à défaut de bonté spontanée, une si généreuse équité de jugement, que je lui étais réellement attachée. Quant à Jane, cette douce, cette forte, cette humble, cette angélique nature, aujourd'hui comme au couvent, je lui garde, au fond de l'âme, une tendresse que je ne puis comparer qu'au sentiment maternel.

Toutes deux étaient mariées. Jane était mère d'un gros enfant qu'elle couvait de ses grands yeux noirs avec une muette ivresse. Je fus heureuse de la voir heureuse ; j'embrassai bien tendrement l'enfant et la mère, et je m'en allai promettant de revenir bientôt, mais résolue à ne revenir jamais.

Je me suis tenu parole, et je m'en applaudis. Ces deux jeunes héritières, de-

venues comtesses, et plus que jamais orthodoxes en toutes choses, appartenaient désormais à un monde qui n'aurait eu pour ma bizarre manière d'exister que de la raillerie, et pour l'indépendance de mon esprit que des anathèmes. Un jour fût venu où il eût fallu me justifier d'imputations fausses, ou lutter contre des principes de foi et des idées de convenances que je ne voulais pas combattre ni froisser dans les autres. Je savais que l'héroïsme de l'amitié fût resté pur dans le cœur de Jane ; mais on le lui eût reproché, et je l'aimais trop pour vouloir apporter un chagrin, un trouble quelconque dans son existence. Je ne connais pas cet égoïsme jaloux qui s'impose, et j'ai une logique invincible pour apprécier les situations qui se dessinent clairement devant moi. Celle que je me faisais était bien nette. Je choquais ouvertement la règle du monde. Je me détachais de lui bien sciemment ; je devais donc trouver bon qu'il se détachât de moi dès qu'il saurait mes excentricités. Il ne les savait pas encore. J'étais trop obscure pour avoir besoin de mystère. Paris est une mer où les petites barques passent inaperçues par milliers entre les gros vaisseaux. Mais le moment pouvait venir où quelque hasard me placerait entre des mensonges que je ne voulais pas faire et des remontrances que je ne voulais pas accepter. Les remontrances perdues sont toujours suivies de refroidissement, et du refroidissement on va en deux pas aux ruptures. Voilà ce dont je ne supportais pas l'idée. Les personnes vraiment fières ne s'y exposent pas ; et quand elles sont aimantes, elles ne les provoquent pas, mais elles les préviennent, et par là savent les rendre impossibles.

Je retournai sans tristesse à ma *mansarde*[3] et à mon utopie, certaine de laisser des regrets et de bons souvenirs, satisfaite de n'avoir plus rien de sensible à rompre.

---

3. chambre sous le toit d'un immeuble dont un mur est en pente

Quant à la baronne Dudevant, ce fut bien lestement *emballé*, comme nous disions au quartier Latin. Elle me demanda pourquoi je restais si longtemps à Paris sans mon mari. Je lui dis que mon mari le trouvait bon. « Mais est-il vrai que vous ayez l'intention d'*imprimer* des livres ? — Oui, madame. — *Té !* s'écria-t-elle (c'était une locution gasconne qui signifie *Tiens !* et dont elle avait pris l'habitude), voilà une drôle d'idée ! — Oui, madame. — C'est bel et bon, mais j'espère que vous ne mettrez pas le nom que je porte sur des *couvertures de livre imprimées ?* — Oh ! certainement non, madame, il n'y a pas de danger. » Il n'y eut pas d'autre explication. Elle partit peu de temps après pour le Midi, et je ne l'ai jamais revue.

Le nom que je devais mettre sur des *couvertures imprimées* ne me préoccupa guère. En tout état de choses, j'avais résolu de garder l'anonyme. Un premier ouvrage fut ébauché par moi, refait en entier ensuite par Jules Sandeau, à qui Delatouche fit le nom de Jules Sand. Cet ouvrage amena un autre éditeur qui demanda un autre roman sous le même pseudonyme. J'avais écrit *Indiana* à Nohant, je voulus le donner sous le pseudonyme demandé ; mais Jules Sandeau, par modestie, ne voulut pas accepter la paternité d'un livre auquel il était complètement étranger. Cela ne faisait pas le compte de l'éditeur. Le nom est tout pour la vente, et le petit pseudonyme s'étant bien *écoulé*, on tenait essentiellement à le conserver. Delatouche, consulté, trancha la question par un compromis : *Sand* resterait intact et je prendrais un autre prénom qui ne servirait qu'à moi. Je pris vite et sans chercher celui de George qui me paraissait synonyme de Berrichon. Jules et George, inconnus au public, passeraient pour frères ou cousins.

Le nom me fut donc bien acquis, et Jules Sandeau, resté légitime propriétaire de *Rose et Blanche*, voulut reprendre son nom en toutes lettres, afin, disait-il, de ne pas se parer de mes plumes. A cette époque, il était fort jeune et avait bonne grâce à se montrer si modeste. Depuis il a fait preuve de beaucoup de talent pour son compte, et il s'est fait un nom de son véritable nom. J'ai gardé, moi, celui de l'assassin de Kotzebue qui avait passé par la tête de Delatouche et qui commença ma réputation en Allemagne, au point que je reçus des lettres de ce pays où l'on me priait d'établir ma parenté avec Karl Sand, comme une chance de succès de plus. Malgré la vénération de la jeunesse allemande pour le jeune fanatique dont la mort fut si belle, j'avoue que je n'eusse pas songé à choisir pour pseudonyme ce symbole du poignard de l'illuminisme. Les sociétés secrètes vont à mon imagination dans le passé, mais elles n'y vont que jusqu'au poignard exclusivement, et les personnes qui ont cru voir dans ma persistance à signer Sand et dans l'habitude qu'on a prise autour de moi de m'appeler ainsi une sorte de protestation en faveur de l'assassinat politique se sont absolument trompées. Cela n'entre ni dans mes principes religieux ni dans mes instincts révolutionnaires. Le mode de société secrète ne m'a même jamais paru d'une bonne application à notre temps et à notre pays ; je n'ai jamais cru qu'il en pût sortir autre chose désormais chez nous qu'une dictature, et je n'ai jamais accepté le principe dictatorial en moi-même.

Il est donc probable que j'eusse changé ce pseudonyme, si je l'eusse cru destiné à acquérir quelque célébrité ; mais jusqu'au moment où la critique se déchaîna contre moi à propos du roman de *Lélia*, je me flattai de passer inaperçue dans la foule des lettrés de la plus humble classe. En voyant que, bien malgré moi, il n'en était plus ainsi, et qu'on attaquait violemment tout dans mon œuvre, jusqu'au nom dont elle était signée, je maintins le nom et poursuivis l'œuvre. Le contraire eût été une lâcheté.

Et à présent j'y tiens, à ce nom, bien que ce soit, a-t-on dit, la moitié du nom d'un autre écrivain. Soit. Cet écrivain a, je le répète, assez de talent pour que quatre lettres de son nom ne gâtent aucune *couverture imprimée,* et ne sonnent point mal à mon oreille dans la bouche de mes amis. C'est le hasard de la fantaisie de Delatouche qui me l'a donné. Soit encore : je m'honore d'avoir eu ce poète, cet ami pour parrain. Une famille dont j'avais trouvé le nom assez bon pour moi a trouvé ce nom de Dudevant (que la baronne susnommée essayait d'écrire avec une apostrophe) trop illustre et trop agréable pour le compromettre dans la république des arts. On m'a baptisée, obscure et insouciante, entre le manuscrit d'*Indiana,* qui était alors tout mon avenir, et un billet de mille francs qui était en ce moment-là toute ma fortune. Ce fut un contrat, un nouveau mariage entre le pauvre apprenti poète que j'étais et l'humble muse qui m'avait consolée dans mes peines. Dieu me garde de rien déranger à ce que j'ai laissé faire à la destinée. Qu'est-ce qu'un nom dans notre monde révolutionné et révolutionnaire ? Un numéro pour ceux qui ne font rien, une enseigne ou une devise pour ceux qui travaillent ou combattent. Celui qu'on m'a donné, je l'ai fait moi-même et moi seule après coup, par mon labeur. Je n'ai jamais exploité le travail d'un autre, je n'ai jamais pris, ni acheté, ni emprunté une page, une ligne à qui que ce soit. Des sept ou huit cent mille francs que j'ai gagnés depuis vingt ans, il ne m'est rien resté, et aujourd'hui, comme il y a vingt ans, je vis, au jour le jour, de ce nom qui protège mon travail et de ce travail dont je ne me suis pas réservé une obole. Je ne sens pas que personne ait un reproche à me faire, et, sans être fière de quoi que ce soit (je n'ai fait que mon devoir), ma conscience tranquille ne voit rien à changer dans le nom qui la désigne et la personnifie.

QUESTIONS

Première partie

1. Décrivez les premiers essais littéraires de la jeune fille qui deviendra l'écrivain George Sand. Comment sa mère accueille-t-elle ces débuts précoces ? Et sa grand-mère ?

2. Selon Sand, pourquoi l'activité artistique serait-elle toujours une sorte de tourment ? Devant quels phénomènes l'art et son expression sont-ils surtout impuissants ?

3. A la fin de cet extrait, comment Sand décrit-elle son projet autobiographique ?

Deuxième partie

1. Pourquoi Sand passe-t-elle tant de temps à décrire son amitié avec Jane et Aimée ? A quel monde appartiennent ces deux femmes ?

2. Comment George Sand arrive-t-elle à la création de son pseudonyme ? Quel rôle joue sa belle-mère dans le choix de ce nom ?

3. Commentez l'emploi des mots « baptême » et « nouveau mariage » qu'emploie Sand en parlant du roman *Indiana.*

Simone de Beauvoir (1908–1986)

Simone Lucie Ernestine Marie Bertrand de Beauvoir naît en 1908 dans une famille parisienne bourgeoise. Elle fréquente une école catholique privée et décide dès son plus jeune âge qu'elle préfère enseigner et écrire plutôt que s'occuper de tâches ménagères ennuyeuses dont sa mère devait s'occuper continuellement. Après deux baccalauréats, elle s'inscrit à la Sorbonne pour étudier la philosophie et obtient l'agrégation à l'âge de 21 ans.

Au cours de ses études, elle rencontre un autre étudiant en philosophie, Jean-Paul Sartre, qui sera son compagnon intellectuel pendant plus de cinquante ans. Rejetant le mariage comme une institution contraignante, ils font un pacte qui distingue leur amour « essentiel » des amours « contingents » qu'ils pourraient poursuivre ailleurs. Après l'agrégation, Beauvoir enseigne au Havre, à Rouen et finalement à Paris. Pendant la seconde guerre mondiale, elle publie son premier roman, *L'Invitée*. A la fin de la guerre, elle fonde avec Sartre et d'autres intellectuels de gauche la revue *Les Temps modernes*. Lorsque Beauvoir veut commencer son autobiographie à la fin des années quarante, elle se rend compte qu'elle se doit d'examiner à quel point sa féminité avait influencé sa vie. A l'issue de longues recherches, Beauvoir publie non pas ses mémoires (elle le fera par la suite), mais le célèbre essai *Le Deuxième Sexe.*

Dans cet ouvrage, Beauvoir démontre à travers l'histoire, la littérature et la science comment les mythes de la féminité surdéterminent la vie des femmes. Beauvoir continue à écrire dans les domaines de l'autobiographie, de la fiction, et des essais jusqu'à la fin de sa vie. Son roman *Les Mandarins* gagne le *Prix Goncourt*[1] en 1954. Pendant les quinze dernières années de sa vie, elle lutte en France et à l'étranger pour des causes féministes et les droits de la femme.

Beaucoup de ses ouvrages s'interrogent sur le rôle de la femme au vingtième siècle. Beauvoir élabore une critique passionnée de la famille bourgeoise traditionnelle qui refusait aux femmes la possibilité de travailler en dehors du foyer et de se réaliser indépendamment de leur mari et de leurs enfants. Beauvoir représente la frustration, la désillusion et la folie des femmes prisonnières de la rigidité des structures sociales. Elle indique combien les femmes, pour leur propre bien aussi bien que pour celui de la société, doivent rechercher une autonomie économique, physique et psychologique.

L'Invitée (1943)

Le Sang des autres (1945)

Tous les hommes sont mortels (1946)

Le Deuxième Sexe (1949)

Les Mandarins (1954 ; Prix Goncourt)

Mémoires d'une jeune fille rangée (1958)

La Force de l'âge (1960)

---

1. prix littéraire le plus recherché en France, fondé par l'Académie des Goncourt en 1903

La Force des choses (1963)
Une Mort très douce (1964)
La Femme rompue (1967)
La Cérémonie des adieux, suivi de Entretiens avec Jean-Paul Sartre, août-septembre 1974 (1981)

LA FORCE DE L'ÂGE (1960)

Dans le deuxième tome de ses mémoires, Simone de Beauvoir décrit ses débuts d'écrivain presque cent ans après George Sand. Remarquez ses désirs d'auto-invention et comparez sa venue à l'écriture à celle de George Sand.

Pour que ma vie me satisfît, il me fallait donner à la littérature sa place. Dans mon adolescence et ma première jeunesse, ma vocation avait été sincère, mais vide ; je me bornais à déclarer : « Je veux être un écrivain. » Il s'agissait maintenant de trouver ce que je voulais écrire, et dans quelle mesure je le pouvais : il s'agissait d'écrire. Cela me prit du temps. Je m'étais fait jadis le serment d'avoir terminé à vingt-deux ans le grand ouvrage où je dirais tout ; et le premier de mes romans qui fut publié, *L'Invitée*, j'avais déjà trente ans quand je l'abordai. Dans la famille et parmi mes amies d'enfance on chuchotait que j'étais un fruit sec. Mon père s'agaçait : « Si elle a quelque chose dans le ventre, qu'elle le sorte. » Moi je ne m'impatientais pas. Tirer *du néant*[1] et de soi-même un premier livre qui, vaille que vaille, tienne debout, je savais que cette entreprise, à moins de chances exceptionnelles, exige énormément d'essais et d'erreurs, de travail, énormément de temps. Ecrire est un métier, me disais-je, qui s'apprend en écrivant. Dix

ans, tout de même, c'est long, et pendant cette période j'ai noirci beaucoup de papier. Je ne crois pas que mon inexpérience suffise à expliquer un échec aussi persévérant. Je n'étais guère plus rouée quand je commençai *L'Invitée*. Faut-il admettre qu'à ce moment-là j'avais « rencontré un sujet », tandis qu'auparavant je n'avais rien à dire ? Mais il y a toujours le monde autour de soi : que signifie ce *rien* ? En quelles circonstances, pourquoi, comment des choses se révèlent-elles comme *à dire* ?

La littérature apparaît lorsque quelque chose dans la vie *se dérègle*[2] ; pour écrire [...] la première condition c'est que la réalité cesse d'*aller de soi* ; alors seulement on est capable de la voir et de la donner à voir. Au sortir de l'ennui et de l'esclavage de ma jeunesse, j'ai été submergée, étourdie, aveuglée ; et comment eussé-je puisé dans mon bonheur le désir de lui échapper ? Mes consignes de travail demeurèrent creuses jusqu'au jour où une menace pesa sur lui et où je retrouvai dans l'anxiété une certaine soli-

---

1. du non-être   2. est mise en désordre, bouleversée, troublée

tude. La mésaventure du *trio*[3] fit beaucoup plus que me fournir un sujet de roman : elle me donna la possibilité de le traiter[(1)].

Malgré mon impuissance et mes échecs, je demeurai toujours convaincue qu'un jour j'écrirais des livres qu'on éditerait ; ce serait exclusivement des romans, pensais-je ; à mes yeux, ce genre surpassait tous les autres, au point que, lorsque Sartre rédigea des notes et des chroniques pour la *N.R.F.* et pour *Europe*, j'eus l'impression qu'il se gaspillait. Je désirais passionnément que le public aimât mes œuvres ; alors, comme George Eliot qui s'était confondue pour moi avec *Maggie Tulliver*[4], je deviendrais moi-même un personnage imaginaire : j'en aurais la nécessité, la beauté, la chatoyante transparence ; c'est cette transfiguration que visait mon ambition. J'étais sensible, je le suis encore, à tous les reflets qui se jouent dans les vitres ou dans l'eau ; je les suivais pendant de longs moments, curieuse et charmée : je rêvais à me dédoubler, à devenir une ombre qui transpercerait les cœurs et qui les hanterait. Il était inutile que ce fantôme eût des attaches avec une personne en chair et en os : l'anonymat

(1) Tout ce que j'écrivis par la suite confirme l'importance de cette notion de recul. Les voyages, les paysages qui ont tant compté pour moi, c'est à peine si j'en ai parlé, parce que je faisais corps avec eux. Au Portugal, je me suis interrogée sur les plaisirs et sur la honte du tourisme, j'en ai percé à jour les mystifications : j'ai eu envie de m'en expliquer. Il y avait une énorme différence entre l'idée que je me faisais de l'Amérique et sa vérité : ce décalage m'a incitée à raconter mes découvertes. La Chine enfin m'a posé une quantité de problèmes et m'a donné, d'une certaine façon, mauvaise conscience : j'ai réagi en essayant d'en rendre compte. Mais l'Italie, l'Espagne, la Grèce, le Maroc, et tant d'autres pays où je me suis plongée sans arrière-pensée, je n'avais en les quittant aucune raison d'en rien dire, je n'avais rien à en dire et je n'en parlai pas.

m'eût parfaitement convenu. C'est seulement, je l'ai dit, en 1938, que je souhaitai, pendant un court moment, devenir quelqu'un de connu afin de connaître en retour des gens nouveaux.

C'est d'une autre manière que mon univers changea ; mais avant d'en parler je veux faire quelques remarques. Je sais qu'en lisant cette autobiographie certains critiques vont triompher : ils diront qu'elle dément avec éclat *Le Deuxième Sexe* ; ils l'ont dit déjà à propos de mes *Mémoires*. C'est qu'ils n'ont pas compris mon ancien essai et même sans doute en parlent-ils sans l'avoir lu. Ai-je jamais écrit que les femmes étaient des hommes ? Ai-je prétendu que je n'étais pas une femme ? Mon effort a été au contraire de définir dans sa particularité la condition féminine qui est mienne. Je reçus une éducation de jeune fille ; mes études finies, ma situation demeura celle d'une femme au sein d'une société où les sexes constituent deux castes tranchées. En quantité de circonstances, je réagis comme la femme que j'étais[(2)]. Pour des raisons que précisément j'ai exposées dans *Le Deuxième Sexe*, les femmes, plus que les hommes, éprouvent le besoin d'un ciel au-dessus de leurs têtes ; on ne leur a pas donné cette trempe qui fait les aventuriers, au sens que Freud prêtait à ce mot ; elles hésitent à mettre de fond en comble le monde en question comme aussi à le reprendre en charge. Ainsi me convenait-il de vivre auprès d'un homme que j'estimais m'être supérieur ; mes ambitions, quoique têtues, restaient timides et le cours du

(2) Ce qui distingue ma thèse de la thèse traditionnelle c'est que, selon moi, la féminité n'est pas une essence ni une nature : c'est une situation créée par les civilisations à partir de certaines données physiologiques.

3. Olga Kosakievicz, ancienne élève de Simone de Beauvoir, forme avec elle et Sartre le premier « trio ». Cette jeune femme a inspiré à Sartre le personnage d'Ivich dans *L'Age de raison* et à Simone de Beauvoir celui de Xavière dans *L'Invitée*.
4. héroïne du roman de George Eliot, *The Mill on the Floss* (1860)

monde, s'il m'intéressait, n'était tout de même pas mon affaire. Cependant on a vu que j'attachais peu d'importance aux conditions réelles de ma vie : rien n'entravait, croyais-je, ma volonté. Je ne niais pas ma féminité, je ne l'assumais pas non plus : je n'y pensais pas. J'avais les mêmes libertés et les mêmes responsabilités que les hommes. La malédiction[3] qui pèse sur la plupart des femmes, la dépendance, me fut épargnée. Gagner sa vie, en soi ce n'est pas un but ; mais par là seulement on atteint une solide

autonomie intérieure. Si je me rappelle avec émotion mon arrivée à *Marseille*[5], c'est que j'ai senti, en haut du grand escalier, quelle force je tirais de mon métier et des obstacles mêmes qu'il m'obligeait à affronter. Se suffire matériellement, c'est *s'éprouver*[6] comme individu complet ; à partir de là j'ai pu refuser le parasitisme moral et ses dangereuses facilités. D'autre part, ni Sartre ni aucun de mes amis ne manifestèrent jamais à mon égard de complexe de supériorité. Il ne m'a donc jamais paru que j'étais désavantagée. Je sais aujourd'hui que pour me décrire, je dois dire d'abord : « Je suis une femme » ; mais ma féminité n'a pas constitué pour moi ni une *gêne*[7] ni un alibi. De toute façon, elle est une des données de mon histoire, non une explication.

---

(3) Qu'elles en souffrent, s'en accommodent ou s'en félicitent, en fin de compte c'est toujours une malédiction ; depuis que j'ai écrit *Le Deuxième Sexe* ma conviction sur ce point n'a fait que se confirmer.

QUESTIONS

1. Pourquoi Beauvoir voulait-elle devenir écrivain ? Comment décrit-elle l'activité d'écrire ?

2. Qu'est-ce qu'elle envisageait d'écrire ? Pourquoi ?

3. Comment Beauvoir décrit-elle les différences entre les hommes et les femmes ? Quelle « malédiction » pèse sur la plupart des femmes ?

4. Quelle sorte d'indépendance permet à Beauvoir de dire que sa « féminité » n'était ni une « gêne » ni un « alibi » ?

5. où Beauvoir avait un poste d'enseignement   6. se connaître, se réaliser
7. difficulté, contrainte

Françoise Ega (1920–1976)

Martiniquaise de naissance, Françoise Ega offre, dans *Lettres à une noire*, un témoignage important de la vie des émigrés antillais en France au commencement des années soixante. Ega a connu personnellement cette trajectoire de l'immigration. Après une enfance et une adolescence passées en Martinique, elle a vécu en Afrique noire avec son mari militaire, et enfin est venue s'installer à Marseille avec sa famille. Cette correspondance entre Françoise — du moins entre cette personnalité vive et engagée qui dit « je » et que l'on appelle aussi Maméga — et Carolina (sœur Carolina Maria de Jésus) raconte l'aventure d'une vie de lutte, de courage et de transformation exemplaires. *Lettres à une noire,* c'est aussi le récit d'une venue à l'écriture, passage d'autant plus difficile que cette femme de lettres est en même temps femme de ménage et mère de famille. Cette chronique émouvante est suivie d'un texte annexe intitulé « Message des habitants de La Busserine (Marseille) ». Adressé aux « amis et frères de la Martinique », il décrit le rôle que Françoise Ega a joué au sein de cette communauté : « Elle fut véritablement l'âme de nos quartiers. Ses initiatives, ses activités sociales étaient multiples. Surtout, sa porte était ouverte jour et nuit à tous ceux qui étaient dans le besoin et la détresse. La mort l'a arrachée à son ouvrage, mais sa vie est pour nous un témoignage de la recherche incessante de la justice et de l'unité entre les hommes... Notre reconnaissance envers elle est immense. »

Le Temps des Madras (1966)
Lettres à une noire (1978)

LETTRES À UNE NOIRE :
RÉCIT ANTILLAIS (1978)

Dans cette chronique de la vie des émigrés antillais en France, Françoise Ega fait le portrait d'une femme qui triomphe des difficultés de la vie quotidienne pour se constituer une identité d'écrivain. Remarquez le contraste entre le travail domestique qu'elle est obligée d'effectuer et sa détermination personnelle.

Mai 1962

Mais oui. Carolina, les misères des pauvres du monde entier se ressemblent comme des sœurs ; on te lit par curiosité, moi je ne te lirai jamais ; tout ce que tu as écrit, je le sais, et c'est si vrai que les gens les plus indif-férents font un boum de tes mots. Il y a huit jours que j'ai commencé ces lignes, mes petits bougent tellement que je n'ai guère le temps de coucher sur le papier le tourbillon de mes pensées. Je suis indignée. Une fille de mon pays m'a raconté de telles choses sur sa vie chez des patrons que j'ai juré d'*en avoir le cœur net*[1]. Je gagne de l'argent et je *fais le point*[2] : je suis femme de ménage depuis cinq jours, mes employeurs sont embarrassés parce que je ne suis pas fraîchement débarquée ; je parle des Champs Elysées, de la Touraine ou de Notre-Dame de la Garde avec beaucoup de facilité. Ils ne peuvent pas d'emblée m'appeler Marie ou Julie. D'ailleurs cela ne les intéresse pas : ils ne m'appellent pas du tout.

Quinze jours se sont passés et personne ne m'a demandé mon nom ni ma carte d'identité, c'est inouï !

Il y a là deux jeunes filles, l'aînée prépare math'sup', la deuxième son bac. L'aînée m'ignore, elle est farcie d'équations. Elle dit : « B'jour Madame ». Je lui adresse la parole au sujet de ses soutiens-gorge à placer, elle ne répond jamais.

La seconde dit : « B'jour. B'soir. Au r'voir », pourtant elle a gagné mon amitié ; dans sa chambre, il n'y a pas de *mégot*[3], mais j'ai enlevé dans son tiroir dix queues de pommes qu'elle a grignotées. Je la vois volontiers râbachant une leçon en rognant un trognon de fruit, cette image la rend sympathique malgré sa *morgue*[4] de commande. Il y a aussi un délicieux gamin aux cheveux roux tout simple et tout gentil. Nous bavardons volontiers.

Madame a à peu près mon âge, elle s'est barricadée derrière une ridicule façade de dignité et de rigidité. Elle l'oublie parfois et devient une souriante personne qui se reprend vite. Je suis la bonne. Madame dit « B'jour ». Moi, quand j'arrive, « il fait beau, hein ! »

Le patron, lui, je le rencontre en entrant, il part dans sa clinique pour nerveux. C'est lui qui m'a embauchée. Il est très grand. Ils le sont tous, d'ailleurs, dans cette maison. Il est pondéré et ses gestes sont mesurés : il a des yeux bleus empreints d'une telle bonté que je ne le vois pas du tout faire une mauvaise chose. Madame est versatile, je crois, mais toutes les femmes le sont. [...]

20 Mai 1962

Si un jour je t'envoie ces lignes, tu voudras savoir la suite de mon histoire. Ce soir, je me dis « à quoi bon ? », je suis lasse. Lorsque tu ramassais des planches pour ta case, tu ne connaissais pas ce mot « à quoi bon », cela me donne un fichu courage pour mettre mes pensées noir sur blanc pendant que mes petits dorment. Je reprends ma pointe Bic ! Pour gagner dix francs dans mon après-midi, j'ai fait quatre chambres à coucher, j'ai nettoyé deux salles de bains, deux cabinets, j'ai épluché deux kilos de petits pois. A la maison je ne les prends qu'en boîte, je n'aime pas les éplucher, cela m'irrite le bout des doigts. Pourtant je ne suis pas fâchée, c'est la fin du mois et c'est la fête des mères, je pourrai avec mon gain faire un énorme gâteau. La fête des mères c'est encore leur fête à eux ! Ils ont encore pris un de mes cahiers, j'ai toutes les feuilles à recopier. Si tu n'étais pas devenue mon *égérie*[5], j'aurais tout flanqué par la fenêtre en me disant « à quoi bon écrire des choses ? » Je ferme une fenêtre sur mes pensées, une autre s'ouvre, et je te vois, ployée dans ta favella et en train d'écrire sur du papier que tu as ramassé dans les poubelles. Moi qui ai l'immense bonheur d'avoir un cahier, une lampe de chevet et de la musique diffusée en sourdine par mon transistor, je pense

---

1. être éclairée sur ce point   2. faire le point : préciser la situation où l'on se trouve
3. pop., bout de cigarette qu'on finit de fumer
4. affectation exagérée de dignité, arrogance, hauteur   5. conseillère, inspiratrice d'un artiste

que ce serait une lâcheté de tout laisser tomber parce qu'un gamin a déchiré les feuilles d'un cahier. Il n'y a plus qu'à recommencer.

Timidement, autour de moi, j'ai dit : « Je fais un livre ». J'ai entendu *ricaner*[6]. J'ai répété mon leitmotiv à des compatriotes qui me voyaient griffonner lors de nos rencontres, soit dans l'autobus, soit dans les réunions de mutuelles. Ils ont ri, ils m'ont dit : « Occupe-toi de tes gosses » ; il y en a qui ont touché leur front en signe de pitié. Alors j'ai écrit à la sauvette, je l'ai dit à une correspondante éloignée et expérimentée un jour où j'avais encore envie de tout lâcher. Ce matin, cette grande dame m'a répondu : « Ce sera un beau livre, sans savoir quel sujet vous traitez, je sais la façon dont vous l'écrirez ». Elle ne me connaît pas et elle me fait confiance. Elle me donne une chance de savoir ce que je peux *balbutier*[7] et cela me rend ivre ; d'une traite, j'ai écrit trois chapitres de mon « Royaume évanoui », le titre même s'est dessiné parce que l'on m'avait fait confiance, par quelques mots. [...]

2 Juin 1962

Voilà deux mois que je suis femme de ménage et ce n'est pas drôle, Carolina. J'ai chassé le naturel, il est revenu au galop ; à ma patronne, je ne parle pas que de cire, de savon de Marseille et d'épingles à linge. Je la sens un peu déçue. Son amie en a « une » qui parle très mal le français et est très naïve, c'est chou ! Moi, je lui parais bizarre, cela la rend nerveuse et un peu méchante. Elle me demande :

— Avez-vous fini le vestibule ?

— Oui, Madame.

C'est le signal ; elle prend un tapis poussiéreux et se met en devoir de le secouer à l'endroit que je viens de faire reluire! Alors il me faut recommencer. Si je le dis à la maison, mon mari va crier « Reste chez toi », et il va mettre ma mobylette en panne ! Si je reste chez moi, je ne pourrai jamais voir jusqu'où peut aller la bêtise humaine. Le lundi, je nettoie à fond un salon avec, comme entrée en matière, le brossage à la main d'un lourd tapis. Il paraît que l'aspirateur abîme les fibres de ce précieux ornement. Moi, je crois que c'est pour mieux me voir ployer à terre. Le mardi, quand tout est reluisant, Madame fait son raccommodage et des centaines de petits bouts de fil s'incrustent dans la laine du tapis que j'ai tant de mal à nettoyer. Elle dit négligemment : « Il faut que je pense à mettre un vieux drap devant mon fauteuil de raccommodage ! » Elle oublie toujours ! Alors je fais mine de prendre l'aspirateur ; elle dit : « J'ai besoin de l'aspirateur pour le salon ! Prenez la petite brosse ! ». « Ploie tes reins, ma fille, je te donne deux francs de l'heure pour cela ». Je suis un *cobaye*[8] volontaire, je rengaine mon envie de mettre mon tablier au mur et je recommence à brosser. Là, je me demande comment cela doit se passer pour mes sœurs qui n'ont nulle part où se refugier en cas de révolte, qui sont obligées de rester nuit et jour en compagnie de telles bonnes femmes parce qu'elles ont un voyage à rembourser ! Carolina, c'est affreux. Carolina, quand, toi, tu ployais ton buste sur les poubelles, au moins tu n'avais personne à tes trousses pour voir si tu étais bien cassée en deux et c'est une chance, tu sais ! En rentrant chez moi, je ne suis pas encore couchée ! J'ai les gosses à instruire, à gifler, à faire manger et à aimer. Heureusement, cela me fait oublier ma dame.

6. rire à demi de façon méprisante ou sarcastique
7. s'exprimer confusément ou maladroitement
8. petit animal, cochon d'Inde ; être utilisé comme un sujet d'expérience

5 Juin 1962

Aujourd'hui, j'ai pu ajouter quelques pages à mon livre que j'avais laissé en souffrance parce que, hier soir, alors que j'étais juchée derrière la moto de mon mari qui me ramenait de la ville, il a eu un grand rire :

— « Alors, ça marche, ton bouquin, il est bien maigre ! J'ai regardé, cet après-midi : cinquante pages ! Tu es marrante ! »

Pour écrire « *Les Hauts de Hurlevent* »[9], il a bien fallu que ce soit maigre au début. Ma vexation est telle que j'ai juré de finir ce fameux « Royaume évanoui » *coûte que coûte*[10]. Je suis sûre, Carolina, que personne ne se moquait de toi.

Pentecôte 1962

Les après-midi chez ma patronne sont terribles ; elle est de plus en plus irascible. J'avais tellement envie de deux jours de vacances en entier ! Ils sont là et j'en profite à plein. Moi, fille du vent et des espaces libres, je suis obligée de tourner en rond dans un vaste appartement aux volets clos. Quand j'entre dans les chambres des jeunes filles, la nausée me saisit, je me précipite aux fenêtres que j'ouvre si la maîtresse de maison ne fait pas le guet, car elle a horreur de la lumière du jour. Dans ces conditions, je ne pense qu'au *mistral*[11] qui soufflerait pour assainir ce logement *calfeutré*[12]. Je passe l'aspirateur et mes boyaux se tordent, la nausée me gagne avec toutes ces odeurs mélangées, parfum, transpiration, cuisine. J'ai une revanche, je prends le chemin des écoliers pour rentrer chez moi. La montée jusque dans ma banlieue, avec dix kilomètres de route à franchir, traversant des coins fleuris. Je rentre chez moi et je me sens heureuse, mais heureuse, beaucoup plus que si j'étais restée toute une journée à travailler à quelque pauvre ouvrage de couture et de repassage. Les quelques heures que je passe au dehors me font apprécier mon logis, et je suis contente de rentrer ! Même si je dois faire quelques heures de travail en supplément pour récupérer le temps perdu. Hiver comme été l'air du bon Dieu trouve le moyen d'entrer chez moi. J'aime le nettoyage à grands seaux d'eau fraîche, les pièces qui sentent la citronnelle. Si j'étais riche, j'éviterais les rideaux qui entretiennent la poussière et les maisons à étages sur les boulevards passants. J'aurais une maison ensoleillée à la campagne, loin du bruit des moteurs, j'écouterais chanter le vent dans les grands arbres qui ne manqueraient pas de l'entourer.

Mais je suis femme de ménage, Carolina, et je tourne et vire dans des relents de chaussettes, de cire à parquet, et de produits à chasser les odeurs ; de livres qu'on n'a même pas le temps de lire et de jeunes filles ignorant les piscines et la marche à pied.

J'arrive chez moi encore sous l'impression du renfermé ; je dis aux enfants : « Allez, vite, respirez », et j'ouvre ma maison pour que le soleil entre par toutes les baies. Le plus pénible, je crois, pour une femme de ménage, c'est l'odeur de la vie des autres. Malgré ma fatigue, je m'installe au soleil, près d'une fenêtre, après avoir fait manger la maisonnée, et je pense à toi. Je te vois, un fichu retenant tes cheveux, clouant les planches de ta case, et je suis stimulée. Les enfants continuent à me *chiper*[13] mes crayons mais le livre avance.

J'ai fini mon premier cahier et j'exulte ; Carolina, savoir réunir des mots, en faire des phrases et pouvoir les lire, même si ce que l'on écrit est en petit nègre ou en javanais !

---

9. *Wuthering Heights* (1847), roman d'Emily Brontë   10. à tout prix
11. vent violent qui souffle du nord ou du nord-ouest vers la mer, dans la vallée du Rhône et sur la Méditerranée
12. enfermé, où l'air ne pénètre pas   13. fam., voler

Cela donne une impression incroyable de soulagement. Ce que je fais, ce n'est pas sans peine : il y a toujours un gamin qui ronchonne autour de moi pendant qu'un autre rit. Parmi eux, j'ai deux supporters : ils consultent mes pages et ils ont coupé deux feuillets qui leur paraissaient intéressants, « pour lire au lit ». Ma fille a trouvé idéales les pages blanches de mon nouveau cahier pour dessiner. Je me suis mise en colère, je leur ai dit que s'il me manquait du papier pour écrire, ou des bouts de mon histoire, jamais cela ne ferait un livre ; ils *rôdent*[14] autour de mes pages blanches ou déjà noircies et n'osent plus y toucher.

Il y a même un léger progrès chez mon mari : il rit moins, il m'appelle « mon écrivain ». « Mon écrivain ! Donne-moi mes chaussettes ! » « Mon écrivain, tu nous fais un gâteau ? ». Je lâche ma pointe Bic et je fais un gâteau. Mais quand il est parti, tôt le matin, et que mes supporters dorment encore, que ma fille rêve de dessin sans en faire, je me régale : il n'y a que la chouette du vieux pin qui trouble le silence, je suis dans mon élément. C'est peut-être une chance de pouvoir dicter ses pensées à des secrétaires et se faire rectifier sans souci par des conseillers, mais comme cela a moins de saveur !

QUESTIONS

1. Que fait la narratrice (Maméga) pour gagner de l'argent ? Quelle est sa situation personnelle ?
2. Comment décrit-elle les membres de la famille chez qui elle travaille ?
3. Comparez la vie de Madame avec celle de sa femme de ménage.
4. Pourquoi et quand Maméga écrit-elle ? Quels progrès dans ce travail décrit-elle dans ses lettres à Carolina ? Que pensent les autres de ce travail ?
5. Comment la forme épistolaire contribue-t-elle à l'intensité du récit ?

14. errent avec une intention suspecte ou hostile

Nicole Brossard (1943–)

L'une des *auteures*[1] québécoises les plus intéressantes, Nicole Brossard est née à Montréal en 1943. Brossard s'engage dans la lutte féministe dès les années soixante. Cofondatrice des importantes revues *La Barre du jour* (1965) et *Les Têtes de Pioche* (1976), associée à *La Nouvelle Barre du jour* (1977), elle est également coréalisatrice du film *Some American Feminists*. Dans ses ouvrages littéraires, Brossard explore les liens entre le lesbianisme, le langage, la culture et l'écriture. Au Canada, elle est reconnue comme théoricienne de l'écriture expérimentale, et en 1975, son recueil de poésie, *Mécanique jongleuse,* obtient le Prix de poésie du Gouverneur-Général. Ce même prix national lui est décerné une deuxième fois en 1984. Deux recueils, *A tout regard* et *Installations,* lui valent le Grand Prix de poésie de la Fondation Les Forges en 1989. Dans ses romans comme dans sa poésie, Brossard travaille surtout sur l'imaginaire et les différentes expressions possibles de l'écriture.

Aube à la saison (1965)

Suite logique (1970)

Sold-Out (1973)

Mécanique jongleuse suivi de *Masculin grammaticale* (1974 ; Prix du Gouverneur-Général du Canada)

French Kiss (1974)

La Nef des sorcières (coauteure) (1976)

L'Amèr, où le chapitre effrité (1977)

Le Centre blanc (1978)

Le Sens apparent (1980)

Amantes (1980)

Picture Theory (1982)

Double Impression (1984)

Domaine d'écriture (1985)

Le Désert mauve (1987)

A tout regard (1989)

Installations (1989)

Langues obscures : Poésies (1992)

La Nuit verte du parc labyrinthe (1992)

---

1. Tout comme « écrivaine », ce néologisme d'origine québécoise marque un geste d'appropriation féministe de l'acte d'écrire.

« JE VEUX REVOIR CETTE SEQUENCE » (1980)

La forme expérimentale de ce poème rend sa lecture difficile ; au lieu de chercher une signification globale ou définitive, remarquez l'emploi provocant des images ainsi que la tension entre les deux langues. Prêtez tout particulièrement attention au travail linguistique et typographique.

ainsi que la porno délibérée du vent
symbolique et *d'ailleurs en tout cas*
peau un mot m'a suffi : virtuelles
traverse nos versions de la voix
et jouissance, cela m'est radical
comme la pensée qui saisit son élan
le cerveau : que d'inscriptions
de la corniche à la cornée
———————— transversales

bouche, j'écris j'éprouve et je pense
acquise, j'oublie **une émotion singulière**
dans le tournoi je cultive l'identité
de l'amour et d'indice dès lors
j'accoste/so close
in to your ———————— brain
sans traduction/in Time/ je me souviens
et viens d'un seul élan : paysage excite

cities get closer : l'épaule, le verdict
une fois et je pleure, autour
plus près, je risque de dos le souvenir
cervicales/et braise baiser les cuisses
et d'existence : il m'a fallu un dé,
une histoire pour continuer/get closer
l'amour lesbien jour de *gerbe*[1]
ma semblable de connivence : musique

profils et miroir, je travaille
à l'horizon
explore et n'en reviens jamais
sans savoir si j'ose le paradoxe :
transformer *la* volûte, *la* flamme
la synthèse
aucun texte ne m'aura, j'en conviens
convoque (minimum ton visage)
sans quoi je tourne au ralenti trop
fluide pour ne pas être coulée/goutte

1. botte, bouquet de ceréales, fleurs coupées ; par analogie : de ce qui s'élance, jaillit en forme de gerbe

ici (la fiction) l'*échine*[2] lorsque
les cils *doucement la matière à écriture*
la tension va venir ainsi que ton épaule
m'a verticalement éblouie je poursuis
sel conquête et sommeil / quelques mots :
je veux revoir cette séquence
nous nues genoux enlacées en un mot
radicalement

QUESTIONS

1. Réfléchissez sur le titre. A quoi vous fait penser le mot « séquence » ? Comment guide-t-il votre lecture du poème ?
2. Trouvez des exemples où les images du corps entrent dans ce poème. Quel est leur rapport avec l'écriture ?
3. Quel est l'effet de ces deux langues en juxtaposition ? Pourquoi les mettre ensemble ?

2. casse l'échine, les reins de quelqu'un ; meurtrit, tue

Maryse Condé (1936–)

Maryse Condé figure parmi les écrivains francophones les plus connus de notre époque. Née à Pointe-à-Pitre en Guadeloupe, elle poursuit des études supérieures à Paris et à Londres. Condé appartient à une génération d'intellectuels antillais qui subit profondément la fascination du continent africain, et elle a vécu et a enseigné au Guinée et au Ghana. Elle habite en Guadeloupe maintenant. Depuis plusieurs années, Condé est souvent invitée à enseigner et à donner des conférences dans les universités de l'Amérique du Nord. Dans l'œuvre de Condé, l'Afrique joue un rôle essentiel dans la quête d'identité des personnages. Dans l'avant-propos à la réédition de son roman controversé, *Hérémakhonon*, Condé décrit ce premier projet ainsi : « J'eus l'idée de placer le récit dans la bouche d'une héroïne négative. Partie sur la crête de *la négritude*[1], à l'appel de ses *hérauts*[2] pour découvrir selon ses propres termes, "ce qu'il y avait avant", c'est-à-dire le passé africain, elle s'aperçoit que le passé ne sert à rien quand le présent a nom malnutrition, dictature, bourgeoises corrompues et parasitaires. » Dès sa parution en 1984, le roman *Ségou* devient un des best-sellers de la littérature noire d'expression française. Avec la publication des nouvelles dans *Pays mêlé*, Condé annonce son retour au pays natal. Dans son œuvre, Condé dépeint les tensions socioculturelles qui existent entre le passé et le présent dans le monde antillais et élabore une politique de l'écriture pour l'artiste francophone à la fin du vingtième siècle.

Hérémakhonon (1976) ; réédité sous le titre *En attendant le bonheur* (1988)

La Parole des femmes (1979)

Une Saison à Rihata (1981)

Ségou (1984)

Pays mêlé (1985)

Moi, Tituba, sorcière noire de Salem (1986)

La Vie scélérate (1987)

Traversée de la mangrove (1989)

Hugo le terrible (1991)

Les Derniers rois mages (1992)

---

1. Terme et concept élaborés par Aimé Césaire de Martinique, Léopold Sédar Senghor du Sénégal et Léon Damas de Guadeloupe. Faisant partie d'un groupe d'étudiants noirs à Paris vers la fin des années vingt et au début des années trente, ces hommes, de par les journaux qu'ils ont fondés et les salons littéraires auxquels ils participaient, ont articulé une prise de conscience de leur race et de leur culture. Senghor définit la négritude comme « le patrimoine culturel, les valeurs et surtout l'esprit de la civilisation négro-africaine ».
2. fig., annonciateurs, messagers

HABITER CE PAYS, LA GUADELOUPE (1989)

Dans ce texte enregistré pour le journal Chemins Critiques *à la suite de la catas-trophe du cyclone Hugo, Maryse Condé décrit son retour au pays natal après une absence de plus de trente ans. Elle réfléchit aux conséquences de ce deuxième appren-tissage du créole pour un écrivain qui s'exprime en français. Elle se demande com-ment parler de la Guadeloupe telle qu'elle est aujourd'hui. Cette question entraîne une suite de réponses provisoires ainsi qu'une nouvelle perspective sur son activité lit-téraire.*

Je fais partie de ces milieux petits-bour-geois que l'on a déjà beaucoup dénoncés, pour qui le créole a été très longtemps une langue interdite. De par la vie que j'ai menée ensuite en Afrique, où je n'ai guère rencontré d'Antillais, le créole était devenu quelque chose d'assez secondaire dans ma vie, je pourrais même dire d'inexistant.

Revenue ici, j'ai été obligée de le réap-prendre, de me laisser investir par une autre façon d'interpeller les autres, de s'interpeller entre humains et d'interpeller les choses. J'ai dû réapprendre à parler avec les gens de Montebello, d'eux-mêmes, de moi-même, de la nature qui nous entourait, des effets de la nature qui nous entourait. Et je dois dire que cet apprentissage a été assez difficile.

Je n'entrerai pas dans cette querelle que l'on fait, que les savants, les spécialistes font sur la mort éventuelle du créole. Per-sonnellement je n'y crois pas. Je pense sim-plement que le créole est vivant, que le créole se charge énormément de mots français et que ce n'est pas du tout le signe de sa mort ou de son caractère sclérosé, mais au contraire, le signe de son caractère abso-lument dynamique. [...] Je pense que l'essen-tiel c'est que, avec des apports nouveaux il y ait toujours une langue qui soit rebelle au français, qui se pose en interlocutrice du français et qui continue à s'ériger comme telle. Donc que le créole se francise ou ne se francise pas, cela n'a pas d'importance pour moi, puisqu'il continue à être le véhicule lin-guistique de prédilection d'une grande par-tie de la population.

Donc j'ai dû réapprendre le créole. Et on se doute évidemment de tout ce que cela représente pour un écrivain. Je dois dire tout de suite pour éviter toute démagogie que je n'ai jamais envisagé d'écrire en créole, bien que j'envisage de plus en plus d'introduire dans le français toutes ces sonorités, toutes ces métaphores, toutes ces images qui me sont imposées par un nouvel environne-ment, par une nouvelle nature, celle au milieu de laquelle je vis. [...]

Habiter ce pays c'est réapprendre à écrire. Changer presqu'entièrement sa ma-nière d'écrire.

Habiter ce pays c'est aussi réapprendre un certain tissu social. Je crois que nous avons tous une sorte d'image des Antilles à la limite du folklore, surtout en ce qui a trait aux rapports entre vieillards et enfants, entre parents et enfants, entre femmes et hommes. Or il faut se rendre compte que le pays change. Pour le meilleur et pour le pire, cette espèce de Guadeloupe « dan tan lontan » n'existe plus. Il est certain que le système familial de la Guadeloupe demeure assez particulier. Celui de la femme, qui est en général la mère de famille, et qui vit avec plusieurs enfants de pères différents ou de père unique généralement absents. Mais il faut se dire aussi que ce type de famille devient de plus en plus rare. La femme antil-laise évolue et elle a perdu beaucoup de sa passivité, elle gagne de plus en plus en combativité ; elle a appris un certain nombre de choses, telle que le planning familial, et comme j'habite à la campagne, je ne parle pas de la ville, je parle des jeunes filles qui sont toujours autour de moi, et qui savent contrôler leurs naissances et qui savent très bien qu'elles ne feront pas huit, dix enfants comme leur mère a fait avant elles. Il faut aussi savoir que les garçons antillais, que l'on continue à considérer comme des machistes, comme des gens qui n'ont pas de respect ou de souci pour la femme, changent eux aussi.

Donc il faut habiter ce pays non pas avec des yeux tournés vers le passé, vers une espèce d'image qui nous réconforte parce qu'elle est fidèle à une sorte de mythe des Antilles qui a voulu nous faire croire que nous sommes un peuple différent des autres et que nous avons une identité précise qui se définit aisément. Il faut comprendre que le pays change, que les rapports entre individus changent, qu'une Guadeloupe nouvelle se crée au fur et à mesure et habiter ce pays c'est être à l'écoute de la modernité. [...]

Donc habiter ce pays c'est habiter quelque chose qui est neuf, quelque chose qui vous déconcerte, quelque chose qui vous interpelle à tous les niveaux. Le rapport entre les gens n'est plus ce que l'on a dit qu'il était. Le rapport entre les gens se définit au fur et à mesure, et finalement on se demande, qu'est-ce qui fait que ce pays malgré tout demeure la Guadeloupe ? Parce que les liens entre la Guadeloupe et ce qu'il est convenu d'appeler la Métropole deviennent de plus en plus charnels. *A savoir*[1] qu'il n'y a pas une famille guadeloupéenne qui n'ait pas à l'extérieur, en France, des parents. Et pourtant, l'identité guadeloupéenne n'en est pas profondément affectée. Même avec cet apport constant d'éléments étrangers, la culture reste différente, par rapport à la culture française, par rapport à l'« autre ».

Donc il faut étudier le mécanisme par lequel nous intégrons tellement de choses qui paraissent opposées à ce que nous sommes, le mécanisme par lequel nous modifions ces choses, nous les *phagocytons*[2], et par lequel nous produisons une culture qui constamment représente une sorte de défi, parce que nous sommes tellement petits, tellement dérisoires, et que malgré tout nous demeurons absolument différents.

Donc habiter ce pays c'est résoudre une énigme, l'énigme de particularismes culturels qui demeurent.

Je ne suis pas du tout, et je l'avais dit à propos de la langue, je ne suis pas de ces gens qui croient que la culture de la Guadeloupe est en train de mourir. Je pense au contraire qu'elle n'a jamais été aussi vivante. Mais ceux qui pensent qu'il faut la mesurer à l'*aune*[3] du passé seront désolés parce que ce passé-là est mort et bien mort, et il s'agit aujourd'hui de parler et d'écrire au présent.

Habiter ce pays c'est parler de lui au présent. C'est écrire sur lui au présent. Et cela me conduit à une sorte de réflexion sur cette question : que devons nous dire dans nos livres ?

J'ai assisté une fois avec d'autres écrivains à un colloque qui se tenait à Capesterre, Belle-Eau, où des enfants de quinze ou seize ans nous ont interpellés en nous disant : « Vous racontez toujours les mêmes histoires. Or nous aurions aimé que vous parliez de choses nouvelles. On se demande pourquoi vous n'écrivez pas, par exemple, de la science fiction. » Evidemment, nous autres écrivains nous n'avons rien trouvé à répondre. Nous nous sommes rendu compte que la jeunesse guadeloupéenne qui vit dans le pays au présent, qui vit dans la culture au

1. C'est-à-dire   2. fig., détruisons en absorbant   3. ancienne mesure de longueur

présent, voudrait que nous parlions de la Guadeloupe telle qu'elle est aujourd'hui, et non pas telle que nous l'avons connue, et non plus telle que nous souhaiterions qu'elle soit. C'est cela qui est très difficile : trouver un moyen de parler de ce pays tel qu'il est, de rendre compte de sa modernité et d'intégrer peut-être sa modernité avec les souvenirs, les bribes de ce passé qui nous est cher et que nous aimerions restituer. Entreprise terriblement difficile. Etre à la fois présent et dépositaire d'un passé perdu sans lequel le présent n'aurait pas de vitalité, de saveur.

Mais surtout, habiter ce pays c'est répondre à une sorte de sollicitation politique constante. Je crois que la culture ne peut pas se séparer du politique. Habiter ce pays c'est se rendre compte d'abord d'inégalités criantes, criardes. Depuis le cyclone Hugo, le masque, l'espèce de paravent que les arbres offraient à la Guadeloupe, derrière lequel tant de misère se cachait, ce paravent est tombé. Et nous voyons des zones immenses de *bidonvilles*[4], de cases en tôle rapiécée, de cases en planches, de cases en bois de mauvaise qualité qui apparaissent. Nous voyons partout la misère. Et je pense que c'est extraordinaire de découvrir que ce pays qui s'est très longtemps vanté de posséder le niveau de vie le plus élevé des Antilles, qui a regardé avec mépris tous ses voisins, les Haïtiens, les Dominicains, les Jamaïcains, qui a considéré toujours qu'il était une sorte de vitrine de la France et bientôt de l'Europe, il est tout à fait intéressant de voir ce pays mis à nu et de comprendre que nous avons vécu dans la parole mensongère des politiciens. Le pays est pauvre. Aujourd'hui nous avons vingt-cinq mille *sinistrés*[5]. Mais auparavant, combien de gens étaient misérables, combien de gens vivaient uniquement des allocations ? Nous savions que le pays était un pays assisté et que la plupart des gens, en fait, allaient la main tendue pour recevoir des allocations, mais nous ne réalisions pas à quel point finalement, nous, petits-bourgeois dans ce pays, nous étions des éléments isolés, et comment la grande masse, la grande majorité de nos compatriotes vit finalement d'une manière insupportable. Il faudrait qu'habiter ce pays, ce soit donner à chacun ce qu'il mérite. Ce ne sont pas là des discours de campagne politique, ce sont simplement les discours d'une Guadeloupéenne qui vivait dans un milieu très privilégié, et qui, maintenant que les masques sont tombés, grâce à Hugo d'une certaine façon, découvre la misère de ses compatriotes.

Donc habiter ce pays c'est habiter un pays de grande injustice, un pays de grande souffrance pour une grande majorité de gens. Habiter ce pays c'est s'efforcer quand même de créer une terre plus juste dans laquelle les êtres auront accès à plus d'égalité à tous les niveaux : santé, instruction, habitat.

Pour un écrivain tout ceci cause une sorte d'angoisse absolument importante dans son travail personnel. Parce que ce désir de rendre le pays plus juste, d'habiter un pays plus juste où les rapports entre les individus soient plus équitables doit-il nous ramener à ce souci de littérature engagée qui était la littérature du genre des années vingt, des années trente ou de l'après Jean-Paul Sartre ? Je crois qu'il faut avoir le courage de dire que la littérature engagée telle que nous l'avions imaginée à une certaine époque doit être enterrée. L'écrivain n'est pas un théoricien social. L'écrivain n'est pas un homme politique. L'écrivain n'a pas à faire de tract

---

4. agglomérations d'abris, de baraques sans hygiène où vit la population la plus misérable
5. personnes qui ont subi des dommages d'un événement catastrophique naturel

idéologique pour vanter tel ou tel parti, pour dénoncer tel ou tel système social, ou tel système politique. Je pense que dans son écriture, dans son œuvre littéraire, l'écrivain intègre un certain nombre de dénonciations ou de revendications, mais ce ne doit jamais être le but primordial de son écriture, le but primordial de son œuvre. Le but de l'œuvre d'un écrivain c'est tout simplement d'essayer de restituer la vie. Finalement, l'œuvre d'un écrivain c'est quoi sinon présenter la vie autour de lui dans sa complexité et dans son étrangeté. [...]

Il y a un élément absolument indispensable à l'esprit humain, c'est la faculté de rêver. Je pense que l'écrivain doit fournir le rêve aussi à ceux qui s'approchent de lui. Non pas un rêve qui soit un refuge contre le réel, contre le combat qu'on peut mener dans la vie, mais simplement un rêve qui fasse partie de la vie. Il n'y a pas de vie sans rêve. Il n'y a pas de réel sans rêve et l'écrivain, en restituant la vie, restitue aussi le rêve. Ce sont des dimensions de la littérature que, pendant un certain temps, nous avons voulu considérer comme honteuses. Nous avons privilégié un certain type d'écriture. Nous avons méprisé un certain type d'œuvre littéraire, et il me semble que maintenant nous devons nous rendre compte que ceci est absolument mal venu et que finalement l'œuvre littéraire doit être aussi complexe que possible. Elle doit intégrer divers aspects de la réalité, elle doit

répondre à toutes les exigences du cœur humain.

Donc finalement, habiter ce pays c'est réfléchir un peu sur l'œuvre littéraire. C'est repenser l'œuvre littéraire. C'est repenser sa fonction d'écrivain. Pendant très longtemps nous avons pensé que l'écrivain était un personnage privilégié, alors que dans des pays comme le nôtre l'écrivain n'est pas vraiment reconnu comme un élément indispensable à la société. Par exemple les gens autour de moi à Montebello ne comprennent pas bien ce que je fais, à me voir toujours à la maison. Ceux qui s'en vont à une heure fixe et qui reviennent à une heure fixe ne comprennent pas que ce que je fais a aussi le nom de travail. Je crois que, habiter ce pays nous conduit à une sorte de modestie par rapport à la fonction, par rapport au statut d'écrivain. Un écrivain c'est simplement quelqu'un qui travaille d'une manière particulière, un peu différente de celle des autres individus qui l'entourent, mais pas d'une manière qui soit plus noble, ni plus précieuse, simplement d'une manière différente. Dans un pays comme le nôtre, l'écrivain c'est une femme, un homme parmi les autres, à l'écoute du pays d'une manière un peu particulière, essayant d'exprimer la voix du pays avec ses mots, avec son imaginaire, avec sa sensibilité. Mais le temps de l'écrivain, être privilégié, n'existe plus.

Habiter ce pays nous ramène donc à cette humilité.

QUESTIONS

1. Qu'est-ce que Maryse Condé a dû faire en revenant à son pays natal ? Pourquoi le milieu social dont elle fait partie y est pour beaucoup ?

2. Que dit Condé du créole ? Pourquoi possède-t-il une valeur de rebellion ?

3. Quelle discussion Condé entame-t-elle à partir de son commentaire sur le créole ? Suivez le mouvement du texte et notez le développement de la

pensée de Condé. Quel effet la répétition de l'expression « Habiter ce pays... » produit-elle ?

4. Qu'est-ce que Condé découvre à propos de l'identité de la Guadeloupe après le passage de Hugo ?

5. Quelle dimension de la vie en Guadeloupe mène Condé à parler de l'écrivain ? Comment Condé envisage-t-elle la responsabilité sociale de l'écrivain ?

6. Comment Condé comprend-elle les rapports entre la culture et la politique ?

SUJETS DE DISCUSSION ET DE COMPOSITION

1. Quelles raisons Marie de France, Pisan et des Roches donnent-elles pour leur activité d'écrire ? Dans ces textes, comment est-ce qu'elles définissent leur créativité féminine ainsi que leur travail artistique ?

2. Quels moments dans leur « venue à l'écriture » Sand, Beauvoir et Condé soulignent-elles ? Et ces moments, que nous disent-ils sur la manière dont chaque femme envisage sa vocation d'écrivain et son auto-représentation ?

3. Quelles positions culturelles, géographiques et socio-économiques signifiantes pourriez-vous identifier dans les multiples images de la femme écrivain présentées dans cette section ? En vous appuyant sur trois textes, examinez comment ces contextes différents construisent le personnage de l'auteur. De quelle manière ces exemples rendent-ils plus complexe la notion de « la femme écrivain française » ?

II

EN FAMILLE

La mère, le père et quelques beaux enfants rieurs : les clichés ne manquent pas en ce qui concerne la famille. Tout semble commencer par là. Même dans nos premiers textes d'enfance, il s'agit souvent d'histoires de famille. Si on ne peut y échapper, que penser néanmoins de cette structure profondément sociale et culturelle ? En Amérique, « la famille » fait partie du discours politique, et selon certains observateurs, ce noyau unitaire serait en train d'éclater. Mais en fait, le débat sur la famille n'est pas nouveau. Au dix-neuvième siècle, par exemple, Daniel Stern (Marie de Flavigny, comtesse d'Agoult) critiquait l'idéalisation de ce que l'on nomme « l'instinct maternel ». A la fin de notre vingtième siècle, comment repenser les rôles de la femme à l'intérieur de la famille ? C'est bien la question que se posent les amies épistolaires d'*Une si longue lettre*. Mariama Bâ dépeint les plaisirs, mais aussi les contraintes du mariage et de la vie familiale pour une femme dans le Sénégal moderne.

Dans les extraits suivants, le dialogue mère-fille est privilégié. Les rapports entre mères et filles sont aussi variés que complexes. Dans la culture occidentale, cette relation est souvent marquée par des sentiments d'ambivalence et par une certaine violence. Nos exemples révèlent, tour à tour, l'amour et la haine, la tendresse et la froideur, la présence et l'absence. Bien qu'écrits à des époques différentes par des auteurs appartenant à diverses couches sociales, ces textes se fondent néanmoins sur un certain nombre de thèmes communs. La marquise de Sévigné écrit une lettre à sa fille absente ; Colette évoque les moments de silence tendu qui s'installent entre une mère et sa fille ; Luce Irigaray élabore sa réflexion sur les rapports mère-fille au fil d'un dialogue où les deux personnages occupent une position symbolique.

A part ce rapport central, les femmes écrivains décrivent l'intensité des émotions familiales. La voix narrative joue un rôle important dans les textes à la première personne, car le « je » féminin se développe au sein de la famille.

Marie de Rabutin-Chantal, Madame de Sévigné (1626–1696)

Orpheline de jeune âge, Marie de Rabutin-Chantal est élevée par son oncle maternel, Christophe de Coulanges, abbé de Livry. En 1644, elle se marie avec Henri de Sévigné et elle a deux enfants avec lui. Henri est tué dans un duel et Madame de Sévigné préfère ne jamais se remarier. Elle partage son temps entre Paris et des propriétés en Bretagne. Elle fréquente des salons à Paris, parmi lesquels celui de Madeleine de Scudéry, et est très amie avec Marie-Madeleine de Lafayette. Sévigné écrit régulièrement à ses amis et à ses parents, notamment à Bussy-Rabutin, son cousin et un homme de lettres qui est exilé pendant quelques années.

Sévigné commence à écrire à sa fille, Françoise-Marguerite, quand celle-ci quitte Paris pour vivre en Provence où son mari, le comte de Grignan, est lieutenant-gouverneur ; c'est grâce à cette correspondance que Sévigné devient célèbre. Pendant vingt-trois ans, mère et fille s'écrivent deux ou trois fois par semaine. Les lettres de Sévigné sont admirées, lues et circulées pendant sa vie même. Ainsi Sévigné se crée une identité maternelle publique par son activité épistolaire. Avant leur séparation, rien ne distingue leur rapport, mais dès qu'elle commence à écrire à sa fille, Sévigné devient passionnée et tendre. Comment est-ce que son écriture influence son amour pour sa fille ? Après la mort de Sévigné, ses lettres commencent à être publiées. Bien que sa petite fille, Pauline de Simiane, la fille de Françoise-Marguerite, facilite la publication d'une version officielle des lettres de Sévigné, elle détruit celles de Françoise-Marguerite.

Dans plus de 1300 lettres, Sévigné traite des événements politiques et historiques, de la mode, de la médecine et de la religion, parmi d'autres sujets. Son rapport avec sa fille, son sujet principal, se caractérise non seulement par l'amour et la passion, mais aussi par la dépendance et l'angoisse.

Lettres de Madame de Sévigné (1735)
Correspondance de Madame de Sévigné, 3 volumes (1972–1978)

LETTRES À SA FILLE, LE 3 ET 4 MARS 1671

Sous un certain angle, on pourrait dire que ces lettres de la mère à la fille récemment partie ressemblent à des lettres d'amour. Trouvez des exemples où le langage vous paraît passionné.

27. — À MADAME DE GRIGNAN

Mardi 3 mars 1671.

Si vous étiez ici, ma chère bonne, vous vous moqueriez de moi ; j'écris de provision, mais c'est une raison bien différente de celle que je vous donnais pour m'excuser : c'était parce que je ne me souciais guère de ces gens-là, et que dans deux jours je n'aurais pas autre chose à leur dire. Voici tout le contraire ; c'est que je me soucie beaucoup de vous, que j'aime à vous entretenir à toute heure, et que c'est la seule consolation que je puisse avoir présentement. Je suis aujourd'hui toute seule dans ma chambre par l'excès de ma mauvaise humeur. Je suis lasse de tout ; je me suis fait un plaisir de dîner ici, et je m'en fais un de vous écrire hors de propos : mais, hélas ! ma bonne, vous n'avez pas de ces loisirs-là. J'écris tranquillement, et je ne comprends pas que vous puissiez lire de même : je ne vois pas un moment où vous soyez à vous. Je vois un mari qui vous adore, qui ne peut se lasser d'être auprès de vous, et qui peut à peine comprendre son bonheur. Je vois des harangues, des infinités de compliments, de civilités, des visites ; on vous fait des honneurs extrêmes, il faut répondre à tout cela, vous êtes accablée ; moi-même, sur ma petite boule, je n'y suffirais pas. Que fait votre paresse pendant tout ce tracas ? Elle souffre, elle se retire dans quelque petit cabinet, elle meurt de peur de ne plus retrouver sa place : elle vous attend dans quelque moment perdu pour vous faire au moins souvenir d'elle, et vous dire un mot en passant. « Hélas ! dit-elle, mais vous m'oubliez : songez que je suis votre plus ancienne amie ; celle qui ne vous ai jamais abandonnée, la fidèle compagne de vos plus beaux jours ; celle qui vous consolais de tous les plaisirs, et qui même quelquefois vous les faisais haïr ; celle qui vous ai empêchée de mourir d'ennui et en Bretagne et dans votre grossesse. Quelquefois votre mère troublait nos plaisirs, mais je savais bien où vous reprendre ; présentement je ne sais plus où j'en suis ; la dignité et l'éclat de votre mari me fera périr, si vous n'avez soin de moi. » Il me semble que vous lui dites en passant un petit mot d'amitié, vous lui donnez quelque espérance de la posséder à Grignan ; mais vous passez vite, et vous n'avez pas le loisir d'en dire davantage. Le devoir et la raison sont autour de vous, qui ne vous donnent pas un moment de repos. Moi-même, qui les ai toujours tant honorées, je leur suis contraire, et elles me le sont ; le moyen qu'elles vous donnent le temps de lire de telles *lanterneries*[1] ? Je vous assure, ma chère bonne, que je songe à vous continuellement, et je sens tous les jours ce que vous me dîtes une fois, qu'il ne fallait point appuyer sur ces pensées. Si l'on ne glissait pas dessus, on serait toujours en larmes, c'est-à-dire moi. Il n'y a lieu dans

---

1. lanternes, discours frivoles ou ridicules

cette maison qui ne me blesse le cœur. Toute votre chambre me tue ; j'y ai fait mettre un *paravent*[2] tout au milieu, pour rompre un peu la vue d'une fenêtre sur ce *degré*[3] par où je vous vis monter dans le carrosse de *d'Hacqueville*[4], et par où je vous rappelai. Je me fais peur quand je pense combien alors j'étais capable de me jeter par la fenêtre, car je suis folle quelquefois ; ce cabinet, où je vous embrassai sans savoir ce que je faisais ; ces *Capucins*[5], où j'allai entendre la messe ; ces larmes qui tombaient de mes yeux à terre, comme si c'eût été de l'eau qu'on eût répandue ; *Sainte-Marie*[6], Mme de la Fayette, mon retour dans cette maison, votre appartement, la nuit et le lendemain ; et votre première lettre, et toutes les autres, et encore tous les jours, et tous les entretiens de ceux qui entrent dans mes sentiments : ce pauvre d'Hacqueville est le premier ; je n'oublierai jamais la pitié qu'il eut de moi. Voilà donc où j'en reviens : il faut glisser sur tout cela, et *se bien garder de*[7] s'abandonner à ses pensées et aux mouvements de son cœur. J'aime mieux m'occuper de la vie que vous faites présentement ; cela me fait une diversion, sans m'éloigner pourtant de mon sujet et de mon objet, qui est ce qui s'appelle poétiquement l'objet aimé. Je songe donc à vous, et je souhaite toujours de vos lettres ; quand je viens d'en recevoir, j'en voudrais bien encore. J'en attends présentement, et reprendrai ma lettre quand j'en aurai reçu. J'abuse de vous, ma chère bonne : j'ai voulu aujourd'hui me permettre cette lettre d'avance ; mon cœur en avait besoin, je n'en ferai pas une coutume.

Mercredi 4 mars.

Ah ! ma bonne, quelle lettre ! quelle peinture de l'état où vous avez été[8] ! et que je vous aurais mal tenu ma parole, si je vous avais promis de n'être point effrayée d'un si grand péril ! Je sais bien qu'il est passé. Mais il est impossible de se représenter votre vie si proche de sa fin, sans frémir d'horreur. Et M. de Grignan vous laisse conduire la barque ; et quand vous êtes téméraire, il trouve plaisant de l'être encore plus que vous ; au lieu de vous faire attendre que l'orage fût passé, il veut bien vous exposer, et vogue la galère[9] ! Ah mon Dieu ! qu'il eût été bien mieux d'être timide, et de vous dire que si vous n'aviez point de peur, il en avait, lui, et ne souffrirait point que vous traversassiez le Rhône par un temps comme celui qu'il faisait ! Que j'ai de la peine à comprendre sa tendresse en cette occasion ! Ce Rhône qui fait peur à tout le monde ! Ce pont d'Avignon où l'on aurait tort de passer en prenant de loin toutes ses mesures ! Un tourbillon de vent vous jette violemment sous une arche ! Et quel miracle que vous n'ayez pas été brisée et noyée dans un moment ! Ma bonne, je ne soutiens pas cette pensée, j'en frissonne, et m'en suis réveillée avec des sursauts dont je ne suis pas la maîtresse. Trouvez-vous toujours que le Rhône ne soit que de l'eau ? De bonne foi, n'avez-vous point été effrayée d'une mort si proche et si inévitable ? avez-vous trouvé ce péril d'un bon goût ? une autre fois ne serez-vous point un peu moins hasardeuse ? une aventure comme celle-là ne vous fera-t-elle point

2. meuble d'appartement fait de panneaux verticaux mobiles, destiné à protéger contre les courants d'air
3. escalier 4. conseiller du Roi, ami très souvent nommé dans la Correspondance
5. Chapelle des Capucins, au Marais 6. Couvent de la Visitation (sœurs de Sainte-Marie)
7. abstenir soigneusement de, avoir soin de ne pas faire (+ infinitif)
8. Monsieur et Madame de Grignan ont traversé le Rhône à Avignon, mais un très mauvais temps a rendu le passage difficile.
9. fig., laissons les choses suivre leur cours

voir les dangers aussi terribles qu'ils sont ? Je vous prie de m'avouer ce qui vous en est resté ; je crois du moins que vous avez rendu grâce à Dieu de vous avoir sauvée. Pour moi, je suis persuadée que les messes que j'ai fait dire tous les jours pour vous ont fait ce miracle.

C'est à M. de Grignan que je me prends. *Le Coadjuteur*[10] a bon temps : il n'a été grondé que pour *la montagne de Tarare*[11] ; elle me paraît présentement comme les pentes de Nemours. *M. Busche*[12] m'est venu voir tantôt et rapporter des assiettes ; j'ai pensé l'embrasser en songeant comme il vous a bien menée ; je l'ai fort entretenu de vos faits et gestes, et puis je lui ai donné de quoi boire un peu à ma santé. Cette lettre vous paraîtra bien ridicule ; vous la recevrez dans un temps où vous ne songerez plus au pont d'Avignon. Mais j'y pense, moi, présentement ! C'est le malheur des *commerces*[13] si éloignés : toutes les réponses paraissent *rentrées de pique noire*[14], il faut s'y résoudre, et ne pas même se révolter contre cette coutume : cela est naturel, et la contrainte serait trop grande d'étouffer toutes ses pensées. Il faut entrer dans l'état naturel où l'on est, en répondant à une chose qui vous tient au cœur : résolvez-vous donc à m'excuser souvent. J'attends des relations de votre séjour à Arles ; je sais que vous y aurez trouvé bien du monde ; à moins que les honneurs, comme vous m'en menacez, changent les mœurs, je prétends de plus grands détails. Ne m'aimez-vous point de vous avoir appris l'italien ? Voyez comme vous vous en êtes bien trouvée avec ce légat : ce que vous dites de cette scène est excellent ; mais que j'ai peu goûté le reste de votre lettre ! Je vous épargne mes éternels recommencements sur le pont d'Avignon : je ne l'oublierai de ma vie et suis plus obligée à Dieu de vous avoir conservée dans cette occasion que de m'avoir fait naître, sans comparaison.

QUESTIONS

1. Décrivez les sentiments provoqués par l'absence de la fille. Commentez cette phrase : « Toute votre chambre me tue... »

2. Comment imagine-t-elle la vie de sa fille ? Quel contraste établit-elle entre sa propre vie et celle de sa fille ?

3. Quel événement, en particulier, nous donne une idée de son attachement à sa fille ? Faites un portrait psychologique de la mère.

10. Jean-Baptiste de Grignan, frère du Comte, coadjuteur de son oncle, l'archevêque d'Arles
11. montagne qu'avait dû gravir le carrosse de Mme de Grignan
12. qui avait conduit Mme de Grignan en Provence   13. correspondances
14. fig., du terme de jeu de cartes pour exprimer le décalage des sentiments et des préoccupations des gens qui sont séparés

Daniel Stern (1805–1876)

Marie de Flavigny, qui allait adopter le nom de plume Daniel Stern, est née à Franc-fort-sur-le-Main en Allemagne, et a été élevée en France. Elle se marie en 1827 avec le comte Charles d'Agoult, avec qui elle a deux enfants ; le mariage ne répond pas aux désirs des conjoints, et quand Stern rencontre le musicien Franz Liszt en 1832, elle devient sa maîtresse. Amie de George Sand, Stern la considère comme le mo-dèle de l'écrivain et de la femme libre. En 1835, elle quitte son mari pour rejoindre Liszt en Suisse. Pendant les neuf années de leur liaison, elle a trois enfants. Son rap-port avec Liszt aussi bien que son amitié avec Sand sont tumultueux, et en 1844 elle rompt avec eux.

Stern continue à écrire et rouvre le salon qu'elle avait établi à Paris pendant son mariage. Après *le coup d'Etat de Louis-Napoléon*[1] en 1851, ce salon devient le lieu de réunion pour l'opposition démocratique. Jusqu'à la fin de sa vie, Stern publie dans divers genres : fiction, histoire, récits de voyage, pièces de théâtre, essais sur l'art et la musique, et mémoires.

On considère *Histoire de la Révolution de 1848* (1850–1853) comme son chef-d'œuvre. Elle y trace le mouvement d'une révolution qui commence au dix-huitième siècle, se répand en 1848 dans toute l'Europe, et aboutit à l'élection en France de Louis-Napoléon, le futur empereur. Selon Stern, la liberté pourrait résulter d'une nouvelle vision de la société. Elle pense que les femmes des classes inférieures — femmes qui « ne connaissent pas l'inégalité » — peuvent servir de modèle à leurs sœurs aristocrates par leur travail et leur activité.

Dans sa fiction, Stern montre le désir des femmes de jouer un rôle moins con-traignant que celui de femme ou de maîtresse dans la société. Ses héroïnes cherchent à apprendre, à dépasser leurs limites, mais se désespèrent quand elles ne trouvent pas le moyen de transformer leur désir en action. Par contre, Stern, comme Sand, pense que les femmes ne devraient pas avoir de droits politiques avant de recevoir une véritable formation intellectuelle.

Nélida (1846)

Lettres républicaines (1848)

Essai sur la liberté considérée comme principe et fin de l'activité humaine (1847)

Histoire de la Révolution de 1848 (1850–1853)

Jeanne d'Arc, drame historique en cinq actes et en prose (1857)

Dante et Goethe, dialogues (1866)

---

1. Troisième fils de Louis Bonaparte, roi de Hollande, frère de Napoléon Ier, le prince Louis-Napoléon (1808–1873) est élu président de la Deuxième République en 1848. Grâce à sa poli-tique répressive et conservatrice il entre en conflit avec l'Assemblée législative et n'obtient pas la révision de la Constitution pour se faire réélire en 1852. Le 2 décembre 1851 Louis-Napoléon annonce la dissolution du Corps législatif et prépare une nouvelle Constitution. Un an plus tard, il se proclame empereur sous le nom Napoléon III.

Histoire des commencements de la république aux Pays Bas, 1581–1625 (1872)
Mes Souvenirs, 1806–1833 (1877)
Valentia ; Hervé ; Julien ; La Boîte aux lettres ; Ninon au couvent (1896)
Mémoires (1833–1854)

JOURNAL (9 JUIN 1837)

Même avant de publier des ouvrages, Stern enregistrait régulièrement ses idées et ses opinions dans des journaux intimes aussi bien que dans des agendas. Le texte suivant, écrit par une mère de plusieurs enfants, étonne par sa description acerbe de la maternité.

9 juin.

On fait grand bruit de l'amour maternel ; je ne suis point, je l'avoue, montée au diapason de l'admiration générale. D'une part, je ne saurais admirer comme on le fait, cet amour des « petits » [...] qui n'est point un sentiment intelligent, mais bien un instinct aveugle dans lequel la dernière brute est supérieure à la femme. Cet amour décroît généralement, à mesure que les enfants prennent des années et s'éteint tout à fait, lorsqu'ils deviennent indépendants. Il n'est même pas rare (quoiqu'il soit convenu de regarder cela comme une monstruosité) de voir des mères sourdement jalouses de leur fille, ou se défendant avec aigreur de la domination que leur fils veut à son tour exercer en vertu de son droit du plus fort. L'autre amour, plus éclairé, d'une nature supérieure en y regardant de près, se compose aussi de deux éléments de personnalité, moins « admirables » qu'il n'est d'usage de le dire. L'un est la passion innée chez l'homme de la domination : passion qui ne trouve nulle part d'aussi entière satisfaction que dans l'exercice des droits maternels. L'autre est l'amour du « moi », qui se transporte sur des êtres qui sont notre chair et notre substance et dans lesquels nous retrouvons, parés de toutes les grâces de l'enfance, nos imperfections, nos défauts et nos vices. Ce second amour ne résiste guère non plus au temps. Le manque de réciprocité le fait nécessairement périr... Mais tout ceci n'est point utile à dire ; laissons croire aux femmes qu'elles sont sublimes parce qu'elles allaitent leurs enfants, comme la chienne allaite les siens ; laissons-leur croire qu'elles sont dévouées, alors qu'elles sont égoïstes ; laissons-leur dire et répéter que l'amour maternel surpasse tous les autres, tandis qu'elles s'y cramponnent comme à un *pis-aller*[1], et parce qu'elles ont été trop lâches, trop vaniteuses, trop exigeantes, pour ressentir l'amour et pour comprendre l'amitié, ces deux sentiments d'exception qui ne peuvent germer que dans les fortes âmes.

---

1. solution, moyen à quoi on a recours faute de mieux

QUESTIONS

1. Décrivez la position qu'adopte Stern vis-à-vis de l'amour maternel dans les premières lignes. Comment caractérise-t-elle « cet amour des 'petits' » ?

2. Selon Stern, quels sont les deux éléments de la personnalité qui composent l'amour maternel ?

3. D'après vous, qu'est-ce qui motiverait une telle attitude envers la maternité ?

Colette (1873–1954)

Née à Saint-Sauveur-en-Puisaye, Sidonie Gabrielle Colette passe son enfance en Bourgogne, mais habite à Paris après son mariage à Henri Gauthier-Villars, « Willy », en 1893. Journaliste, plus âgé que sa femme de quatorze ans, Willy l'exploite en la forçant à écrire des romans qu'il signe de son nom. Les premiers romans que Colette écrit — la série des *Claudine* — connaissent un succès énorme. Colette se sépare de Willy en 1906 et continue à écrire, signant ses ouvrages « Colette Willy ». Ce n'est que pendant les années vingt qu'elle dira : « Voilà que, légalement, littérairement et familièrement, je n'ai plus qu'un nom, qui est le mien. » Après sa séparation de Willy, elle étudie le mime et la danse et devient danseuse de music-hall. Elle fait scandale au Moulin-Rouge quand elle apparaît sur scène avec son amie et amante, Missy, la marquise de Belbeuf. Tout en travaillant au music-hall, Colette continue à écrire des romans, et pendant toute sa vie, sa production littéraire reste prolifique. En 1912, elle travaille comme journaliste au *Matin* où elle rencontre et épouse le rédacteur en chef, le baron Henry de Jouvenel des Ursins. Avec de Jouvenel, elle a une fille, nommée Colette, mais que sa mère appelle Bel-Gazou. Ce deuxième mariage se termine par un divorce en 1925. Cette même année, elle rencontre Maurice Goudeket qui devient son troisième époux et qui restera son compagnon dévoué jusqu'à la fin de sa vie. Membre de l'Académie Royale de langue et de littérature françaises de Belgique (1935) et de l'Académie Goncourt (1945), elle est nommée Grand Officier de la Légion d'Honneur en 1953. A sa mort, Colette est la première femme écrivain française à avoir des obsèques nationales.

Colette écrit dans presque tous les genres — romans, mémoires, autobiographie, pièces de théâtre, journal intime, journalisme, lettres. Dans son journalisme, elle fait la chronique de la première moitié du vingtième siècle : de la Belle Epoque à la libération de Paris. Dans sa fiction/autobiographie, elle représente souvent les femmes du demi-monde, évoquant la générosité, la solidarité et la vulnérabilité des comédiennes de music-hall, des actrices, des grisettes. Parmi ses thèmes préférés, l'amour, le désir et l'amitié apparaissent dans toute leur complexité. Colette dépeint aussi l'enfance, la famille, et immortalise surtout le personnage de sa mère, Sido, dont le souvenir revient dans ses textes les plus émouvants.

Claudine à l'école (1900)

Claudine en ménage (1902)

Sept dialogues de bêtes (1905)

La Vagabonde (1910)

Mitsou ou comment l'esprit vient aux filles (1919)

Chéri (1920)

La Maison de Claudine (1922)

Le Blé en herbe (1923)

La Naissance du jour (1928)

Sido (1929)

LA COUSEUSE (1922)

Ce bref récit apparaît dans La Maison de Claudine. *D'une scène sans drame apparent, Colette fait ressortir un tableau émouvant des rapports ambigus entre mère et fille.*

« Votre fille a neuf ans, m'a dit une amie, et elle ne sait pas coudre ? Il faut qu'elle apprenne à coudre. Et par mauvais temps il vaut mieux, pour une enfant de cet âge, un ouvrage de couture qu'un livre romanesque. »

« Neuf ans ? et elle ne coud pas ? m'a dit une autre amie. A huit ans, ma fille me brodait ce napperon, tenez... Oh ! ce n'est pas du travail fin, mais c'est gentil tout de même. Maintenant, ma fille se taille elle-même ses combinaisons... Ah ! c'est que je n'aime pas, chez moi, qu'on raccommode les trous avec des épingles ! »

J'ai déversé docilement toute cette sagesse domestique sur Bel-Gazou :

« Tu as neuf ans, et tu ne sais pas coudre ? Il faut apprendre à coudre », etc.

J'ai même ajouté, au mépris de la vérité :

« A huit ans, je me souviens que j'ai brodé un napperon... Oh ! ce n'était pas du travail fin, évidemment... Et puis, par le mauvais temps... »

Elle a donc appris à coudre. Et bien qu'elle ressemble davantage — une jambe nue et tannée pliée sous elle, le torse à l'aise dans son maillot de bain — à un *mousse*[1] *ravaudant*[2] un filet qu'à une petite fille appliquée, elle n'y met pas de répugnance garçonnière. Ses mains, passées au jus de pipe par le soleil et la mer, *ourlent*[3] en dépit du bon sens ; le simple « *point*[4] devant », par leurs soins, rappelle le pointillé zigzagant d'une carte routière, mais elle boucle avec élégance le *feston*[5], et juge sévèrement la broderie d'autrui.

Elle coud, et me fait gentiment compagnie, si la pluie hache l'horizon marin. Elle coud aussi à l'heure torride où les *fusains*[6] tassent sous eux une boule ronde d'ombre. Il

1. jeune garçon qui fait sur un navire l'apprentissage du métier de marin
2. raccommodant à l'aiguille
3. brodent, en mettant un repli d'étoffe pour terminer un ouvrage
4. maille, chaque longueur de fil entre deux piqûres de l'aiguille
5. bordure dentelée et brodée   6. petits arbres ornementaux

arrive aussi qu'un quart d'heure avant le dîner, noire dans sa robe blanche — « Bel-Gazou ! tes mains et ta robe sont propres, ne l'oublie pas ! » — elle s'asseye, cérémonieuse, un carré d'étoffe aux doigts... Alors mes amies l'applaudissent :

« Regarde-la ! Est-elle sage ! A la bonne heure ! Ta maman doit être contente ! »

Sa maman ne dit rien — il faut maîtriser les grandes joies. Mais faut-il les simuler ? J'écrirai la vérité : je n'aime pas beaucoup que ma fille couse.

Quand elle lit, elle revient, toute égarée et le feu aux joues, de l'île au coffre plein de pierreries, du noir château où l'on opprime un enfant blond et orphelin. Elle s'imprègne d'un poison éprouvé, traditionnel, dont les effets sont dès longtemps connus. Si elle dessine ou colorie des images, une chanson à demi parlée sort d'elle, ininterrompue comme la voix d'abeilles qu'exhale le *troène*[7]. Bourdonnement de mouche au travail, valse lente du peintre en bâtiments, refrain de la fileuse au rouet... Mais Bel-Gazou est muette quand elle coud. Muette longuement, et la bouche fermée, cachant — lames à petites dents de scie logées au cœur humide d'un fruit — les incisives larges, toutes neuves. Elle se tait, elle... Ecrivons donc le mot qui me fait peur : elle pense.

Mal nouveau ? *Fléau*[8] que je n'avais point prévu ? Assise dans une combe d'herbe, ou à demi enterrée dans le sable chaud et le regard perdu sur la mer, je sais bien qu'elle pense. Elle pense « à gros bouillons » lorsqu'elle écoute, avec une fausse discrétion bien apprise, des répliques jetées imprudemment en pont par-dessus sa tête. Mais il semble qu'avec le jeu de l'aiguille elle ait justement découvert le moyen de descendre, point à point, piqûre à piqûre, un chemin de risques et de tentations. Silence... Le bras armé du *dard*[9] d'acier va et vient... Rien n'arrête la petite exploratrice effrénée. A quel moment faut-il que je lance le « hep ! » qui coupe brutalement l'élan ? Ah ! ces jeunes filles brodeuses d'autrefois, *blotties*[10] dans l'ample jupe de leur mère, sur un dur petit tabouret ! L'autorité maternelle les liait là des années, des années, elles ne se levaient que pour changer l'*écheveau*[11] de soie, ou fuir avec un passant... Philomène de Watteville[12] et son canevas sur lequel elle dessinait la perte et le désespoir d'Albert Savarus...

« A quoi penses-tu, Bel-Gazou ?

— A rien, maman. Je compte mes points. »

Silence. L'aiguille pique. Un gros point de chaînette se traîne à sa suite, tout de travers. Silence.

« Maman ?

— Chérie ?

— Il n'y a que quand on est marié qu'un homme peut tenir son bras autour d'une dame ?

— Oui... Non... Ça dépend. S'ils sont très camarades, s'ils se connaissent beaucoup, tu comprends... Je te le répète : ça dépend. Pourquoi me demandes-tu cela ?

— Pour rien, maman. »

Deux points, dix points de chaînette, difformes.

« Maman ! Mme X..., elle est mariée ?

— Elle l'a été. Elle est divorcée.

— Ah ! oui... et M. F..., il est marié ?

— Oui, voyons, tu le sais bien.

7. arbuste à fleurs odorantes   8. calamité, désastre ; ce qui est funeste
9. lance, pique, aiguillon   10. pressées, serrées contre   11. assemblage de fils
12. Personnage féminin du roman d'Honoré de Balzac, *Albert Savarus* (1842). Jeune fille à toute apparence naïve et obéissante qui tout en cousant silencieusement trame des combines. Balzac décrit « cette attention obtuse de jeune fille qui paraît [...] ne penser à rien et qui réfléchit si bien sur toutes choses que ses ruses sont infaillibles ».

— Ah ! oui... Et ça suffit, qu'un sur deux soit marié ?

— Pour quoi faire ?

— Pour dépendre.

— On ne dit pas "pour dépendre".

— Mais tu viens de le dire, que ça dépendait ?

— Qu'est-ce que ça peut bien te faire ? Ça t'intéresse ?

— Non, maman. »

Je n'insiste pas. Je me sens pauvre, empruntée, mécontente de moi. Il fallait répondre autrement : je n'ai rien trouvé.

Bel-Gazou n'insiste pas non plus, elle coud. Elle coud et superpose, à son œuvre qu'elle néglige, des images, des associations de noms et de personnes, tous les résultats d'une patiente observation. Un peu plus tard viendront d'autres curiosités, d'autres questions, mais surtout d'autres silences. Plût à Dieu que Bel-Gazou fût l'enfant éblouie et candide, qui interroge crûment, les yeux grands ouverts !... Mais elle est trop près de la vérité, et trop naturelle pour ne pas connaître, de naissance, que toute la nature hésite devant l'instinct le plus majestueux et le plus trouble, et qu'il convient de trembler, de se taire et de mentir lorsqu'on approche de lui.

QUESTIONS

1. Quelle est la « sagesse domestique » à laquelle Colette fait référence au début du texte ? Comment devrions-nous comprendre l'attitude de la mère ici ?

2. A quoi ressemble Bel-Gazou quand elle coud ? Trouvez les images précises dans le texte. Quel effet produisent-elles ?

3. Pourquoi Colette ne veut-elle pas que sa fille couse ?

4. A quoi semble penser Bel-Gazou lorsqu'elle est en train de coudre ? Pourquoi reste-t-elle muette ?

5. Expliquez l'emploi de l'image de la « carte routière » dans le portrait de la jeune fille qui coud. Comment Colette la développe-t-elle plus tard dans le récit ?

6. Qu'est-ce qu'une fille ne dit pas à sa mère ?

7. Dans ce récit, comment l'activité de coudre prend-elle une valeur autre que celle que l'on associe normalement à la « sagesse domestique » ?

Thérèse Plantier est née à Nîmes en 1911. Intéressée par la littérature, elle s'associe aux *surréalistes*[1] en 1964, et contribue pour un temps au journal surréaliste *La Brèche*. Ayant rompu avec les surréalistes, Plantier se rend dans le sud de la France, où elle habite toujours. Plantier a traduit différents poètes anglais contemporains. Elle a des opinions très précises concernant le langage. Dans *Logos spermaticos*, Plantier expose sa théorie et sa pratique poétiques. Sa poésie offre une sorte de commentaire sur des disciplines telles que la linguistique, la philosophie, la psychanalyse, l'histoire, l'anthropologie, les mathématiques et les sciences naturelles. Le but de ce parcours est de montrer comment les langages et ces différentes disciplines ont coopté les femmes : « seule méthode immédiate est par la médiate : nous déclarer sujets. C'est une position politique. Constatant que le pouvoir viril langagier s'est attribué le rôle et les fonctions de sujet, nous proclamons notre désir de nous soustraire à ce pouvoir qui nous a changées en une masse inconnaissante aussi amorphe que celle des animaux, des végétaux, et des minéraux. »

Chemins d'eau (1963)

Jusqu'à ce que l'enfer gèle (1964)

Mémoires inférieures (1966)

C'est moi Diégo (1971)

Logos spermaticos (1974)

La loi du silence (1975)

George Sand, ou, ces dames voyagent (1986)

---

1. Membres du mouvement poétique, littéraire, philosophique et artistique né en France et qui a connu son apogée dans les années vingt et trente sous l'impulsion d'André Breton (*Manifeste du surréalisme*, 1924). Breton lance une première définition du surréalisme : « automatisme psychique pur par lequel on se propose d'exprimer, soit verbalement, soit par écrit [...] le fonctionnement réel de la pensée. Dictée de la pensée, en l'absence de tout contrôle exercé par la raison, en dehors de toute préoccupation esthéthique ou morale. »

MA MÈRE EST MORTE (1974)

Le poème en prose a connu son essor en France pendant la deuxième moitié du dix-neuvième siècle chez Aloysius Bertrand, Baudelaire, Rimbaud et Mallarmé. Mélange de deux genres, il se caractérise par sa brièveté, son intensité et une rigoureuse organisation intérieure. Bien que dépourvu des contraintes du vers et de la rime, le poème en prose se construit des images hétérogènes. Dans le poème suivant, la première phrase fait écho au début du célèbre roman d'Albert Camus, L'Etranger (1942). Le narrateur, Meursault, commence ainsi sur un ton indifférent : « Aujourd'hui, maman est morte. » Dans le texte de Plantier, examinez la façon dont la mort de sa mère est liée à celle de l'écriture.

Ma mère est morte. Cette simple phrase (si c'est une phrase, elle n'a pas besoin d'être simple, ni si simple) qu'il est enfin donné d'écrire ne paraît ici qu'à la faveur de sa mort : vivante, je n'eusse jamais pu la présenter. Elle est morte à mes yeux, à mes tâtonnements effrayés, à mes chemins rétrécis, à mes hypothétiques circuits. Allongée là, elle ne respire plus, elle ne sera désormais ni véhicule ni communication. Meurt la mère de chacun, c'est entré dans les mœurs, mais meurt également l'écriture avec la mort de la phrase ici présentée. Ce n'était qu'*autant que*[1] je pouvais noyer mon angoisse dans une rivière de grasse encre bleue qu'il me fallait, à son sujet, explorer des lexiques, *dresser*[2] des *échafaudages*[3], construire des châteaux de papier, les renverser de la main, ingurgiter ces longs mots qui sillonnent la lymphe, parler de tout et de rien, jamais de la mort de ma mère, ratrouper mon troupeau, accoucher mes brebis, *vaquer*[4] en somme, être vide, m'emplir alors de ces fongus, de ces *sargasses*[5], de ces détritus, de ces marines, qu'il devient loisible ensuite de présenter sous forme de poèmes. Je n'ai pas crié. Si je l'avais fait c'eût été lugubre *haleinée*[6], gémissements de roseaux. *J'ai vaticiné*[7] sans qu'on le sache autour du sombre empire d'une phrase enfouie sous des *chambardements*[8] chirurgicaux, d'une carcasse qui régentait ce qu'il me semblait ne pas dire au sujet de l'indicible, jusqu'au moment où, butant contre elle-même, elle a métamorphosé en continents boueux ses eaux, et enfin, émergée, a pu se dissoudre et disparaître, *engloutissant*[9] avec elle la mort de ma mère.

---

1. au même degré que, dans la mesure que   2. monter
3. constructions temporaires ; fig., assemblage complexe et peu solide   4. être vide
5. algues brunes   6. néologisme, de haleine
7. Je me suis exprimée dans un délire prophétique   8. bouleversements   9. absorbant

QUESTIONS

1. Quelle sorte de fusion s'opère au début du texte entre la mort de la mère et la phrase qui annonce son décès ? Examinez la façon dont l'écriture et le corps s'imbriquent tout au long du texte.

2. Avec quelles images Plantier décrit-elle son activité poétique ? Essayez de grouper les images en identifiant les thèmes ou champs sémantiques dont elles font partie.

3. Quelle est l'angoisse qui ne peut pas se dire dans ce texte ? Qu'est-ce qui est indicible ? Pourquoi ?

4. Expliquez la forme cyclique de ce poème en prose.

5. Après avoir lu et relu ce texte plusieurs fois, quel est, selon vous, son sujet ?

Luce Irigaray (193?–)

Née en Belgique, Irigaray y obtient ses premiers diplômes. Après avoir enseigné au lycée à Bruxelles jusqu'en 1959, elle part pour Paris. Elle y prépare des doctorats en philosophie, linguistique et psychanalyse. Sa deuxième thèse, *Speculum de l'autre femme* (1974), dans laquelle elle critique les préjugés patriarcaux et « phallogocen- triques » du discours psychanalytique freudien, provoque beaucoup de controver- ses. Par la suite, Irigaray est rejetée de l'Ecole freudienne et doit renoncer à enseigner dans les universités parisiennes. Mis en marge par l'établissement parisien, le travail d'Irigaray est chaleureusement accueilli par bien des féministes en France et ailleurs. Pendant les années soixante-dix, Irigaray aide à organiser plusieurs manifestations importantes pour la contraception et le droit à l'avortement. Dans les années quatre-vingt, elle commence à être reconnue dans les cercles uni- versitaires et est invitée à se charger des séminaires partout en Europe et en Amérique du Nord. A présent, elle organise des équipes de chercheurs pour étudier l'ordre sexuel de la langue et de la culture.

Philosophe et psychanalyste, son sujet de recherche principal est la critique de la pensée patriarcale qui refuse d'accorder à la femme une subjectivité propre. Irigaray veut récupérer la différence sexuelle pour établir un ordre social plus juste et plus raisonnable. Elle insiste sur la corporalité des êtres humains et sur la base matérielle de toute production — textuelle, linguistique, philosophique. Irigaray cherche à donner une voix à la femme à travers sa sexualité si différente de la sexualité masculine : « La sexualité féminine, écrit-elle dans *Ce Sexe qui n'en est pas un,* a toujours été pensée à partir de paramètres masculins. » Dans ses recherches sur la spécificité féminine, Iri- garay délimite le rapport mère-fille comme une influence cruciale dans l'identité des femmes. Ce rapport est à la fois une source puissante d'amour entre mère et fille et à l'origine d'une dépendance réciproque qui provoque l'antagonisme et le conflit.

L'écriture d'Irigaray reflète son projet critique. Son style démonte le discours linéaire par ses métaphores, ses jeux de mots, ses néologismes et ses ellipses.

Le Langage des déments (1973)

Speculum de l'autre femme (1974)

Ce Sexe qui n'en est pas un (1977)

Et l'une ne bouge pas sans l'autre (1979)

Le Corps-à-corps avec la mère (1981)

Ethique de la différence sexuelle (1984)

Parler ce n'est jamais neutre (1985)

Sexes et parentés (1987)

ET L'UNE NE BOUGE PAS SANS L'AUTRE (1979)

Luce Irigaray construit ici un dialogue entre une fille et sa mère. La fille s'adresse à sa mère et, en lui parlant, décrit les émotions difficiles et angoissées qui ressortent de ce rapport conflictuel. Le langage, qui relève de la psychanalyse, dépeint de façon quelquefois violente la nature complexe des sentiments qui lient la fille à sa mère.

Avec ton lait, ma mère, j'ai bu la glace. Et me voilà maintenant avec ce gel à l'intérieur. Et je marche encore plus mal que toi, et je bouge encore moins que toi. Tu as coulé en moi, et ce liquide chaud est devenu poison qui me paralyse. Mon sang ne circule plus jusqu'aux pieds ni aux mains ni au haut de la tête. Il s'immobilise, gêné par le froid. Arrêté par des blocs qui résistent à son flux. Il reste dans le cœur, près du cœur.

Et je ne peux plus courir vers ce que j'aime. Et plus j'aime, plus je deviens captive, retenue par un engourdissement qui me fige sur place. Et je me mets en colère, je me débats, je crie — je veux m'en aller de cette prison.

Mais quelle prison ? Où suis-je recluse ? Je ne vois rien qui m'enferme. C'est dedans que je suis maintenue, en moi que je suis prisonnière. Comment aller dehors ? Et pourquoi suis-je détenue en moi ?

Tu me gardes, tu me regardes. Tu désires toujours que je sois sous tes yeux pour me protéger. Tu as peur qu'il ne m'arrive quelque chose. Tu crains qu'il arrive quelque chose ? Mais que peut-il arriver de pire que je sois ainsi allongée jour et nuit ? Déjà grande et toujours au berceau. Toujours dépendante de quelqu'un qui me porte, qui me nourrisse. Qui me porte ? Qui me nourrisse ?...

Un peu de lumière entre en moi. Ça bouge un peu dedans. A peine. Quelque chose de nouveau m'a émue : Comme si j'avais fait un premier pas à l'intérieur. Comme si un souffle d'air avait pénétré un tout pétrifié, décollant sa masse. M'éveillant d'un long sommeil. D'un rêve très ancien. Un songe qui n'aurait pas été le mien, mais dans lequel j'étais prise. J'étais un personnage, ou le tout ?, du rêve d'un(e) autre.

Je commence, ou recommence, à respirer. C'est étrange. Je reste très tranquille, et je sens que ça remue en moi. Ça vient dedans, ça va dehors, ça revient, ça repart. Ce mouvement, je le fais toute seule. Personne ne m'assiste. J'ai une maison dedans, une maison dehors, et je me porte de l'une à l'autre, de l'autre dans l'une. Et je n'ai plus besoin de ton ventre, de tes bras, de tes yeux ni de tes mots pour rentrer ou sortir. Je suis tout près de toi encore, et déjà si loin. C'est le matin, mon premier matin. Bonjour. Tu es là, je suis ici. Entre nous, tant d'air, de lumière, d'espace à nous partager. Je ne *trépigne*[1] plus. J'ai le temps maintenant.

Le jour se lève. J'ai faim. J'ai envie d'avoir des forces pour marcher. Pour courir toute seule près ou loin de toi. Pour aller vers ce que j'aime. [...]

Je te ressemble, tu me ressembles. Je me regarde en toi, tu te regardes en moi. Tu es déjà grande, je suis encore petite. Mais je suis sortie de toi, et là, sous tes yeux, je suis une autre toi vivante.

Mais, toujours distraite, tu te détournes. Furtivement, tu vérifies dans la glace que tu existes encore, et tu retournes à ta cuisine.

---

1. frappe des pieds contre terre en restant sur place

Selon ce que dit l'horloge, tu te changes. *Tu te pares*[2] selon l'heure. Quelle heure ? L'heure de quoi ? L'heure pour qui ? J'aimerais que tu casses cette montre, et que tu te montres à moi. Et que tu me regardes. Et que nous jouions à être semblables et différentes. Toi moi s'échangeant sans fin, et demeurant chacune. Miroirs vivantes. [...]

Vois, de loin, comme je me déplace avec mesure, moi jadis figée dans la colère. Ne suis-je pas sage, à présent ? Une presque parfaite jeune fille ? Il me manque à peine quelques vêtements, quelques bijoux, quelque maquillage, quelque travestissement, quelques manières d'être ou de faire, pour paraître telle. Je commence à avoir l'air attendu de moi. Encore un effort, encore une colère contre toi qui veux que je reste petite, qui préfères que je mange ce que tu m'apportes plutôt que je ne m'habille comme toi, et je sortirai de ton rêve. De ma maladie. De toi en moi, de moi en toi. Je partirai hors de nous. J'irai dans une autre maison. Je vivrai ma vie, mon histoire.

Regarde comme je vais bien maintenant. Je n'ai même pas besoin de courir après un homme, c'est lui qui vient vers moi. Il s'approche. Je l'attends, immobile, ne bougeant pas. Il est tout près. Je suis paralysée d'émotion. Mon sang ne circule plus très bien. Je respire à peine. Je pars.

Je ne peux te dire où. Oublie-moi, ma mère. Oublie toi en moi, moi en toi. Oublions-nous. La vie continue...

Tu te regardes dans la glace. Et ta mère s'y trouve déjà. Et bientôt ta fille mère. Entre les deux, qu'es-tu ? Où trouver-retrouver ta place ? Dans quel cadre dois-tu te tenir ? Et comment y laisser transparaître ton visage, au-delà de tout masque ?

C'est le soir. Et, comme tu es seule, que tu n'as plus d'image à supporter ou imposer, tu te dévêts de tes parades. Tu ôtes ta figure de fille de mère, de mère de fille. Tu perds ton *tain*[3]. Tu te dégèles. Tu fonds. Tu coules hors de toi. [...]

Personne, ce soir, pour te prendre en elle, ma mère. Personne pour avoir soif de toi, et te recevoir en elle. Personne pour ouvrir ses lèvres et te laisser couler en elle, et te garder ainsi vivante. Personne pour scander le temps de ton existence. Pour appeler en toi la montée du passage hors de toi. Pour te dire : viens et reste encore ici. Ne demeure pas entre la glace et cette perte de toi sans fin. L'une séparée de l'autre. L'une manquant de l'autre. Deux mortes éloignées l'une de l'autre, et sans lien entre elles. Celle que tu regardes coupée de celle qui nourrit. Et, comme je suis partie, privée du lieu où t'apparaissait la preuve de ta subsistance. [...]

Pour que se meuve ton corps au rythme de ton désir de te voir vivre, tu m'as enfermée dans ton manque de regard sur toi. Dans l'absence d'amour suscitant ou accompagnant la mobilité de tes traits, de tes gestes. Tu m'as désirée, tel cet amour de toi. Figée dans cette envie de ton spectacle, j'étais pétrifiée dans la représentation de ta mouvance.

Au lieu où tu te voulais regardée, tu n'avais reçu que transparence ou inertie. Air indéfiniment vide de toute réflexion de toi, ou corps inhabité de sa propre connaissance. [...]

Qui es-tu ? Qui suis-je ? [...]

Tu descends, tu redescends, seule, sous terre. Sous le sol où nous semblions marcher. L'une, l'autre. L'une ou l'autre. Tu abandonnes ta fermeté, ta rectitude. Tes pas, tes traits fixés par la décision au fil de la solitude. Tu retournes en cet *antre*[4] dont tu avais perdu

---

2. Tu fais ta toilette (avec recherche)
3. amalgamme métallique qu'on applique derrière une glace pour qu'elle puisse réfléchir la lumière
4. caverne, grotte ; fig., lieu mystérieux et inquiétant ; nom donné à certaines cavités naturelles

l'accès. Dans cette cave dont tu avais oublié le chemin. Dans ce trou de mémoire où était enfoui le silence de ma naissance de toi. De ma séparation, intranchable d'avec toi. Dans l'obscur de ta conception de moi. [...]

Voici celle que je serai, ou que j'étais, ou que je voudrais être — n'était-ce ton appel à ma naissance ? Que me restait-il comme espace pour venir au monde ? Où commencer mon accouchement hors de toi ? Tu me retenais hors de toi encore en toi.

Avec ton lait, ma mère, tu m'as donné la glace. Et, si je pars, tu perds l'image de la vie, de ta vie. Et si je demeure, ne suis-je le dépôt de ta mort ? A chacune, sa représentation fait défaut. Son visage, l'animation de son corps manque. Et l'une porte le deuil de l'autre. Ma paralysie signifiant ton rapt dans le miroir.

Et, quand je pars, n'est-ce perpétuation de ton exil ? Evanouie, à mon tour ? Captive, moi aussi, du regard où un homme m'a prise. Enlevée à moi même. Immobilisée dans le reflet qu'il attend de moi. Réduite au visage qu'il me façonne pour s'y regarder. Voyageant au gré de ses rêves et mirages. Arrêtée en une fonction — le *maternage*[5].

Que ne t'es-tu laissée toucher par moi ? Que n'ai-je tenu ton visage entre mes mains ? Que n'ai-je appris ton corps. Vivant son volume. Sentant le lieu de son passage — aussi entre toi et moi. Faisant de ton regard matière d'air qui m'habite et m'abrite de notre ressemblance. De ta/ma bouche, horizon jamais refermé. [...]

N'avais-je déjà mes/tes lèvres ? Et ce corps ouvert sur ce que jamais nous n'aurions achevé de nous donner. De nous dire. Cette faille de silence où nous réenvelopper sans cesse pour renaître. Où nous ressentir pour, encore et encore, devenir femmes, et mères.

Mais, jamais, nous ne nous sommes parlées. Et tel abîme maintenant nous sépare que ce n'est entière que je sors de toi mais indéfiniment retenue dans ton ventre. Ensevelie dans l'ombre. Captives de notre scellement.

Et l'une ne bouge pas sans l'autre. Mais ce n'est ensemble que nous nous mouvons. Quand l'une vient au monde, l'autre retombe sous la terre. Quand l'une porte la vie, l'autre meurt. Et ce que j'attendais de toi, c'est que, me laissant naître, tu demeures aussi vivante.

QUESTIONS

1. Dans ce réseau d'images, en quel sens le lait maternel représente-t-il du poison pour la fille ? Analysez les rapports entre « la glace » (miroir) et « la glace » (froid) dans l'élaboration du texte.
2. Comment et pourquoi la fille se sent-elle prisonnière de sa mère ?

5. 1) psychanalyse : technique de traitement visant à recréer entre le patient et le thérapeute, sur le mode réel et symbolique, la relation de la mère au bébé ; 2) action de traiter maternellement

3. Comment la fille devient-elle « parfaite » ? Quand elle quitte sa mère, de quel autre regard la fille devient-elle captive ?

4. Selon Irigaray, que voit une femme quand elle se regarde dans le miroir ?

5. Qu'est-ce qui rend pénible le mouvement de ces deux femmes ensemble ? Qu'est-ce que la fille attend de sa mère ? Est-ce possible ?

Nathalie Sarraute (1900–)

Nathalie Tcherniak est née à Ivanovo-Voznessensk en Russie. Ses parents, fuyant les répressions antisémites de la politique du tsar Nicolas II, quittent la Russie pour poursuivre leurs études en Suisse. Après le divorce de ses parents et le remariage de son père, Sarraute suit ce dernier en France. Déjà bilingue (russe, français), sous l'impulsion de la mère de sa belle-mère, Sarraute apprend l'allemand et l'anglais. Après avoir obtenu son baccalauréat, Sarraute étudie l'anglais à la Sorbonne puis à Oxford en Angleterre. Par la suite, à Berlin, elle suit des cours de sociologie. En 1925, elle épouse Raymond Sarraute et pratique le droit pendant quinze ans. Intéressée principalement par les œuvres romanesques, Sarraute commence à écrire un roman en 1932. Mais la seconde guerre mondiale éclate, Sarraute doit alors quitter Paris et elle trouve refuge dans la campagne française. Pendant cette période de vie clandestine, elle ne cesse d'écrire.

Pour Sarraute, l'écriture procède d'une réflexion théorique sur l'art du roman appuyée d'une lecture critique sociale. Le rôle de l'écrivain est non seulement d'innover mais aussi de parvenir à exprimer « une parcelle de réalité ». Ces parcelles de réalité sont des phénomènes plus profonds et moins visibles que ce que l'on peut percevoir à l'œil nu. Ce sont « des petits mouvements, des petits tourbillons qui se produisent sous la surface. Ce sont des drames microscopiques, toujours internes, cachés ». Le style de Sarraute consiste à amplifier certains phénomènes verbaux (en particulier la répétition qui fait ressortir le caractère artificiel de la vie en société), et la technique privilégiée de cette analyse psychologique sera la métaphore. Des images simples sont souvent empruntées au monde animal et végétal pour capturer les réactions instinctives d'attraction et de répulsion. *Enfance,* un texte de réminiscences écrit dans ce style, soulève des questions de temporalité et de souvenir.

Tropismes (1939)

Portrait d'un inconnu (1948)

Martereau (1953)

L'Ere du soupçon (1956)

Le Planétarium (1959)

Les Fruits d'or (1963)

Entre la vie et la mort (1968)

Vous les entendez ? (1972)

« disent les imbéciles » (1976)

Enfance (1983)

Tu ne t'aimes pas (1990)

ENFANCE (1983)

Ces extraits de l'ouvrage autobiographique de Nathalie Sarraute nous font entendre la voix d'une petite fille bouleversée par le divorce de ses parents. Cette voix reprend des souvenirs d'enfance, en dialogue avec une deuxième voix qui l'interroge.

Je suis couchée dans ma petite chambre arrangée pour moi dans ce même appartement, mon lit est appuyé contre un mur couvert d'une natte de paille avec des dessins brodés. Je me couche toujours tournée vers elle, j'aime caresser du doigt sa texture lisse, regarder sa délicate couleur dorée, l'éclat soyeux de ses oiseaux, de ses arbrisseaux, de ses fleurs... Ici, je ne sais pourquoi, j'ai peur seule le soir dans ma chambre et papa a consenti à rester auprès de moi jusqu'à ce que je m'endorme... Il est assis sur une chaise derrière moi et il me chante une vieille berceuse... sa voix basse est incertaine, comme un peu éraillée... il ne sait pas bien chanter et cette maladresse donne à ce qu'il chante quelque chose d'encore plus touchant... je l'entends aujourd'hui si distinctement que je peux l'imiter et j'avoue que parfois cela m'arrive... dans cette berceuse, il a remplacé les mots « mon bébé » par le diminutif de mon prénom qui a le même nombre de syllabes, Tachotchek... Petit à petit je m'assoupis, sa voix devient de plus en plus lointaine... et puis j'entends derrière moi le bruit léger que fait sa chaise, il doit être en train de se lever, il croit que je dors, il va s'en aller... et aussitôt je sors une main de sous la couverture pour lui montrer que je suis toujours éveillée... ou je perçois les craquements du parquet sous ses pas lents, prudents... il va entrouvrir tout doucement la porte... alors je toussote, je pousse un grognement... mais je ne parle pas, cela pourrait me réveiller complètement et je veux dormir, je veux qu'il puisse partir, cela m'ennuie de le retenir...

— Vraiment ? Ne crois-tu pas que lorsque tu le sentais derrière ton dos, les yeux rivés sur toi, chantonnant de plus en plus faiblement, se dirigeant sur la pointe des pieds vers la porte, se retournant sur le seuil une dernière fois pour t'observer, pour s'assurer que tu ne te doutes de rien, et puis ouvrir la porte, la refermer avec d'immenses précautions et délivré enfin prendre la fuite... ne crois-tu pas que ce qui te faisait sortir une main, toussoter, grogner, c'était le désir d'empêcher ce qui se préparait, ce qui allait arriver, et qui avait déjà pour toi le goût de la *trahison*[1] *sournoise*[2], de l'abandon ?

— Je reconnais que tout paraissait réuni pour que cela se forme en moi... Mais j'essaie de me retrouver, là, dans ce petit lit, écoutant mon père se lever, marcher vers la porte... je sors la main, je pousse un grognement... non, pas encore, ne pars pas, je vais avoir peur, tu m'as promis, c'était convenu que tu resterais avec moi tant que je ne serais pas endormie, je fais tout ce que je peux, je vais y arriver, tu verras, je ne dois pas parler, pas trop remuer, je veux juste t'indiquer, puisque c'était convenu, qu'un pacte entre nous a été conclu, je sais que tu veux le respecter, et moi aussi, vois-tu, je le respecte, je te préviens... tu ne veux pas que j'aie peur... reste juste encore un peu, je sens que le sommeil vient, alors tout sera pour moi très bien, je ne sentirai plus rien et tu

---

1. défection, désertion, infidélité   2. hypocrite

pourras tranquillement me laisser, t'en aller...

———

Je me promène avec mon père... ou plutôt il me promène, comme il le fait chaque jour quand il vient à Paris. Je ne sais plus comment je l'ai rejoint... quelqu'un a dû me déposer à son hôtel ou bien à un endroit convenu... il est hors de question qu'il soit venu me chercher *rue Flatters*[3]... je ne les ai jamais vus, je ne peux pas les imaginer se rencontrant, lui et ma mère...

Nous sommes passés par l'entrée du Grand Luxembourg qui fait face au Sénat et nous nous dirigeons vers la gauche, où se trouvent le Guignol, les balançoires, les chevaux de bois...

Tout est gris, l'air, le ciel, les allées, les vastes espaces pelés, les branches dénudées des arbres. Il me semble que nous nous taisons. En tout cas, de ce qui a pu être dit ne sont restés que ces mots que j'entends encore très distinctement : « Est-ce que tu m'aimes, papa ?... » dans le ton rien d'anxieux, mais quelque chose plutôt qui se veut malicieux... il n'est pas possible que je lui pose cette question d'un air sérieux, que j'emploie ce mot « tu m'aimes » autrement que pour rire... il déteste trop ce genre de mots, et dans la bouche d'un enfant...

— Tu le sentais vraiment déjà à cet âge ?

— Oui, aussi fort, peut-être plus fort que je ne l'aurais senti maintenant... ce sont des choses que les enfants perçoivent mieux encore que les adultes.

Je savais que ces mots « tu m'aimes », « je t'aime » étaient de ceux qui le feraient se rétracter, feraient reculer, se terrer encore plus loin au fond de lui ce qui était enfoui...

Et en effet, il y a de la désapprobation dans sa moue, dans sa voix... « Pourquoi me demandes-tu ça ? » Toujours avec une nuance d'amusement... parce que cela m'amuse et aussi pour empêcher qu'il me repousse d'un air mécontent, « Ne dis donc pas de bêtises »... j'insiste : Est-ce que tu m'aimes, dis-le-moi. — Mais tu le sais... — Mais je voudrais que tu me le dises. Dis-le, papa, tu m'aimes ou non ?... sur un ton, cette fois, *comminatoire*[4] et solennel qui lui fait pressentir ce qui va suivre et l'incite à laisser sortir, c'est juste pour jouer, c'est juste pour rire... ces mots ridicules, indécents : « Mais oui, mon petit bêta, *je t'aime.* »

Alors il est récompensé d'avoir accepté de jouer à mon jeu... « Eh bien, puisque tu m'aimes, tu vas me donner... » tu vois, je n'ai pas songé un instant à t'obliger à t'ouvrir complètement, à étaler ce qui t'emplit, ce que tu retiens, ce à quoi tu ne permets de s'échapper que par bribes, par bouffées, tu pourras en laisser sourdre un tout petit peu... « Tu vas me donner un de ces ballons... — Mais où en vois-tu ? — Là-bas... il y en a dans ce kiosque... »

Et je suis satisfaite, j'ai pu le taquiner un peu et puis le rassurer... et recevoir ce gage, ce joli trophée que j'emporte, flottant tout bleu et brillant au-dessus de ma tête, retenu par un long fil attaché à mon poignet.

———

Mes soirées, quand j'étais dans mon lit, étaient consacrées à maman, à pleurer en sortant de sous mon oreiller sa photo, où elle était assise auprès de *Kolia*[5], à l'embrasser et à lui dire que je n'en pouvais plus d'être loin d'elle, qu'elle vienne me chercher...

Il avait été entendu entre maman et moi que si j'étais heureuse je lui écrirais : « Ici je suis *très* heureuse », en soulignant

———

3. appartement dans lequel habite sa mère lors de ses séjours à Paris
4. menaçant   5. beau-père de Natasha

« très ». Et seulement « Je suis heureuse », si je ne l'étais pas. C'est ce qu'un jour je m'étais décidée à lui écrire à la fin d'une lettre... je n'avais plus la force d'attendre encore plusieurs mois, jusqu'en septembre, qu'elle vienne me reprendre. Je lui ai donc écrit : « Je suis heureuse ici. »

Quelque temps après, mon père m'appelle. Je le voyais très peu. Il partait le matin vers sept heures, quand je dormais, et rentrait le soir très fatigué, préoccupé, le repas s'écoulait souvent en silence. Véra parlait très peu. Les mots qu'elle proférait étaient toujours brefs, les voyelles comme écrasées entre les consonnes, comme pour que chaque mot prenne moins de place. Même mon nom, elle le prononçait en supprimant presque les a. Ce qui devenait un son — ou plutôt un bruit étrange — N't'che...

Après le dîner, mon père, je le sentais, était content que j'aille me coucher... et moi-même je préférais aller dans ma chambre.

— Tu ne faisais pas qu'y pleurer...

— Non, je devais lire, comme toujours... Je me souviens d'un livre de Mayne Reid, que mon père m'avait donné. Il l'avait aimé quand il était petit... moi il ne m'amusait pas beaucoup... peut-être étais-je trop jeune... huit ans et demi... je m'évadais des longues descriptions de prairies vers les tirets libérateurs, ouvrant sur les dialogues.

Donc quelques jours après mon envoi de cette lettre à maman, mon père me retient après le dîner et m'amène dans son bureau qu'une porte vitrée sépare de la salle à manger... Il me dit : Tu as écrit à ta mère que tu étais malheureuse ici. Je suis stupéfaite : Comment le sais-tu ? — Eh bien j'ai reçu une lettre de ta mère. Elle me fait des reproches, elle me dit qu'on ne s'occupe pas bien de toi, que tu te plains...

Je suis atterrée, accablée sous le coup

d'une pareille trahison. Je n'ai donc plus personne au monde à qui me plaindre. Maman ne songe même pas à venir me délivrer, ce qu'elle veut c'est que je reste ici, en me sentant moins malheureuse. Jamais plus je ne pourrai me confier à elle. Jamais plus je ne pourrai me confier à personne. Je devais montrer un si total, si profond désespoir que tout à coup mon père, abandonnant cette réserve, cette distance qu'il montre toujours ici à mon égard, me serre dans ses bras plus fort qu'il ne m'avait jamais serrée, même autrefois... il sort son mouchoir, il essuie avec une maladresse tendre, comme tremblante, mes larmes, et il me semble voir des larmes dans ses yeux. Il me dit juste : « Va te coucher, ne t'en fais pas... une expression qu'il a souvent employée en me parlant... rien dans la vie n'en vaut la peine... tu verras, dans la vie, tôt ou tard, tout s'arrange... »

A ce moment-là, et pour toujours, envers et contre toutes les apparences, un lien invisible que rien n'a pu détruire nous a attachés l'un à l'autre... Je ne sais pas exactement ce que mon père sentait, mais moi, à cet âge-là, je n'avais pas neuf ans, je suis sûre que tout ce qui petit à petit s'est révélé à moi, au cours des années qui ont suivi, je l'ai perçu d'un coup, en bloc... tous mes rapports avec mon père, avec ma mère, avec Véra, leurs rapports entre eux, n'ont été que le déroulement de ce qui s'était enroulé là.

———

A qui s'adressent-elles donc, les cartes postales, les lettres que m'envoie maman ? A qui croit-elle raconter, comme on raconte à un petit enfant, que là où elle passe avec Kolia un mois de vacances les fillettes portent des rubans rouges et de jolis sabots de bois, que la mer est toute bleue et qu'on voit passer dessus des bateaux à voile comme ceux du bassin du Luxembourg, mais ici ce sont des vrais, des grands bateaux...

Elle ne sait pas qui je suis maintenant, elle a même oublié qui j'étais.

Parfois à travers ces récits enfantins filtre comme de la gaieté, de la satisfaction.

J'ai envie de ne plus jamais recevoir aucune lettre, de briser pour toujours ces liens, mais chaque fois les mots tendres, caressants de la fin me retiennent, m'enveloppent... je suis tout amollie, je ne peux pas déchirer le papier sur lequel ces mots ont été tracés, je le range pieusement dans ma cassette.

QUESTIONS

1. Comment Sarraute transforme-t-elle un moment quotidien, l'heure du coucher, en un drame ? Quel est, selon vous, le rapport entre les deux voix dans ce premier passage ?

2. Décrivez le jeu qui se déroule entre fille et père quand elle insiste pour qu'il lui dise qu'il l'aime.

3. Comment la petite fille a-t-elle exprimé son mécontentement dans une lettre à sa mère ? Qu'est-ce qui en a résulté ? Quelle est la trahison de la mère ?

4. Qu'est-ce qui se passe entre le père et la fille ?

5. Que pense la fille des cartes postales que sa mère lui envoie ? Qu'est-ce qu'elle en fait ?

6. Commentez le choix des voix narratives dans cet ouvrage autobiographique.

Marguerite Duras (1914–)

Marguerite Donnadieu est née en Indochine, colonie française, où ses parents sont instituteurs. Son père meurt pendant son enfance. Après avoir passé le baccalauréat dans un lycée français de Saigon, Duras s'installe à Paris où elle reçoit sa licence de droit en 1935. Elle se marie en 1939 et obtient un poste comme fonctionnaire au Ministère des Colonies. Elle cesse de travailler pour chercher une maison d'édition pour son premier roman, *Les Impudents* (publié en 1943). Dès cette première publication, elle adopte son nom de plume, Marguerite Duras. Pendant *l'Occupation*[1], elle travaille pour *la Résistance*[2] ; son mari, Robert Antelme, est fait prisonnier et déporté à Auschwitz, puis à Dachau. Dans *La Douleur,* elle décrit sa vie pendant cette période difficile. Après la guerre, Duras et Antelme divorcent, et elle épouse Dionys Mascolo, avec qui elle a un fils en 1947. Ce deuxième mariage prend fin au milieu des années cinquante. A ce moment-là, Duras vit une violente liaison amoureuse qui change complètement sa façon d'écrire. Dès lors, elle s'aventure dans le domaine des « livres dangereux » dont la production est une crise solitaire qui la mène au bord de la folie. Pendant les années soixante-dix, Duras écrit des pièces de théâtre et tourne des films. Elle revient au roman dans les années quatre-vingt, et en 1984 son récit autobiographique, *L'Amant,* lui vaut le Prix Goncourt et un énorme succès international.

Un thème central des œuvres de Duras est le désir, surtout le désir conçu comme féminin. Ce désir féminin est une force qui circule, qui ne cherche pas à posséder, qui ne s'arrête pas aux limites traditionnelles de la monogamie ou de l'hétérosexualité. L'érotisme durassien s'associe à la mort, les deux participant aux expériences absolues et paroxystiques, qui aboutissent à l'oubli, la perte, voire la destruction de soi. Le désir est souvent quelque chose de violent, de sadomasochiste et de dégradant. Malgré le désir qui les habite, les personnages durassiens se caractérisent par une passivité, une nostalgie, une aliénation qui les empêchent de prendre des décisions ou d'agir. D'une part, Duras lie cette passivité au désespoir politique et métaphysique — héritage de l'horreur de la seconde guerre mondiale — et d'autre part à une libération possible à travers le refus et le silence.

Dans beaucoup de ses ouvrages, Duras critique l'oppression des femmes en représentant la vie futile des bourgeoises et surtout en peignant les conflits qui existent entre femmes, divisées par une mentalité qui privilégie les hommes.

Les Impudents (1943)

Un Barrage contre le Pacifique (1950)

Le Marin de Gibraltar (1952)

---

1. Période de la seconde guerre mondiale pendant laquelle les Allemands ont occupé la France (1940–1944).
2. Dans la seconde guerre mondiale, opposition des Français à l'action de l'occupation allemande et au gouvernement de Vichy. Par extension, l'organisation par laquelle la résistance française agissait.

L'AMANT (1984)

Dans ce texte autobiographique qui raconte l'histoire de son premier amant, un riche chinois, Marguerite Duras attire l'attention sur le désespoir absolu dans lequel vivait sa famille — sa mère et des deux frères — pendant son enfance en Indochine (aujourd'hui le Vietnam).

Celle qui a acheté le chapeau rose à bords plats et au large ruban noir c'est elle, cette femme d'une certaine photographie, c'est ma mère. Je la reconnais mieux là que sur des photos plus récentes. C'est la cour d'une maison sur le Petit Lac de Hanoi. Nous sommes ensemble, elle et nous, ses enfants. J'ai quatre ans. Ma mère est au centre de l'image. Je reconnais bien comme elle se tient mal, comme elle ne sourit pas, comme elle attend que la photo soit finie. A ses traits tirés, à un certain désordre de sa tenue, à la somnolence de son regard, je sais qu'il fait chaud, qu'elle est exténuée, qu'elle s'ennuie. Mais c'est à la façon dont nous sommes habillés, nous, ses enfants, comme des malheureux, que je retrouve un certain état dans lequel ma mère tombait parfois et dont déjà, à l'âge que nous avons sur la photo, nous connaissions les signes avant-coureurs, cette façon, justement, qu'elle avait, tout à coup, de ne plus pouvoir nous laver, de ne plus nous habiller, et parfois même de ne plus nous nourrir. Ce grand découragement à vivre, ma mère le traversait chaque jour. Parfois il durait, parfois il disparaissait avec la nuit. J'ai eu cette chance d'avoir une mère désespérée d'un désespoir si pur que même le bonheur de la vie, si vif soit-il, quelquefois, n'arrivait pas à l'en distraire tout à fait. Ce que j'ignorerai toujours c'est le genre de faits concrets qui la faisaient chaque jour nous quitter de la sorte. Cette fois-là, peut-être est-ce cette bêtise qu'elle vient de faire, cette maison qu'elle vient d'acheter — celle de la photographie — dont nous n'avions nul besoin et cela quand mon père est déjà très malade, si près de mourir, à quelques mois. Ou peut-être vient-elle d'apprendre qu'elle est malade à son tour de cette maladie dont lui il va mourir ? Les dates coïncident. Ce que j'ignore comme elle devait l'ignorer, c'est la nature des évidences qui la traversaient et qui faisaient ce découragement lui apparaître.

Etait-ce la mort de mon père déjà présente, ou celle du jour ? La mise en doute de ce mariage ? de ce mari ? de ces enfants ? ou celle plus générale du tout de cet avoir ?

C'était chaque jour. De cela je suis sûre. Ça devait être brutal. A un moment donné de chaque jour ce désespoir se montrait. Et puis suivait l'impossibilité d'avancer encore, ou le sommeil, ou quelquefois rien, ou quelquefois au contraire les achats de maisons, les déménagements, ou quelquefois aussi cette humeur-là, seulement cette humeur, cet accablement ou quelquefois, une reine, tout ce qu'on lui demandait, tout ce qu'on lui offrait, cette maison sur le Petit Lac, sans raison aucune, mon père déjà mourant, ou ce chapeau à bords plats, parce que la petite le voulait tant, ou ces chaussures lamés or idem. Ou rien, ou dormir, mourir.

———

Je parle souvent de mes frères comme d'un ensemble, comme elle le faisait elle, notre mère. Je dis : mes frères, elle aussi au-dehors de la famille elle disait : mes fils. Elle a toujours parlé de la force de ses fils de façon insultante. Pour le dehors, elle ne détaillait pas, elle ne disait pas que le fils aîné était beaucoup plus fort que le second, elle disait qu'il était aussi fort que ses frères, les cultivateurs du Nord. Elle était fière de la force de ses fils comme elle l'avait été de celle de ses frères. Comme son fils aîné elle dédaignait les faibles. De mon amant de Cholen elle disait comme le frère aîné. Je n'écris pas ces mots. C'étaient des mots qui avaient trait aux *charognes*[1] que l'on trouve dans les déserts. Je dis : mes frères, parce que c'était ainsi que je disais moi aussi. C'est après que j'ai dit autrement, quand le petit frère a grandi et qu'il est devenu martyr.

Non seulement aucune fête n'est célébrée dans notre famille, pas d'arbre de Noël, aucun mouchoir brodé, aucune fleur jamais. Mais aucun mort non plus, aucune sépulture, aucune mémoire. Elle seule. Le frère aîné restera un assassin. Le petit frère mourra de ce frère. Moi je suis partie, je me suis arrachée. Jusqu'à sa mort le frère aîné l'a eue pour lui seul.

———

Nous sommes encore très petits. Régulièrement des batailles éclatent entre mes frères, sans prétexte apparent, sauf celui classique du frère aîné, qui dit au petit : sors de là, tu gênes. Aussitôt dit il frappe. Ils se battent sans un mot, on entend seulement leurs souffles, leurs plaintes, le bruit sourd des coups. Ma mère comme en toutes circonstances accompagne la scène d'un opéra de cris.

Ils sont doués de la même faculté de colère, de ces colères noires, meurtrières, qu'on n'a jamais vues ailleurs que chez les frères, les sœurs, les mères. Le frère aîné souffre de ne pas faire librement le mal, de ne pas régenter le mal, pas seulement ici mais partout ailleurs. Le petit frère d'assister impuissant à cette horreur, cette disposition de son frère aîné.

Quand ils se battaient on avait une peur égale de la mort pour l'un et pour l'autre ; la mère disait qu'ils s'étaient toujours battus, qu'ils n'avaient jamais joué ensemble, jamais parlé ensemble. Que la seule chose qu'ils avaient en commun c'était elle leur mère et surtout cette petite sœur, rien d'autre que le sang.

Je crois que du seul enfant aîné ma mère disait : mon enfant. Elle l'appelait quelquefois de cette façon. Des deux autres elle disait : les plus jeunes.

De tout cela nous ne disions rien à l'extérieur, nous avions d'abord appris à nous

1. corps de bêtes mortes ou cadavres humains

taire sur le principal de notre vie, la misère. Et puis sur tout le reste aussi. Les premiers confidents, le mot paraît démesuré, ce sont nos amants, nos rencontres en dehors des postes, dans les rues de Saigon d'abord et puis dans les paquebots de ligne, les trains, et puis partout.

———

Nous nous sommes revus une fois, il m'a parlé du petit frère mort. Il a dit : quelle horreur cette mort, c'est abominable, notre petit frère, notre petit Paulo.

Reste cette image de notre parenté : c'est un repas à Sadec. Nous mangeons tous les trois à la table de la salle à manger. Ils ont dix-sept, dix-huit ans. Ma mère n'est pas avec nous. Il nous regarde manger, le petit frère et moi, et puis il pose sa fourchette, il ne regarde plus que mon petit frère. Très longuement il le regarde et puis il lui dit tout à coup, très calmement, quelque chose de terrible. La phrase est sur la nourriture. Il lui dit qu'il doit faire attention, qu'il ne doit pas manger autant. Le petit frère ne répond rien. Il continue. Il rappelle que les gros morceaux de viande c'est pour lui, qu'il ne doit pas l'oublier. Sans ça, dit-il. Je demande : pourquoi pour toi ? Il dit : parce que c'est comme ça. Je dis : je voudrais que tu meures. Je ne peux plus manger. Le petit frère non plus. Il attend que le petit frère ose dire un mot, un seul mot, ses poings fermés sont déjà prêts au-dessus de la table pour lui broyer la figure. Le petit frère ne dit rien. Il est très pâle. Entre ses cils le début des pleurs.

Quand il meurt c'est un jour morne. Je crois, de printemps, d'avril. On me téléphone. Rien, on ne dit rien d'autre, il a été trouvé mort, par terre, dans sa chambre. La mort était en avance sur la fin de son histoire. De son vivant c'était déjà fait, c'était trop tard pour qu'il meure, c'était fait depuis la mort du petit frère. Les mots subjugants : tout est consommé.

Elle a demandé que celui-là soit enterré avec elle. Je ne sais plus à quel endroit, dans quel cimetière, je sais que c'est dans la Loire. Ils sont tous les deux dans la tombe. Eux deux seulement. C'est juste. L'image est d'une intolérable splendeur.

QUESTIONS

1. Dans ce passage, qu'est-ce qui déclenche la description détaillée d'un certain moment dans la jeunesse de Duras ?
2. A partir de quels signes Duras évoque-t-elle la misère de sa famille ?
3. Pourquoi Duras parle-t-elle de ses frères « comme d'un ensemble » ? Est-ce qu'elle a toujours parlé ainsi ? Quand a-t-elle arrêté de le faire ?
4. Quel souvenir en particulier évoque les rapports entre les trois enfants ? Décrivez ces rapports.
5. Quelle est la dernière image de cet extrait ? Pourquoi est-elle d'une « intolérable splendeur » ? Commentez l'attitude de Duras envers sa famille, en particulier sa mère.

Mariama Bâ *(1929–1981)*

En 1979 surgit sur la scène littéraire sénégalaise *Une si longue lettre,* immédiatement couronnée par le Noma Award for Publishing in Africa. Née à Dakar, Mariama Bâ est élevée par ses grands-parents après la mort de sa mère. Lors de sa scolarisation à Rufisque, faubourg de Dakar, Bâ rédige plusieurs essais où elle rejette en bloc la politique française d'assimilation. Pour Bâ, l'écriture a toujours joué un rôle essentiellement politique en Afrique. Engagée dans une association de femmes sénégalaises, Bâ publie de nombreux articles sur le statut de la femme au Sénégal. C'est sous la pression de son amie Annette Mbaye d'Erneville que Bâ entreprend d'écrire un roman. Elle se rappelle sa motivation en ces termes : « J'ai alors commencé à penser à tous ces hommes assis autour d'une table raillant une femme qui n'arrive pas à soumettre un manuscrit. Je me suis immédiatement mise à écrire *Une si longue lettre.* » Se trouvant veuve, Ramatoulaye Fall, l'héroïne du roman et mère de douze enfants, écrit à une amie. Dans sa lettre, elle décrit sa vie et ses émotions. Bâ, elle-même mère de neuf enfants, est séparée de son mari, Obeye Diop, parlementaire et ancien ministre sénégalais. Après la publication de son roman, Bâ, dans un article important, « La fonction politique des littératures africaines écrites » paru dans *Ecriture française* (1981), appelle les femmes africaines à s'engager dans une lutte pour en finir avec « l'inégalité flagrante entre hommes et femmes en Afrique » : « Les chants nostalgiques dédiés à la mère africaine confondue dans les angoisses d'homme à la Mère Afrique ne nous suffisent plus. Il faut donner dans la littérature africaine à la femme noire une dimension à la mesure de son engagement prouvé à côté de l'homme dans les batailles de libération, une dimension à la mesure de ses capacités démontrées dans le développement économique de notre pays. Cette place ne lui reviendra pas sans sa participation effective. »

Une si longue lettre (1979)
Le Chant écarlate (1981)

UNE SI LONGUE LETTRE (1979)

Dans ce roman épistolaire, Ramatoulaye Fall écrit à son amie d'enfance Aïssatou.
Dans le passage suivant, elle lui raconte une série d'anecdotes à propos de ses enfants
qui démontrent comment Fall éprouve sa situation de mère.

Mes grands enfants me causent des soucis. Mes tourments *s'estompent*[1] à l'évocation de ma grand'mère qui trouvait, dans la sagesse populaire, un dicton approprié à chaque événement. Elle aimait à répéter : « La mère de famille n'a pas du temps pour voyager. Mais elle a du temps pour mourir. » Elle se lamentait, quand, somnolente, elle devait malgré tout abattre sa part de besogne : « Ah ! que n'ai-je un lit pour me coucher. »

Espiègle[2], je lui désignais les trois lits de son logis. Elle s'irritait : « la vie est devant toi, pas derrière. Que Dieu fasse que tu éprouves ma situation. » Et me voilà aujourd'hui « éprouvant sa situation ».

Je croyais qu'un enfant naissait et grandissait sans problème. Je croyais qu'on traçait une voie droite et qu'il l'emprunterait allègrement. Or, je vérifiais, à mes dépens les prophéties de ma grand'mère :

« Naître des mêmes parents ne crée pas des ressemblances, forcément chez les enfants. Leurs caractères et leurs traits physiques peuvent différer. Ils diffèrent souvent d'ailleurs. »

« Naître des mêmes parents, c'est comme passer la nuit dans une même chambre. »

Pour apaiser la peur de l'avenir que ses mots pouvaient susciter, ma grand'mère offrait des solutions :

« Des caractères différents requièrent des méthodes de redressement différentes. De la rudesse ici, de la compréhension là. Les *taloches*[3] qui réussissent aux tout petits, vexent les aînés. Les nerfs sont soumis quotidiennement à dure épreuve ! Mais, c'est le lot de la mère. »

Brave grand'mère, je puisais, dans ton enseignement et ton exemple, le courage qui galvanise aux moments des choix difficiles.

L'autre nuit, j'avais surpris le trio (comme on les appelle familièrement) Arame, Yacine et Dieynaba, en train de fumer dans leur chambre. Tout, dans l'attitude, dénonçait l'habitude : la façon de coincer la cigarette entre les doigts, de l'élever gracieusement à la hauteur des lèvres, de la humer en connaisseuses. Les narines frémissaient et laissaient échapper la fumée. Et ces demoiselles aspiraient, expiraient tout en récitant les leçons, tout en rédigeant les devoirs. Elles savouraient leur plaisir goulûment, derrière la porte close, car j'essaie de respecter, le plus possible, leur intimité.

Dieynaba, Arame et Yacine me ressemblent, dit-on. Une amitié serviable les lie, soutenue par de multiples affinités ; elles forment un bloc, avec les mêmes réactions défensives ou méfiantes, face à mes autres enfants ; elles usent ensemble robes, pantalons, corsages, ayant presque la même taille. Je n'ai jamais eu à intervenir dans leurs conflits. Le trio a la réputation d'être studieux.

Mais de là à *s'octroyer*[4] la licence de fumer ! Ma colère les *foudroya*[5]. J'étais offusquée par la surprise. Une bouche de femme exhalant l'odeur âcre du tabac, au lieu d'em-

---

1. se voilent, s'atténuent 2. Vive et sans méchanceté 3. gifles
4. s'accorder 5. frappa de la foudre ; fig., accabla

baumer ! Des dents de femmes noircies de nicotine, au lieu d'éclater de blancheur ! Pourtant, leurs dents étaient blanches. Comment s'y prenaient-elles pour réaliser cette performance ?

Je jugeais affreux le port du pantalon quand on n'a pas, dans la constitution, le relief peu excessif des Occidentales. Le pantalon fait saillir les *formes plantureuses*[6] de la négresse, que souligne davantage une cambrure profonde des reins. Mais j'avais cédé à la ruée de cette mode qui ceignait et gênait au lieu de libérer. Puisque mes filles voulaient « être dans le vent », j'avais accepté l'entrée du pantalon dans les garde-robes.

J'eus tout d'un coup peur des affluents du progrès. Ne buvaient-elles pas aussi ? Qui sait, un vice pouvant en introduire un autre ? Le modernisme ne peut donc être, sans s'accompagner de la dégradation des mœurs ?

Etais-je responsable d'avoir donné un peu de liberté à mes filles ? Mon grand-père refusait l'accès de notre maison aux jeunes gens. A dix heures du soir, une clochette à la main, il avertissait les visiteurs de la fermeture de la porte d'entrée. Il scandait les tintements de la clochette, du même ordre : « Que celui qui n'habite pas ici *déguerpisse*[7] ! »

Moi, je laissais mes filles sortir de temps en temps. Elles allaient au cinéma, sans ma compagnie ; elles recevaient copines et copains. Des arguments justifiaient mon comportement : à un certain âge, irrémédiablement, le garçon ou la fille s'ouvre au sentiment de l'amour. Je souhaitais que mes filles en fassent sainement la découverte, sans sentiment de culpabilité, sans cachotterie, sans avilissement. J'essayais de pénétrer leurs relations ; je créais un climat propice au bon maintien et à la confidence.

Et voilà que de leurs fréquentations, elles ont acquis l'habitude de fumer. Et je ne savais rien, moi qui voulais tout régenter. La sagesse de ma grand'mère me revenait encore à l'esprit : « On a beau nourrir un ventre, il *se garnit*[8] quand même *à votre insu*[9]. »

Il me fallait réfléchir. Une réorganisation s'imposait pour enrayer le mal. A génération nouvelle, nouvelle méthode, aurait sans doute suggéré ma grand'mère.

J'acceptais d'être « vieux-jeu ». La nocivité du tabac m'était connue et je ne pouvais souscrire à sa consommation. Ma conscience la rejetait, comme elle rejetait l'alcool.

Je pourchassais, dès lors, son odeur, sans répit. Elle jouait à cache-cache avec ma vigilance. Sournoise, ironique, elle taquinait mes narines, puis s'enfuyait. Son refuge préféré restait les toilettes, surtout la nuit. Mais elle n'osa plus s'étaler, alerte et impudique.

Aujourd'hui, je n'ai pu terminer la prière du crépuscule à ma guise : des hurlements venus de la rue, m'ont fait bondir de la natte où j'étais assise.

Debout sur la véranda, je vois arriver mes fils Alioune et Malick en pleurs. Ils sont dans un état piteux : habits déchirés, corps empoussiérés par la chute, genoux sanguinolents sous la culotte ; une échancrure fend largement la manche droite du tricot de Malick ; du même côté, le bras pend lamentablement. L'un des gosses qui les soutiennent, m'explique : « Un clymoteur et son conducteur ont renversé Malick et Alioune. Nous jouions au football. »

Un jeune homme s'avance, cheveux longs, lunettes blanches, gris-gris au cou. La poussière grise de la rue maquille son ensemble « jean ». Malmené par les gosses dont il est la cible, une plaie rouge à la jambe, le voici visiblement gêné par tant d'hostilité. Avec un accent et des gestes polis

---

6. formes grandes et bien en chair   7. parte   8. s'emplit   9. sans que la chose soit sue

qui contrastent avec sa mise *débraillée*[10], il s'excuse : « J'ai vu trop tard les enfants, en tournant à gauche. Je croyais accéder à une voie libre dans cette rue à sens unique. »

« Je n'imaginais pas que les enfants y avaient installé un terrain de jeux. J'ai freiné, inutilement. J'ai buté sur des pierres qui délimitaient la place du goal. J'ai entraîné dans ma chute vos deux fils ainsi que trois autres garçonnets. Je m'excuse. »

Le jeune homme au cyclomoteur me surprend agréablement. Je *me défoule*[11], mais pas sur lui. Je connais la difficulté de conduire dans les rues de la ville, surtout dans la Médina, pour l'avoir affrontée. La chaussée, pour les enfants, est un terrain de prédilection. Quand ils en prennent possession, plus rien ne compte. Ils s'y démènent comme des diables autour du ballon. Des fois, l'objet de leur ardeur est un chiffon épais, ficelé, arrondi. Qu'importe ! Le conducteur n'a pour refuge que son frein, son klaxon, son sang-froid, on lui ouvre une haie désordonnée, vite refermée dans la bousculade. Derrière lui, les cris reprennent, plus exaltés.

« Jeune homme, tu n'es pas responsable. Mes fils sont fautifs. Ils ont déjoué ma vigilance, alors que je priais. Va, jeune homme ou plutôt, attends que je te fasse apporter de l'alcool et du coton pour ta plaie. »

Aïssatou, ton homonyme, apporte alcool iodé et coton. Elle soigne l'inconnu, puis Alioune. Les gosses du quartier n'approuvent pas ma réaction. Ils souhaiteraient pour le « fauteur » une punition, *je les rabroue*[12]. Ah, les enfants ! Ils provoquent un accident et de surcroît veulent sanctionner.

Le bras pendant de Malick m'a l'air cassé. Il descend anormalement. « Aïssatou, vite, vite. Porte-le à l'hôpital. Si tu n'y trouves pas Mawdo, tu demanderas le service des urgences. Va, va, ma fille. » Aïssatou s'habille rapidement et rapidement aide Malick à se nettoyer et à se changer.

Le sang des blessures coagulé dessine sur le sol des taches sombres et répugnantes. Tout en les brossant, je pense à l'identité des hommes : même sang rouge irriguant les mêmes organes. Ces organes, situés aux mêmes endroits, remplissent les mêmes fonctions. Les mêmes remèdes soignent les mêmes maux sous tous les cieux, que l'individu soit noir ou blanc : Tout unit les hommes. Alors, pourquoi s'entretuent-ils dans des batailles ignobles pour des causes futiles en regard des massacres de vies humaines ? Que de guerres dévastatrices ! Et pourtant, l'homme se prend pour une créature supérieure. A quoi lui sert son intelligence ? Son intelligence enfante aussi bien le beau que le mal, plus souvent le mal que le bien.

Je reprends ma place sur la natte ornée d'une mosquée verte, réservée à mon seul usage, comme la bouilloire de mes ablutions. Alioune, toujours reniflant, bouscule Ousmane pour s'emparer de sa place, à mes côtés, à la recherche d'une consolation que je lui refuse. Au contraire, je profite de l'occasion pour le sermonner :

— La rue n'est pas un terrain de jeux. Tu t'en es bien tiré aujourd'hui. Mais demain ! Attention... Tu auras une fracture quelque part comme ton frère.

Alioune rouspète :

— Mais, il n'y a pas de terrain de jeux dans le quartier. Les mères ne veulent pas que l'on joue au football dans les cours. Que faut-il faire alors ?

Sa remarque est pertinente. Il faut que les responsables de l'Urbanisme prévoient des terrains de jeux, comme ils ménagent des espaces verts.

---

10. dont les vêtements sont en désordre, ouverts
11. donne libre cours aux impulsions ordinairement réprimées
12. je les traite avec rudesse ; je les rebute

Des heures plus tard, Aïssatou et Malick reviennent de l'hôpital où Mawdo s'est, une fois de plus, bien occupé d'eux. Le bras plâtré de Malick m'indique que le bras pendant était bien cassé. Ah, que les gosses font payer cher la joie de les avoir mis au monde.

Décidément mon amie, c'est la cascade des événements malheureux. Je suis ainsi faite : quand le malheur me tient, il ne me lâche plus.

Aïssatou, ton homonyme est enceinte de trois mois. Farmata, la *griote*[13] aux *cauris*[14], m'a habilement manœuvrée vers cette découverte désastreuse. La rumeur publique l'avait sans doute aiguillonnée ou son sens développé de l'observation l'avait simplement servie.

Chaque fois qu'elle lançait ses cauris pour couper nos discussions (nos points de vue divergeaient sur tout), elle poussait des « han » de mécontentement. Avec force soupirs, elle signalait dans la masse désordonnée des cauris : une jeune fille enceinte.

J'avais bien remarqué l'amaigrissement soudain de ton homonyme, son manque d'appétit, le gonflement de ses seins : autant de signes révélateurs de la gestation qu'elle couvait.

Mais la puberté, elle aussi transforme les adolescents ; elle les gonfle ou les amaigrit, les allonge. Et puis, Aïssatou, peu après la mort de son père, avait eu une crise violente de *paludisme*[15] enrayée par Mawdo Bâ. La disparition de ses rondeurs datait de cette époque.

Aïssatou refusait de regrossir pour conserver une taille fine. Je mettais naturellement sur le compte de cette nouvelle manie, son peu d'alimentation et son dégoût de certains *mets*[16]. Mince, elle flottait dans ses pantalons et ne portait plus, à ma grande joie, que des robes.

Le petit Oumar me signala bien un jour qu'Aïssatou vomissait dans leur salle de bains, chaque matin, au moment de le laver. Mais Aïssatou, interrogée, nia, parla de rejet d'eau mêlée à la pâte dentifrice. Oumar ne parla plus de vomissements. Ma préoccupation changea de centre d'intérêt.

Comment pouvais-je imaginer la vérité qui tout à coup éclatait ? Comment pouvais-je deviner que ma fille, qui calma ma colère lors de l'affaire des cigarettes, s'adonnait, elle, à un jeu plus grave ? Le destin impitoyable me surprenait encore. Comme toujours, sans armes défensives.

Farmata insistait chaque jour un peu plus sur « la jeune fille enceinte » de ses cauris. Elle me la montrait. Elle souffrait de son état. Son attitude était éloquente : « Regarde ! Mais regarde donc. Ce cauri isolé, creux en l'air. Regarde cet autre cauri qui s'y adapte, face blanche en haut : comme une *marmite*[17] et son couvercle. L'enfant est dans le ventre. Il fait corps avec sa mère. Le groupe des deux cauris est isolé : il s'agit d'une femme sans attache donc une jeune femme sans mari. Mais comme les cauris sont menus, c'est bien d'une jeune fille qu'il s'agit. »

Et sa main lançait et relançait les cauris bavards. Ils se fuyaient, s'entrechoquaient, se chevauchaient. Leur tintement annonciateur emplissait le van et le même groupe de deux cauris, toujours s'isolait, pour révéler une détresse. Je suivais sans passion leur langage.

Et un soir, excédée par ma naïveté, Farmata osa : « Questionne tes filles, Ramatoulaye. Questionne-les. Une mère de famille doit être pessimiste. »

---

13. Dans le Nord d'Afrique, femme ou homme appartenant à une caste sociale, prêtresse, sorcière.
14. coquillages 15. malaria 16. plats 17. récipient, pot pour la cuisson

Troublée par la ténacité des répétitions, inquiète, j'acceptai la proposition. De peur de me voir changer d'avis, Farmata s'engouffra avec sa démarche de gazelle aux attaches fines dans la chambre de Aïssatou. Elle en ressortit, une lueur de triomphe dans l'œil. Aïssatou en pleurs, la suivait. Farmata chassa Ousmane blotti dans mon *boubou*[18], verrouilla la porte et déclara : « Les cauris ne peuvent se tromper tous les jours. S'ils ont tant insisté, c'est qu'il y a quelque chose. L'eau et le sable sont mêlés ; ils forment de la boue. Ramasse ta boue. Aïssatou ne nie pas son état. Je l'ai sauvée en te révélant ce qui est. Toi, tu ne devinais rien. Elle n'osait pas se confier. Vous n'alliez jamais sortir de cette situation. »

L'émotion obstruait ma gorge. Moi, si prompte aux remontrances, je me taisais. *Abasourdie*[19], je suffoquais de chaleur. Mes yeux se fermèrent, puis s'ouvrirent à nouveau. Je mâchonnais ma langue.

La première question qui vient à l'esprit à la découverte d'un pareil état est : Qui ? qui est l'auteur de ce vol, car vol il y a ; qui est l'auteur de ce préjudice, car préjudice il y a ! Qui a osé ? Qui... ? Qui... ? Aïssatou nomma un certain Ibrahima Sall qui deviendra, bien vite, dans son langage, Iba tout court.

Je regardais avec ahurissement ma fille si bien élevée, si tendre avec moi, si serviable dans la maison, si efficace en tout. Tant de qualités pouvaient s'allier à pareil comportement !

Iba est étudiant à l'Université, étudiant en Droit. Ils s'étaient connu... à la fête anniversaire d'une copine. Iba venait la chercher parfois au lycée, quand elle ne « descendait » pas à midi. Il l'avait invitée à deux reprises dans sa chambre, à la Cité Universitaire. Elle avoua être bien avec lui ! Non, Iba n'avait rien sollicité, ni exigé. Tout était venu naturellement entre eux. Iba connaissait son état. Il avait refusé les services d'un copain qui voulait « l'aider ». *Il tenait à elle.*[20] Boursier, il était décidé à se priver pour l'entretien de son enfant.

J'apprenais tout, d'un seul trait, avec une voix pleine de hoquets entrecoupés de reniflements, mais sans aucun regret ! Aïssatou baissait la tête. Je la reconnaissais à son récit sans fard. Je la reconnaissais au don entier d'elle-même à cet amoureux qui avait réussi à faire cohabiter dans ce cœur, mon image et la sienne. Aïssatou baissait les yeux, consciente du mal qui m'accablait, moi, qui me taisais. Ma main supportait ma tête lasse. Aïssatou baissait les yeux. Elle entendait le craquement de mes entrailles. La gravité de son acte ne lui échappait pas dans ma situation de veuve récente qui succède à mon état d'abandonnée[21]. Dans les batailles de filles, à part Daba, elle était l'aînée. L'aînée devait être exemplaire... Mes dents claquaient de colère...

Me souvenant, comme d'une bouée de sauvetage, de l'attitude tendre et consolatrice de ma fille, pendant ma détresse, mes longues années de solitude, je dominais mon bouleversement. Je recourais à Dieu, comme à chaque drame de ma vie. Qui décide de la mort et de la naissance ? Dieu ! Tout Puissant !

Et puis, on est mère pour comprendre l'inexplicable. On est mère pour illuminer les ténèbres. On est mère pour couver, quand les éclairs zèbrent la nuit, quand le tonnerre viole la terre, quand la boue enlise. On est mère pour aimer, sans commencement ni fin.

18. longue tunique   19. Stupéfaite, surprise
20. Il était attaché à elle par un sentiment durable.
21. Avant sa mort, le mari de Ramatoulaye s'était marié avec une femme plus jeune. Voir la section « Le Mariage ».

Faire de mon être un rempart défensif entre tous les obstacles et ma fille. Je mesurais à cet instant de confrontation, tout ce qui me rattachait à mon enfant. Le cordon ombilical se ranimait, ligature indestructible sous l'avalanche des assauts et la durée du temps. Je la revis, nouvellement jaillie de mes flancs, gigotant dans ses langes roses, son menu visage fripé sous les cheveux soyeux. Je ne pouvais pas l'abandonner, comme le dictait l'orgueil. Sa vie et son avenir constituaient un enjeu puissant qui démolissait les tabous et imposait à mon cœur et à ma raison sa supériorité sur tout. La vie qui frémissait en elle m'interrogeait. Elle grouillait pour s'épanouir. Elle vibrait pour demander protection.

C'est moi qui n'avais pas été à la hauteur. *Repue*[22] d'optimisme, je ne devinais rien du drame de sa conscience, du bouillonnement de son être, de la tourmente de sa pensée, du miracle qu'elle portait.

. On est mère pour affronter le déluge. Face à la honte de mon enfant, à son repentir sincère, face à son mal, à son angoisse, devrais-je menacer ?

Je pris dans mes bras ma fille. Je la serrais douloureusement dans mes bras, avec une force décuplée, faite de révolte païenne et de tendresse primitive. Elle pleurait. Elle hoquetait.

Comment avait-elle pu, seule, cohabiter avec son secret ? Me traumatisaient l'effort et la maîtrise déployés par cette enfant, pour se soustraire à ma colère, quand le vertige la saisissait ou quand elle me remplaçait auprès de ma turbulente *marmaille*[23]. J'avais mal. *Je geignais.*[24] J'avais profondément mal.

Un effort surhumain me redressa. Courage ! Les ombres s'estompaient. Courage ! Les lueurs s'unissaient en clarté apaisante. Ma décision d'aider et de protéger émergeait du tumulte. Elle se fortifiait au fur et à mesure que j'essuyais les larmes, au fur et à mesure que je caressais le front brûlant.

Dès demain, la petite Aïssatou sera consultée.

Farmata était étonnée. Elle s'attendait à des lamentations : je souriais. Elle voulait des remontrances véhémentes : je consolais. Elle souhaitait des menaces : je pardonnais.

Décidément, elle ne saura jamais à quoi s'en tenir avec moi. Combler d'attention une pécheresse la dépassait. Elle rêvait pour Aïssatou de somptueuses fêtes de mariage qui la dédommageraient de mes pauvres épousailles, alors qu'elle était une jeune fille, déjà attachée à mes pas comme une ombre. Elle avait coutume de te glorifier, toi, Aïssatou, qui lui donnerais beaucoup d'argent au futur mariage de ton homonyme. L'histoire de la Fiat aiguisait son appétit et t'attribuait une fabuleuse fortune. Elle rêvait de festivités et voilà que cette fille est allée se donner à un jeune étudiant désargenté, qui ne lui sera jamais reconnaissant. Elle me reprochait mon calme.

— Tu n'as que des filles. Adopte une attitude qui peut continuer. Tu verras. Si c'est Aïssatou qui a fait « ça », ton trio de fumeurs, je me demande ce qu'il fera. Couvre ta fille de caresses, Ramatoulaye. Tu verras.

Je verrai bien en convoquant Ibrahima Sall pour le lendemain...

---

22. Remplie   23. fam., groupe nombreux de jeunes enfants bruyants
24. J'émettais des plaintes faibles et inarticulées.

QUESTIONS

1. Quel rôle joue la grand-mère de Ramatoulaye dans ce passage ?

2. Quel est le « délit » du « trio » ? Qu'est-ce que cet épisode nous apprend sur les conflits familiaux autour de l'adolescence ?

3. Pourquoi la mère craint-elle ce qu'elle appelle « le modernisme » ? Selon elle, qu'est-ce que c'est ?

4. Comparez les « soucis » que causent les filles à leur mère à ceux du garçon Malick.

5. Quel rôle joue la griote dans la vie familiale de Ramatoulaye ? De quelle découverte est-elle responsable ?

6. Expliquez pourquoi Ramatoulaye ignore si longtemps l'état de sa fille.

7. Pourquoi l'incident de la grossesse d'Aïssatou déclenche-t-il chez Ramatoulaye une série de réflexions sur la maternité ? Selon Fall, qu'est-ce qu'une mère ?

Annie Ernaux (1940–)

Annie Ernaux passe son enfance et sa jeunesse en Normandie. Agrégée de Lettres modernes, et professeur de lettres, elle vit aujourd'hui dans une ville nouvelle près de Paris. Auteur de six récits, Ernaux revient souvent dans ses textes aux souvenirs d'enfance, et surtout à la culture du monde social qui a marqué son adolescence. Elle reconstitue l'ambiance du café-épicerie dont ses parents étaient propriétaires après la guerre. Dans *La Place* (1984), œuvre consacrée à la mémoire de son père, Ernaux fait le portrait non seulement d'un homme vu dans ses rapports familiaux, mais d'un homme inséré dans un milieu et une classe. « La place », Ernaux explique dans une interview à la radio, « c'est... celle qu'a voulu acquérir mon père... c'est aussi l'ensemble des pratiques culturelles qui le situent dans le monde. » Elle envisage son travail d'écrivain comme une forme d'ethnologie : elle s'efforce d'apporter un regard d'observateur sur un monde qu'elle n'habite plus que par sa mémoire et par son imagination. Dans *Une Femme* (1987), texte parallèle à *La Place* dans lequel Ernaux met au jour à la fois la vie intense de sa mère et les effets dévastateurs de sa maladie — elle est morte de la maladie d'Alzheimer — Ernaux décrit son projet : ce qu'elle « espère écrire... se situe... à la jointure du familial et du social, du mythe et de l'histoire ». Quoique littéraire, son projet resterait, selon elle, « au-dessous de la littérature ».

Malgré ses préoccupations sociologiques, dans ses romans et textes autobiographiques Annie Ernaux fait surtout un travail sur la langue. Elle fait revivre en italique et entre guillemets les façons de parler de ses parents — « ouvrière *mais* sérieuse », « la gosse n'est privée de rien » — et à travers ces expressions, les valeurs d'un monde qu'elle a quitté. Par les portraits à mi-chemin entre la fiction et l'autobiographie qu'elle construit de ses parents, et le récit de ses relations passionnées avec eux, Ernaux fait aussi son auto-portrait : celui d'une jeune fille douée pour les études qui de par son éducation et son mariage change de classe et de langage. Attachée à son passé, mais aussi consciente de tout ce qui la sépare dorénavant de ses origines, Ernaux dépeint en intellectuelle le clivage permanent du sujet postmoderne.

Les Armoires vides (1974)
Ce qu'ils disent ou rien (1977)
La Femme gelée (1981)
La Place (1984 ; Prix Renaudot)
Une Femme (1987)
Passion simple (1991)

UNE FEMME (1987)

Annie Ernaux revoit son adolescence à travers les rapports tendus qu'elle vit avec sa mère ; leur corps de femme les lie et en même temps les sépare l'une de l'autre pendant ce passage difficile de l'enfance à l'âge adulte.

A l'adolescence, je me suis détachée d'elle et il n'y a plus eu que la *lutte*[1] entre nous deux.

Dans le monde où elle avait été jeune, l'idée même de la liberté des filles ne se posait pas, sinon en termes de perdition. On ne parlait de la sexualité que sur le mode de la *grivoiserie*[2] interdite aux « jeunes oreilles » ou du jugement social, avoir bonne ou mauvaise conduite. Elle ne m'a jamais rien dit et je n'aurais pas osé lui demander quoi que ce soit, la curiosité étant déjà considérée comme le début du vice. Mon angoisse, le moment venu, de lui avouer que j'avais mes *règles*[3], prononcer pour la première fois le mot devant elle, et sa rougeur en me tendant une garniture, sans m'expliquer la façon de la mettre.

Elle n'a pas aimé me voir grandir. Lorsqu'elle me voyait déshabillée, mon corps semblait la dégoûter. Sans doute, avoir de la poitrine, des hanches signifiait une menace, celle que je coure après les garçons et ne m'intéresse plus aux études. Elle essayait de me conserver enfant, disant que j'avais treize ans à une semaine de mes quatorze ans, me faisant porter des jupes plissées, des socquettes et des chaussures plates. Jusqu'à dix-huit ans, presque toutes nos disputes ont tourné autour de l'interdiction de sortir, du choix des vêtements (son désir répété, par exemple, que j'aie une *gaine*[4] au-dehors, « tu serais mieux habillée »). Elle entrait dans une colère disproportionnée, en apparence, au sujet : « Tu ne vas TOUT DE MEME PAS sortir comme ça » (avec cette robe, cette coiffure, etc.) mais qui me paraissait normale. Nous savions toutes les deux à quoi nous en tenir : elle, sur mon désir de plaire aux garçons, moi, sur sa hantise qu'il « m'arrive un malheur », c'est-à-dire coucher avec n'importe qui et tomber enceinte.

Quelquefois, je m'imaginais que sa mort ne m'aurait rien fait.

En écrivant, je vois tantôt la « bonne » mère, tantôt la « mauvaise ». Pour échapper à ce balancement venu du plus loin de l'enfance, j'essaie de décrire et d'expliquer comme s'il s'agissait d'une autre mère et d'une fille qui ne serait pas moi. Ainsi, j'écris de la manière la plus neutre possible, mais certaines expressions (« s'il t'arrive un malheur ! ») ne parviennent pas à l'être pour moi, comme le seraient d'autres, abstraites (« refus du corps et de la sexualité » par exemple). Au moment où je me les rappelle, j'ai la même sensation de découragement qu'à seize ans, et, fugitivement, je confonds la femme qui a le plus marqué ma vie avec ces mères africaines serrant les bras de leur petite fille derrière son dos, pendant que la matrone exciseuse coupe le clitoris.

Elle a cessé d'être mon modèle. Je suis devenue sensible à l'image féminine que je rencontrais dans *L'Echo de la Mode* et dont se rapprochaient les mères de mes camarades petites-bourgeoises du pensionnat : minces, discrètes, sachant cuisiner et appelant leur fille « ma chérie ». Je trouvais ma mère *voyante*[5]. Je détournais les yeux quand

1. antagonisme, conflit 2. action ou parole hardie, licencieuse 3. menstruation
4. sous-vêtement en tissu élastique enserrant les hanches et la taille 5. vulgaire

elle débouchait une bouteille en la maintenant entre ses jambes. J'avais honte de sa manière brusque de parler et de se comporter, *d'autant plus* vivement *que*[6] je sentais combien je lui ressemblais. Je lui faisais grief d'être ce que, en train d'émigrer dans un milieu différent, je cherchais à ne plus paraître. Et je découvrais qu'entre le désir de se cultiver et le fait de l'être, il y avait un *gouffre*[7]. Ma mère avait besoin du dictionnaire pour dire qui était Van Gogh, des grands écrivains, elle ne connaissait que le nom. Elle ignorait le fonctionnement de mes études. Je l'avais trop admirée pour ne pas lui en vouloir, plus qu'à mon père, de ne pas pouvoir m'accompagner, de me laisser sans secours dans le monde de l'école et des amies avec salon-bibliothèque, n'ayant à m'offrir pour bagage que son inquiétude et sa suspicion, « avec qui étais-tu, est-ce que tu travailles au moins ».

Nous nous adressions l'une à l'autre sur un ton de *chamaillerie*[8] en toutes circonstances. J'opposais le silence à ses tentatives pour maintenir l'ancienne complicité (« on peut tout dire à sa mère ») désormais impossible : si je lui parlais de désirs qui n'avaient pas trait aux études (voyages, sports, surboums) ou discutais de politique (c'était la guerre d'Algérie), elle m'écoutait d'abord avec plaisir, heureuse que je la prenne pour confidente, et d'un seul coup, avec violence : « Cesse de te monter la tête avec tout ça, l'école en premier. »

Je me suis mise à mépriser les conventions sociales, les pratiques religieuses, l'argent. Je recopiais des poèmes de Rimbaud et de Prévert, je collais des photos de James Dean sur la couverture de mes cahiers, j'écoutais *La Mauvaise réputation* de Brassens, je m'ennuyais. Je vivais ma révolte adolescente sur le mode romantique comme si mes parents avaient été des bourgeois. Je m'identifiais aux artistes incompris. Pour ma mère, se révolter n'avait eu qu'une seule signification, refuser la pauvreté, et qu'une seule forme, travailler, gagner de l'argent et devenir aussi bien que les autres. D'où ce reproche amer, que je ne comprenais pas plus qu'elle ne comprenait mon attitude : « Si on t'avait fichue en usine à douze ans, tu ne serais pas comme ça. Tu ne connais pas ton bonheur. » Et encore, souvent, cette réflexion de colère à mon égard : « Ça va au pensionnat et ça ne vaut pas plus cher que d'autres. »

A certains moments, elle avait dans sa fille en face d'elle, une ennemie de classe.

QUESTIONS

1. Pourquoi la fille croit-elle que sa mère n'aime pas la voir grandir ? Quels sont les sujets de dispute entre la mère et la fille ?

2. En quel sens Ernaux montre-t-elle que les différences de classe peuvent exister à l'intérieur d'une même famille ? Que représentent les études pour la mère ? Pour la fille ?

6. encore plus que, pour la raison que   7. abîme   8. dispute, querelle

3. Quelle « ancienne complicité » existait entre la mère et la fille ? Comment la fille la rejette-t-elle ?

4. Quels sont les sentiments et les besoins psychologiques qui contribuent, chez la mère et la fille, à la révolte adolescente que décrit Ernaux ?

SUJETS DE DISCUSSION ET DE COMPOSITION

1. Plusieurs textes dans cette section privilègent un stade critique du rapport entre mère et fille où il est question de séparation, de sexualité, de rebellion, de ressentiment, de silence, de colère ou de déception. Les mères et les filles dans ces textes racontent-elles la même histoire ? Quels sont les moments importants de transition pour mère et fille ? Remarquez-vous des prises de position narratives différentes entre les mères et les filles ?

2. Comment est-ce que ces textes élargissent la notion de ce que c'est d'être « en famille » ? Examinez la représentation de la vie familiale chez Bâ, Duras et Sarraute et expliquez en quel sens ces exemples vont à l'encontre de l'image occidentale de la famille nucléaire. Réfléchissez aux liens de parenté, à la vie affective, ainsi qu'au rôle joué ici par l'argent.

III

CORPORALITÉS

Comment parler du corps ? Qu'est-ce que nous voyons, nous lecteurs et lectrices, à travers la toile, à travers le tissu qui voile le corps qui se parle ? Que nous cache-t-on, même à travers les mots qui semblent exhiber quelque chose ? Qu'est-ce qu'on nous expose par le fait de ne pas le dire ?

Il y a évidemment des histoires d'amour qui impliquent parfois plus qu'elles ne disent sur les rencontres corporelles. Puisque toute relation amoureuse est unique au moins sous un angle, toutes les perspectives diffèrent. Dans certaines, c'est le désir d'autonomie qui domine : voici, par exemple, l'insistance avec laquelle Albiach refuse la réduction de deux corps séparés à un corps unique. Le modèle binaire d'un désir corporel double se retrouve aussi dans les émotions de l'amante : Louise Labé se sent la proie de sentiments et de sensations résolument contraires.

Comment faire sentir la chaleur du corps par la nécessaire neutralité des mots écrits noir sur blanc ? Dans les textes qui suivent, nous sommes invités à partager l'explosion qu'éprouve Louise Labé pour son amant, de Marceline Desbordes-Valmore pour son autre — homme ou femme. L'histoire bizarre que raconte Colette nous force à considérer de près, de trop près, en effet, une partie du corps de l'amant. Son texte nous apprend que le célèbre mystère de l'amour dépend parfois d'un flou visuel. La terreur panique causée par quelque chose — de tout innocent au premier abord — vu de trop près est réelle, et réellement fascinante, comme ce conte fascine tout en nous faisant horreur.

Ces textes nous mettent rarement à l'aise. Spectatrice de la souffrance de sa mère agonisante, Simone de Beauvoir ressent de la tendresse en même temps que de l'horreur provoquée par ce spectacle entièrement dépourvu de distance. Dans plusieurs textes de cette section, la vue déformante de détails corporels choque : celle de la main monstrueuse chez Colette et des lèvres chez Irigaray. Ailleurs, chez Kristeva, un regard interrogateur se pose sur le corps de la mère ; chez Cixous, nous suivons l'itinéraire des identifications littéraires de la jeune fille dont le corps de femme n'interviendra que plus tard pour mettre fin à sa « bisexualité ».

La lourde sensualité de Mansour, écrivain surréaliste, trouve sa réponse dans les extrêmes auxquels Irigaray pousse sa vision de la corporalité féminine tandis qu'Albiach contourne « le cas du corps », si l'on peut dire, d'une façon intellectuelle non moins problématique. Ecrire le corps ? Il semble mieux se prêter à la poésie ou à une prose poétique qu'à la prose. En fin de compte, bien qu'il soit toujours difficile de l'écrire, le corps ne se traite pas légèrement.

Louise Labé (1524–1566)

« La Belle Cordière » est née dans une famille de cordiers à Lyon. Labé est sans doute élevée dans un couvent, où elle aurait appris à filer, à tisser, et à jouer du luth. Elle reçoit une formation classique qui la prépare à être accueillie plus tard dans les cercles humanistes prestigieux de Lyon. Cette ville est, de 1530 à 1550, un centre cosmopolite intellectuel et culturel. Vers 1544, Labé épouse Ennemond Perrin, un cordier aussi, et commence à cette même époque à écrire de la poésie. En 1554, elle rencontre Olivier de Magny, poète et traducteur. Suivant le modèle de Maurice Scève (*Délie,* 1544) et de Pernette du Guillet (*Rymes,* 1545), Magny et Labé composent des poèmes en dialogue. Labé demande au roi la permission de faire publier ses œuvres, ce qui lui est accordée en 1555. Cette publication comprend une épître dédicatoire à Clémence de Bourges (jeune aristocrate de Lyon), le *Débat de Folie et d'Amour* (dialogue satirique), trois élégies (lettres d'amour fictives), et vingt-quatre sonnets d'amour, œuvres qui font rapidement la célébrité de Labé.

Dans l'épître dédicatoire qui ouvre son volume, Labé rejette le statut traditionnel de la femme comme objet. Elle invite son amie Clémence de Bourges à ne pas gaspiller ses dons, mais plutôt à étudier les arts et les lettres.

Les sonnets font écho à ce message féministe dans le sens où Labé reformule le pétrarquisme et son objectification de la femme[1]. Dans le sonnet 18, par exemple, c'est la femme qui demande des baisers à son amant, alors que, d'après le pétrarquisme, la femme n'a ni voix ni désirs. Dans un autre sonnet, Labé interroge la tradition du *blason*[2] — où le poète énumère les attributs de sa maîtresse. Au lieu de faire un blason, Labé se demande dans le sonnet 21, quels sont les critères de la beauté masculine. Elle révèle ainsi l'asymétrie des codes sexuels.

Evvres de Lovize Labé Loinnoize (1555)

Œuvres complètes de Louise Labé (1986)

---

1. Sur le pétrarquisme, voir page 8, note 1.
2. morceau de petits vers à rimes plates en vogue au seizième siècle renfermant une description détaillée élogieuse ou satirique d'une personne ou d'un objet ; le blason du corps féminin

« JE VIS, JE MEURS » (1555)

Les sonnets de Louise Labé, où l'érotisme s'exprime selon les canons de la poésie érotique classique, sont parmi les textes d'amour les plus célèbres. Examinez la façon dont ce poème s'organise autour de catégories d'opposition. Le texte a été modernisé.

VII

Je vis, je meurs : je me brûle et me noie.
J'ai chaud extrême en endurant froideur :
La vie m'est et trop molle et trop dure.
J'ai grands ennuis entremêlés de joie :
    Tout d'un coup je ris et je *larmoie*[1],
Et en plaisir maint grief tourment j'endure :
Mon bien s'en va, et à jamais il dure :
Tout à la fois je sèche et je verdoie.
    Ainsi Amour inconstamment me mène :
Et, quand je pense avoir plus de douleur,
Sans y penser je me trouve hors de peine.
    Puis, quand je crois ma joie être certaine,
Et être au haut de mon désiré bonheur,
Il me remet en mon premier malheur.

QUESTIONS

1. Expliquez comment Labé développe tout au long du poème l'opposition du premier vers : « Je vis, je meurs : je me brûle et me noie. »
2. Quel est l'effet de la personnification de l'Amour au premier tercet ?
3. En quoi consiste l'amour dans ce poème ?
4. Commentez l'effet du dernier vers sur l'unité du poème.

---

1. verse des larmes, me lamente

Marceline Desbordes-Valmore (1786–1859)

Née à Douai d'une famille de la petite bourgeoisie, Marceline Desbordes connaît tôt une vie précaire et malheureuse. Après la faillite de son père, peintre en *armoiries*[1], à la suite de la Révolution de 1789, sa mère ne tarde pas à le quitter. Elle part pour la Guadeloupe avec Marceline chercher de la protection financière des parents. Arrivée sur l'île en pleines émeutes, la mère succombe à la fièvre jaune, laissant la jeune fille seule pour regagner la France.

Rentrée à Douai, Marceline y fait ses débuts au théâtre comme cantatrice et comédienne. Cette carrière mal assurée la mène de ville en ville en France et en Belgique. Elle accouche de deux enfants illégitimes qui meurent au bout de quelques semaines. En 1817, Marceline épouse un acteur, François Valmore, dont elle aura quatre enfants de plus. Trois de ces enfants mourront avant elle.

Bien que Marceline ait écrit en 1813 des morceaux pour des *keepsakes*[2], ce n'est qu'à partir de 1818 que l'on peut parler d'une production littéraire soutenue. Depuis la publication de son premier recueil, *Elégies, Marie et Romances,* en 1819, Desbordes-Valmore traduit sa passion littéraire en une œuvre riche non seulement en poèmes mais aussi en contes et en romans. Elle abandonne la scène en 1823 pour consacrer plus de temps à ses enfants et s'adonner pleinement à l'écriture.

Sans éducation formelle et rigoureuse, Desbordes-Valmore apprend beaucoup de son travail de cantatrice et de comédienne. Elle connaît bien l'opéra lyrique du dix-huitième siècle, les élégies et les romances musicales, et la grande tradition du théâtre français. Ses poèmes exaltent deux thèmes romantiques par excellence, la nature et le moi. En plus de l'amour entre homme et femme, Desbordes-Valmore traite souvent de l'attendrissement maternel, de l'attachement au terroir, de l'innocence enfantine, de l'engagement social et de l'amitié entre femmes. Sans faire une analyse biographique de son œuvre, on peut constater que la vie difficile qu'a menée Desbordes-Valmore se ressent surtout dans ses recueils poétiques.

Atteinte d'un cancer, elle meurt en 1859 après avoir reçu un prix de l'Académie française. Bien qu'il rejette le naturel romantique chez Desbordes-Valmore, Baudelaire l'appelle une « âme d'élite ». Verlaine la compte parmi ses « *poètes maudits* »[3], et Breton et Aragon la nomment « Notre Dame du Peuple ». Reste à savoir ce que la critique contemporaine trouvera comme épithète pour qualifier une poésie lyrique dépassant de loin le cadre de l'amour romantique.

---

1. blasons, emblèmes qui distinguent une famille noble
2. sorte de livre-album de vers et de gravures qu'il était de mode d'offrir en cadeau à l'époque romantique
3. Essai du même titre de Verlaine (1888) où il parle de des poètes vrais et « absolus » jusqu'alors inconnus ou ignorés.

Elégies, Marie et Romances (1819)
Les Veillées des Antilles (1821)
Poésies (1830)
Les Pleurs (1833)
Une Raillerie de l'amour (1833)
L'Atelier d'un peintre (1833)
Pauvres fleurs (1839)
Le Livre des mères et des enfants (1840)
Bouquets et prières (1843)
Huit femmes (1845)
Poésies inédites (1860)
Contes et scènes de la vie de famille (1865)

« LES ROSES DE SAADI » *(POÉSIES INÉDITES, 1860)*

La rose en poésie sert traditionnellement à évoquer la beauté passagère de la femme. Dans les célèbres vers de Ronsard — « Mignonne, allons voir si la rose... » — par exemple, la femme se fane avec la fleur. En revanche, dans ce texte où la femme poète s'adresse à son amour inconnu (homme ou femme), l'éclatement remplace le flétrissement final. Le titre renvoie au poète persan du treizième siècle, Saadi, dont les poèmes étaient remplis d'attar[1] de roses : ces roses de Saadi font une réapparition dans un texte d'Apollinaire (« Fête ») où elles s'associent d'abord aux courbes du corps féminin, et ensuite à la mort : « mortification des roses » qui reprend la tradition poétique dont Desbordes-Valmore s'éloigne délibérément.

J'ai voulu ce matin te rapporter des roses ;
Mais j'en avais tant pris dans mes ceintures closes
Que les nœuds trop serrés n'ont pu les contenir.

Les nœuds ont éclaté. Les roses envolées
Dans le vent, à la mer s'en sont toutes allées.
Elles ont suivi l'eau pour ne plus revenir.

La vague en a paru rouge et comme enflammée.
Ce soir, ma robe encore en est toute embaumée...
Respires-en sur moi l'odorant souvenir.

1. essence de rose

QUESTIONS

1. Dans ce poème aux échos baudelairiens (« N'es-tu pas l'oasis où je rêve, et la gourde / Où je hume à longs traits le vin du souvenir ? », « La Chevelure »), relevez les détails de l'extrême sensualité.

2. Essayez d'identifier le récit qui se profile à travers les métaphores de ce poème.

3. Quelle image de la nature apparaît ici ?

Colette

LA MAIN (1924)

L'exagération d'un seul détail physique fait l'originalité de ce récit. La perspective déformante organise le déroulement du texte.

Il s'était endormi sur l'épaule de sa jeune femme, et elle supportait orgueilleusement le poids de cette tête d'homme, blonde, sanguine, aux yeux clos. Il avait glissé son grand bras sous le torse léger, sous les reins adolescents, et sa forte main reposait à plat sur le drap, à côté du coude droit de la jeune femme. Elle sourit de voir cette main d'homme qui surgissait là, toute seule et éloignée de son maître. Puis elle laissa errer ses regards dans la chambre à demi éclairée. Une conque voilée versait sur le lit une lumière couleur de *pervenche*.[1]

« Trop heureuse pour dormir », pensa-t-elle.

Trop émue aussi, et souvent étonnée de sa condition nouvelle. Depuis quinze jours seulement, elle menait la scandaleuse vie des jeunes mariées, qui goûtent la joie d'habiter avec un inconnu dont elles sont amoureuses. Rencontrer un beau garçon blond, jeune veuf, entraîné au tennis et à l'aviron, l'épouser un mois après : son aventure conjugale n'enviait presque rien à un enlèvement. Elle en était encore, lorsqu'elle veillait auprès de son mari, comme cette nuit, à fermer les yeux longuement, puis les rouvrir pour savourer, étonnée, la couleur bleue des *tentures*[2] toutes neuves, au lieu du rose abricot qui filtrait le jour naissant dans sa chambre de jeune fille.

Un tressaillement parcourut le corps endormi qui reposait près d'elle, et elle resserra son bras gauche autour du cou de son mari, avec l'autorité charmante des êtres faibles. Il ne s'éveilla pas.

« Comme il a les cils longs », se dit-elle.

Elle loua aussi en elle-même la bouche, lourde et gracieuse, le teint de brique rose, et jusqu'au front, ni noble ni vaste, mais encore pur de rides.

La main droite de son mari, à côté d'elle, tressaillit à son tour, et elle sentit vivre, sous la cambrure de ses reins, le bras droit sur lequel elle pesait tout entière.

« Je suis lourde... Je voudrais me soulever et éteindre cette lumière. Mais il dort si bien... »

Le bras se tordit encore, faiblement, et elle creusa les reins pour se faire plus légère.

« C'est comme si j'étais couchée sur une bête », songea-t-elle.

Elle tourna un peu la tête sur l'oreiller, regarda la main posée à côté d'elle.

« Comme elle est grande ! C'est vrai qu'il me dépasse de toute la tête. »

La lumière, glissant sous les bords d'une ombelle de cristal bleuâtre, butait contre cette main et rendait sensibles les moindres reliefs de la peau, exagérait les nœuds puissants des phalanges, et les veines que la compression du bras engorgeait. Quelques poils roux, à la base

---

1. couleur d'un bleu clair tirant sur le mauve   2. papier peint qui couvre les murs

des doigts, se courbaient tous dans le même sens, comme des épis sous le vent, et les ongles plats, dont le polissoir n'effaçait pas les cannelures, brillaient, enduits de vernis rosé.

« Je lui dirai qu'il ne mette pas de vernis à ses ongles, pensa la jeune femme. Le vernis, le carmin, cela ne va pas à une main si... une main tellement... »

Une secousse électrique traversa cette main et dispensa la jeune femme de chercher un qualificatif. Le pouce se raidit, affreusement long, spatulé, et s'appliqua étroitement contre l'index. Ainsi la main prit soudain une expression simiesque et *crapuleuse*[2].

— Oh ! fit tout bas la jeune femme, comme devant une inconvenance.

Le sifflet d'une automobile qui passait perça le silence d'une clameur si aiguë qu'elle semblait lumineuse. Le dormeur ne s'éveilla pas, mais la main, offensée, se souleva, se crispa en forme de crabe et attendit, prête au combat. Le son déchirant décrut et la main, détendue peu à peu, laissa retomber ses pinces, devint une bête molle, pliée de travers, agitée de sursauts faibles qui ressemblaient à une agonie. L'ongle plat et cruel du pouce trop long brillait. Une déviation du petit doigt, que la jeune femme n'avait jamais remarquée, apparut, et la main *vautrée*[3] montra, comme un ventre rougeâtre, sa paume charnue.

— Et j'ai baisé cette main !... Quelle horreur ! Je ne l'avais donc jamais regardée ?

La main, qu'un mauvais rêve émut, eut l'air de répondre à ce sursaut, à ce dégoût. Elle réunit ses forces, s'ouvrit toute grande, étala ses tendons, ses nœuds et son pelage roux, comme une parure de guerre. Puis repliée lentement, elle saisit une poignée de drap, y enfonça ses doigts recourbés, serra, serra avec un plaisir méthodique d'étrangleuse...

— Ah ! cria la jeune femme.

La main disparut, le grand bras, arraché à son fardeau, se fit en un moment ceinture protectrice, chaud rempart contre toutes les terreurs nocturnes. Mais le lendemain matin, à l'heure du plateau sur le lit, du chocolat mousseux et des rôties, elle revit la main, rousse et rouge, et le pouce abominable arc-bouté sur le manche d'un couteau.

— Tu veux cette tartine, chérie ? Je la prépare pour toi.

Elle tressaillit et sentit sa chair se hérisser, en haut des bras et le long du dos.

— Oh ! non... non...

Puis elle cacha sa peur, se dompta courageusement, et commençant sa vie de duplicité, de résignation, de diplomatie vile et délicate, elle se pencha, et baisa humblement la main monstrueuse.

QUESTIONS

1. Où est-ce que l'action se déroule dans ce texte et pendant combien de temps ?
2. Quelle est la « condition nouvelle » de la femme ici ? En quoi consiste-t-elle ? A qui Colette compare-t-elle la femme ?
3. Décrivez les transformations de la main telle que la jeune femme les voit. Quel est le rapport qui se tisse entre elle et la main ?
4. Décrivez l'effet produit par la conclusion de cette histoire.

2. débauchée, vicieuse   3. couchée, étendue

▄▄▄▄ *Joyce Mansour* (1928–1986)

Née en Angleterre de parents égyptiens en 1928, Joyce Mansour passe les premières années de sa vie au Caire. Bien qu'elle ait écrit en anglais quelques poèmes et un livre (*Flying Piranha*) avec Ted Joans, la plupart de ses écrits sont en français. En 1953, elle s'établit à Paris où elle se lie en 1954 — grâce à son premier volume *Cris* — avec le groupe surréaliste autour d'André Breton. Cette « étrange demoiselle » participe aux revues surréalistes *Bief, La Brèche* et *Archibras,* et plusieurs peintres surréalistes illustrent ses livres de poèmes, fortement érotiques et pénétrés d'humour noir. Ses œuvres sont à la fois féministes et surréalistes.

Cris (1953)

Déchirures (1956)

Les Gisants satisfaits (1958)

Rapaces (1960)

Ça (1970)

Histoires nocives (1973)

Faire signe au machiniste (1977)

Flying Piranha (avec Ted Joans) (1978)

« NOYÉE AU FOND D'UN RÊVE ENNUYEUX » (1960)
« INVITEZ-MOI » (1960)

Une des rares femmes à avoir participé au mouvement surréaliste de l'après-guerre, Joyce Mansour exprime un érotisme macabre, souvent agressif, qui n'est pas pour autant dépourvu d'humour. Dans ces deux poèmes, elle démontre sa maîtrise de l'image insolite. La représentation des rapports entre les sexes pousse l'ironie jusqu'à la violence.

NOYÉE AU FOND D'UN RÊVE ENNUYEUX

Noyée au fond d'un rêve ennuyeux
J'effeuillais l'homme
L'homme cet artichaut drapé d'huile noire
Que je *lèche*[1] et poignarde avec ma langue
L'homme que je tue l'homme que je nie

1. passe la langue sur

Cet inconnu qui est mon frère
Et qui m'offre l'autre joue
Quand je *crève*[2] son œil d'agneau larmoyant
Cet homme qui pour la communauté est mort assassiné
Hier avant-hier et avant ça et encore
Dans ses pauvres pantalons pendants de surhomme

INVITEZ-MOI

Invitez-moi à passer la nuit dans votre bouche
Racontez-moi la jeunesse des rivières
Pressez ma langue contre votre œil de verre
Donnez-moi votre jambe comme nourrice
Et puis dormons, frère de mon frère,
Car nos baisers meurent plus vite que la nuit.

QUESTIONS

« Noyée au fond d'un rêve ennuyeux »

1. Comment le titre transforme-t-il le sens conventionnel du rêve ?
2. Dressez une liste des images de l'homme dans ce poème et commentez-les.
3. Commentez la cruauté dans ce texte. En quoi est-elle surprenante ?
4. Commentez le dernier vers.
5. Selon vous, en quoi consiste ce « rêve » et pourquoi est-il « ennuyeux » ?

« Invitez-moi »

1. Quel lien voyez-vous entre les deux premiers vers ?
2. Quel effet la série d'impératifs produit-elle dans ce poème ?
3. Est-ce que la « jambe comme nourrice » provoque en vous la même réaction que l'« œil en verre » ? Expliquez.
4. Comment entendez-vous « frère de mon frère » ?
5. Comment les images en viennent-elles à susciter une certaine inquiétude dans ce poème ?

2. perce

Simone de Beauvoir

UNE MORT TRÈS DOUCE (1964)

Dans ce texte autobiographique, Simone de Beauvoir raconte la maladie et la mort de sa mère. Cet extrait, si fortement marqué par la douleur physique et affective, est étonnamment lucide dans la distance qu'il établit entre la mère souffrante et son propre corps.

Le soir, je l'imaginais morte, et j'avais le cœur *chaviré*[1]. « Ça va plutôt mieux localement », m'a dit Poupette le matin, et j'en ai été accablée. Maman se portait si bien qu'elle a lu quelques pages de *Simenon*[2]. La nuit elle a beaucoup souffert : « J'ai mal partout ! » On l'a piquée à la morphine. Quand elle a ouvert les yeux dans la journée, son regard était vitreux et j'ai pensé : « Cette fois, c'est la fin. » Elle s'est rendormie. J'ai demandé à N. : « C'est la fin ? — Oh ! non, m'a-t-il dit d'un ton mi-compatissant, mi-triomphant, on l'a trop bien remontée ! » Alors, c'était la douleur qui allait l'emporter ? *Achevez-moi. Donnez-moi mon revolver. Ayez pitié de moi.* Elle disait : « J'ai mal partout. » Elle remuait avec anxiété ses doigts enflés. Elle perdait confiance : « Ces docteurs, ils commencent à m'agacer. Ils me disent toujours que je vais mieux. Et moi je me sens plus mal. »

Je m'étais attachée à cette moribonde. Tandis que nous parlions dans la pénombre, j'apaisais un vieux regret : je reprenais le dialogue brisé pendant mon adolescence et que nos divergences et notre ressemblance ne nous avaient jamais permis de *renouer*[3]. Et l'ancienne tendresse que j'avais crue tout à fait éteinte ressuscitait, depuis qu'il lui était possible de se glisser dans des mots et des gestes simples.

Je la regardais. Elle était là, présente, consciente, et complètement ignorante de l'histoire qu'elle vivait. Ne pas savoir ce qui se passe sous notre peau, c'est normal. Mais l'extérieur même de son corps lui échappait : son ventre blessé, sa fistule, les ordures qui s'en écoulaient, la couleur bleue de son épiderme, le liquide qui suintait de ses pores ; elle ne pouvait pas l'explorer de ses mains presque paralysées et quand on la soignait, sa tête était renversée en arrière. Elle n'avait plus demandé de miroir : son visage de moribonde n'existait pas pour elle. Elle reposait et rêvait, à une distance infinie de sa chair pourrissante, les oreilles remplies du bruit de nos mensonges et tout entière ramassée dans un espoir passionné : guérir. J'aurais voulu lui épargner d'inutiles désagréments : « Tu n'as plus besoin de prendre cette drogue. — Il vaut mieux que je la prenne. » Et elle ingurgitait le liquide plâtreux. Elle avait peine à manger : « Ne te force pas ; ça suffit, arrête-toi. — Tu

---

1. basculé   2. Georges Simenon, auteur belge de romans policiers
3. rétablir des liens brisés, reprendre des relations interrompues

crois ? » Elle examinait le plat, elle hésitait : « Donne-m'en encore un peu. » A la fin j'escamotais l'assiette : « Tu l'as vidée », lui disais-je. Elle s'obligeait à avaler un yaourt, l'après-midi. Elle réclamait souvent du jus de fruits. Elle bougeait un peu ses bras, elle soulevait ses mains et les rapprochait en forme de coupe, lentement, d'un geste précautionneux, et elle saisissait en tâtonnant le verre que je continuais de tenir. Elle aspirait à travers la pipette les vitamines bienfaisantes : une bouche de goule humait[4] avidement la vie.

Dans son visage desséché, ses yeux étaient devenus énormes ; elle les écarquillait, elle les immobilisait ; au prix d'un immense effort, elle s'arrachait à ses limbes[5] pour remonter à la surface de ces lacs de lumière noire ; elle s'y concentrait tout entière ; elle me dévisageait avec une fixité dramatique : comme si elle venait d'inventer le regard. « Je te vois ! » Il lui fallait chaque fois le reconquérir sur les ténèbres. Par lui elle s'agrippait au monde, comme ses ongles s'étaient agrippés au drap, afin de ne pas sombrer. « Vivre ! Vivre ! »

QUESTIONS

1. Expliquez les sentiments sous-jacents à cette phrase : « Je m'étais attachée à cette moribonde. » Sous quelle forme la tendresse perce-t-elle dans ce texte ?
2. Quelles signes de vie la mère montre-t-elle malgré son corps malade ? Comment comprendre le désir de vivre qu'éprouve la mère dans sa souffrance ?
3. Décrivez la position de la narratrice vis-à-vis des scènes qu'elle décrit. Comment ce texte réussit-il à émouvoir ?
4. Pourquoi Simone de Beauvoir peut-elle parler d'une « mort très douce » ?

4. sentait   5. région mal définie, état incertain

Anne-Marie Albiach *(1937–)*

Un des poètes français les plus reconnus de notre époque, Anne-Marie Albiach a créé une œuvre d'une extrême densité. Ses textes sont admirés pour leur travail précis sur la langue et pour leur exploration des limites de l'entreprise poétique. Albiach passe les années soixante à Londres, où elle est cofondatrice de la revue *Siècle à mains* avec les poètes Claude Royet-Journoud et Michel Couturier. Elle est la traductrice de plusieurs poètes américains, dont Louis Zukofsky, Frank O'Hara et Keith Waldrop.

Flammigère (1967)
État (1971)
« H II » linéaires (1974)
Le Double (1975)
CÉSURE : le corps (1975)
Objet (1976)
Mezza Voce (1984)
Anawratha (1984)
« Figure vocative » (1985)
« Le Chemin de l'ermitage » (1986)

« ENIGME IV » (1971)

L'écriture énigmatique d'Anne-Marie Albiach fait partie d'une appréhension post-moderne des rapports entre la psyché et les sens. Dans ses ouvrages les plus importants, tels que État *et* Mezza Voce, *les textes — de trois à dix pages — sont à la fois numérotés et nommés. Ils illustrent, au lieu de démontrer, comment on peut lire à travers une expérience linguistique les opérations affectives telles que la culpabilité, l'insuffisance et le désir érotique. L'ensemble constitue un défi épistémologique qui s'entrecoupe des nouvelles recherches de la féminité.*

Dans le poème qui suit, le titre annonce d'emblée un mystère qui exige de la part du lecteur un effort pour deviner, à partir des termes obscurs en présence ce dont il s'agit. Au fil d'une lecture attentive, examinez comment le poème forme un tout.

EXERGUE[1]

l'imprécisable
l'inépuisable[2] *roman*

d'une situation

la p l u i e a eu c e t t e c o u l e u r

le corps qui prend
de savoir
les poses

élucidation

---

1. Littéralement, « espace hors d'œuvre », ce qui présente, explique. Courte citation qu'un auteur met en tête d'un livre, d'un chapitre pour en indiquer l'esprit.
2. infini

à cet enveloppement

les formes
elles reviennent de leur
plus retenue lenteur
s'appesantissent[3]

l'attention est *grossière*[4]

(a su veiller en quelque lieu la studieuse
    odiosité[5]
    du faire)

la prétention

3. deviennent lourdes   4. imparfaite, sommaire
5. ce qui excite la haine, le dégoût, l'indignation

nos censures

pour la nudité blanche de la lettre

Cette maturation

et pleinement cadence

un trait d'union

« *abaisser la paume sur la luxure des dalles* »

Antécédent :
l'horizontal

dans l'énoncé
à l'horizontal
les énigmes s'énonceraient
n'était-ce la confusion
et cette absence

j'ai commis envers toi
de par mon insuffisance
ce lapsus

QUESTIONS

1. Quels sont les effets de la typographie expérimentale ? Pour commencer, attachez-vous au mot « exergue ». A quoi fait-il référence ?
2. Quels thèmes vous semblent organiser la structure du poème ? Justifiez vos remarques en citant le texte.
3. Comment la corporalité se fond-elle avec la textualité dans ce poème ?
4. Quel est l'effet du mot final ?

Hélène Cixous (1937–)

Hélène Cixous est née à Oran, en Algérie. Sa mère, d'origine juive, fuit l'Allemagne nazie en 1933. Son père, médecin français d'origine séfarade, se voit interdit de pratiquer la médecine par le gouvernement pro-allemand de Vichy. Il meurt quand Cixous n'est encore qu'enfant. Ayant grandie entre l'allemand et le français à l'intérieur de la famille, l'espagnol et l'arabe à l'extérieur, Cixous expérimente ce qu'elle appellera plus tard « le chant de la mère », une voix que l'enfant entend comme musique avant l'accès au langage comme discours organisé. Adolescente, Cixous se rend en France pour poursuivre ses études. Après avoir obtenu son agrégation d'anglais en 1959, Cixous enseigne à l'Université de Bordeaux, puis à la Sorbonne, et enfin à Vincennes. En 1968, elle devient Docteur ès lettres et, l'année suivante, elle fonde la revue *Poétique* avec Tzvetan Todorov et Gérard Genette. Elle est perçue à l'époque comme une critique politisée, intéressée par la transformation du langage et de l'écriture.

Théoricienne, poète, romancière, Cixous propose son texte comme une investigation des questions : Où vivre ? Qui suis-je ? Depuis 1974, Cixous dirige le premier et seul programme de doctorat d'études féminines en France. Depuis la publication du « Rire de la Méduse » et de *La jeune née* (1975) en collaboration avec Catherine Clément, Cixous articule les questions de l'écriture et de la différence sexuelle. Ecrire est un acte de libération de la censure sociale et des inhibitions personnelles. Dans *La jeune née,* Cixous oppose au désir d'être reconnu(e) — un désir qui s'enracine dans la guerre des sexes, jusqu'à l'annihilation d'un des deux partenaires — un désir pour l'altérité, qui tient l'autre en vie. Pour ce changement, il faut que les femmes écrivent leur corps et leur désir, qui jusqu'ici n'ont été étudiés et disséqués que par les hommes. Depuis 1983, et sa rencontre avec Ariane Mnouchkine, qui dirige la troupe du Théâtre du Soleil, Cixous s'est aussi lancée dans l'entreprise théâtrale.

L'Exil de James Joyce ou l'art du remplacement (1968)

Dedans (1969)

Portrait du soleil (1974)

Prénoms de personne (1974)

La jeune née (en collaboration avec Catherine Clément) (1975)

« Le Rire de la Méduse », *L'Arc* (1975)

La (1976)

Portrait de Dora (1976)

Angst (1977)

La Venue à l'écriture (en collaboration avec Annie Leclerc et Madeleine Gagnon) (1977)

Chant du corps interdit, le nom d'Œdipe (1978)

Vivre l'orange/To Live the Orange (1979)

Illa (1980)

Jours de l'an (1990)

Déluge (1992)

LA JEUNE NÉE (1975)

La jeune née *vient de la collaboration de Hélène Cixous et Catherine Clément, édi-*
trices d'une collection qui s'intitule « Féminin Futur », qui se donne comme tâche
d'« interroger, analyser les questions qui surgissent dans le champ de l'histoire de la
femme en train de s'élaborer ». Dans le passage qui suit, Cixous fait l'histoire de ses
identifications littéraires.

Et je me porte naturellement vers tous les textes où on se bat. Textes guerriers ; et textes révoltés. Longtemps j'ai lu, j'ai vécu, dans un territoire fait d'espaces pris à tous les pays auxquels j'avais accès par la fiction, une antiterre (le mot « patrie » même nanti d'un « anti- » je ne peux jamais le dire) où n'avaient pas cours les distinctions de races, de classes, d'origines, sans que quelqu'un s'insurge. Où il y avait des idées *justes*. Et où être généreux, n'était pas impossible, ou dérisoire. Je savais, j'ai toujours su, ce que je haïssais, j'avais repéré l'ennemi et toutes ses figures destructrices : autorité, répression, censure, inextinguible soif de richesses et de pouvoir. Constante du mal, travail incessant de la mort. Mais ça ne pouvait pas durer. Il fallait tuer la mort. Je voyais que la réalité, l'histoire, étaient une suite de luttes, sans quoi nous serions morts depuis longtemps. Et dans mon voyage mental, je privilégiais les champs de bataille, les conflits, l'affrontement entre les forces de la mort et les forces de la vie, entre les idées fausses et les idées justes. J'ai donc en fait toujours désiré la guerre : je ne croyais pas que les transforma-tions se feraient autrement que par des mouvements révolutionnaires. Le pouvoir, j'en voyais l'énormité tous les jours. Le nazisme, le colonialisme, à travers les siècles l'inéga-lité violente, le massacre des peuples, les guerres de religion. Une seule réponse, la lutte. Et — sans théoriser tout ça bien sûr — j'allais droit à travers textes où on se battait.

J'interrogeai la force, son usage, sa valeur : j'ai suivi de près, à travers un monde de fiction et de mythes ceux qui la *détenaient*[1], l'exerçaient. Partout je demandais : d'où vient ta force ? Qu'as-tu fait de ton pouvoir ? Quelle cause as-tu servie ? J'*épiais*[2] en parti-culier les « maîtres », rois, chefs, juges, me-neurs, tous ceux qui auraient pu changer la société pensais-je ; et puis les « héros » : c'est-à-dire les êtres doués d'une force indi-viduelle, mais sans l'autorité, les isolés, les excentriques, les *gêneurs*[3] : de grands *costauds indomptés*[4], en mauvais rapport avec la Loi.

Je n'ai pas lu la Bible : j'ai coupé, je me suis attardée du côté de Saül et de David. Grandeur et déchéance des hommes *pourris*[5] par le pouvoir.

J'ai bien aimé *Hercule*[6], dont les muscles

1. possédaient   2. observais attentivement   3. personnes qui dérangent, contrarient
4. hommes robustes que l'on ne peut réprimer   5. dégradés, détériorés
6. demi-dieu de la mythologie classique, doué d'une force physique exceptionnelle

n'étaient pas au service de la mort, jusqu'au jour où j'ai commencé à découvrir qu'il était non pas un révolutionnaire mais un gendarme naïf.

J'ai fait la guerre devant Troie à ma manière : ni d'un côté ni de l'autre. Je vomissais l'imbécile mentalité sacralisante et *mesquine*[7] des chefs. Qu'est-ce qu'ils servaient ? Une gloire narcissique. Qu'est-ce qu'ils aimaient ? Leur image royale. Code masculin au carré : non seulement la valeur masculine, mais encore l'essence de la virilité, c'est le pouvoir indiscuté. Entre en scène l'espèce des hommes-rois. Patrons crapuleux. *Retors*[8]. Mauvaises consciences. Type *Agamemnon*[9]. Je la *méprisais*[10].

Et dans tous les temps mythiques et historiques, j'avançais.

Et alors, qu'est-ce que j'aurais été ? Qui ? question qui ne s'est posée à moi que plus tard. Le jour où je *me suis* soudain *sentie mal dans la peau*[11] de tous ceux que j'avais été à telle ou telle époque.

Au temps homérique, en effet, j'ai été *Achille*[12]. Je sais pourquoi. J'étais l'antiroi. Et j'étais la passion. J'avais des colères qui compliquaient l'Histoire. *J'emmerdais*[13] la hiérarchie, le commandement. Et j'ai su aimer. J'ai aimé puissamment des femmes et des hommes : je connaissais le prix d'un être unique, sa beauté, sa douceur. Je ne me posais aucune question mesquine, j'ignorais les limites, je jouissais sans angoisse de ma bisexualité : que les deux genres en moi s'harmonisent me paraissait tout naturel. Je ne pensais même pas qu'il put en être autrement. N'avais-je pas longtemps vécu parmi les femmes ? Et parmi les hommes je n'abandonnai rien des tendres intensités féminines. L'interdit ne m'approchait pas. J'étais loin au-dessus des bêtes superstitions, des divisions stériles. Et j'aimais toujours totalement : *Patrocle*[14], je l'adorais de toutes mes forces, en tant que femme j'étais sa sœur, son amante, sa mère, en tant qu'homme, son frère, son père, son époux et lui même. Et je savais aimer les femmes mieux qu'aucun homme, pour avoir été si longtemps leur compagne et leur sœur. J'aimais, et j'aimais l'amour. Je ne pliais jamais.

Mais parfois, j'ai eu honte : je craignais d'être *Ulysse*[15]. Ne l'étais-je pas à l'occasion ? En tant qu'Achille j'étais intraitable. Mais quand je changeais d'armes ? Quand je me servais des armes du malin, de celui qui en sait à la fois trop long sur la médiocrité, la faiblesse humaines, — mais pas assez sur la vraie puissance inflexible — ? « Le silence, l'exil, la ruse », *silence, exile and cunning*, instruments de l'artiste jeune homme, dont *Stephen Dedalus*[16] *se munit*[17] pour organiser sa série de retraits tactiques, cependant qu'il élabore dans « la forge de son âme la conscience encore incréée de sa race ». Secours de l'isolé, certes. Mais je n'aimais pas me surprendre à être Ulysse, l'artiste de la fuite. Le « ga-

---

7. médiocre, petite, basse   8. fig., rusés, malins
9. roi légendaire de Mycènes et d'Argos, père d'Iphigénie, Oreste et Electre et chef suprême des Grecs dans la guerre de Troie
10. dédaignais   11. me suis sentie mal à l'aise
12. Héros thessalien légendaire, personnage principal de *L'Iliade* d'Homère. Le modèle de courage et de beauté mâles, Achille est tué par Paris dans la guerre de Troie.
13. fam., je tenais pour négligeable
14. Ami fidèle d'Achille. Quand Achille refuse de combattre à Troie, Patrocle le remplace et est tué par Hector.
15. En grec, Odysseus. Héros de mille aventures dans *L'Odyssée* d'Homère.
16. Héros du roman de James Joyce, *Portrait of the Artist as a Young Man* (1916) ainsi qu'un des personnages principaux du roman du même auteur, *Ulysses* (1922).
17. s'arme

gnant », l'épargné, l'homme du retour ! — Toujours revenant à lui-même —, malgré les plus fantastiques détours. Prêteur : se prêtant aux femmes ne se donnant jamais qu'à l'image idéale d'Ulysse, rapportant son inaltérable résistance à son fameux petit rocher phallique, où, couronnement d'un *nostos*[18] tellement semblable, me disais-je, au fantasme juif (l'an prochain à Jérusalem), il mettait en scène une démonstration de force singulière : le coup de l'arc, je ne l'analysais pas, bien sûr, mais je le soupçonnais de contenir quelques valeurs symboliques « mâles », qui me le rendaient antipathique. Banal : pour résister aux Sirènes il s'attache ! à un mât, petit phallus doublé d'un grand phallus... Plus tard Ulysse devient radical socialiste. C'est un notable. D'avoir cru être ce débrouillard dans des circonstances menaçantes où je cherchais à me tirer par ruse ou mensonge (— ce qui se produisit 2 ou 3 fois dans mon enfance), me laissa longtemps une amertume. J'enrageais d'avoir été sur la défensive. Et je n'avais pas à l'époque la ressource intellectuelle, la connaissance, qui m'auraient permis de me comprendre et de me pardonner.

Et ainsi, de héros en héros, mon armure, mon glaive, mon bouclier... jusqu'au jour où, — assez tard d'ailleurs — je sors de l'enfance. Ma rage n'est pas atténuée. *La guerre d'Algérie*[19] approche. Les sociétés vacillent, je sens venir, monter, — l'odeur de mon sang change aussi — une vraie guerre. Et voici que je cesse d'être enfant neutre, *faisceau*[20] de nerfs furieux, moi bouillant de rêves violents, méditant une revanche générale, le renversement des idoles, le triomphe des opprimés.

Je ne peux plus m'identifier — simplement, directement à *Samson*[21], habiter mes personnes superbes. Mon corps ne sert plus innocemment mes desseins. Je suis une femme.

QUESTIONS

1. Commentez le choix d'Achille comme héros. Pourquoi Cixous n'aime-t-elle pas se voir en Ulysse ?

2. Quel rapport Cixous établit-elle entre les guerres antiques et les guerres contemporaines ?

3. Qu'est-ce que Cixous entend par sa « bisexualité » ? Dans quelle mesure peut-on s'identifier « sans angoisse » à quelqu'un de l'autre sexe ?

4. Pourquoi, à un certain moment Cixous ne peut-elle plus s'identifier à ces « personnes superbes » ? Qu'est-ce qui s'est passé ? Comment cet événement a-t-il tout changé ?

5. Dans ce texte, en quoi la lecture des ouvrages littéraires concerne-t-elle le corps ?

18. du grec, « retour »
19. guerre d'indépendance (1954–1962) entre la France et sa colonie, l'Algérie
20. assemblage de choses semblables, liées ensemble
21. héros de l'Ancien Testament dont la force physique dépendait de ses cheveux jamais coupés ; trahi par la femme qu'il aimait, Dalila

Luce Irigaray

QUAND NOS LÈVRES SE PARLENT (1977)

Cet essai, qui apparaît dans Ce Sexe qui n'en est pas un, *s'adresse à un public féminin. Antérieur à* Et l'une ne bouge pas sans l'autre, *il examine les rapports de femme à femme. Sur un ton intime à la fois séduisant et déroutant, ce texte est provocateur non seulement par ce qu'il ose dire, mais aussi par l'émotion qu'il suscite. Irigaray explore la tension entre les concepts du même et de l'autre.*

Si nous continuons à nous parler le même langage, nous allons reproduire la même histoire. Recommencer les mêmes histoires. Tu ne le sens pas ? Ecoute : autour de nous, les hommes et les femmes, on dirait que c'est pareil. Mêmes discussions, mêmes disputes, mêmes drames. Mêmes attraits, et ruptures. Mêmes difficultés, impossibilités de se joindre. Mêmes... Même... Toujours le même.

Si nous continuons à parler le même, si nous nous parlons comme se parlent les hommes depuis des siècles, comme on nous a appris à parler, nous nous manquerons. Encore... Les mots passeront à travers nos corps, par-dessus nos têtes, pour aller se perdre, nous perdre. Loin. Haut. Absentes de nous : machinées parlées, machinées parlantes. Enveloppées dans des peaux propres, mais pas les nôtres. Env(i)olées dans des noms propres. Pas le tien, ni le mien. Nous n'en avons pas. Nous en changeons comme ils nous échangent, comme ils nous en usent. Nous serions frivoles d'être aussi changeantes, échangées par eux. [...]

Ainsi : *je t'aime,* normalement ou habituellement, s'adresse à une énigme : un autre. Un autre corps, un autre sexe. Je t'aime : je ne sais pas trop qui, ni trop quoi. J'aime *s'écoule*[1], s'engouffre, se noie, se brûle, se perd, dans de l'abîme. Il faudra attendre le retour de « j'aime ». Parfois longtemps, parfois toujours. Où est passée « j'aime » ? Où suis-je devenue ? J'aime *guette*[2] l'autre. M'a-t-il mangée ? Rejetée ? Prise ? Laissée ? Enfermée ? Expulsée ? Comment est-il maintenant ? Plus moi ? Quand il me dit : *je t'aime,* me rend-il ? Ou est-ce lui qui se donne sous cette forme ? La sienne ? La mienne ? La même ? Une autre ? Mais alors où suis-je devenue ?

Quand tu dis je t'aime — en restant ici, proche de toi, de moi — tu dis je m'aime. Tu n'as pas à attendre que cela te soit rendu, moi pas davantage. Je ne te dois rien, tu ne me dois rien. Ce je t'aime est sans don, ni dette. Tu ne me « donnes » rien en te touchant, en me touchant : te retouchant à travers moi. Tu ne te donnes pas. Que ferais-je de toi, de moi, ainsi repliées sur un don ? Tu te/me gardes autant que tu te/me répands. Tu te/me retrouves autant que tu te/me confies. Ces alternatives, ces oppositions, ces choix, ces marchés n'ont pas cours, entre nous. Sauf à répéter leur commerce, à rester dans leur économie. Où nous n'a pas lieu. [...]

1. se répand, coule   2. épie, observe

Lumineuses, nous. Sans une, ni deux. Je n'ai jamais su compter. Jusqu'à toi. Nous serions deux, dans leurs calculs.

Mais comment dire autrement : je t'aime ? Je t'aime, mon indifférente ? Cela revient à nous *plier*[3] à leur langage. Pour nous désigner, ils nous ont laissé les manques, les défauts. Leur(s) négatif(s). Nous devrions être — c'est déjà trop dire — des indifférentes.

Indifférente, tiens-toi tranquille. Si tu bouges, tu déranges leur ordre. Tu fais tout *basculer*[4]. Tu romps le cercle de leurs habitudes, la circularité de leurs échanges, de leur savoir, de leur désir. De leur monde. Indifférente, tu ne dois pas te mouvoir, ni t'émouvoir, à moins qu'ils ne t'appellent. S'ils disent : « viens », alors tu peux t'avancer. A peine. T'ajustant au besoin qu'ils ont ou non de la présence de leur image. Un pas, ou deux. Sans plus. Ni exubérance ni turbulence. Sinon, tu casses tout. La glace. Leur terre, leur mère. Ta vie ? Tu dois faire semblant : la recevoir d'eux. Petit réceptacle indifférent, soumise à leurs seules pressions. [...]

Je t'aime : nos deux lèvres ne peuvent se séparer pour laisser passer *un* mot. Un seul mot qui dirait toi, ou moi. Ou : égales. Qui aime, qui est aimée. Elles disent — fermées et ouvertes, sans que l'un exclue jamais l'autre — l'une et l'autre s'aiment. Ensemble. Pour produire un mot exact, il faudrait qu'elles se tiennent écartées. Décidément écartées l'une de l'autre. Distantes l'une de l'autre, et entre elles *un mot*.

Mais d'où viendrait ce mot ? Tout correct, refermé, replié sur son sens. Sans *faille*[5]. *Toi. Moi.* Tu peux rire... Sans faille, ce ne serait plus toi ni moi. Sans lèvres, plus nous. L'unité des mots, leur vérité, leur propriété, c'est leur absence de lèvres. L'oubli des lèvres. Les mots sont muets, quand ils sont dits une fois pour toutes. Enveloppés proprement pour que leur sens — leur sang — ne s'échappe pas. Tels les enfants des hommes ? Pas les nôtres. Et, d'ailleurs, qu'avons-nous besoin ou désir d'enfant ? Ici maintenant : proches. Les hommes, les femmes font des enfants pour donner corps à leur rapprochement, leur éloignement. Mais nous ?

Je t'aime, enfance. Je t'aime, toi qui n'es ni mère (pardon ma mère, je vous préfère une femme) ni sœur. Ni fille ou fils. Je t'aime — et que m'importe là où je t'aime les filiations de nos pères, et leurs désirs de semblants d'hommes. Et leurs institutions généalogiques — ni mari ni femme. Aucune famille. Aucun personnage, rôle ou fonction — leurs lois reproductrices. Je t'aime : ton corps là ici maintenant. Je/tu te/me touches, c'est bien assez pour que nous nous sentions vivantes.

Ouvre tes lèvres, ne les ouvre pas simplement. Je ne les ouvre pas simplement. Tu/je ne sommes ni ouvertes ni fermées. Ne nous séparant jamais, simplement : *un seul mot* ne peut être prononcé. Être produit, sorti, de nos bouches. Entre tes/mes lèvres plusieurs chants, plusieurs dires, toujours se répondent. Sans que l'un, l'une, soit jamais séparable de l'autre. Tu/je : font toujours plusieurs à la fois. Et comment l'un, l'une, dominerait-il l'autre ? Imposant sa voix, son ton, son sens ? Elles ne se distinguent pas. Ce qui ne signifie pas qu'elles se confondent. Vous n'y comprenez rien ? Pas plus qu'elles ne vous comprennent.

Parle quand même. Que ton langage ne soit pas d'un seul fil, d'une seule chaîne, d'une seule *trame*[6], c'est notre chance. Il vient

3. forcer à s'adapter   4. renverser   5. cassure, fissure
6. ensemble de fils passés au travers des fils de chaîne, pour constituer un tissu ; texture

de partout à la fois. Tu me touches toute en même temps. Dans tous les sens. Un chant, un discours, un texte à la fois, pourquoi ? Pour séduire, combler, recouvrir un de mes « trous » ? Je n'en ai pas, avec toi. Les manques, les *béances*[7], qui attendraient de l'autre subsistance, plénitude, complétude, ce n'est pas nous. Que de nos lèvres nous soyons femmes ne veut pas dire que manger, consommer, nous remplir, soit ce qui nous importe.

Embrasse-moi. Deux lèvres embrassant deux lèvres : l'ouvert nous est rendu. Notre « monde ». Et le passage du dedans audehors, du dehors au-dedans, entre nous est sans limites. Sans fin. Echanges qu'aucune boucle, aucune bouche, n'arrête jamais. Entre nous, la maison n'a plus de mur, la *clairière*[8] de clôture, le langage de circularité. Tu m'embrasses : le monde est si grand qu'il en perd tout horizon. Insatisfaites, nous ? Oui, si c'est dire que jamais nous ne sommes finies. Si notre plaisir est de nous mouvoir, émouvoir, sans cesse. Toujours en mouvements : l'ouvert ne *s'épuise*[9] ni ne *se sature*[10]. [...]

Parler pourquoi, me diras-tu ? Nous sentons les mêmes choses en même temps. Mes mains, mes yeux, ma bouche, mes lèvres, mon corps ne te suffisent pas ? N'estce pas assez, ce qu'ils te disent ? Je pourrais te répondre : oui. Mais ce serait trop simple. Trop dit pour te/nous rassurer.

Si nous n'inventons pas un langage, si nous ne trouvons pas son langage, notre corps aura trop peu de gestes pour accompagner notre histoire. Nous nous fatiguerons des mêmes, laissant notre désir en latence, en souffrance. Rendormies, insatisfaites. Et rendues aux mots des hommes. Qui, eux, savent depuis longtemps. Mais *pas notre corps*. Séduites, attirées, fascinées, extasiées de notre devenir, nous resterons paralysées. Privées de *nos mouvements*. Figées, alors que nous sommes faites pour le changement sans arrêt. Sans bonds ni chutes nécessaires. Et — sans répétition.

Continue, sans essoufflement. Ton corps n'est pas le même aujourd'hui qu'hier. Ton corps se souvient. Pas besoin de *te* souvenir. De garder, compter, capitaliser hier dans ta tête. Ta mémoire ? Ton corps dit hier dans ce qu'il veut aujourd'hui. Si tu penses : hier j'étais, demain je serai, tu penses : je suis un peu morte. Sois ce que tu deviens, sans t'accrocher à ce que tu aurais pu être, à ce que tu pourrais être. Sans être jamais fixé(e). Laissons le décisif aux indécis. Nous n'avons pas besoin de définitif. Notre corps, là ici maintenant, nous donne une tout autre certitude. La vérité est nécessaire à ceux qui se sont tant éloignés de leur corps qu'ils l'ont oublié. Mais leur « vérité » nous immobilise, statuées, si nous ne nous en déprenons pas. Si nous n'en défaisons pas le pouvoir en essayant de dire, là ici tout de suite, comment nous sommes *émues*[11].

7. état d'être grand ouvert   8. endroit sans arbres dans une forêt
9. s'use jusqu'au bout   10. se remplit   11. agitées ; touchées

QUESTIONS

1. Dans les deux premiers paragraphes, à quoi Irigaray s'en prend-elle ? En quel sens est-ce que le corps et les mots manquent aux femmes ?

2. Commentez l'emploi des pronoms personnels dans ces extraits. Comment entendez-vous l'emploi de « tu/je », « tes/mes » et « nos lèvres » ?

3. Montrez par quelles façons le langage enferme et immobilise le corps tout en créant un nouveau corps au-delà des limites. Pensez à la manière dont les mots peuvent faire parler le corps.

Julia Kristeva (1941–)

Julia Kristeva est née en Bulgarie, où sa scolarité se déroule en français dans une école catholique. Son ambition de départ est de poursuivre une carrière scientifique en physique ou en astronomie. Les circonstances politiques l'empêchent de réaliser ce but. Elle change alors d'orientation et se lance dans des études de linguistique. Journaliste et étudiante à l'Institut littéraire de Sofia, elle obtient un doctorat en linguistique en 1966. C'est aussi l'année de son départ pour la France où elle est nommée assistante de recherches de Lucien Goldmann à l'Institut d'anthropologie sociale dirigé par Claude Lévi-Strauss. Elle publie article sur article pour des revues prestigieuses telles que *Critique*, *Langages* et *Tel Quel*. Elle fait partie avec son mari, Philippe Sollers, du groupe Tel Quel.[1] Son doctorat d'État, obtenu en 1973, est immédiatement publié sous le titre *La Révolution du langage poétique*. Par la suite, elle devient psychanalyste, et ouvre un cabinet de consultation à Paris. En plus de son métier de psychanalyste, Kristeva enseigne actuellement à l'Université de Paris VII. Ses travaux sont largement influencés par la théorie et la pratique psychanalytiques.

Dans *Polylogue*, une collection d'essais critiques sur la littérature et l'art, Kristeva se propose d'analyser diverses pratiques de symbolisation : la langue, le discours, la littérature et la peinture. Dans *Histoires d'amour*, Kristeva poursuit une exploration des émotions qui affectent la psyché humaine, particulièrement l'amour. Elle retrace les manifestations de l'amour dans des analyses de structures sociales, de textes littéraires et de ses propres notes analytiques. Une de ces juxtapositions la plus étonnante des discours se trouve dans le chapitre « Stabat Mater » dont nous reproduisons un extrait.

Séméiotiké : Recherches pour une sémanalyse (1969)

Des Chinoises (1974)

La Révolution du langage poétique : l'Avant-Garde à la fin du XIXe siècle, Lautréamont et Mallarmé (1974)

Polylogue (1977)

Pouvoirs de l'horreur : Essai sur l'abjection (1980)

Histoires d'amour (1983)

Soleil noir : Dépression et mélancolie (1987)

Etrangers à nous-mêmes (1988)

Les Samourais (1990)

---

1. La revue *Tel Quel* (1960–1982) a occupé une position importante dans la communauté artistique et littéraire de l'avant-garde à Paris.

STABAT MATER (1977)

« Stabat Mater », essai paru sous le titre « Héréthique de l'amour » dans un numéro de la revue Tel Quel *consacré aux « Recherches Féminines », a été repris dans l'ouvrage de Kristeva,* Histoires d'amour. *Cet essai constitue une réflexion sur la femme, la maternité, la Vierge Marie, et le langage. Kristeva écrit deux textes en parallèle : la colonne de gauche élabore un discours personnel et corporel, celle de droite un commentaire intellectuel et cérébral. Le titre, « Stabat Mater », fait référence à l'hymne latin sur l'agonie de la Vierge Marie lors de la crucifixion du Christ. En français, le vers latin « Stabat mater dolorosa » veut dire : « sa mère se tenait debout pleine de douleur. » « Stabat mater » sert aussi comme les premiers mots de quelques œuvres musicales composées sur les paroles du missel romain rappelant la douleur de la Vierge Marie : par exemple, celle de Pergolèse.*

[...] Incommensurable, illocalisable corps maternel.

Il y a d'abord ce partage antérieur à la grossesse mais que la grossesse fait apparaître et impose sans issue.

— D'un côté — le bassin : centre de gravité, terre immuable, socle solide, lourdeur et poids auxquels adhèrent les cuisses que rien, à partir de là, ne prédestine à l'agilité. De l'autre — le buste, les bras, le cou, la tête, le visage, les mollets, les pieds : vivacité débordante, rythme et masque, qui s'acharnent à compenser l'immuabilité de l'arbre central. Nous vivons sur cette frontière, êtres de carrefour, être de croix. Une femme n'est ni nomade, ni corps mâle qui ne se trouve charnel que dans la passion érotique. Une mère est un partage permanent, une division de la chair même. Et par conséquent, une division du langage — depuis toujours.

Il y a ensuite cet autre abîme qui s'ouvre entre ce corps et ce qui a été son dedans : il y a l'abîme entre la mère et l'enfant. Quel rapport entre moi, ou même plus modestement entre mon corps, et ce pli-greffe interne qui, le cordon ombilical coupé, est un autre inaccessible ? Mon corps et... lui. Aucun rapport. Rien à voir. Et ceci dès les premiers gestes, cris, pas,

Seule de son sexe[1]

Freud collectionnait, entre autres objets d'art et d'archéologie, d'innombrables statuettes représentant des déesses mères. Cet intérêt n'apparaît pourtant que discrètement dans l'œuvre du fondateur de la psychanalyse. Il se manifeste lorsque Freud interroge la création artistique et l'homosexualité à propos de Léonard et qu'il y déchiffre l'*emprise*[2] d'une mère archaïque vue par conséquent du côté de ses effets sur l'homme et plus particulièrement sur cette étrange fonction qu'il a parfois de changer les langages. Par ailleurs, lorsque Freud analyse l'avènement et les mutations du monothéisme, il souligne que le christianisme s'approche des mythes païens en intégrant, à travers et contre la rigueur judaïque, une reconnaissance préconsciente d'un féminin maternel. Pourtant, on cherche en vain parmi les patientes analysées par Freud des mères avec leurs problèmes. A croire que la maternité était une solution de la névrose, et qu'elle écartait *ipso facto* une femme de cette autre solution que pouvait être la psychanalyse. Ou bien

1. Référence à l'ouvrage de Marina Warner, *Alone of All Her Sex : The Myth and Cult of the Virgin Mary* (1976).
2. influence

beaucoup avant que *sa* personnalité ne soit devenue mon opposante : l'enfant, *il ou elle*, est irrémédiablement un autre. Qu'il n'y ait pas de rapports sexuels est un maigre constat devant cet éclair qui m'éblouit face à l'abîme entre ce qui fut mien et n'est désormais qu'irrémédiablement étranger. Essayer de penser cet abîme : hallucinant vertige. Aucune identité n'y tient. L'identité d'une mère ne se soutient que par la fermeture bien connue de la conscience dans la somnolence de l'habitude, où une femme se protège de la frontière qui coupe son corps et l'expatrie de son enfant. Une lucidité, au contraire, la restituerait coupée en deux, étrangère à son autre — et terrain propice au délire. Mais aussi, et pour cela même, dans ses *franges*[1], la maternité nous destine à une jouissance *insensée*[2] à laquelle répond, par hasard, le rire du nourrisson dans l'eau ensoleillée de l'océan. Quel rapport entre lui et moi ? Aucun rapport, sinon ce rire débordant où *s'écroule*[3] quelque identité sonore, subtile, fluide, doucement soutenue par les vagues.

*

De cette époque de mon enfance, parfumée, chaude et douce au toucher, je ne garde qu'un souvenir d'espace. Aucun temps. Odeur de miel, rondeur des formes, soie et velours sous mes doigts, sur les joues. Maman. Presque pas de vision — une ombre qui noircit, m'absorbe ou s'éclipse en éclairs. Presque pas de voix, dans sa présence placide. Sauf, peut-être et plus tardivement, l'écho des querelles : son exaspération, son *ras-le-bol*[4], sa haine. Ja-

qu'à cet endroit, la psychanalyse passe la main à la religion ? Schématiquement, la seule chose que nous dit Freud de la maternité, est que le désir d'enfant est une transformation de l'envie de pénis ou de la *pulsion*[3] anale, ce qui lui permet de découvrir l'équation névrotique enfant-pénis-fèces. Nous voilà éclairés sur un *versant*[4] essentiel non seulement de la fantasmatique… masculine à l'égard de l'enfantement, mais aussi sur la fantasmatique féminine pour autant qu'elle épouse, en grande partie et dans ses labyrinthes hystériques, la masculine. *Reste que*[5] sur la complexité et les *embûches*[6] de l'expérience maternelle, Freud propose plutôt un *rien* massif que vient ponctuer, pour ceux qui voudraient l'analyser, tel propos de la mère de Freud lui démontrant dans la cuisine que son corps à lui, Freud, n'a rien d'immortel mais qu'il *s'effritera*[7] comme de la pâte ; ou telle photo amère de Mme Marthe Freud, l'épouse, toute une histoire muette… Il restait donc aux successeurs un continent en effet tout noir à explorer […]

On pourra sans doute essayer d'aborder ce lieu obscur qu'est la maternité pour une femme, en écoutant plus attentivement que jamais ce que disent les mères aujourd'hui, à travers leurs difficultés économiques et, au-delà de la culpabilité qu'un féminisme trop existentialiste leur a *léguée*[8], dans leurs malaises, insomnies, joies, rages, désirs, douleurs et bonheurs… On pourra, parallèlement, essayer de voir plus clair dans cette prodigieuse construction du Maternel que l'Occident s'est donnée par la Vierge et dont nous venons de tracer quelques épisodes d'une histoire qui n'arrête pas de finir.

---

1. marges, limite imprécise entre deux états
2. folle   3. s'effondre, tombe
4. le fait d'en avoir assez

3. tendance permanente et inconsciente qui dirige l'activité de l'individu
4. aspect   5. Toujours est-il que, en tout cas
6. pièges   7. tombera en poussière
8. transmise

mais directe, toujours retenue, comme si, quoique méritée par l'enfant récalcitrant, la haine maternelle ne pouvait pas être reçue par la fille, ne lui était pas destinée. Une haine sans destinataire, ou plutôt, dont le destinataire n'était aucun « moi », et qui, troublée par cette absence de réception, s'atténuait en ironie ou s'écroulait en *remords*[5] avant l'arrivée. Chez d'autres, cette aversion maternelle peut *s'emballer*[6] dans un spasme tenu comme un orgasme qui tarde. Les femmes reproduisent sans doute, entre elles, la *gamme*[7] étrange du corps à corps oublié avec leur mère. Complicité dans le non-dit, connivence de l'indicible, du clin d'œil, d'un ton de la voix, du geste, d'une teinte, d'une odeur : nous sommes là-dedans, échappées de nos cartes d'identité et de nos noms, dans un océan de précision, une informatique de l'innommable. Pas de communication entre individus, mais correspondance d'atomes, de molécules, des *brins*[8] de mots, des gouttes de phrases. La communauté de femmes est une communauté de dauphins. Inversement, lorsque l'autre femme se pose comme telle, c'est-à-dire comme singulière et forcément en s'opposant, « je » suis saisie au point que « je » n'y suis plus. Il reste deux voies alors à ce rejet qui signe la reconnaissance de l'autre femme comme telle. Ou bien, ne voulant pas la savoir, je l'ignore et, « seule de mon sexe », je lui tourne amicalement le dos : haine qui, n'ayant pas de destinataire suffisamment digne de sa force, tourne en complaisance indifférente. Ou bien, outrée par son obstination à elle, à l'autre, de se croire singulière, je m'acharne contre sa prétention à la destination, et je ne trouve de répit que dans l'éternel retour des coups

Qu'est-ce qui donc, dans cette figure maternelle qui, seule de son sexe, *dérogeait*[9] à chacun des deux sexes, a pu attirer les désirs d'identification des femmes aussi bien que les interventions bien précises de ceux qui se chargeaient de veiller sur l'ordre symbolique et social ?

Avançons, à titre d'hypothèse, que ce maternel virginal est une façon (pas des moins efficaces) de *faire avec*[10] la paranoïa féminine.

— La Vierge assume son *déni*[11] féminin de l'autre sexe (de l'homme) mais elle le subjugue en opposant à l'autre une troisième personne : Vierge, *je* ne conçois pas de *toi*, mais de *Lui*. Cela donne une conception immaculée (sans homme ni sexe par conséquent) mais conception néanmoins d'un Dieu dans l'existence duquel une femme est donc bien *pour quelque chose*[12] à condition de s'y reconnaître soumise.

— La Vierge assume l'envie paranoïaque du pouvoir en faisant d'une femme une Reine aux cieux et une Mère des institutions terrestres (de l'Eglise). Mais elle arrive à *juguler*[13] cette mégalomanie en la mettant à genoux devant l'enfant-dieu.

— La Vierge oblitère le désir de meurtre ou de dévoration par un fort investissement oral (le sein), par la valorisation de la douleur (le *sanglot*[14]) et par l'incitation de remplacer le corps sexué par l'oreille de l'entendement.

— La Vierge assume le fantasme paranoïaque d'être exclue du temps et de la mort,

---

9. allait contre   10. traiter avec
11. refus de reconnaître une réalité
12. est en partie responsable de
13. étouffer, dompter
14. respiration brusque et répétée qui se produit dans une crise de larmes

5. regret   6. s'enthousiasmer
7. échelle, éventail   8. petits bouts

de force, des coups de haine — aveugles et sourds mais obstinés. Je ne la vois pas en elle-même, mais je vise, au-delà d'elle, la prétention à la singularité, cette ambition inadmissible d'être autre chose qu'une enfant, ou qu'un repli du plasma qui nous constitue, qu'une résonance du cosmos qui nous unifie. Ambition inconcevable que cette aspiration à la singularité, non naturelle, en ce sens inhumaine, et que la rage éprise d'Unicité (« Il n'y a qu'Une femme ») ne peut que *récuser*[9] en la condamnant « masculine »... Dans cette étrange balançoire féminine qui « me » fait basculer de la communauté innommable des femmes à la guerre des singularités individuelles, il est troublant de dire « je ». Les langues des grandes civilisations anciennement matrilinéaires doivent éviter, évitent les pronoms personnels : elles laissent au contexte la charge de distinguer les protagonistes, et se réfugient dans les tons pour retrouver une correspondance sous-marine, trans-verbale des corps. Une musique dont la civilité dite orientale se déchire, à l'impromptu, par des violences, des meurtres, des bains de sang. Ne serait-ce ça, un discours de femmes ? Le christianisme n'a-t-il pas voulu, entre autre, figer cette balançoire ? L'arrêter, arracher les femmes à son rythme, et les installer définitivement dans l'esprit ? Trop définitivement...

par la très flatteuse représentation de la *Dormition*[15] ou de l'*Assomption.*[16]

— La Vierge adhère surtout à la *forclusion*[17] de l'autre femme (qui est sans doute fondamentalement une forclusion de la mère de la femme) en proposant l'image d'Une femme comme Unique : seule parmi les femmes, seule parmi les mères, seule parmi les humains puisque sans péché. Mais cette reconnaissance de l'aspiration à l'unicité est immédiatement *matée*[18] par le postulat que l'unicité s'atteint uniquement à travers un masochisme exacerbé : une femme concrète digne de l'idéal féminin que la Vierge incarne comme pôle inaccessible, ne saurait être que nonne, martyre ou, si elle est mariée, en menant une existence qui l'extrait de cette condition « terrienne » et la *voue*[19] à la plus haute sublimation étrangère à son corps. Une *prime*[20] cependant : la jouissance promise.

Savant équilibre de concessions et de contraintes à la paranoïa féminine, la représentation de la maternité vierge semble couronner les efforts d'une société pour concilier, d'une part, les survivances sociales de la matrilinéarité et les besoins inconscients du narcissisme primaire avec, d'autre part, les impératifs d'une nouvelle société basée sur l'échange et bientôt sur la production accélérée, qui exigent l'apport du *surmoi*[21] et s'appuient sur l'instance paternelle symbolique.

---

9. repousser, contester

15. le dernier sommeil de la Vierge, au cours duquel eut lieu son Assomption
16. elévation de la Vierge au ciel
17. répudiation   18. domptée, réprimée
19. consacre   20. prix, récompense
21. Terme freudien pour l'élément de la structure psychique qui agit inconsciemment sur le moi. Le surmoi se développe dès l'enfance par identification avec les parents et les règles de la société.

Alors qu'aujourd'hui cette habile construction d'équilibre semble *chanceler*[21], la question se pose : à quels aspects du psychisme féminin cette représentation du maternel ne donne-t-elle pas de réponse ou bien ne donne-t-elle qu'une réponse ressentie par les femmes du XXᵉ siècle comme trop coercitive ?

QUESTIONS

1. Commentez les significations possibles du titre.
2. En quels termes Kristeva conçoit-elle les rapports physiques et psychologiques entre la mère et l'enfant ?
3. Pourquoi Kristeva dit-elle que la maternité pour une femme est un « lieu obscur » ? Comment se propose-t-elle de l'aborder ?
4. En quoi le corps maternel pose-t-il un problème pour la culture occidentale ? Quelles en sont les représentations les plus frappantes pour la religion catholique et les sciences humaines ?

SUJETS DE DISCUSSION ET DE COMPOSITION

1. Quand vous étiez plus jeune, quels ont été vos héros ou héroïnes littéraires ? Quels traits les rendaient « héroïques » ? A quel moment, si jamais, avez-vous arrêté de vous identifier à eux ? Pourquoi ? En vous inspirant du texte de Cixous dans cette section, décrivez les personnes « superbes » de vos lectures et expliquez votre identification à elles.
2. Comment pourrait-on entendre l'emploi de l'image des lèvres dans le texte d'Irigaray ? Quelles en sont les significations possibles et les implications ?
3. En vous inspirant du texte de Kristeva, « Stabat Mater », rédigez un double commentaire sur une autre image problématique du corps de la femme. Dans la colonne de gauche, élaborez un discours personnel sur le corps et dans celle de droite, donnez un exemple du discours de la société sur le même corps. Par exemple, vous pourriez prendre comme sujet la femme d'une certaine génération (toute jeune fille, adolescente, âgée, etc.).

21. être menacée de ruine

IV

HISTOIRES D'AMOUR

« L'amour heureux n'a pas d'histoire », observe le critique Denis de Rougemont dans son œuvre célèbre, *L'Amour et l'Occident*. En effet, chez les femmes écrivains qui participent à cette grande tradition européenne, l'amour n'est certainement pas lié au bonheur. On pourrait même dire que, dans le répertoire culturel des femmes écrivains, l'amour malheureux est une histoire irrésistible. Depuis les *Lais* de Marie de France, la mise en scène de l'amour se passe rarement d'obstacles, de chagrin, d'échecs.

Raconter une histoire d'amour c'est aussi en quelque sorte faire l'explication du texte social et détailler les incompatibilités fondamentales entre les sexes. On peut voir dans ces œuvres pourtant très diverses une critique soutenue des institutions à travers lesquelles se vivent les histoires d'amour hétérosexuelles : la maison paternelle, les confins du mariage, les destinées inégales des hommes et des femmes. Les représentations de l'amour, du lyrisme de Louise Labé aux ironies de Marguerite Yourcenar, mettent en relief les conventions qui contraignent l'expression des aspirations affectives chez les femmes.

Et pourtant, malgré l'insistance de cette thématique, il ne s'agit pas dans ces textes d'un simple réquisitoire contre les préjugés et les injustices sociales. Entre les lignes de la nouvelle exotique de la jeune Germaine de Staël, à travers le récit autobiographique de la grande aventure romantique que vit Marie d'Agoult avec Liszt, nous lisons aussi l'apologie des grandes passions, et le refus du conformisme psychologique. Ces histoires d'amour produisent une littérature nouvelle. Elles émergent de la rencontre entre la passion d'une femme et les formes possibles de son intelligibilité, entre la souffrance et la prise de conscience de ses limites.

Marie de France

LES DEUX AMANTS

Dans ce lai, la représentation de l'amour parfait est inséparable de la mort, la joie de la souffrance. Marie de France reprend ici un des grands thèmes de l'amour occidental ; elle retourne aussi à la légende celte selon laquelle un breuvage magique décide du sort des amants tragiques.

Il arriva autrefois en Normandie une aventure dont on parla beaucoup, celle de deux jeunes gens qui s'aimèrent et moururent tous deux d'amour. Les Bretons en firent un lai qu'on nomma les *Deux Amants*.

Il est bien vrai qu'en Neustrie, que nous, nous appelons maintenant Normandie, se trouve une haute montagne prodigieusement grande. Au sommet sont enterrés deux jeunes gens. Près de cette montagne, à l'écart, un roi qui était seigneur des Pistrois fit construire une ville en y consacrant tous ses soins et son attention. Il tira son nom de celui des Pistrois et la fit appeler Pîtres, nom qui lui est toujours resté par la suite. La ville et les maisons subsistent encore. Nous connaissons bien le *pays*[1] appelé le Val de Pîtres. Le roi avait une fille, c'était une belle demoiselle très bien élevée. Comme il n'avait pas d'autre enfant qu'elle, il l'aimait et la chérissait tendrement. Elle fut demandée en mariage par de puissants vassaux qui l'auraient volontiers prise pour femme. Mais le roi ne voulait pas l'accorder car il ne pouvait s'en passer. C'était son seul refuge et il restait près d'elle nuit et jour. La jeune fille était sa consolation depuis qu'il avait perdu la reine. Bien des gens interprétèrent son attitude de manière défavorable et les siens même lui en firent des reproches. Quand il apprit qu'on en parlait, il en fut tout triste et très peiné. Il se met à réfléchir en lui-même à la manière dont il pourra se débarrasser de toutes les demandes en mariage. Il fait donc savoir et il déclare au loin, comme dans le voisinage, que tout homme qui voudrait avoir sa fille soit bien certain de ceci : il était fixé par le sort et le destin qu'il devrait l'emporter dans ses bras hors de la ville jusqu'au sommet de la montagne sans jamais s'arrêter. Quand la nouvelle fut connue et répandue dans le pays, bien des prétendants firent la tentative sans aboutir à rien. Certains firent de tels efforts qu'ils parvinrent jusqu'à mi-hauteur de la montagne, mais ils ne purent continuer au-delà. A cet endroit il leur fallait renoncer. Elle resta donc pendant longtemps fille à marier, car personne ne voulut plus demander sa main.

Mais dans le pays, il y avait un jeune homme gracieux et bien fait, qui était le fils d'un comte. Il s'applique, plus que tout autre, à bien se conduire pour être estimé. Il fréquentait la cour du roi où il faisait des séjours répétés. Il s'éprit de sa fille et très souvent lui demanda de lui accorder son amour et de se lier avec lui comme amie. Sa valeur, ses vertus courtoises, la grande estime où le tenait le roi, firent qu'elle accepta d'être son amie et lui l'en remercia avec humilité. Ils eurent de fréquents entretiens et s'aimèrent loyalement tout en se cachant de leur mieux pour qu'on ne puisse pas les découvrir. Cette

1. région

situation les fit beaucoup souffrir, mais le jeune homme se dit, après réflexion, que la souffrance valait mieux que la précipitation, cause d'*échec*². Néanmoins, l'amour lui causait du tourment. Puis, une fois, le jeune homme alla trouver son amie, lui qui était si *avisé*³, si méritant et si beau. Il exhale ses plaintes et la supplie de partir avec lui. Il ne peut plus supporter cette douleur. S'il la demande à son père, il sait bien que celui-ci l'aime trop pour vouloir la donner, à moins que lui-même ne puisse la porter entre ses bras jusqu'au sommet de la montagne. La demoiselle lui répond : « Mon ami, je sais bien que vous ne réussirez pas à me porter. Vous n'avez pas assez de forces. Si je pars avec vous, mon père en sera peiné, fâché et sa vie ne sera plus qu'un tourment. Je l'aime tellement et si tendrement que je ne voudrais pas le chagriner. Il faut donc que vous formiez un autre projet, car je ne veux pas prendre celui-ci en considération. Mais j'ai une parente à Salerne, c'est une femme qui a des biens et des revenus très importants. Elle vit là depuis plus de trente ans et a tellement pratiqué l'art de la médecine qu'elle est tout à fait experte en remèdes. Elle sait parfaitement les vertus des plantes et des racines. Si vous voulez aller jusqu'à elle emporter ma lettre avec vous et lui expliquer votre affaire, elle y réfléchira et s'en occupera. Elle vous donnera alors des *électuaires*⁴ et des breuvages capables de vous rendre plus fort et de vous donner la vigueur nécessaire. A votre retour dans ce pays vous me demanderez en mariage à mon père. Il vous prendra pour un enfant et vous dira la convention selon laquelle il ne m'accordera pas à un homme, quel que soit le mal qu'il se donne pour cela, s'il ne peut me porter au sommet de la montagne entre ses bras sans s'arrêter. Alors, acceptez de bonne grâce puisqu'il n'est pas possible

de faire autrement. » En entendant cette déclaration et la décision de la jeune fille, le jeune homme est tout joyeux et l'en remercie. Il demande congé à son amie et le voici dans son pays. En toute hâte il a pris de magnifiques vêtements, de l'argent, des chevaux de voyage et des chevaux de charge. Il n'emmène avec lui que ses intimes. Il va faire un séjour à Salerne pour parler à la tante de son amie. De sa part il lui remet une lettre. Une fois qu'elle l'a lue d'un bout à l'autre, elle garde le jeune homme avec elle jusqu'à ce qu'elle soit pleinement informée à son sujet. Grâce à des médicaments elle le fortifie. Elle lui confie un philtre tel que, aussi fatigué, exténué ou épuisé soit-il, toujours ce breuvage pourrait rendre la vigueur à tout son corps, même à ses veines et à ses os, et lui-même reprendrait toutes ses forces aussitôt après l'avoir bu. Il verse le breuvage dans un récipient et l'emporte dans son pays.

A son retour, le jeune homme, joyeux et heureux, ne s'attarde pas dans ses domaines. Mais il va trouver le roi pour qu'il lui donne sa fille : il la prendra pour la porter au sommet de la montagne. Le roi ne l'*éconduit*⁵ pas, mais il trouve sa demande tout à fait insensée parce qu'il est bien jeune. Il y a tant d'hommes de mérite, courageux et avisés, qui ont tenté l'entreprise sans pouvoir en venir à bout ! Pourtant il lui désigne et lui fixe un jour. Il convoque ses vassaux, ses amis et tous ceux qu'il peut toucher, sans tolérer aucune absence. Pour voir sa fille et le jeune homme qui se risque à la porter au sommet de la montagne, ils sont venus de tous côtés. La demoiselle se prépare, se prive et jeûne beaucoup, se fait maigrir pour devenir plus légère, car elle veut soulager son ami. Au jour dit, tous se trouvent là, mais le jeune homme est arrivé le premier. Il n'a pas oublié son philtre. Du côté de la Seine, dans la prairie, au milieu

2. insuccès   3. réfléchi, prudent
4. préparations pharmaceutiques, formées de poudres mélangées à du sirop, du miel, des pulpes végétales   5. refuse

de la foule assemblée, le roi a conduit sa fille. Elle n'est vêtue que de sa tunique. Le jeune homme prend la fille du roi dans ses bras. Il a la petite fiole qui contenait tout le philtre. Sachant bien que son amie ne veut pas le trahir, il la lui met dans la main pour qu'elle la porte. Mais je crains que cela ne lui serve guère car il ne connaît pas la mesure. Il emporte la jeune fille d'un pas rapide et gravit la montagne jusqu'à mi-pente. Dans la joie qu'il éprouve à tenir la jeune fille, il oublie le philtre. Mais elle sent qu'il se fatigue : « Ami, dit-elle, buvez donc. Je vois bien que vous vous fatiguez. Reprenez ainsi vos forces. » Mais le jeune homme lui répond : « Amie, je sens mon cœur tout plein de vigueur, je ne m'arrêterais à aucun prix pour prendre le temps de boire pourvu que je puisse faire trois pas. Tous ces gens nous exciteraient par leurs cris et leurs clameurs m'étourdiraient. Ils ne tarderaient pas à me troubler. Je ne veux pas m'arrêter ici. » Arrivé aux deux tiers de la pente, il a failli tomber. A de nombreuses reprises la jeune fille l'implore : « Ami, buvez votre médicament ! » Mais il ne veut jamais l'écouter ni suivre son conseil. Au prix d'une terrible souffrance, avec la jeune fille dans les bras, il avance. Le voilà au sommet. Mais il s'est épuisé au point qu'il tombe là et ne se relève pas. Son cœur s'est brisé dans sa poitrine. En voyant ainsi son ami, la jeune fille croit qu'il s'est évanoui. Elle se met à genoux près de lui et veut lui donner son philtre, mais il ne peut plus lui parler. Il est mort comme je viens de vous le dire. La jeune fille, elle, se lamente sur lui et pousse de grands cris, puis elle vide et jette le flacon qui contenait le philtre. La montagne s'en imprègne et la valeur de tout le pays aux alentours en devient beaucoup plus grande. On y trouve depuis quantité de plantes médicinales qui ont poussé grâce au philtre.

Maintenant je vais vous parler à nouveau de la jeune fille. A la mort de son ami elle souffre plus qu'elle n'a jamais souffert. Elle se couche et s'étend auprès de lui, le serre et le retient dans ses bras. Souvent elle lui baise les yeux et la bouche. Puis la douleur que lui cause sa mort l'atteint au cœur. Et sur place meurt la demoiselle qui était si pleine de mérite, de sagesse et de beauté. Le roi et tous ceux qui les attendaient, ne les voyant pas revenir, partent à leur recherche et les trouvent dans cet état. Le roi alors tombe à terre évanoui. Quand il peut à nouveau parler, il manifeste une profonde douleur, et les étrangers aussi. Pendant trois jours ils les ont laissés sur le sol. Puis ils envoient chercher un cercueil de marbre dans lequel ils placent les deux jeunes gens. Sur le conseil des assistants on les enterre au sommet de la montagne. Ensuite tous se dispersent.

En raison de ce qui est arrivé aux deux jeunes gens, la montagne est appelée « Montagne des deux amants ». Il y advint ce que je vous ai raconté et les Bretons en firent un lai.

QUESTIONS

1. Pourquoi la jeune fille reste-t-elle longtemps à marier ?
2. Quel rôle la jeune fille joue-t-elle dans l'accomplissement de son propre désir ? Son destin dépend-il entièrement de la volonté paternelle ?
3. Pourquoi le jeune comte refuse-t-il de boire le philtre ? Qu'est-ce qui en résulte ?
4. Dans quel sens est-ce que la mort des deux amants résulte de l'amour excessif du roi pour sa fille unique ?
5. Etudiez le rôle joué dans ce lai par la voix narrative. Trouvez, par exemple, les moments où cette voix se fait remarquer.

Pernette du Guillet *(1520 ?–1545)*

Comme Louise Labé, Pernette du Guillet est née et a vécu à Lyon. Elle y étudie les langues et la musique, se marie vers 1537 et meurt de la peste à l'âge de vingt-cinq ans. En 1540, ses chansons et ses poèmes sont connus à Paris comme à Lyon. Ses *Rimes,* publiées l'année même de sa mort, emploient un vocabulaire *néo-platonique*[1] et répondent souvent en dialogue aux poèmes de Maurice Scève (*Délie,* 1544). Du Guillet se sert de formes variées : épigrammes, chansons, élégies et épîtres en vers. Contrairement aux poèmes de Scève, où du Guillet est l'héroïne, qui décrivent le désir et sa frustration, elle montre dans ses *Rimes* que le devoir, l'honneur et la raison font le bonheur d'aimer. Le but de l'amour n'est pas la possession de l'être aimé mais la transcendance spirituelle et l'union des âmes.

Rymes de gentile, et vertueuse dame D. Pernette du Guillet (1545)

Pernette du Guillet et Louise Labé font partie de l'école poétique dite lyonnaise. Sur la route qui liait Paris à l'Italie, Lyon était un centre dynamique de commerce et de culture. Dans cette ville loin de la cour parisienne, la littérature italienne a eu une influence importante sur les lettres françaises. Les deux poèmes suivants — le dizain de Pernette du Guillet et le sonnet de Louise Labé — concernent l'amour-passion. Comparez les deux traitements. Les textes ont été modernisés.

1. De la doctrine inspirée de la philosophie de Platon dont le principal interprète fut Plotin. Se dit de divers mouvements littéraires, artistiques et philosophiques inspirés de platonisme. Le néo-platonisme dont il s'agit au seizième siècle se manifeste dans des références à l'idéal de la beauté et à l'amour spirituel. L'amour est une quête, une contemplation des formes les plus élevées.

Pernette du Guillet

« C'EST UN GRAND MAL SE SENTIR OFFENSÉ »

C'est un grand mal se sentir offensé
Et ne s'oser ou savoir à qui plaindre ;
C'est un grand mal, *voire*[1] trop insensé
Que d'aspirer où l'on ne peut atteindre,
C'est un grand mal que de son cœur contraindre,
Outre son *gré*[2] et sa *sujétion*[3] ;
C'est un grand mal qu'ardente affection
Sans espérer de son mal allégeance ;
Mais c'est grand bien quand, à sa passion,
Un doux *languir*[4] sert d'honnête vengeance.

Louise Labé

« TANT QUE MES YEUX » (1555)

XIII

Tant que mes yeux pourront larmes répandre
Au bonheur passé avec toi regretter :
Et qu'aux sanglots et soupirs résister
Pourra ma voix, et un peu faire entendre :
Tant que ma main pourra les cordes tendre
Du *mignard*[5] *Luth*[6], pour tes grâces chanter :
Tant que l'esprit se voudra contenter
De ne vouloir rien hors de toi comprendre :
Je ne souhaite encore point mourir.
Mais quand mes yeux je sentirai *tarir*[7],
Ma voix cassée, et ma main impuissante,
Et mon esprit en ce mortel séjour
Ne pouvant plus montrer signe d'amante :
Prierai la Mort noircir mon plus clair jour.

---

1. et même   2. volonté   3. soumission, dépendance   4. état prolongé de faiblesse ; soupir
5. gentil   6. ancien instrument de musique à cordes ; symbole de la poésie lyrique
7. cesser de couler

QUESTIONS

1. Dans le dizain, quel est « le grand mal » ? Pourquoi Pernette du Guillet y accorde-t-elle tant de vers et n'en consacre-t-elle au contraire que très peu à ses plaisirs ?

2. Dans ces deux poèmes, quelles sortes de remèdes trouve-t-on au mal d'amour ?

3. Quel lien existe-t-il entre la voix poétique et les chagrins d'amour ?

Madeleine de Scudéry (1607–1701)

Madeleine de Scudéry a été une romancière importante, qui tenait un salon célèbre — *le samedi* — où l'on débattait des sujets représentés dans cette carte. Ses romans-fleuves reflètent et articulent l'idéologie des salons qui accordent aux femmes une place centrale dans le domaine littéraire et une place dominante en amour. La *Carte de Tendre,* qui figure dans le roman de Scudéry, *Clélie,* montre quatre sortes d'amour spirituel : la tendresse, l'appréciation, l'estime et l'inclination. Chaque amour peut mener à Tendre, paradis platonique, mais la bien-aimée doit être difficile à atteindre. L'amant est censé lui prouver sa persévérance et son dévouement en passant par des étapes telles que « Soumission », « Obéissance » et « Amitié Constante ». Dans cet univers, la galanterie définit le rapport entre les sexes, où l'homme doit servir et souffrir pour sa maîtresse. De plus, la galanterie se caractérise par l'estime mutuel, par une tendre amitié platonique au lieu d'une passion physique.

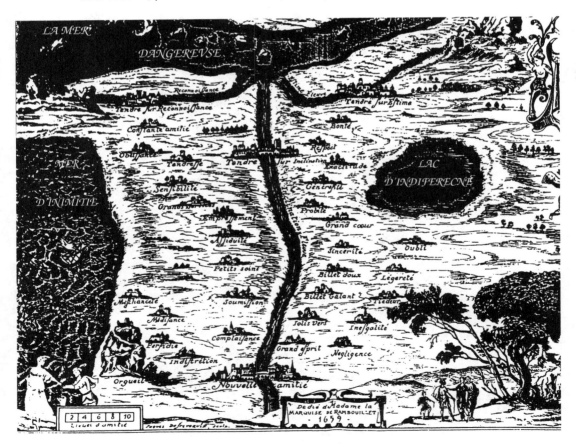

« Comme la tendresse qui naît par inclination n'a besoin de rien autre chose pour être ce qu'elle est, Clélie n'a mis nul village le long de cette rivière [*d'Inclination*] qui va si vite qu'on n'a que faire de logement le long de ses rives pour aller de *Nouvelle-Amitié* à *Tendre.* Mais pour aller [*de Nouvelle-Amitié*] à *Tendre-sur-Estime,* Clélie a ingénieusement mis autant de villages qu'il y a de petites et de grandes choses qui peuvent contribuer à faire naître par estime cette tendresse dont elle entend parler. En effet vous voyez que de *Nouvelle-Amitié* on passe à un lieu qu'on appelle *Grand Esprit*, parce que c'est ce qui commence ordinairement l'estime ; ensuite vous voyez ces agréables villages de *Jolis-vers*, de *Billet-galant* et de *Billet-doux* qui sont les opérations les plus ordinaires du grand esprit dans les commencements d'une amitié. Ensuite, pour faire un plus grand progrès dans cette route, vous voyez *Sincérité, Grand Cœur, Probité, Générosité, Respect, Exactitude* et *Bonté,* qui est tout contre *Tendre,* pour faire connaître qu'il ne peut y avoir de véritable estime sans bonté et qu'on ne peut arriver à *Tendre* de ce côté-là sans avoir cette précieuse qualité. »

Germaine de Staël (1766–1817)

Fille unique de parents suisses, Jacques Necker, contrôleur général des Finances sous Louis XVI, et Suzanne Curchod, salonnière célèbre, Louise Germaine Necker, née à Paris, est entourée dès son enfance de l'élite littéraire, philosophique et politique du dix-huitième siècle. En 1786, elle épouse le baron Eric de Staël-Holstein, ambassadeur de Suède, avec qui elle a une fille, morte avant l'âge de deux ans. Le mariage n'est pas heureux et le couple se sépare en 1798. Staël a beaucoup d'amants dont les plus importants sont Louis de Narbonne, avec qui elle a deux fils ; Adolphe Ribbing ; et Benjamin Constant, écrivain et homme politique, avec qui elle a une fille. A la fin de sa vie, elle se marie avec John Rocca et ils ont un fils ensemble. Staël est active dans la politique ; en 1795, ses prises de position la rendent suspecte au *Comité de salut public*[1] qui l'exile en Suisse. L'année suivante, elle rentre à Paris et publie en 1800 l'œuvre qui lui vaut un succès international, *De la Littérature considérée dans ses rapports avec les institutions sociales*. A cause de cet ouvrage et de la participation de Staël dans un complot visant à renverser le *Premier Consul*[2] en 1802, Napoléon la fait exiler jusqu'en 1814. Elle s'installe dans son château, Coppet, en Suisse où elle héberge des intellectuels d'opposition qui élaborent des théories de démocratie. Pendant son exil, elle voyage en Allemagne, en Italie, en Pologne, en Russie, en Scandinavie et en Angleterre. Après la chute de Napoléon, Staël rentre à Paris où elle rouvre son salon et commence ses *Considérations sur les principaux événements de la Révolution française,* ouvrage qui reste inachevé à sa mort.

Dans presque toutes ses œuvres, Staël met la liberté — « la seule gloire de l'ordre social » — au premier plan. Elle démontre comment les institutions politiques, sociales et religieuses dépendent de la littérature qui les reflète et insiste sur la responsabilité sociale de l'écrivain. Staël réclame l'émancipation intellectuelle des femmes ; elle constate qu'elles jouent, historiquement, un grand rôle civilisateur grâce à leur influence morale. Mais la société fondée sur le privilège masculin refuse aux femmes tout pouvoir utile. Dans la fiction — ses contes et ses romans — Staël représente des héroïnes douées, intelligentes et enthousiastes marquées par des ambitions nobles qui sont pourtant diminuées et détruites par un ordre patriarcal qui craint la force féminine.

Mirza, ou lettre d'un voyageur (1786)

De la Littérature considérée dans ses rapports avec les institutions sociales (1800)

Delphine (1802)

Corinne ou l'Italie (1807)

---

1. Constitué par la Convention nationale en 1793, ce corps exécutif a été largement responsable de la Terreur sous l'impulsion de Robespierre.
2. En novembre 1799, Napoléon Bonaparte (1769–1821), dès lors commandant des troupes de Paris, participe au coup d'Etat du 18 Brumaire qui a pour résultat la nomination de trois consuls provisoires, Bonaparte, Ducos et Sièyes. Bonaparte élimine vite les deux autres et se nomme Premier Consul. Le Consulat dure jusqu'à la proclamation de l'Empire en 1804.

De l'Allemagne (1813)

Considérations sur les principaux événements de la Révolution française (1818)

Dix années d'exil (1820)

Correspondance générale (1960–1978)

Des Circonstances actuelles qui peuvent terminer la Révolution et des principes qui doivent fonder la république en France (1979)

Mon Journal (1980)

MIRZA, OU LETTRE D'UN VOYAGEUR (1786)

Ce récit de Germaine de Staël est une œuvre de jeunesse. Ecrit à la première personne du masculin, il fait le portrait d'un type littéraire qui deviendra très à la mode dans la première partie du dix-neuvième siècle : l'homme sensible qui souffre dans ses histoires d'amour et par sa souffrance cause le malheur autour de lui. En même temps Staël crée un contexte historique où les questions de race et d'esclavage jouent un rôle important.

Permettez que je vous rende compte, madame, d'une anecdote de mon voyage[(1)], qui peut-être aura le droit de vous intéresser. J'appris à *Gorée*[1], il y a un mois, que monsieur le gouverneur *avoit*[2] déterminé une famille nègre à venir demeurer à quelques lieues de là, pour y établir une habitation pareille à celles de *Saint-Domingue*[3] ; se flattant, sans doute, qu'un tel exemple exciteroit les Africains à la culture du sucre, et qu'attirant chez eux le commerce libre de cette denrée, les Européens ne les enlèveroient plus à leur patrie, pour leur faire souffrir le joug affreux de l'esclavage. Vainement les écrivains les plus

(1) Cette anecdote est fondée sur des circonstances de la traite des nègres, rapportées par les voyageurs au Sénégal.

éloquens ont tenté d'obtenir cette révolution de la vertu des hommes ; l'administrateur éclairé, désespérant de triompher de l'intérêt personnel, voudroit le mettre du parti de l'humanité, en ne lui faisant plus trouver son avantage à la braver ; mais les nègres, imprévoyans de l'avenir pour eux-mêmes, sont plus incapables encore de porter leurs pensées sur les générations futures, et se refusent au mal présent, sans le comparer au sort qu'il pourroit leur éviter. Un seul Africain, délivré de l'esclavage par la générosité du gouverneur, s'étoit prêté à ses projets ; prince dans son pays, quelques nègres d'un état subalterne l'avoient suivi, et cultivoient son habitation sous ses ordres. Je demandai qu'on m'y conduisît. Je marchai une partie du jour, et j'arrivai le soir

1. Ile sur la côte du Sénégal prise définitivement par les Français en 1817. Le traité de Vienne abolit la traite des noirs, le commerce et transport des esclaves noirs, ce qui pourtant n'en empêche pas la pratique.
2. Nous avons gardé l'ancienne orthographe dans ce récit.
3. Colonie française où a eu lieu en 1791 une révolution des esclaves et qui a abouti dans la proclamation de l'indépendance d'Haïti en 1804

près d'une maison que des Français, m'a-t-on dit, avoient aidé à bâtir, mais qui conservoit encore cependant quelque chose de sauvage. Quand j'approchai, les nègres jouissoient de leur moment de délassement ; ils s'amusoient à tirer de l'arc, regrettant peut-être le temps où ce plaisir étoit leur seule occupation. Ourika, femme de Ximéo (c'est le nom du nègre chef de l'habitation) étoit assise à quelque distance des jeux, et regardoit avec distraction sa fille âgée de deux ans, qui s'amusoit à ses pieds. Mon guide avança vers elle, et lui dit que je lui demandois asile de la part du gouverneur. « C'est le gouverneur qui l'envoie ! s'écria-t-elle. Ah ! qu'il entre, qu'il soit le bien venu ; tout ce que nous avons est à lui. » Elle vint à moi avec précipitation ; sa beauté m'enchanta : elle possédoit le vrai charme de son sexe, tout ce qui peint la foiblesse et la grâce. « Où donc est Ximéo ? lui dit mon guide. — Il n'est pas revenu, répondit-elle, il fait sa promenade du soir ; quand le soleil ne sera plus sur l'horizon, quand le crépuscule même ne rappellera plus la clarté, il reviendra, et il ne fera plus nuit pour moi. » En achevant ces mots, elle soupira, s'éloigna, et quand elle se rapprocha de nous, j'aperçus des traces de pleurs sur son visage. Nous entrâmes dans la cabane ; on nous servit un repas composé de tous les fruits du pays : j'en goûtois avec plaisir, avide de sensations nouvelles. On frappe : Ourika *tressaille*[4], se lève avec précipitation, ouvre la porte de la cabane, et se jette dans les bras de Ximéo, qui l'embrasse sans paroître se douter lui-même de ce qu'il faisoit, ni de ce qu'il voyoit. Je vais à lui ; vous ne pouvez pas imaginer une figure plus ravissante : ses traits n'avoient aucun des défauts des hommes de sa couleur ; son regard produisoit un effet que je n'ai jamais ressenti ; il disposoit de l'âme, et la mélancolie qu'il exprimoit passoit dans le cœur de celui sur lequel il s'attachoit ; la taille de l'*Apollon du Belvédère*[5] n'est pas plus parfaite : peut-être pouvoit-on le trouver trop mince pour un homme ; mais l'abattement de la douleur que tous ses mouvemens annonçoient, que sa physionomie peignoit, s'accordoit mieux avec la délicatesse qu'avec la force. Il ne fut point surpris de nous voir ; il paroissoit inaccessible à toute émotion étrangère à son idée dominante ; nous lui apprîmes quel étoit celui qui nous envoyoit, et le but de notre voyage. « Le gouverneur, nous dit-il, a des droits sur ma reconnoissance ; dans l'état où je suis, le croirez-vous, j'ai cependant un bienfaiteur. » Il nous parla quelque temps des motifs qui l'avoient déterminé à cultiver une habitation, et j'étois étonné de son esprit, de sa facilité à s'expliquer : il s'en aperçut. « Vous êtes surpris, me dit-il, quand nous ne sommes pas au niveau des brutes, dont vous nous donnez la destinée. — Non, lui répondis-je ; mais un Français même ne parleroit pas sa langue mieux que vous. — Ah ! vous avez raison, reprit-il ; on conserve encore quelques *rayons*[6] lorsqu'on à long-temps vécu près d'un ange. » Et ses beaux yeux se baissèrent pour ne plus rien voir au dehors de lui. Ourika répandoit des larmes, Ximéo s'en aperçut enfin. « Pardonne, s'écria-t-il en lui prenant la main, pardonne ; le présent est à toi ; souffre les souvenirs. Demain, dit-il en se retournant vers moi, demain nous parcourrons ensemble mon habitation ; vous verrez si je puis me flatter qu'elle réponde aux désirs du gouverneur. Le meilleur lit va vous être pré-

---

4. frémit, frissonne
5. Statue ancienne en marbre de ce dieu de la mythologie classique, associé au pouvoir créateur et destructeur. En art, Apollon représente la virilité parfaite.
6. traces de lumière en bandes

paré, dormez tranquillement ; je voudrois que vous fussiez bien ici. Les hommes infortunés par le cœur, me dit-il à voix basse, ne craignent point, désirent même le spectacle du bonheur des autres. » Je me couchai, je ne fermai pas l'œil ; j'étois pénétré de tristesse, tout ce que j'avois vu en portoit l'empreinte, j'en ignorois la cause ; mais je me sentois ému comme on l'est en contemplant un tableau qui représente la mélancolie. A la pointe du jour je me levai, je trouvai Ximéo encore plus abattu que la veille ; je lui en demandai la raison. « Ma douleur, me répondit-il, fixée dans mon cœur, ne peut s'accroître ni diminuer ; mais l'uniformité de la vie la fait passer plus vite, et des événemens nouveaux, quels qu'ils soient, font naître de nouvelles réflexions, qui sont toujours de nouvelles sources de larmes. » Il me fit voir avec un soin extrême toute son habitation ; je fus surpris de l'ordre qui s'y faisoit remarquer ; elle rendoit au moins autant qu'un pareil espace de terrain cultivé à Saint-Domingue par un même nombre d'hommes, et les nègres heureux n'étoient point accablés de travail. Je vis avec plaisir que la cruauté étoit inutile, qu'elle avoit cela de plus. Je demandai à Ximéo qui lui avoit donné des conseils sur la culture de la terre, sur la division de la journée des ouvriers. « J'en ai peu reçu, me répondit-il, mais la raison peut atteindre à ce que la raison a trouvé ; puisqu'il étoit défendu de mourir, il falloit bien consacrer sa vie aux autres ; qu'en aurois-je fait pour moi ? J'avois l'horreur de l'esclavage, je ne pouvois concevoir le barbare dessein des hommes de votre couleur. Je pensais quelquefois que leur Dieu ennemi du nôtre leur avoit commandé de nous faire souffrir : mais quand j'appris qu'une production de notre pays, négligée par nous, causoit seule

ces maux cruels aux malheureux Africains, j'acceptai l'offre qui me fut faite de leur donner l'exemple de la cultiver. Puisse un commerce libre s'établir entre les deux parties du monde! puissent mes infortunés compatriotes renoncer à la vie sauvage, se vouer au travail pour satisfaire vos avides désirs, et contribuer à sauver quelques-uns d'entre eux de la plus horrible destinée! puissent ceux même qui pourroient se flatter d'éviter un tel sort, s'occuper avec un zèle égal d'en garantir à jamais leurs semblables! » En me parlant ainsi, nous approchâmes d'une porte qui conduisoit à un bois épais, dont un côté de l'habitation étoit bordé ; je crus que Ximéo alloit l'ouvrir, mais il se détourna pour l'éviter. « Pourquoi, lui dis-je, ne me montrez-vous pas... ? — Arrêtez, s'écria-t-il, vous avez l'air sensible ; pourrez-vous entendre les longs récits du malheur ? Il y a deux ans que je n'ai parlé ; tout ce que je dis, ce n'est pas parler. Vous le voyez, j'ai besoin de *m'épancher*[7] ; vous ne devez pas être flatté de ma confiance : cependant, c'est votre bonté qui m'encourage, et me fait compter sur votre pitié. — Ah ! ne craignez rien, répondis-je ; vous ne serez pas trompé. — Je suis né dans le royaume de Cayor ; mon père, du sang royal, étoit chef de quelques tribus qui lui étoient confiées par le souverain. On m'exerça de bonne heure dans l'art de défendre mon pays, et dès mon enfance l'arc et le javelot m'étoient familiers. L'on me destina dès lors pour femme Ourika, fille de la sœur de mon père ; je l'aimai dès que je pus aimer, et cette faculté se développa en moi pour elle et par elle. Sa beauté parfaite me frappa davantage quand je l'eus comparée à celle des autres femmes, et je revins par choix à mon premier penchant. Nous étions souvent en guerre contre les Jaloffes nos voisins ; et comme nous

7. me confier

avions mutuellement l'atroce coutume de vendre nos prisonniers de guerre aux Européens, une haine profonde, que la paix même ne suspendoit pas, ne permettoit entre nous aucune communication. Un jour, en chassant dans nos montagnes, je fus entraîné plus loin que je ne voulois ; une voix de femme, remarquable par sa beauté, se fit entendre à moi. J'écoutai ce qu'elle chantoit, et je ne reconnus point les paroles que les jeunes filles se plaisent à répéter. L'amour de la liberté, l'horreur de l'esclavage, étoient le sujet des nobles hymnes qui me ravirent d'admiration. J'approchai, une jeune personne se leva ; frappé du contraste de son âge, et du sujet de ses méditations, je cherchois dans ses traits quelque chose de surnaturel, qui m'annonçât l'inspiration qui *supplée*[8] aux longues réflexions de la vieillesse ; elle n'étoit pas belle, mais sa taille noble et régulière, ses yeux enchanteurs, sa physionomie animée, ne laissoient à l'amour même rien à désirer pour sa figure. Elle vint à moi, et me parla long-temps sans que je pusse lui répondre : enfin, je parvins à lui peindre mon étonnement ; il s'accrut quand j'appris qu'elle avoit composé les paroles que je venois d'entendre. « Cessez d'être surprise, me dit-elle ; un Français établi au Sénégal, mécontent de son sort et malheureux dans sa patrie, s'est retiré parmi nous ; ce vieillard a daigné prendre soin de ma jeunesse, et m'a donné ce que les Européens ont de digne d'envie ; les connoissances dont ils abusent, et la philosophie dont ils suivent si mal les leçons. J'ai appris la langue des Français, j'ai lu quelques-uns de leurs livres, et je m'amuse à penser seule sur ces montagnes. » A chaque mot qu'elle me disoit, mon intérêt, ma curiosité redoubloient ; ce n'étoit plus une femme, c'étoit un poète que je croyois entendre parler ; et

jamais les hommes qui se consacrent parmi nous au culte des dieux, ne m'avoient paru remplis d'un si noble enthousiasme. En la quittant, j'obtins la permission de la revoir ; son souvenir me suivoit partout ; j'emportois plus d'admiration que d'amour, et *me fiant*[9] long-temps sur cette différence, je vis Mirza (c'étoit le nom de cette jeune Jaloffe), sans croire offenser Ourika. Enfin, un jour je lui demandai si jamais elle avoit aimé ; en tremblant je faisois cette question, mais son esprit facile et son caractère ouvert lui rendoient toutes ses réponses aisées. « Non, me dit-elle, on m'a aimée quelquefois, j'ai peut-être désiré d'être sensible, je voulois connoître ce sentiment qui *s'empare*[10] de toute la vie, et fait à lui seul le sort de chaque instant du jour ; mais j'ai trop réfléchi, je crois, pour éprouver cette illusion ; je sens tous les mouvemens de mon cœur, et je vois tous ceux des autres ; je n'ai pu, jusqu'à ce jour, ni me tromper, ni être trompée. » Ce dernier mot m'affligea. « Mirza, lui dis-je, que je vous plains ! les plaisirs de la pensée n'occupent pas tout entier ; ceux du cœur seul suffisent à toutes les facultés de l'âme. » Elle m'instruisoit cependant avec une bonté que rien ne lassoit ; en peu de temps j'appris tout ce qu'elle savoit. Quand je l'interrompois par mes éloges, elle ne m'écoutoit pas ; dès que je cessois, elle continuoit, et je voyois, par ses discours, que pendant que je la louois, c'étoit à moi seul qu'elle avoit toujours pensé. Enfin, enivré de sa grâce, de son esprit, de ses regards, je sentis que je l'aimois, et j'osai le lui dire : quelles expressions n'employai-je pas pour faire passer dans son cœur l'exaltation que j'avois trouvée dans son esprit ! Je mourois à ses pieds de passion et de crainte. « Mirza, lui répétai-je, place-moi sur le monde en me disant que tu m'aimes, ouvre-moi le ciel pour que

---

8. compense, remplace   9. accordant ma confiance à   10. saisit

j'y monte avec toi. » En m'écoutant elle se troubla, et des larmes remplirent ses beaux yeux, où jusqu'alors je n'avois vu que l'expression du génie. « Ximéo, me dit-elle, demain je te répondrai ; n'attends pas de moi l'art des femmes de ton pays ; demain tu liras dans mon cœur ; réfléchis sur le tien. » En achevant ces mots elle me quitta long-temps avant le coucher du soleil, signal ordinaire de sa retraite ; je ne cherchai point à la retenir. L'ascendant de son caractère me soumettoit à ses volontés. Depuis que je connoissois Mirza, je voyois moins Ourika, je la trompois, je prétextois des voyages, je retardois l'instant de notre union, j'éloignois l'avenir au lieu d'en décider.

Enfin, le lendemain, que des siècles pour moi sembloient avoir séparé de la veille, j'arrive : Mirza la première s'avance vers moi ; elle avoit l'air abattu ; soit pressentiment, soit tendresse, elle avoit passé ce jour dans les larmes. « Ximéo, me dit-elle d'un son de voix doux, mais assuré, es-tu bien sûr que tu m'aimes ? est-il certain que dans tes vastes contrées aucun objet n'a fixé ton cœur ? » Des *sermens*[11] furent ma réponse. « Hé bien, je t'en crois, la nature qui nous environne est seule témoin de tes promesses ; je ne sais rien sur toi que je n'aie appris de ta bouche, mon isolement, mon abandon fait toute ma sécurité. Quelle défiance, quel obstacle ai-je opposé à ta volonté ? tu ne tromperois en moi que mon estime pour Ximéo, tu ne te vengerois que de mon amour ; ma famille, mes amies, mes concitoyens, j'ai tout éloigné pour dépendre de toi seul ; je dois être à tes yeux sacrée comme la foiblesse, l'enfance et le malheur ; non ; je ne puis rien craindre, non. » Je l'interrompis ; j'étois à ses pieds, je croyois être vrai, la force du présent m'avoit fait oublier le passé comme l'avenir ; j'avois trompé, j'avois per-

suadé ; elle me crut. Dieux ! que d'expressions passionnées elle sut trouver ; qu'elle étoit heureuse en aimant ! Ah ! pendant deux mois qui s'écoulèrent ainsi, tout ce qu'il y a d'amour et de bonheur fut rassemblé dans son cœur. Je jouissois, mais je me calmois ; bizarrerie de la nature humaine ! j'étois si frappé du plaisir qu'elle avoit à me voir, que je commençai bientôt à venir plutôt pour elle que pour moi : j'étois si certain de son accueil, que je ne tremblois plus en l'approchant. Mirza ne s'en apercevoit pas ; elle parloit, elle répondoit, elle pleuroit, elle se consoloit, et son âme active agissoit sur elle-même ; honteux de son erreur, et plus honteux de moi-même, j'avois besoin de m'éloigner d'elle. La guerre se déclara dans une autre extrémité du royaume de Cayor, je résolus d'y courir ; il falloit l'annoncer à Mirza. Ah ! dans ce moment je sentis encore combien elle m'étoit chère ; sa confiante et douce sécurité m'*ôta*[12] la force de lui découvrir mon projet. Elle sembloit tellement vivre de ma présence, que ma langue se glaça quand je voulus lui parler de mon départ. Je résolus de lui écrire ; cet art qu'elle m'avoit appris devoit servir à son malheur ; vingt fois je la quittai, vingt fois je revins sur mes pas. L'infortunée en jouissoit, et prenoit ma pitié pour de l'amour. Enfin, je partis, je lui *mandai*[13] que mon devoir me forçoit à me séparer d'elle, mais que je reviendrois à ses pieds plus tendre que jamais. Quelle réponse elle me fit ! Ah, langue de l'amour ! quel charme tu reçois quand la pensée t'embellit ! quel désespoir de mon absence, quelle passion de me revoir ! Je frémis alors en songeant à quel excès son cœur savoit aimer ; mais mon père n'auroit jamais nommé sa fille une femme du pays des Jaloffes. Tous les obstacles s'offrirent à ma pensée quand le voile qui me les cachoit fut

---

11. promesses fermes   12. enleva, prit   13. fis savoir

tombé ; je revis Ourika ; sa beauté, ses larmes, l'empire d'un premier penchant, les *instances*[14] d'une famille entière ; que sais-je enfin ; tout ce qui paroît insurmontable quand on ne tire plus sa force de son cœur, me rendit infidèle, et mes liens avec Ourika furent formés en présence des dieux. Cependant, le temps que j'avois fixé à Mirza pour mon retour approchoit ; je voulus la revoir encore : j'espérois adoucir le coup que j'allois lui porter, je le croyois possible ; quand on n'a plus d'amour on n'en devine plus les effets, l'on ne sait pas même s'aider de ses souvenirs. De quel sentiment je fus rempli en parcourant ces mêmes lieux témoins de mes sermens et de mon bonheur ! Rien n'étoit changé que mon cœur, et je pouvois à peine les reconnoître. Pour Mirza, dès qu'elle me vit, je crois qu'elle éprouva en un moment le bonheur qu'on goûte à peine *épars*[15] dans toute sa vie, et c'est ainsi que les dieux s'acquittèrent envers elle. Ah ! comment vous dirois-je par quels degrés affreux j'amenai la malheureuse Mirza à connoître l'état de mon cœur ? mes lèvres tremblantes prononcèrent le nom d'amitié. « Ton amitié, s'écria-t-elle, ton amitié, barbare, est-ce à mon âme qu'un tel sentiment doit être offert ? Va, donne-moi la mort. Va, c'est là maintenant tout ce que tu peux pour moi. » L'excès de sa douleur sembloit l'y conduire ; elle tomba sans mouvement à mes pieds ; monstre que j'étois ! c'étoit alors qu'il falloit la tromper, c'est alors que je fus vrai. « Insensible, laisse-moi, me dit-elle ; ce vieillard qui prit soin de mon enfance, qui m'a servi de père, peut vivre encore quelque temps ; il faut que j'existe pour lui : je suis morte déjà là, dit-elle, en posant la main sur son cœur ; mais mes soins lui sont nécessaires ; laisse-moi. — Je ne pourrois, m'écriois-je, je ne pourrois supporter ta haine. — Ma haine ! me répondit-

elle ; ne la crains pas, Ximéo ; il y a des cœurs qui ne savent qu'aimer, et dont toute la passion ne retourne que contre eux-mêmes. Adieu, Ximéo ; un autre va donc posséder... — Non, jamais ; non, jamais, lui dis-je. — Je ne te crois pas à présent, reprit-elle ; hier tes paroles m'auroient fait douter du jour qui nous éclaire. Ximéo, serre-moi contre ton cœur, appelle-moi ta maîtresse chérie ; retrouve l'accent d'autrefois ; que je l'entende encore, non pour en jouir, mais pour m'en ressouvenir : mais c'est impossible. Adieu, je le retrouverai seule, mon cœur l'entendra toujours ; c'est la cause de mort que je porte et retiens dans mon sein. Ximéo, adieu. » Le son touchant de ce dernier mot, l'effort qu'elle fit en s'éloignant, tout m'est présent ; elle est devant mes yeux. Dieux ! rendez cette illusion plus forte ; que je la voie un moment, pour, s'il se peut encore, mieux sentir ce que j'ai perdu. Longtemps immobile dans les lieux qu'elle avoit quittés, égaré, troublé comme un homme qui vient de commettre un grand crime, la nuit me surprit avant que je pensasse à retourner chez moi ; le remords, le souvenir, le sentiment du malheur de Mirza s'attachoient à mon âme ; son ombre me revenoit comme si la fin de son bonheur eût été celle de sa vie.

La guerre se déclara contre les Jaloffes ; il falloit combattre contre les habitans du pays de Mirza, je voulois à ses yeux acquérir de la gloire, justifier son choix, et mériter encore le bonheur auquel j'avois renoncé ; je craignois peu la mort ; j'avois fait de ma vie un si cruel usage, que je la risquois peut-être avec un secret plaisir. Je fus dangereusement blessé : j'appris, en me rétablissant, qu'une femme venoit tous les jours se placer devant le seuil de ma porte ; immobile, elle tressailloit au moindre bruit : une fois j'étois plus mal, elle perdit connoissance ; on s'empressa

14. prières, requêtes   15. dispersé

autour d'elle, elle se ranima, et prononça ces mots : « Qu'il ignore, dit-elle, l'état où vous m'avez vue ; je suis pour lui bien moins qu'une étrangère, mon intérêt doit l'affliger » Enfin un jour, jour affreux ! foible encore, ma famille, Ourika, étoient auprès de moi : j'étois calme quand j'éloignois le souvenir de celle dont j'avois causé le désespoir ; je croyois l'être du moins, la fatalité m'avoit conduit, j'avois agi comme un homme gouverné par elle, et je redoutois tellement l'instant du repentir, que j'employois toutes mes forces pour retenir ma pensée prête à se fixer sur le passé. Nos ennemis, les Jaloffes, *fondirent*[16] tout à coup sur le bourg que j'habitois : nous étions sans défense ; nous soutînmes cependant une assez longue attaque ; mais enfin ils l'emportèrent et firent plusieurs prisonniers : je fus du nombre. Quel moment pour moi quand je me vis chargé de fers ! Les cruels Hottentots ne destinent aux vaincus que la mort ; mais nous, plus lâchement barbares, nous servons nos communs ennemis, et justifions leurs crimes en devenant leurs complices. Un détachement de Jaloffes nous fit marcher toute la nuit ; quand le jour vint nous éclairer, nous nous trouvâmes sur le bord de la rivière du Sénégal, des barques étoient préparées ; je vis des blancs, je fus certain de mon sort. Bientôt mes conducteurs commencèrent à traiter des viles conditions de leur infâme échange : les Européens examinoient curieusement notre âge et notre force, pour y trouver l'espoir de nous faire supporter plus longtemps les maux qu'ils nous destinoient. Déjà j'étois déterminé ; j'espérois qu'en passant sur cette fatale barque, mes chaînes se relâcheroient assez pour me laisser le pouvoir de m'élancer dans la rivière, et que, malgré les prompts secours de mes avides possesseurs, le poids de mes fers m'en-

traîneroit jusqu'au fond de l'abîme. Mes yeux fixés sur la terre, ma pensée attachée à la terrible espérance que j'embrassois, j'étois comme séparé des objets qui m'environnoient. Tout à coup une voix que le bonheur et la peine m'avoient appris à connoître, fait tressaillir mon cœur, et m'arrache à mon immobile méditation ; je regarde, j'aperçois Mirza, belle, non comme une mortelle, mais comme un ange, car c'étoit son âme qui se peignoit sur son visage. Je l'entends qui demande aux Européens de l'écouter ; sa voix étoit émue, mais ce n'étoit point la *frayeur*[17] ni l'attendrissement qui l'altéroient ; un mouvement surnaturel donnoit à toute sa personne un caractère nouveau. « Européens, dit-elle, c'est pour cultiver vos terres que vous nous condamnez à l'esclavage ; c'est votre intérêt qui vous rend notre infortune nécessaire ; vous ne ressemblez pas au dieu du mal, et faire souffrir n'est pas le but des douleurs que vous nous destinez : regardez ce jeune homme affoibli par ses blessures, il ne pourra supporter ni la longueur du voyage, ni les travaux que vous lui demandez ; moi, vous voyez ma force et ma jeunesse, mon sexe n'a point *énervé*[18] mon courage. Souffrez que je sois esclave à la place de Ximéo. Je vivrai, puisque c'est à ce prix que vous m'aurez accordé la liberté de Ximéo ; je ne croirai plus l'esclavage avilissant, je respecterai la puissance de mes maîtres ; c'est de moi qu'ils la tiendront, et leurs bienfaits l'auront consacrée. Ximéo doit chérir la vie ; Ximéo est aimé ! moi, je ne tiens à personne sur la terre ; je puis en disparoître sans laisser de vide dans un cœur, qui sente que je n'existe plus. J'allois finir mes jours, un bonheur nouveau me fait survivre à mon cœur. Ah ! laissez-vous attendrir, et quand votre pitié ne combat pas votre intérêt, ne résistez pas à sa voix. » En

16. se précipitèrent 17. peur 18. affaibli

achevant ces mots, cette fière Mirza, que la crainte de la mort n'auroit pas fait tomber aux pieds des rois de la terre, fléchit humblement le genou ; mais elle conservoit dans cette attitude encore toute sa dignité, et l'admiration et la honte étoient le partage de ceux qu'elle imploroit. Un moment elle put penser que j'acceptois sa générosité ; j'avois perdu la parole, et je me mourois du tourment de ne la pas retrouver. Ces *farouches*[19] Européens s'écrièrent tous d'une voix : « Nous acceptons l'échange ; elle est belle, elle est jeune, elle est courageuse ; nous voulons la négresse, et nous laissons son ami. » Je retrouvai mes forces ; ils alloient s'approcher de Mirza. « Barbares, m'écriai-je, c'est à moi, jamais, jamais ; respectez son sexe, sa foiblesse. Jaloffes, consentirez-vous qu'une femme de votre contrée soit esclave à la place de votre plus cruel ennemi ? — Arrête, me dit Mirza, cesse d'être généreux ; cet acte de vertu, c'est pour toi seul que tu l'accomplis ; si mon bonheur t'avoit été cher, tu ne m'aurois pas abandonnée ; je t'aime mieux coupable, quand je te sais insensible : laisse-moi le droit de *me plaindre*[20], quand tu ne peux m'ôter ma douleur ; ne m'arrache pas le seul bonheur qui me reste, la douce pensée de tenir au moins à toi par le bien que je t'aurai fait : j'ai suivi tes destins, je meurs si mes jours ne te sont pas utiles ; tu n'as que ce moyen de me sauver la vie, ose persister dans tes refus. » Depuis, je me suis rappelé toutes ses paroles, et dans l'instant je crois que je ne les entendois pas : je frémissois du dessein de Mirza ; je tremblois que ces vils Européens ne le secondassent ; je n'osois déclarer que rien ne me séparerait d'elle. Ces avides marchands nous auroient entraînés tous les deux : leur cœur, incapable de sensibilité, comptoit peut-être déjà sur les effets de la nôtre ; déjà même ils se promettoient à l'avenir de choisir pour captifs ceux que l'amour ou le devoir pourroient faire racheter ou suivre, étudiant nos vertus pour les faire servir à leurs vices. Mais le gouverneur, instruit de nos combats, du dévouement de Mirza, de mon désespoir, s'avance comme un ange de lumière ; eh ! qui n'auroit pas cru qu'il nous apportoit le bonheur ! « Soyez libres tous deux, nous dit-il, je vous rends à votre pays comme à votre amour. Tant de grandeur d'âme eût fait rougir l'Européen qui vous auroit nommés ses esclaves. » On m'ôta mes fers, j'embrassai ses genoux, je bénis dans mon cœur sa bonté, comme s'il eût sacrifié des droits légitimes. Ah ! les usurpateurs peuvent donc, en renonçant à leurs injustices, atteindre au rang de bienfaiteurs. Je me levai, je croyois que Mirza étoit aux pieds du gouverneur comme moi ; je la vis à quelque distance, appuyée sur un arbre et rêvant profondément. Je courus vers elle : l'amour, l'admiration, la reconnoissance, j'éprouvois, j'exprimois tout à la fois. « Ximéo, me dit-elle, il n'est plus temps, mon malheur est *gravé*[21] trop avant pour que ta main même y puisse atteindre : ta voix, je ne l'entends plus sans tressaillir de peine, et ta présence glace dans mes veines ce sang qui jadis y bouillonnoit pour toi ; les âmes passionnées ne connoissent que les extrêmes ; l'intervalle qui les sépare, elles le franchissent sans s'y arrêter jamais : quand tu m'appris mon sort, j'en doutai longtemps ; tu pouvois revenir alors ; j'aurois cru que j'avois rêvé ton inconstance ; mais maintenant, pour anéantir ce souvenir, il faut percer le cœur dont rien ne peut l'effacer. » En prononçant ces paroles, la flèche mortelle étoit dans son sein. Dieux qui suspendîtes en cet instant ma vie, me l'avez-vous rendue

---

19. cruels   20. pleurer, me lamenter   21. fixé, rendu durable

pour mieux venger Mirza par le long supplice de ma douleur ! Pendant un mois entier, la chaîne des souvenirs et des pensées fut interrompue pour moi ; je crois quelquefois que je suis dans un autre monde, dont l'enfer est le souvenir du premier. Ourika m'a fait promettre de ne pas *attenter à mes jours*[22] ; le gouverneur m'a convaincu qu'il falloit vivre pour être utile à mes malheureux compatriotes, pour respecter la dernière volonté de Mirza, qui l'a conjuré, dit-il, en mourant, de veiller sur moi, de me consoler en son nom : j'obéis, j'ai renfermé dans un tombeau les tristes restes de celle que j'aime quand elle n'est plus ; de celle que j'ai méconnue pendant sa vie. Là, seul quand le soleil se couche, quand la nature entière semble se couvrir de mon deuil, quand le silence universel me permet de n'entendre plus que mes pensées, j'éprouve, prosterné sur ce tombeau, la jouissance du malheur, le sentiment tout entier de ses peines ; mon imagination exaltée crée quelquefois des fantômes ; je crois la voir, mais jamais elle ne m'apparoît comme une amante irritée. Je l'entends qui me console et s'occupe de ma douleur. Enfin, incertain du sort qui nous attend après nous, je respecte en mon cœur le souvenir de Mirza, et crains, en me donnant la mort, d'*anéantir*[23] tout ce qui reste d'elle. Depuis deux ans, vous êtes la seule personne à qui j'aie confié ma douleur, je n'attends pas votre pitié ; un barbare qui causa la mort de celle qu'il regrette, doit-il intéresser ? Mais j'ai voulu parler d'elle. Ah ! promettez-moi que vous n'oublierez pas le nom de Mirza ; vous le direz à vos enfans, et vous conserverez après moi la mémoire de cet ange d'amour, et de cette victime du malheur. » En terminant son récit, une sombre rêverie se peignit sur le charmant visage de Ximéo ; j'étois baigné de pleurs, je voulus lui parler. « Crois-tu, me dit-il, qu'il faille chercher à me consoler ? crois-tu qu'on puisse avoir sur mon malheur une pensée que mon cœur n'ait pas trouvée ? J'ai voulu te l'apprendre, mais parce que j'étois bien sûr que tu ne l'adoucirois pas ; je mourrois si on me l'ôtoit, le remords en prendroit la place, il occuperoit mon cœur tout entier, et ses douleurs sont arides et brûlantes. Adieu, je te remercie de m'avoir écouté. » Son calme sombre, son désespoir sans larmes, aisément me persuadèrent que tous mes efforts seroient vains ; je n'osai plus lui parler, le malheur en impose, je le quittai le cœur plein d'amertume ; et pour accomplir ma promesse, je raconte son histoire, et consacre, si je le puis, le triste nom de sa Mirza.

QUESTIONS

1. Commentez le titre.
2. Qui raconte cette histoire ? Pour quelles raisons ? A qui est-elle destinée ? Réfléchissez à la manière dont les techniques narratives structurent le récit.
3. Comment ce texte présente-t-il l'institution de l'esclavage ? Est-ce un texte antiesclavagiste convaincant ? Citez le texte pour justifier vos remarques.

22. tenter de me suicider   23. détruire, annihiler

4. Identifiez quelques détails qui contribuent à l'ambiance d'exotisme dans ce récit. Commentez la représentation des rapports entre Européens et Africains.

5. En quoi l'habitation de Ximéo est-elle curieuse ?

6. Quel est le rôle de l'amour dans cette histoire ?

7. Commentez la représentation des deux personnages femmes, Mirza et Ourika. En quoi sont-elles conformes à la tradition littéraire de l'amour sacrificiel ?

Daniel Stern

SOUVENIRS

Dans ces extraits de son œuvre autobiographique, Daniel Stern raconte sa passion pour le musicien célèbre Franz Liszt. Elle essaie de comprendre le sens de sa vie et de leur histoire d'amour dans le contexte des transformations culturelles qui ont suivi la révolution de 1830. Cette histoire coïncide avec l'essor du romantisme.

AVANT-PROPOS

La vie est *invraisemblable*[1]. A qui la regarde de près, elle se montre compliquée, irrationnelle à ce point qu'on n'y saurait voir ni plan ni loi. Mais à distance, vues de haut, ses grandes lignes *se dégagent*[2]. Ce qui était surchargé, répété, diffus, s'éclaircit. Chaque chose, dans la perspective, prend sa place et sa valeur. Un ensemble apparaît : un caractère, une physionomie, un accent où l'on reconnaît l'ouvrier divin.

C'est par un procédé analogue, par élimination, par retranchement de tout ce qui dans la nature est redondance et prolixité ; c'est par le choix des lignes et des plans, par le juste accord des valeurs, par la distribution des ombres et de la lumière, que le poète ou l'artiste tirent de la banalité et de la complication l'expression typique, l'unité simple et forte qui frappe les sens, l'imagination, l'entendement, et se grave dans la mémoire.

C'est ainsi qu'ils créent, chacun selon son génie propre, cette vérité idéale qui sera autre dans Homère, dans Phidias ou dans Virgile, autre dans Léonard, Michel-Ange, Vélasquez ou Rembrandt, autre dans Calderon, Shakespeare, Corneille ou Molière, mais qui partout sera plus vraie dans sa beauté rare que la vérité du vulgaire.

En écrivant mes *Souvenirs* de la façon que j'ai cru devoir le faire, en pleine intégrité de cœur et d'esprit, sans toutefois *me piquer d'*[3]une exactitude photographique, je n'ai pas eu, certes, la présomption de rivaliser avec les maîtres et de créer comme eux une œuvre durable, mais j'ai pensé qu'en écrivant l'un de ces livres où l'on parle constamment de soi, il serait sage, crainte de se laisser aller, comme il arrive, au superflu, *à l'oiseux*[4], à l'indiscret ou à pis encore, de prendre modèle sur les plus sobres et de ne pas prétendre tout dire, ce qui reviendrait à tout mal dire.

I

Il y avait six années que j'étais mariée. J'étais la femme d'un homme de cœur et d'honneur ; j'étais la mère de deux enfants pleins de grâce et de gentillesse. La fortune et les usages du monde où je vivais m'assuraient une pleine liberté. J'avais une famille excellente, des relations nombreuses, mille moyens faciles d'occuper ou d'amuser mes journées ; je possédais enfin tout ce que l'on est convenu d'appeler une belle et grande existence.

---

1. improbable   2. se manifestent   3. avoir la prétention d'avoir   4. à l'inutile

Mais combien ma vie intime répondait peu à ces dehors brillants !

Depuis le jour de mon mariage, je n'avais pas eu une heure de joie. Le sentiment d'un isolement complet du cœur et de l'esprit dans les rapports nouveaux que me créait la vie conjugale, un étonnement douloureux de ce que j'avais fait en me donnant à un homme qui ne m'inspirait point d'amour avaient jeté, dès ce premier jour, sur toutes mes pensées une tristesse mortelle, et depuis lors, à mesure que se déroulaient les conséquences d'une union dont rien ne pouvait plus rompre le nœud, à mesure que se multipliaient les occasions où s'accusaient involontairement, entre mon mari et moi, les oppositions de nature, de caractère et d'esprit, au lieu de m'y accoutumer ou de m'y résigner, j'en avais souffert de plus en plus.

Et ce qui aggravait encore ma peine, c'est que je me croyais *tenue de*[5] la cacher. En faire confidence à qui que ce fût m'eût paru un tort très grave, presque une trahison envers celui que j'avais promis d'aimer et que je devais du moins respecter par mon silence. Aussi, même avec mes plus proches, même avec le prêtre, à qui, sauf en ce seul point, j'ouvrais mon âme tout entière, je feignais le contentement. Et, dans l'effort continu qu'il me fallait faire pour me montrer autre que je n'étais, je perdais la tranquillité et cette joie intérieure de la conscience qui naît d'une sincérité parfaite.

Une inquiétude sans objet, une sorte de remords qui ne savait où se prendre, car mes intentions étaient droites et mes désirs les plus purs du monde, la vague et vaine image des félicités que la vie prodigue à ceux qui s'aiment, l'effroi d'un avenir où rien ne pouvait changer, telle était, depuis six années,

ma disposition constante, dans une existence aride et contrainte, où *se flétrissaient*[6], une à une, faute d'air et de lumière, les plus chères espérances et toutes les ardeurs de ma jeunesse trompée.

Comment donc un mariage qui devait avoir si vite des effets si tristes avait-il pu se faire ?

Passionnée, romanesque comme je l'étais alors, quelle méconnaissance de moi-même avait donc pu *m'égarer*[7] jusqu'à ce point de consentir à une union où l'inclination n'avait aucune part ?

Exempte des ambitions et des vanités du monde, pourquoi m'étais-je laissé marier selon le monde ?

Par quelle aberration de la volonté en étais-je venue, si jeune encore, à prendre pour époux un homme que je connaissais à peine, et dont toute la personne formait avec la mienne une dissonance telle que les moins prévenus s'en apercevaient tout d'abord ? Par quelle incroyable puissance de la coutume, un mariage que tout déconseillait, la distance des âges, la diversité des humeurs et jusqu'au contraste apparent des formes extérieures fut-il deux fois rompu, deux fois renoué, comme par une obstination du sort, conclu enfin, malgré mon appréhension dominante à son approche ?

Par quelle erreur de jugement l'homme loyal et bon qui demandait ma main fut-il conduit à un acte aussi déraisonnable ? et comment la plus irréparable des fautes ne fut-elle épargnée ni à son entière *droiture*[8] ni à mon inexpérience ? Plus je vais, moins je puis comprendre cette trame et cette chaîne obscure de nécessité et de liberté, de hasard et de conseil, qui forment en s'entrecroisant dans nos propres mains le tissu mystérieux de notre vie.

---

5. obligée de   6. se fanaient, se décoloraient   7. me perdre   8. honnêteté, probité

II

C'est alors qu'une rencontre *inopinée*[9] — je répugnerais à dire un hasard — ralluma soudain dans mon cœur la flamme cachée, et que cet ardent besoin d'aimer, auquel j'avais cru *donner le change*[10], éclata en moi avec une force terrible.

C'était vers la fin de la troisième année qui suivit *la révolution de 1830*[11]. Un grand mouvement s'était produit dans les arts et dans les lettres. De nombreux talents surgissaient ; ils se groupaient, se faisaient cortège, s'éclairaient l'un l'autre d'une lumière splendide. Entre ces talents divers, poètes, écrivains, artistes, brillait dans la sphère musicale un génie prodigieux, qui, tout enfant, disait-on, avait égalé le jeune Mozart ; je le nommerai : Franz.

A l'époque dont je parle, quoiqu'il eût à peine dépassé vingt ans, Franz venait de quitter le monde où des succès inouïs l'avaient accueilli à ses débuts et suivi l'espace de dix années. Virtuose incomparable, il ne se faisait plus entendre nulle part. Il donnait encore quelques leçons pour soutenir sa vieille mère, mais, ce devoir rempli, il se confinait strictement et vivait dans la plus entière retraite. On ne savait rien des motifs qui le poussaient à la solitude. Les salons où il avait été fêté, les femmes surtout s'étonnaient d'une résolution si subite et, en apparence, si peu motivée. On parlait d'un chagrin d'amour et quelques-uns disaient qu'il allait se faire prêtre.

Au nombre des personnes qui s'intéressaient vraiment à ce mystère romanesque était une vieille dame qui m'avait en amitié.

Une jolie nièce qu'elle élevait dans sa maison était du petit nombre des élèves privilégiés qu'avait conservés Franz. De loin en loin il venait chez la marquise Le Vayer faire de la musique, à la condition expresse que ce serait en famille et qu'on ne ferait aucune invitation. Mais la marquise n'y avait pu tenir. Insensiblement, sa porte, d'abord strictement fermée lorsque Franz jouait, s'était entrebâillée puis ouverte, et elle invitait maintenant toute la société. Après avoir à plusieurs reprises refusé l'invitation de madame Le Vayer, lassée comme je l'étais d'aller dans le monde, n'ayant aucun souci d'entendre un virtuose de plus, moi qui les avais entendus presque tous, je craignis à la fin de désobliger une personne très aimable, et, sur ses instances, je me rendis chez elle un soir qui devait être le dernier où l'on entendrait Franz.

Lorsque j'entrai vers dix heures dans le salon de madame Le Vayer où tout le monde était déjà réuni, et où j'étais, me dit la marquise en m'abordant, impatiemment attendue, Franz ne s'y trouvait pas. La maîtresse de la maison s'en excusait. Prévenant une question que je n'aurais point faite, on s'apprêtait, me dit-elle, à chanter un chœur de Weber. L'artiste était allé dans la pièce voisine pour écrire une partie qui s'était égarée... Madame Le Vayer parlait encore que la porte s'ouvrait et qu'une apparition étrange s'offrait à mes yeux. Je dis une apparition, faute d'un autre mot pour rendre la sensation extraordinaire que me causa, tout d'abord, la personne la plus extraordinaire que j'eusse jamais vue.

Une taille haute, mince à l'excès, un visage pâle, avec de grands yeux d'un vert

---

9. inattendue 10. tromper
11. A la suite des « trois glorieuses », trois journées d'émeutes à Paris en juillet 1830, le roi Bourbon, Charles X, abdique. Soutenu par les libéraux et les républicains, le duc d'Orléans accède au trône d'une monarchie constitutionnelle (la monarchie de juillet, 1830–1848). Pendant le règne de Louis-Philippe, le « roi-citoyen », l'industrie se développe et les classes moyennes, surtout la grande bourgeoisie, deviennent une puissance politique importante en France.

de mer où brillaient de rapides clartés semblables à la vague quand elle s'enflamme, une physionomie souffrante et puissante, une démarche indécise et qui semblait glisser plutôt que se poser sur le sol, l'air distrait, inquiet et comme d'un fantôme pour qui va sonner l'heure de rentrer dans les ténèbres, tel je voyais devant moi ce jeune génie, dont la vie cachée éveillait à ce moment des curiosités aussi vives que ses triomphes avaient naguère excité d'envie.

Lorsqu'il m'eut été présenté et qu'assis près de moi avec une grâce hardie et comme s'il m'eût connue de longue date, Franz se mit à causer familièrement, je sentis, sous les dehors étranges qui m'avaient d'abord étonnée, la force et la liberté d'un esprit qui m'attirait ; et bien avant que la conversation eût pris fin, j'en venais à trouver très simple toute une manière d'être et de dire inusitée dans le monde où j'avais toujours vécu. Franz parlait impétueusement, d'une manière abrupte. Il exprimait avec véhémence des idées, des jugements bizarres pour des oreilles habituées comme l'étaient les miennes à la banalité des opinions reçues. L'éclair de son regard, son geste, son sourire tantôt profond et d'une douceur infinie, tantôt caustique, semblaient vouloir me provoquer soit à la contradiction, soit à un assentiment intime. Et moi qui demeurais hésitante entre l'un et l'autre, surprise de tant de promptitude dans une relation si peu prévue, je répondais à peine. La maîtresse de la maison vint me tirer d'embarras. Le piano était ouvert, les flambeaux étaient allumés aux deux côtés du pupitre. Madame Le Vayer murmura quelques paroles que Franz ne lui laissa pas achever. Brusquement, il quitta le siège qu'il occupait près de moi, je crus voir que c'était avec dépit ; et comme involontairement, sans réflexion, sans qu'il m'en eût

priée, je suivis l'artiste au piano où l'attendait le chœur des jeunes filles, et prenant des mains de l'une d'elles une partie de *mezzo-soprano*, je mêlai à ces voix fraîches et calmes ma voix émue. Le morceau terminé, Franz qui ne m'avait pas vue jusque-là, cachée que j'étais derrière lui, dans le groupe des chanteuses, en se retournant m'aperçut. Une lueur passa sur son front qui tout aussitôt se rassombrit ; et pendant le reste de la soirée il ne chercha plus à se rapprocher de moi.

Après qu'il eut joué, je lui dis, comme tout le monde, à mon tour et selon la politesse, quelques mots d'admiration, auxquels il répondit par une inclination silencieuse. Je rentrai chez moi assez tard ; j'eus peine à m'endormir ; et, pendant mon sommeil, je fus visitée de songes étranges.

Dès le lendemain, madame Le Vayer, avec l'empressement le plus aimable, venait, accompagnée d'un de ses parents, s'informer de ma santé ; elle m'avait trouvée la veille un peu pâle quand je m'étais retirée, et voulait savoir, par elle-même, si je n'étais pas souffrante. Puis, sans me laisser le temps de répondre et d'un air d'enchantement : « N'est-il pas vrai, s'écria-t-elle, que Franz est incomparable ? Quel feu ! quelle âme ! quel génie !... Mais il faut avouer qu'il s'est surpassé hier. Jamais, au dire même de ses élèves, il n'avait joué ainsi. Vous l'inspiriez. C'est vous que ses yeux cherchaient toujours. Quand vous applaudissiez, son visage rayonnait. »

Madame Le Vayer eût pu continuer longtemps de la sorte, je ne songeais pas à l'interrompre. Son parent, homme sage et discret, hasarda quelques réflexions touchant les excentricités des artistes et l'inconvénient qu'il voyait à les admettre chez soi sur un pied d'égalité. Ces réflexions me déplurent et je *sus bon gré à*[12] la marquise de

---

12. eus de la reconnaissance pour

n'en tenir aucun compte. Madame Le Vayer reprit, comme si rien n'avait été dit, l'éloge de Franz ; son caractère était aussi beau que son génie, son âme aussi noble que son talent. Quant à sa piété, elle était évangélique, et malgré les soucis quotidiens d'une situation très peu fortunée, Franz assistait les pauvres avec une charité sans mesure. On ne pouvait enfin le connaître sans l'aimer. Puis changeant de ton, d'un air de reproche : « Vous ne l'avez pas autorisé à vous rendre ses devoirs, me dit la marquise ; il méritait pourtant qu'on le distinguât. Je suis sûre que vous l'eussiez rendu bien fier et heureux. »

Le parent fit un geste qui voulait dire : quelle inconvenance ! Ce geste décida ma réponse. Je demandai à la marquise l'adresse de Franz, et dès qu'elle m'eut quittée je pris la plume pour l'inviter à mon jour de réception. Trois fois je recommençai un billet de trois lignes. Je ne parvenais pas à me satisfaire. Ou bien j'avais trop insisté sur le plaisir que j'aurais à avoir Franz chez moi, ou bien je me trouvais trop cérémonieuse en ma politesse. J'avais surpris chez l'artiste, dans notre conversation de la veille, je ne sais quoi d'ombrageux, une sorte de hâte à rappeler les distances des rangs, comme s'il avait pu craindre qu'on la fît sentir. Les observations du parent de la marquise m'avaient mis devant les yeux une chose à laquelle je n'avais pas eu l'occasion de réfléchir encore, cette différence du nom, du sang et de la fortune que nous devions au hasard de la naissance et qui nous établissait en supériorité sur le reste des hommes. A ce moment, je me sentis gênée par cette supériorité apparente dans mes rapports avec une personne que son immense talent, et ce que je croyais déjà savoir de son caractère, mettaient dans ma propre estime si fort au-dessus de moi. Je

craignais, en écrivant ce billet, que l'habitude des formules du monde vis-à-vis d'un artiste qui n'en était pas ne me fissent paraître hautaine quand je voulais simplement être convenable ; mais je craignais aussi, en négligeant ces formules, de laisser voir plus d'intérêt qu'il ne serait *bienséant*[13] dans les relations si nouvelles avec un homme si jeune et si étranger à tous les miens.

Franz, sans me répondre, se rendit à mon invitation. L'accueil qu'il reçut dans mon cercle intime l'autorisait à y revenir, je l'en priai. Mon goût bien connu pour la musique rendait sa présence chez moi très naturelle. D'ailleurs, la considération dont j'étais entourée me donnait, après six années de mariage, une indépendance complète. Il n'y eut donc aucun empêchement d'aucune sorte à la fréquence des entretiens qui s'établirent bientôt entre Franz et moi. Ces entretiens furent dès le commencement très sérieux et, comme d'un mutuel accord, exempts de banalité. Sans hésitation, sans effort, par la pente naturelle de notre esprit, nous en vînmes tout de suite aux sujets élevés, qui seuls avaient pour nous de l'attrait. Nous parlions de la destinée humaine, de ses incertitudes et de ses tristesses. Nous parlions de l'âme et de Dieu. Nous échangions de graves pensées sur le temps présent, sur la vie future et sur les promesses de la religion qui s'y rapportent. Nous ne disions rien de personnel ni de trop intime, mais il allait de soi, dans le ton de nos discours, que nous étions l'un et l'autre très malheureux, et que nous avions déjà, quoique bien jeunes, plus d'une expérience amère.

Dans ces sous-entendus, dans ces confidences voilées, dans ces épanchements à la fois très libres et très discrets où nous trouvions chaque jour un plus grand charme, Franz apportait un mouvement, une abon-

---

13. convenable, correct

dance, une originalité d'impressions qui éveillaient en moi tout un monde sommeillant, et me laissaient, quand il m'avait quittée, en des rêveries sans fin. Bien qu'il n'eût reçu qu'une éducation très incomplète, ayant été dès l'enfance appliqué sans relâche à l'exercice de son art, comme il avait été aux prises avec les difficultés de la vie, comme il avait vu les choses sous des aspects très divers, tantôt dans les éblouissements d'une célébrité théâtrale, tantôt dans les privations d'une existence précaire asservie à la foule et à ses caprices, aujourd'hui comme le petit Mozart sur les genoux des reines et des princesses, demain dans l'isolement et la dure pauvreté, Franz avait, beaucoup plus que moi, senti l'inconséquence, l'injustice et la sottise, la légèreté cruelle et la tyrannie de l'opinion. Plus aventureux par nature et par situation, il avait aussi jeté ses curiosités beaucoup plus avant que moi dans le bien et dans le mal. Quoiqu'il fût encore, d'imagination du moins, très catholique, et que le bruit qui le faisait entrer dans les ordres ne fût pas sans quelque fondement, l'inquiétude de son esprit le poussait aux hérésies. Il avait assidûment suivi, en ces dernières années, les prédications des sectes et des écoles qui annonçaient des révélations nouvelles. Il fréquentait les assemblées des disciples de *Saint-Simon*[14]. Sous les ombrages de la Chênaie, il avait écouté d'une oreille avide les enseignements de ce *Croyant*[15] illustre que déjà Rome condamnait.

En politique comme en religion, Franz haïssait la médiocrité et s'avançait hardiment jusqu'à l'extrémité des opinions. Il méprisait la royauté bourgeoise et le gouvernement du juste milieu ; il appelait de tous ses vœux le règne de la justice, c'est-à-dire, selon qu'il me l'expliquait, la république. D'une même effervescence il se portait aussi aux nouveautés qui menaçaient dans les lettres et dans les arts les disciplines anciennes : *Childe Harold, Manfred, Werther, Oberman*, tous les révolutionnaires superbes ou désespérés de la poésie romantique étaient les compagnons de ses insomnies. Avec eux il s'exaltait dans un fier *dédain*[16] des conventions, il frémissait comme eux sous le *joug*[17] détesté des aristocraties qui n'avaient pas pour fondement le génie ou la vertu ; il ne voulait plus de soumission, plus de résignation, mais une sainte haine, implacable et vengeresse de toutes les iniquités.

Tant de noms, tant d'idées, tant de sentiments, tant de révoltes qui m'étaient restés, jusque-là, presque inconnus, dans le cercle étroitement fermé de cette antique société toute de traditions où j'étais née, tombèrent sur mes pensées languissantes comme des *étincelles*[18], et m'effrayant, m'attirant tour à tour, me détournant de moi-même, me firent prendre le change sur le trouble de mon cœur. Un assez long temps s'écoula sans incidents, sans que rien survînt à la traverse, dans des entretiens, dans des lectures dont l'intérêt allait croissant, à mesure que se dissipaient mes premières timidités. A la voix du jeune enchanteur, à sa parole vibrante, s'ouvrait devant moi tout un infini, tantôt lumineux, tantôt sombre, toujours chan-

---

14. Le comte de Saint-Simon (1760–1825) qui a développé un système philosophique social selon lequel les industrialistes, les savants et les artistes auraient une place importante.
15. Félicité de Lamennais (1782–1854), écrivain religieux et démocrate chrétien. Le Pape a condamné son apologie, *Paroles d'un Croyant* (1834), où Lamennais constate que la démocratie a pour source l'évangile. Les hommes devraient s'unir pour établir une république utopique où la religion et l'amour mutuel suffiraient comme guides de conduite. La pensée de Lamennais a influencé des écrivains et artistes romantiques comme Victor Hugo, George Sand et Franz Liszt.
16. dérision   17. oppression   18. points de lumière brillants

geant, où ma pensée plongeait éperdue. Aucune apparence de coquetterie ou de galanterie ne se mêlait, comme il arrive entre personnes de sexe différent, entre personnes du monde, à mon intimité avec Franz. Il y avait entre nous quelque chose ensemble de très jeune et de très grave, de très profond et de très naïf. Contents de nous voir chaque jour, nous quittant avec l'assurance de nous retrouver le lendemain, aux mêmes heures, avec la même liberté, nous nous abandonnions l'un et l'autre à cette sécurité, à cette plénitude d'un sentiment spontané et partagé qui ne s'interroge pas, ne s'analyse pas, et qui n'a même pas besoin de se déclarer, tant il se sent compris, partagé, nécessaire et inexprimable.

III

Le changement de saison qui me ramenait à la campagne vint rompre le charme magique et nous avertir tous deux que nous n'étions pas seuls dans l'univers.

J'étais déjà depuis six semaines à Croissy quand l'occasion se présenta d'y inviter Franz. Ces six semaines m'avaient paru un siècle. Après le plaisir si vif et perpétuellement renouvelé de nos conversations à deux, après ces échanges rapides et sincères de pensées et de sentiments qui animaient toutes mes heures, l'insipide monotonie, l'étiquette et la gêne d'un voisinage de pure bienséance devenaient intolérables. Le meilleur moment de ma journée était celui où, retirée dans ma chambre, seule avec mes enfants, je m'appliquais à leur donner les premières notions élémentaires qui convenaient à leur âge. Mais ces moments étaient courts, parce qu'il me fallait en mesurer la durée à l'attention dont ces petits êtres se montraient capables. Et, d'ailleurs, j'avais

plus besoin moi-même d'apprendre que d'enseigner ; je n'étais pas entrée dans cette maturité généreuse où l'on *répand*[19] autour de soi les trésors acquis : ma jeunesse sans expansion, arrêtée à mi-chemin de son développement, et qui n'était en quelque sorte qu'une enfance prolongée, avait faim et soif de nourriture ; mon esprit n'était pas moins avide de connaître que mon cœur avide d'aimer ; l'un et l'autre ne pouvaient déjà plus *se passer de*[20] ce foyer de lumière qui brûlait si fervent dans l'âme de Franz.

Sur mon invitation, Franz vint à Croissy. Lorsqu'on l'introduisit au salon, mes enfants y étaient avec moi. Il ne les avait jamais vus auparavant, ne venant chez moi à Paris que le soir, après l'heure où on les emmenait. Que se passa-t-il soudain dans son esprit ? Quelle pensée le traversa comme la flèche ? Je ne sais, mais son beau visage s'altéra, ses traits se contractèrent. Nous demeurâmes un instant sans pouvoir parler. Franz s'était arrêté au seuil. Je fis quelques pas vers lui, tremblante, *interdite*[21]. Dans un même éclair de la conscience nous venions de nous sentir coupables apparemment, car nous n'osions plus nous rien dire. A partir de ce jour, mes rapports avec Franz changèrent de nature. Je ne le voyais plus que de loin en loin, rarement en tête à tête, et je ne savais plus, par moments, si je désirais ces rencontres ou si je les craignais davantage, tant elles me laissaient troublée. Dans nos conversations plus courtes, plus souvent interrompues, quelque chose était survenu qui n'était plus nous entièrement. Si le fond de nos entretiens restait le même, le ton en était tout autre. Franz y apportait l'humeur *fantasque*[22], moi, la gêne et l'embarras. Tantôt de longs silences s'établissaient entre nous, tantôt, au contraire, Franz causait avec une

19. prodigue, dispense 20. vivre sans 21. déconcertée, confondue
22. changeant, capricieux

animation fébrile, il affectait la gaieté, mais c'était une gaieté railleuse et qui me faisait mal. Lui que j'avais vu si plein d'enthousiasme, si éloquent à parler du bien et du beau, si ambitieux d'élever sa vie, de la consacrer au grand art, si religieux dans toutes ses pensées, il ne s'exprimait plus maintenant sur toutes choses qu'avec un accent d'ironie. Il faisait parade d'incrédulité ; ses respects et ses mépris, ses admirations et ses sympathies, il les confondait comme à dessein, dans une égale et moyenne indifférence.

Il célébrait la sagesse vulgaire et la vie facile ; il se plaisait à l'apologie des libertins. Tout à coup, sans que rien ne les amenât, il me tenait des *propos*[23] bizarres, tout à fait inouïs dans sa bouche ; il vantait ce qu'il appelait ma belle existence ; il me félicitait de ma grande situation dans le monde, il admirait, disait-il, ma demeure royale, l'opulence et l'élégance de tout ce qui m'environnait. Etait-ce sérieusement ? Etait-ce en manière de *persiflage*[24] ? A son air impassible, à sa voix morne, je ne savais plus rien discerner.

Chose étrange, le talent de Franz ne me paraissait pas moins changé que son esprit. Improvisait-il au piano, ce n'était plus comme naguère, pour en tirer de suaves harmonies qui m'ouvraient le ciel ; c'était pour faire vibrer, sous ses doigts d'*airain*[25], des sons discordants et stridents. Sans me rien reprocher, Franz, à qui ma présence n'apportait plus ni paix ni joie, semblait nourrir contre moi je ne sais quel ressentiment secret. Une fois même, j'avais surpris dans son regard comme un pâle éclair de haine... Qu'était-ce ? Je n'osais l'interroger. Quand nos regards se rencontraient, je croyais bien encore lire dans ses yeux des attendrissements subits et involontaires, mais, dès qu'il me voyait émue, sa lèvre reprenait son pli sardonique. La sécheresse de son accent, si je tentais de ramener l'intimité de nos épanchements d'autrefois, me déconcertait. Inquiète, repliée sur moi-même, je me perdais en suppositions, et j'étais remplie d'angoisses.

Un jour, sous le coup d'une parole *acérée*[26], dont je ne pus supporter la vive blessure, une plainte m'échappa. Longtemps contenues, mes larmes coulèrent. Franz me regardait consterné. Il restait silencieux, il paraissait en lutte avec lui-même, agité d'émotions contraires qui faisaient trembler sa lèvre. Soudain, tombant à mes pieds, embrassant mes genoux, il me conjura d'une voix que j'entends encore, d'un regard profond et douloureux, de lui accorder mon pardon. Ce pardon, dans la brûlante étreinte de nos mains, fut une explosion d'amour, un aveu, un serment mutuel de nous aimer, de nous aimer sans partage, sans limite, sans fin, sur la terre et dans toute la durée des cieux !...

Les heures, les jours, les semaines, les mois qui suivirent ne furent qu'enchantement. Sans former aucun projet, sans rien préméditer, sans rien arranger, il se trouvait toujours que les choses allaient de soi et nous ramenaient l'un vers l'autre. Franz, comme il l'avait promis, ne paraissait plus le même homme. D'une tendresse toujours égale, il apportait dans nos entretiens une douceur charmante. Nous parlions maintenant beaucoup de nous. Il me racontait sa vie passée. Il me disait son enfance sans joie, son adolescence sans conseil et sans appui ; il me confessait ses tentations, ses fautes, ses remords, le désir d'y échapper dans le cloître. Il me peignait en traits de feu les passions contraires qui, bien avant l'âge, s'entre-déchiraient dans son sein, les ambitions mondaines et les ferveurs ascétiques, l'or-

23. paroles 24. moquerie 25. bronze ; fig., dur 26. intentionnellement blessante

gueil et la *convoitise*[27], l'âpre curiosité des choses défendues, tous les *aiguillons*[28] de la chair et tous les aiguillons de l'esprit, excités par les ivresses d'une célébrité frivole et qu'il tenait lui-même en grand mépris.

Franz faisait aussi allusion, mais avec d'infinis *ménagements*[29], aux mouvements tumultueux de la passion que je lui avais inspirée, à ses espérances aveugles, coupables, insensées, et, dans ses retours de clairvoyance, à la fascination du suicide. Mais combien cela était loin de lui désormais ! Il n'y avait plus rien en lui qui ne fût changé par moi ; rien qui ne pût, avec le temps, si je daignais le vouloir, devenir digne de moi. Mon âme tout entière se pénétrait peu à peu de ces douces persuasions. A mesure qu'il m'ouvrait mieux la sienne, nous nous découvrions mille analogies secrètes que nous n'avions pas aperçues encore, et qui, certainement, nous destinaient l'un à l'autre. Nous revenions aussi très souvent, avec un plaisir extrême, vers ce passé si proche, et pourtant si loin déjà, où nous avions commencé de nous voir et de nous plaire... Nous en voulions rappeler les moindres circonstances. Avec une curiosité qui ne se lassait pas, nous nous interrogions sur chacune des impressions que nous avions reçues l'un et l'autre et, toujours, nous en arrivions à ceci, qu'il ne nous eût pas été possible de ne nous point aimer, et que cesser de nous aimer, ce serait, pour nous, cesser de vivre.

Dans nos longues promenades de Croissy, à travers les blés et les prairies, Franz aspirait avec délices cette paix des campagnes, que son enfance, jetée à tous les fracas des villes, n'avait pas connue. Il écoutait d'une oreille d'artiste la lente cadence des mouvements champêtres ; il distinguait sous l'herbe les bruits les plus furtifs, il saisissait, dans l'air, les plus légers bourdonnements. En recueillant tous les souffles, tous les murmures extérieurs, il suivait, à part lui, le rythme de sa pensée, et moi, appuyée sur son bras, penchée vers lui, j'écoutais, à sa lèvre émue, des notes indistinctes, vagues, mélodieuses qui me semblaient préluder aux chœurs célestes.

On s'étonnera sans doute, et je m'en étonne moi-même en y reportant ma pensée, de cet apaisement soudain des violences de la jeunesse, de ce calme de l'âme et des sens qui s'établit si vite entre deux personnes passionnées, au lendemain du jour où elles se sont livré l'une à l'autre le secret d'un mutuel amour. On se demande comment ce qui les attire, ce qui les repousse, ce qui les retient, ce qui les entraîne ne *se heurte*[30] pas violemment dans un choc terrible...

Qui de nous n'a senti parfois dans la forêt un silence mystérieux se répandre ? une sorte d'immobilité inquiète et, comme si la nature retenait son haleine, envelopper, pénétrer toutes choses et succéder soudain au craquement des branches mortes, au murmure de la brise sous la feuillée, au bourdonnement des insectes, au vol des oiseaux ? Paix trompeuse ! — Silence menaçant ! — Appréhension de l'orage qui s'annonce dans les nuées, tempête qui s'approche et qui va tout dévaster !... La tempête n'était pas loin.

IV

Vers la fin du mois d'octobre, ma fille aînée tomba malade. Elle eut quelques accès d'une fièvre qui s'annonçait avec une tendance intermittente. L'attribuant aux vapeurs des soirs d'automne sur nos *étangs*[31], je ramenai l'enfant à Paris. Bientôt toute incertitude cessa. Les symptômes se carac-

---

27. avidité, envie 28. dards ; fig., ce qui anime, stimule 29. cautions, égards
30. cogne, s'entrechoque 31. bassins, lacs, mares

térisèrent, c'étaient ceux de la fièvre céré-brale. Le souvenir de mon père, enlevé en quelques heures par cette cruelle maladie, me revint comme une menace. Ma famille accourut auprès de moi. Franz venait à ma porte plusieurs fois par jour, pour savoir des nouvelles, mais il ne demandait pas à me voir. Je ne quittais pas la chambre de mon enfant. Le mal s'aggravait. La fièvre devenait plus intense. Elle amenait parfois le délire. A ces délires succédaient de longues syncopes qui ressemblaient à la mort. Plusieurs jours passèrent ainsi. Le médecin devenait très soucieux ; les remèdes qu'il ordonnait n'agissaient plus ; il demanda une consulta-tion. D'un commun accord, les docteurs appelés ordonnèrent de faire sur le front de l'enfant des applications de glace, mais je devinais à leur contenance, à la manière dont ils éludaient mes questions, qu'ils atten-daient bien peu de ce dernier effort. Aucun changement, en effet, ne se produisit dans le cours rapide du mal ; tout au contraire, des symptômes nouveaux et très graves m'ô-taient, d'heure en heure, un reste d'espoir. Assise au chevet de mon enfant, pendant toute une nuit d'angoisse, j'épiai vainement dans ses yeux ouverts et mornes un regard qui répondît au mien. Elle ne me reconnais-sait plus. De sa bouche sortait un souffle iné-gal et *rauque*[32] qui me déchirait les entrailles et que pourtant je craignais à toute minute de ne plus entendre, car c'était le dernier signe qui me révélât qu'elle existait.

Une autre nuit vint, et passa encore. Je ne pleurais plus, je ne priais plus, je ne par-lais plus, je n'avais plus conscience de ma propre vie, dans cette chambre silencieuse et lugubre qui me semblait un tombeau. La troisième nuit venue, je ne sais vers quelle heure tardive, vaincue par la fatigue, je m'as-soupis dans le fauteuil où, depuis quarante-huit heures, je n'avais pris ni repos ni nourri-ture. Je ne saurais dire non plus si ce som-meil fut de longue ou de courte durée ; lorsque j'en sortis brusquement, les premiers rayons du matin paraissaient à travers les fentes des volets, les bougies brûlées jusqu'au bout achevaient de s'éteindre sur les flambeaux. Dans ces clartés douteuses, était-ce une illusion ? Je crus voir, sur les draps blancs du lit, la main de Louise, qui s'allongeait vers moi. Je courus à la fenêtre, j'écartai les rideaux, je jetai sur le lit un regard avide, plus de doute, Louise ouvrait les paupières et tout aussitôt les refermait. Je fis signe à la garde, elle prit la main de l'en-fant que je n'osais pas moi-même interroger. O bonheur ! Le pouls battait avec plus de force ; la respiration était plus égale ; le prompt coup d'œil du médecin qui venait d'entrer m'en dit plus que tout le reste... A ce moment Louise rouvrait les yeux et cette fois elle ne les referma pas. Elle m'avait recon-nue, elle me souriait. Je ne crois pas que bon-heur plus inespéré ait fait tressaillir de plus de joie, et monter vers Dieu d'un plus vif élan de gratitude, un cœur plus profondé-ment ému ! Cependant le retour à la vie s'accentuait dans le regard et dans la phy-sionomie de l'enfant. La joie se répandait dans la maison. La famille, les serviteurs se disaient : « Elle a été bien mal. » On allait, on venait d'un pas moins lent ; on parlait plus haut ; on préparait le repas du matin. Et moi, comme hors de sens, transportée d'une ivresse divine, je perdais toute conscience du lieu, du temps, des autres et de moi-même ; rien n'existait plus autour de moi ni en moi, hormis le sentiment intense, douloureux et délicieux de la vie reconquise sur le spectre affreux de la mort. Je serrais, sans les dis-tinguer, toutes les mains qui m'étaient ten-dues, et je pleurais à chaudes larmes.

32. rude et âpre

Une heure s'écoula ; l'enfant, sans avoir parlé, parut s'endormir d'un bon sommeil. Pour la première fois depuis deux jours je passai dans la pièce voisine, afin de mettre un peu d'ordre dans mon habillement ; mais à peine m'étais-je éloignée du lit, qu'un inquiet instinct m'y ramenait. Quel effroi ! grand Dieu ! quel effroi ! L'enfant s'était dressée sur son séant. Ses yeux étaient ouverts et hagards. Je m'élançai vers elle. Elle jeta ses bras à mon cou dans un mouvement d'épouvante, et comme pour fuir une main invisible. Je la serrai contre mon sein. Elle poussa un cri, et je sentis son corps affaissé peser d'un poids inerte sur ma poitrine.

Ce qui se passa alors, je n'ai jamais pu m'en souvenir. On m'a dit qu'on m'avait emmenée sur l'heure. Quand je repris l'usage de ma raison, j'étais à Croissy entourée des miens. On me remettait une masse de lettres arrivées depuis mon malheur, et qu'on avait cru devoir jusque-là soustraire à ma vue. J'en ouvris une au hasard, ne distinguant pas les écritures. Elle était de Franz. Il n'espérait pas me voir, disait-il, dans un pareil moment. Il ne pensait pas que sa présence pût m'apporter de consolation. Il partait pour la Chênaie. Franz ne disait pas pour combien de temps. Il ne me demandait pas non plus de lui écrire. Il y avait dans le ton de sa lettre et dans la résolution qu'elle annonçait une froideur qui aurait dû me blesser. J'en éprouvai, au contraire, je ne sais quel âpre soulagement. La douleur a des égoïsmes farouches. Je ne voulais à la mienne ni *trêve*[33] ni partage. Franz en s'éloignant semblait le deviner, et je lui savais gré de me laisser ainsi tout entière à moi-même et à mon désespoir.

Par une de ces duretés de la nature et du sort dont le cœur humain s'étonne, la perte d'un enfant, l'affliction commune, au lieu de nous rapprocher, mon mari et moi, ne fit qu'étendre entre nous la distance et le silence... Dans ces grandes salles sonores qu'égayaient naguère deux voix charmantes, nous allions et venions, mornes et muets. La petite voix argentine de l'enfant vêtue de noir qui s'y faisait entendre seule à cette heure déchirait nos cœurs sans les attendrir. Injuste, sombre, amère, j'en voulais à une enfant de quatre ans de ne pas comprendre la mort. Je lui reprochais ses jeux ; je repoussais ses caresses. Bientôt sa présence me fit tant de mal qu'on décida de l'éloigner. D'accord avec mon mari, ma mère mit Claire dans un pensionnat. Elle s'y habitua trop vite à mon gré, et ce fut à ma douleur une irritation nouvelle.

Six mois s'écoulèrent *de la sorte*[34], sans m'apporter la résignation. Je m'exaspérais au contraire, de plus en plus, contre l'inique arrêt du sort, contre le Dieu sans pitié, resté sourd à mes prières. Quand l'esprit de révolte se fut lassé, je tombai dans l'accablement. J'avais depuis longtemps perdu le sommeil ; toute nourriture m'était en dégoût, tout mouvement en aversion ; je ne parlais plus, je n'écoutais plus, je ne témoignais plus enfin d'aucune manière qu'il y eût en moi ni sensation ni pensée. Je continuais d'exister : c'était là tout ; serait-ce longtemps ? On en pouvait douter, tant se marquaient de jour en jour à mon visage les signes d'un épuisement rapide ; *je dépérissais*[35] à vue d'œil.

On entrait dans le mois de mai ; il y avait six mois que Franz était parti pour la Chênaie. Pendant ce long intervalle, il ne m'avait point écrit ; son nom n'avait pas été prononcé en ma présence, et, dans ma mémoire vacillante, son image n'apparaissait plus que vague et comme effacée. Une

---

33. fig., relâche, répit   34. de cette façon   35. ma santé se détériorait

lettre de lui m'arriva. Il me fallut un effort pour en briser le cachet. Elle ne contenait que peu de mots. Franz venait, disait-il, de prendre une résolution. Il allait quitter la France et l'Europe. Il souhaitait, si cela ne m'était pas trop pénible, de me revoir une fois auparavant. Il me priait de lui marquer le lieu, le jour, l'heure... J'avais lu jusque-là machinalement. Mais quand mes yeux tombèrent au bas de la page, sur les caractères plus visibles qui formaient le nom de Franz, je me sentis frappée comme d'un courant électrique. Mon sang, depuis si longtemps figé dans mes veines, afflua au cœur tout à coup. La mémoire me revint, la vie rentra en moi, douloureuse mais véhémente.

Un quart d'heure après, un messager, sur la route de Paris, portait à Franz une lettre qui fixait au lendemain dans l'après-midi, chez sa mère, notre dernier adieu. Quand j'arrivai, Franz m'attendait au seuil. Il parut effrayé à ma vue. Me conduisant lentement vers un fauteuil où il me fit asseoir :

— Pauvre mère ! s'écria-t-il, que vous avez souffert !

Un torrent de larmes s'échappa de mes yeux.

— J'étais inquiet, reprit Franz, en me regardant fixement ; pas assez peut-être ? Pouvez-vous me rassurer un peu ? me parler de vous ?

— Je vous dirai tout ! m'écriai-je.

Et alors, avec une abondance de cœur qui ne m'était pas naturelle, avec une expansion que je n'avais pas eue, même aux plus heureux jours de notre intimité, je racontai à Franz, sans rien omettre, tout ce qui s'était passé depuis l'heure où nous nous étions vus pour la dernière fois. Il m'écoutait dans un *recueillement*[36] profond. Lorsque j'en arrivai à lui dépeindre l'état où j'étais tombée après la mort de mon enfant, mes injustices, mes révoltes, ma détresse d'âme et d'esprit, puis ma torpeur, l'inertie de mon désespoir, et comment, à la vue de son nom, tracé de sa main, je m'étais soudain sentie renaître, il ne paraissait plus m'écouter. Sa physionomie avait pris une expression que je ne lui connaissais pas ; dans tous ses traits on lisait une assurance et un calme que je n'y avais jamais vus auparavant. Comme il ne parlait pas, et qu'il semblait suivre au-dedans de lui un enchaînement de graves pensées :

— Mais vous, Franz, lui dis-je, à mon tour, qu'avez-vous fait pendant toute cette longue durée ? Qu'avez-vous donc résolu ? Qu'aviez-vous à me dire et qu'allez-vous m'apprendre ? Vous partez ?

— Nous partons, dit Franz avec un accent étrange et en attachant sur moi un long regard qui semblait vouloir tirer du plus profond de mon cœur un consentement.

Je demeurai muette, ne pouvant, n'osant comprendre ce que j'avais entendu. « Nous partons », reprit-il. Et ses yeux, qui ne quittaient pas les miens, prirent une intensité de supplication, d'espérance et d'amour qu'il me fut impossible de soutenir.

— Que dites-vous, Franz ?

Et je détournai la vue.

— Je dis, reprit-il d'une voix ferme, que nous ne pouvons plus vivre ainsi. *Ne vous récriez pas.*[37] J'ai pensé bien auparavant tout ce que vous pourriez me dire. Du premier jour où je vous ai aimée, quand j'ai senti ce qu'était mon amour et ce qu'il allait vouloir, j'ai tremblé pour vous. J'ai décidé de vous quitter. Tout à l'heure encore je fuyais, je voulais mettre en nous des distances infranchissables, pour que, à défaut de bonheur, la paix, du moins, vous fût rendue... Et voici ce que j'ai fait !... Pauvre femme ! accablée,

36. méditation   37. Ne protestez pas.

affaissée, sans force et sans vie, qu'êtes-vous devenue loin de moi ! Non, non, je ne vous laisserai pas ainsi misérablement languir et dépérir. Moi aussi, j'ai soif de vivre ! C'est assez ployer sous le joug qui nous courbe à terre ; c'est assez lutter, souffrir en vain. Luttons et souffrons, mais que ce soit ensemble et debout ! Nos âmes ne sont point faites pour les choses qui se partagent, pour ces résignations muettes où tout s'éteint dans les pleurs. Nous sommes jeunes, courageux, sincères et fiers. Il nous faut les grandes fautes ou les grandes vertus. Il nous faut, à la face du Ciel, confesser la sainteté ou la fatalité de notre amour. M'entendez-vous maintenant, me comprenez-vous ?

Et les bras de Franz me saisissaient et m'étreignaient, tremblante...

— Grand Dieu ! m'écriai-je.

— Votre Dieu n'est pas mon Dieu, dit Franz, en mettant sa main sur ma bouche ; il n'y en a pas d'autre que l'amour.

Eperdue, défaillante, je sentis que toute ma volonté m'abandonnait. Un voile s'abaissait sur mes paupières. Franz n'entendait plus mes paroles entrecoupées. Se répondant à lui-même : « Où allons-nous ? s'écria-t-il, que m'importe ! Si nous sommes heureux, ou malheureux, qu'en sais-je ? Ce que je sais, c'est qu'il est trop tard pour vouloir autre chose, c'est que je vous aime, c'est que je romps vos liens, c'est que dans la vie ou dans la mort, nous sommes unis à jamais... »

Huit jours après nous avions quitté la France. Tout était brisé, rejeté, foulé aux pieds, hormis notre amour. Le Dieu inconnu, le Dieu plus fort, prenait possession de nous et de notre destinée.

QUESTIONS

1. Comment Stern entend-elle rédiger ses souvenirs ? Quels procédés adopte-t-elle ? Lesquels refuse-t-elle ?

2. En quel sens est-ce que la vie est « invraisemblable » ?

3. Comment est-ce que Stern décrit sa vie de femme mariée ? Quels sentiments éprouve-t-elle ? Comment explique-t-elle sa décision de se marier ?

4. Comparez ses sentiments à l'égard de son mari à ceux qu'elle éprouve pour Liszt.

5. Décrivez la scène de cette rencontre typiquement romantique. Quel monde se révèle à Stern par la suite ? Soyez aussi précis que possible dans vos réponses.

6. Décrivez l'évolution de leur amour. Quel événement semble l'interrompre ? Pourquoi la visite à Croissy devient-elle un moment-clé dans cette évolution ?

7. Comment la perte de la fille aînée de Stern provoque-t-elle une crise morale ? Commentez l'incompatibilité entre l'amour familial et l'amour passion.

Renée Vivien [Pauline Tarn] (1877–1909)

Pauline Tarn est née en Angleterre de mère américaine et de père anglais ; sa famille s'installe à Paris en 1878, dans un appartement où elle passera sa vie entière. A la mort de son père, sa mère a une histoire d'amour avec un homme marié et dépense l'argent qui devait servir à Pauline et à sa sœur. Pauline Tarn se lie avec Violette Shillito et commence à écrire. La famille s'installe à Londres, mais Pauline rentre à Paris pour retrouver Violette. De retour à Paris, elle commence en 1900 une relation passionnée avec Natalie Clifford Barney. Elles passent quelque temps ensemble aux Etats-Unis, dans le Maine, et Pauline découvre la poésie de *Sapho*[1] de Lesbos, à laquelle elle vouera une admiration profonde. En 1904, les deux amies partent pour l'île grecque Mytilène pour tenter d'établir une communauté de femmes dédiée à l'idéal saphique. A Paris, Tarn adopte le pseudonyme de Renée Vivien, publie ses *Etudes et préludes,* tombe sous le charme de la baronne Hélène de Zuylen de Nyevelt, ce qui provoque sa rupture avec Barney. Elle pose pour Rodin, traduit de la poésie grecque, se lie avec une admiratrice turque, Kérimé Turkhan-Pacha, et se tourne vers les civilisations et religions orientales. Elle a une brève liaison avec Emilienne d'Alençon, et ensuite avec Madeleine Rouveirollis. Son état de santé s'aggrave, par des abus d'alcool, de drogue et une anorexie nerveuse. Elle se convertit au catholicisme, et meurt d'une pneumonie à trente-deux ans. Vivien est connue principalement pour des poèmes d'une grande sensualité.

Etudes et préludes (1901)

Cendres et poussières (1902)

Evocations ; La Vénus des aveugles (1903)

Sapho : Traduction nouvelle avec le texte grec (1903)

Une femme m'apparut... (1904)

Poèmes en prose (1909)

Haillons (1910)

Ma vie et mes idées (1922)

---

1. poète grecque (600 avant Jésus-Christ) de Lesbos, une des îles de l'archipel grec

« NOCTURNE » (1901)

Dans ce poème, où Renée Vivien exalte les beautés de son amante, la cruauté a partie liée avec l'érotisme. Réfléchissez aux nuances de sens possibles du titre et identifiez les éléments du poème à l'appui de vos remarques. Remarquez aussi comment Vivien renouvelle les clichés de la représentation de la nature en toile de fond de l'amour humain.

J'adore la langueur de ta lèvre charnelle
Où persiste le pli des baisers d'autrefois.
   Ta démarche ensorcelle,
Et la perversité calme de ta *prunelle*[1]
A pris au ciel du nord ses bleus traîtres et froids.

Tes cheveux, répandus ainsi qu'une fumée,
Clairement vaporeux, presque immatériels,
   Semblent, ô Bien-Aimée,
Recéler les rayons d'une lune *embrumée*[2],
D'une lune d'hiver dans le cristal des ciels.

Le soir voluptueux a des *moiteurs*[3] d'alcôve ;
Les astres sont comme des regards sensuels
   Dans *l'éther*[4] d'un gris mauve,
Et je vois s'allonger, inquiétant et *fauve*[5],
Le lumineux reflet de tes ongles cruels.

Sous la robe, qui glisse en un *frôlement*[6] d'aile,
Je devine ton corps,—les lys ardents des seins,
   L'or *blême*[7] de l'*aisselle*[8],
Les flancs doux et fleuris, les jambes d'Immortelle,
Le velouté du ventre et la rondeur des reins.

La terre s'alanguit, énervée, et la brise,
Chaude encore des lits lointains, vient assouplir
   La mer enfin soumise...
Voici la nuit d'amour depuis longtemps promise...
Dans l'ombre je te vois divinement pâlir.

---

1. pupille de l'œil   2. couverte de brume ; fig., obscurcie
3. transpiration de la peau qui se couvre d'une légère sueur
4. poét., l'air le plus pur, les espaces célestes
5. 1) d'un jaune tirant sur le roux ; 2) féroce, sauvage
6. froissement, léger et rapide contact d'un objet qui se déplace le long de l'autre
7. blanc pâle, d'une blancheur maladive
8. dépression entre l'extrémité supérieure du bras et le thorax

QUESTIONS

1. Identifiez les moments d'interpénétration des descriptions de la nature et du décor.
2. Commentez la représentation de la « Bien-Aimée ». Quelles sont les images les plus frappantes ?
3. En quel sens peut-on considérer une nuit d'amour comme une histoire d'amour ?

≣≣Marguerite Yourcenar *(1903–1987)*

En mars 1980, la première femme entre à l'Académie française. Marguerite Antoinette Jeanne Marie Ghislaine Cleenewerke de Crayencour est née à Bruxelles, de père français et de mère belge morte en couches. Son père rentre alors en France et fait donner à sa fille une éducation entièrement privée à l'aide de gouvernantes et de tuteurs. Yourcenar apprend le grec et le latin et obtient son baccalauréat par correspondance. Au début de la première guerre mondiale, père et fille s'enfuient à Londres. Yourcenar se met alors à écrire et son père fera publier ses deux premiers romans par l'intermédiaire d'une presse privée. Yourcenar voyage extensivement autour du bassin méditerranéen. Elle s'installe momentanément en Grèce, et continue à travailler sur des romans, l'héritage de ses parents lui permettant de vivre confortablement. En 1937, Yourcenar est invitée aux Etats-Unis par Grace Frick, qui devient sa compagne. En 1947, Yourcenar adopte la nationalité américaine et prend comme nom de plume l'anagramme de Crayencour : Yourcenar. Yourcenar et Frick s'installent dans une île près de la côte du Maine. *Mémoires d'Hadrien*, publié en 1951, lui vaut un succès international. Yourcenar se remet à voyager et retravaille les publications déjà parues. L'amour dans toutes ses formes est un de ses thèmes les plus importants et *Feux* en est un des exemples les plus frappants. Ce recueil rassemble des réflexions et des aphorismes sur l'histoire de neuf femmes légendaires. Ecrits dans un style personnel, impressionniste et baroque, ces textes décrivent la complexité et la profondeur émotionnelle de toute passion.

Alexis ; ou, Le Traité du vain combat (1929)

La Nouvelle Eurydice (1931)

Denier du rêve (1934)

Feux (1936)

Les Songes et les sorts (1938)

Nouvelles orientales (1938)

Le Coup de grâce (1939)

Mémoires d'Hadrien (1951)

Electre : ou La Chute des masques (1954)

Mishima, ou la vision du vide (1980)

Comme l'eau qui court (1982)

Le Temps, ce grand sculpteur (1983)

Quoi ? L'Eternité (1988)

FEUX (1936)

Dans le recueil de courts récits intitulé Feux, *Marguerite Yourcenar encadre les brèves histoires d'amour par des aphorismes ; les deux formes d'expression se font écho. Le titre* Feux *indique à la fois l'éclat de la forme aphoristique et l'explosion de la passion. Yourcenar reprend ici la légende de Phèdre, héroïne tragique du théâtre d'Euripide et de Racine. Fille de Minos, roi de Crète, et de Pasiphaé, Phèdre est mariée à Thésée. Phèdre est prise d'une folle passion non partagée pour son beau-fils Hippolyte. A la mort d'Hippolyte, Phèdre se suicide.*

J'espère que ce livre ne sera jamais lu.

* * *

Il y a entre nous mieux qu'un amour : une complicité.

* * *

Absent, ta figure se dilate au point d'emplir l'univers. Tu passes à l'état fluide qui est celui des fantômes. Présent, elle se condense ; tu atteins aux concentrations des métaux les plus lourds, de l'iridium, du mercure. Je meurs de ce poids quand il me tombe sur le cœur.

* * *

L'admirable *Paul*[1] s'est trompé. (Je parle du grand sophiste et non du grand prédicateur.) Il existe, pour toute pensée, pour tout amour, qui, laissé à soi-même, *défaillerait*[2] peut-être, un cordial singulièrement énergique qui est TOUT LE RESTE DU MONDE, qui s'oppose à lui, et qui ne le vaut pas.

* * *

Solitude... Je ne crois pas comme ils croient, je ne vis pas comme ils vivent, je n'aime pas comme ils aiment... Je mourrai comme ils meurent.

* * *

L'alcool *dégrise*[3]. Après quelques gorgées de cognac, je ne pense plus à toi.

PHÈDRE
OU LE DÉSESPOIR

Phèdre accomplit tout. Elle abandonne sa mère au taureau, sa sœur à la solitude : ces formes d'amour ne l'intéressent pas. Elle quitte son pays comme on renonce à ses rêves ; elle renie sa famille comme on *brocante*[4] ses souvenirs. Dans ce milieu où l'innocence est un crime, elle assiste avec dégoût à ce qu'elle finira par devenir. Son destin, vu du dehors, lui fait horreur : elle ne le connaît encore que sous forme d'inscriptions sur la muraille du *Labyrinthe*[5] : elle s'arrache par la *fuite*[6] à son affreux futur. Elle épouse distraitement Thésée, comme *sainte Marie l'Egyptienne*[7] payait avec son corps le prix de son passage ; elle laisse s'enfoncer à l'Ouest dans un brouillard de fable les *abattoirs*[8] géants de son espèce d'Amérique *crétoise*[9]. Elle débarque, imprégnée de l'odeur du ranch et des poisons d'Haïti, sans se douter

1. Paul Valéry (1871–1945), poète et critique français 2. s'affaiblirait
3. tire de l'état de l'ivresse ; désillusionne 4. vend en tant qu'antiquaire
5. Selon la mythologie, le Labyrinthe était le palais du Minotaure et avait été construit pour le roi de Crète, Minos, par Dédale. Minos y a enfermé le Minotaure, créature mi-humain, mi-taureau, né de Pasiphaé (femme de Minos) et d'un taureau. Thésée a réussi à sortir du Labyrinthe grâce au fil qu'Ariane, une fille de Minos, lui a donné.
6. évasion
7. Cette sainte pénitente vivait dans la débauche quand une vision à Jérusalem amène sa conversion. Elle se retire dans le désert et y mène la vie la plus austère.
8. lieux où l'on tue les animaux de boucherie ; fig., massacres 9. de Crète

qu'elle porte avec soi la lèpre contractée sous un torride Tropique du cœur. Sa stupeur à la vue d'Hippolyte est celle d'une voyageuse qui se trouve *avoir rebroussé chemin*[10] sans le savoir : le profil de cet enfant lui rappelle *Cnossos*[11], et la hache à deux tranchants. Elle le hait, elle l'élève ; il grandit contre elle, repoussé par sa haine, habitué de tout temps à se méfier des femmes, forcé dès le collège, dès les vacances du jour de l'An, à sauter les obstacles que dresse autour de lui l'inimitié d'une belle-mère. Elle est jalouse de ses flèches, c'est-à-dire de ses victimes, de ses compagnons, c'est-à-dire de sa solitude. Dans cette forêt vierge qui est le lieu d'Hippolyte, elle plante malgré soi les *poteaux indicateurs*[12] du palais de Minos : elle trace à travers ces broussailles le chemin à sens unique de la Fatalité. A chaque instant, elle crée Hippolyte ; son amour est bien un inceste ; elle ne peut tuer ce garçon sans une espèce d'infanticide. Elle fabrique sa beauté, sa chasteté, ses faiblesses ; elle les extrait du fond d'elle-même ; elle isole de lui cette pureté détestable pour pouvoir la haïr sous la figure d'une fade vierge : elle forge de toutes pièces l'inexistante *Aricie*[13]. Elle se grise du goût de l'impossible, le seul alcool qui sert toujours de base à tous les mélanges du malheur. Dans le lit de Thésée, elle a l'amer plaisir de tromper en fait celui qu'elle aime, et en imagination celui qu'elle n'aime pas. Elle est mère : elle a des enfants comme elle aurait des remords. Entre ses draps moites de fiévreuse, elle se console à l'aide de chuchotements de confession qui remontent aux aveux de l'enfance balbutiés dans le cou de la nourrice ; elle *tette*[14] son malheur ; elle devient enfin la misérable servante de Phèdre. Devant la froideur d'Hippolyte, elle imite le soleil quand il heurte un cristal : elle se change en spectre ; elle n'habite plus son corps que comme son propre enfer. Elle reconstruit au fond de soi-même un Labyrinthe où elle ne peut que se retrouver : le fil d'Ariane ne lui permet plus d'en sortir, puisqu'elle se l'*embobine*[15] au cœur. Elle devient veuve ; elle peut enfin pleurer sans qu'on lui demande pourquoi ; mais le noir *messied*[16] à cette figure sombre : elle en veut à son deuil de donner le change sur sa douleur. Débarrassée de Thésée, elle porte son espérance comme une honteuse grossesse posthume. Elle fait de la politique pour se distraire d'elle-même : elle accepte la Régence comme elle commencerait à se tricoter un châle. Le retour de Thésée se produit trop tard pour la ramener dans le monde de formules où *se cantonne*[17] cet homme d'Etat ; elle n'y peut rentrer que par la *fente*[18] d'un subterfuge ; elle s'invente joie par joie le viol dont elle accuse Hippolyte, de sorte que son mensonge est pour elle un *assouvissement*[19]. Elle dit vrai : elle *a subi*[20] les pires outrages ; son imposture est une traduction. Elle prend du poison, puisqu'elle est *mithridatisée*[21] contre elle-même ; la disparition d'Hippolyte fait le vide autour d'elle ; aspirée par ce vide, elle s'engouffre dans la mort. Elle se confesse avant de

10. s'en être retournée en sens opposé au milieu d'un trajet
11. ville de Crète, connue par Homère comme la capitale du roi Minos
12. piliers hauts et dressés verticalement marquant la direction des routes
13. personnage introduit dans *Phèdre*, tragédie de Racine (1677). Aricie est une princesse prisonnière à la cour de Thésée qui est aimée d'Hippolyte.
14. allaite ; fig., suce   15. enroule
16. ne convient pas   17. se tient ; se borne
18. déchirure, crevasse, brisure   19. satisfaction, apaisement   20. a supporté
21. immunisée contre le poison suivant le roi Mithridate. S'étant empoisonné à petites doses afin de se défendre contre ses ennemis, le roi n'a pas pu se suicider par poison.

mourir, pour avoir une dernière fois le plaisir de parler de son crime. Sans changer de lieu, elle rejoint le palais familial où la faute est une innocence. Poussée par la cohue de ses ancêtres, elle glisse le long de ces corridors de métro, pleins d'une odeur de bête, où les *rames*[22] fendent l'eau grasse du *Styx*[23], où les rails luisants ne proposent que le suicide ou le départ. Au fond des galeries de mine de sa Crète souterraine, elle finira bien par rencontrer le jeune homme défiguré par ses *morsures*[24] de *fauve*[25], puisqu'elle a pour le rejoindre tous les détours de l'éternité. Elle ne l'a pas revu depuis la grande scène du troisième acte ; c'est à cause de lui qu'elle est morte ; c'est à cause d'elle qu'il n'a pas vécu ; il ne lui doit que la mort ; elle lui doit les sursauts d'une inextinguible agonie. Elle a le droit de le rendre responsable de son crime, de son immortalité suspecte sur les lèvres des poètes qui se serviront d'elle pour exprimer leurs aspirations à l'inceste, comme le chauffeur qui gît sur la route, le crâne fracassé, peut accuser l'arbre auquel il est allé *se buter*[26]. Comme toute victime, il fut son *bourreau*[27]. Des paroles définitives vont enfin sortir de ses lèvres que ne fait plus trembler l'espérance. Que dira-t-elle ? Sans doute merci.

QUESTIONS

1. Imaginez des raisons pour lesquelles l'auteur dit espérer que ce livre ne sera jamais lu. Pourquoi voudrait-on créer un livre sans public ?
2. En quel sens peut-on dire que Phèdre « crée » Hippolyte ?
3. Comment ce texte modernise-t-il la légende de Phèdre ?
4. Expliquez l'ironie de la fin.

22. 1) avirons ;   2) les trains souterrains dans le métro
23. le fleuve de la Haine dans la mythologie classique ; un des cinq fleuves de l'Enfer
24. blessures produites par les dents   25. bête sauvage   26. se heurter
27. exécuteur ; tortionnaire

Anne Hébert (1916–)

Anne Hébert figure parmi les plus importants écrivains canadiens. Depuis la publication de son roman *Kamouraska* aux Editions du Seuil en 1970, sa réputation internationale est établie. Fille de Maurice Hébert, poète et critique littéraire, cette écrivaine reçoit une formation intellectuelle dans la maison de son père à Saint-Catherine-de-Fossambault et ensuite dans des collèges catholiques à Québec. Encore jeune, Hébert fréquente le cercle littéraire formé par son cousin, le poète Hector de Saint-Denys Garneau, et d'autres jeunes intellectuels québécois. Son premier recueil de poèmes, *Les Songes en équilibre,* date de 1942.

L'œuvre d'Hébert est extrêmement riche, comportant des recueils de poésie, des romans, des pièces de théâtre et des scénarios. Dans ces textes divers s'élabore une fine analyse du jansénisme québécois. Il s'agit souvent d'une exploration profonde de victimes d'une foi fervente, répressive et violente. Son roman le plus célèbre, *Kamouraska,* s'inspire d'un fait divers du dix-neuvième siècle où un amour adultère mène au meurtre et à l'emprisonnement de l'héroïne, Elisabeth d'Aulnières. *Kamouraska* remporte le Prix des Libraires en 1971, et a été adapté à l'écran par Claude Jutra.

Le monde romanesque d'Hébert est un monde dans lequel intervient toujours la chute. Ses personnages féminins se trouvent dans l'incapacité de réconcilier leurs désirs et leurs corps avec un milieu social oppressif : ce sont des aliénées, des folles, des mystiques, des femmes infidèles, des mères abusives, des vampires, des hors-la-loi.

Bien qu'installée à Paris depuis plusieurs années, Anne Hébert montre dans son œuvre que son imaginaire reste tout entière habitée par le pays de son enfance. En 1992, pour la troisième fois de sa carrière, Hébert remporte le prix littéraire du Gouverneur-Général du Canada pour son roman *L'Enfant chargé de songes.*

Les Songes en équilibre (1942)

Le Torrent (1950)

Le Tombeau des rois (1953)

Les Chambres de bois (1958 ; Prix France-Canada)

Poèmes (1960 ; Prix du Gouverneur-Général du Canada)

Le Temps sauvage, La Mercière assassinée, Les Invités au procès (1967)

Dialogue sur la traduction (en collaboration avec Frank Scott) (1970)

Kamouraska (1970 ; Prix des Libraires 1971)

Les Enfants du sabbat (1975 ; Prix du Gouverneur-Général du Canada)

Héloïse (1980)

Les Fous de Bassan (1982 ; Prix Femina)

Le Premier jardin (1988)

L'Enfant chargé de songes (1992 ; Prix du Gouverneur-Général du Canada)

« AMOUR »

*Par sa construction anaphorique[1], ce poème d'Anne Hébert reprend la forme
litanique des prières religieuses pour en faire un poème d'amour. La longueur des vers
rapproche ce texte du verset d'inspiration biblique de Paul Claudel[2], converti au
catholicisme.*

Toi, chair de ma chair, matin, midi, nuit, toutes mes heures et mes saisons ensemble

Toi, sang de mon sang, toutes mes fontaines, la mer et mes larmes jaillissantes

Toi, les colonnes de ma maison, mes os, l'arbre de ma vie, le mât de mes voiles et
tout le voyage au plus profond de moi

Toi, nerf de mes nerfs, mes plus beaux bouquets de joie, toutes couleurs éclatées.

Toi, souffle de mon souffle, vents et tempêtes, le grand air de ce monde me soulève
comme une ville de toile

Toi, cœur de mes yeux, le plus large regard, la plus riche *moisson*[3] de villes et d'espaces du bout de l'horizon ramenée

Toi, le goût du monde ; toi, l'odeur des chemins *mouillés*[4], ciels et marées sur le sable
confondus

Toi, corps de mon corps, ma terre, toutes mes forêts, l'univers chavire entre mes
bras

Toi, la vigne et le fruit ; toi, le vin et l'eau, toi, le pain et la table, communion et connaissance aux portes de la mort

Toi, ma vie, ma vie qui *se desserre*[5], fuit d'un pas léger sur la ligne de l'*aube*[6], toi, l'instant et mes bras dénoués

Toi, le mystère repris ; toi, mon doux visage étranger, et le cœur qui se lamente dans
mes veines comme une blessure.

QUESTIONS

1. Quel est l'effet produit par l'absence des verbes dans ce poème ?
2. Caractérisez les dimensions de l'amour tel qu'il est représenté ici. Quels
   sentiments provoque-t-il ?
3. Comment le « je » poétique figure-t-il ici ?
4. Comparez ce poème d'amour au Cantique des cantiques dans la Bible
   hébraïque.

1. d'anaphore, répétition d'un mot en tête de plusieurs membres de phrase, pour obtenir un
   effet de renforcement ou de symétrie
2. Paul Claudel (1868–1955), diplomate et poète influencé par Eschyle et Rimbaud, qui s'est
   converti en 1886. Dans sa poésie, il a créé le verset qui, n'ayant ni rime ni mètre, est rythmé
   par la respiration.
3. récolte   4. humides, trempés d'eau   5. se défait   6. aurore ; fig., commencement

SUJETS DE DISCUSSION ET DE COMPOSITION

1. Marguerite Yourcenar écrit dans sa préface à *Feux* que l'amour absolu est à la fois « vocation » et « maladie » pour sa victime. En quel sens peut-on dire que les textes de cette section vérifient ou démontent cette observation ? En fondant votre argumentation sur au moins deux textes, expliquez ce que vous entendez par l'amour comme vocation et l'amour comme maladie.

2. Comparez la représentation du couple amoureux et la mise en scène de l'amour dans « Les Deux Amants » de Marie de France, *Mirza* de Germaine de Staël, et *Souvenirs* de Daniel Stern. Examinez les rapports entre l'homme et la femme ainsi que les effets de l'amour sur chacun des deux sexes.

3. En quel sens pourrait-on dire que les femmes de cette section reformulent (selon leur époque) un thème galvaudé, l'amour, en une nouvelle littérature dans laquelle elles résistent aux conventions qui régissent l'expression des aspirations affectives chez les femmes ? Choisissez deux textes pour appuyer votre argumentation.

V

LE MARIAGE

Une femme peut-elle trouver son bonheur à l'intérieur du mariage ? Voici une des questions centrales de la littérature de femmes à travers les siècles. Notre examen de ce thème commence par un lai de Marie de France et se termine avec une représentation des effets de la polygamie sur une femme africaine.

Dans cette section, les femmes écrivains explorent le territoire entre l'amour-passion et le mariage. Comment l'héroïne d'une histoire d'amour vit-elle le mariage ? Si un homme est fait pour une femme, le mariage est-il fait pour le bonheur ? Les sélections qui suivent démontrent de manières différentes les tensions qui existent à l'intérieur des mariages. Selon la tradition, la femme cherche sa place dans le monde en passant de la maison de son père à la maison conjugale. Dans « Le Laüstic » de Marie de France, l'héroïne se trouve littéralement prisonnière dans la maison de son mari. La nouvelle de Marie-Madeleine de Lafayette forme le centre de cette section sur le mariage et offre une leçon sur les dangers de la passion illégitime pour une héroïne littéraire. La jalousie joue un rôle important dans ces textes, en partie le résultat du fait que les conventions du mariage n'encouragent pas l'intimité profonde entre époux. Rabéa, femme marocaine, parle des déceptions de son mariage traditionnel à un homme qui lui était étranger. Exilée de l'intrigue hétérosexuelle, Natalie Barney vient offrir un commentaire acerbe sur les contraintes du mariage pour la femme.

Marie de France

« LE LAÜSTIC »

Le rossignol figure souvent dans le décor des histoires d'amour. Dans ce lai, Marie de France fait appel à cet emblème littéraire. D'après une version de la légende grecque, Tereus, roi de Thrace, emmène Philomèle voir sa sœur Procné, femme du roi. Pendant le voyage Tereus déshonore Philomèle et lui enlève sa langue pour qu'elle ne puisse pas parler de son acte à Procné. Pourtant Philomèle tisse l'histoire et la fait envoyer à sa sœur. Les dieux punissent les trois personnes en les métamorphosant en oiseaux. Philomèle est changée en rossignol. En poésie le rossignol figure souvent comme « celui qui aime chanter ».

Je vais vous raconter une aventure dont les Bretons ont fait un lai. On le nomme le *Laüstic* et je crois bien qu'ils l'appellent ainsi dans leur pays. Cela correspond à « rossignol » en français et à « nihtegale » en bon anglais.

Il y avait dans la région de Saint-Malo une ville réputée. Deux chevaliers demeuraient là, dans deux maisons fortifiées. Les qualités des deux barons avaient fait la réputation de la ville. L'un d'eux était marié à une femme pleine de sens, courtoise et *avenante*[1]. Elle se faisait estimer au plus haut point en conformant sa conduite aux usages et aux bonnes manières. L'autre était un jeune chevalier célibataire, bien connu entre ses pairs pour sa prouesse et sa grande valeur. Il aimait à mener le train d'un chevalier *fastueux*[2] : il participait à de nombreux tournois, dépensait beaucoup, et donnait généreusement. Il s'éprit de la femme de son voisin. Ses multiples sollicitations, ses multiples prières, autant que ses grands mérites firent qu'elle l'aima plus que tout au monde, à la fois pour tout le bien qu'elle entendit raconter de lui, et parce qu'il était son voisin. Leur amour fut prudent et profond. Ils prirent grand soin de se cacher, veillant à n'être pas découverts ni dérangés ni soupçonnés. C'était pour eux chose aisée, car leurs demeures étaient proches. Voisines étaient leurs maisons ainsi que les grandes salles de leurs donjons. Pas d'autre obstacle, pas d'autre séparation qu'un grand mur de pierre grise. De l'appartement où elle couchait, la dame pouvait, se mettant à la fenêtre, parler à son ami de l'autre côté, et lui à elle. Ils pouvaient échanger des cadeaux en les jetant ou en se les lançant. Ils n'ont pas de sujet de mécontentement et sont tous deux fort heureux, à cela près seulement qu'ils ne peuvent être ensemble quand cela leur plaît, car la dame est l'objet d'une étroite surveillance quand son ami se trouve dans le pays. Ils ont du moins en compensation la possibilité de se parler de nuit comme de jour. Personne ne peut les empêcher d'aller à la fenêtre et de s'y voir. Pendant longtemps ils se sont aimés ainsi, jusqu'à la venue d'un printemps où les bosquets et les prés ont

---

1. gracieuse, agréable   2. somptueux

retrouvé leur verdure et les jardins leurs fleurs. Les petits oiseaux du printemps, par leurs chants pleins de douceur, expriment leur joie au sommet des arbres en fleurs. Il n'est pas étonnant alors que celui qui aime selon son cœur s'abandonne à l'amour. Quant au chevalier, je vous dirai la vérité : il s'y abandonne autant qu'il peut, et la dame aussi, et en paroles et en regards. La nuit, quand la lune luisait et que son mari était couché, souvent elle le quittait pour se lever, passait son manteau et allait se mettre à la fenêtre pour son ami, dont elle savait qu'il en faisait tout autant, et passait la plus grande partie de la nuit à veiller. Ils avaient du plaisir à se voir, *faute de mieux*[3]. Mais tant de stations à la fenêtre, tant de levers nocturnes finirent par irriter le mari et, à maintes reprises, il lui demanda pourquoi elle se levait et où elle était allée. « Seigneur, lui répond la dame, il ne connaît pas la joie en ce monde celui qui n'entend pas chanter le rossignol. C'est pour cela que je vais me placer ici, à la fenêtre. J'écoute son chant si doux, la nuit, que j'en éprouve une très grande joie. J'y prends une telle volupté et je désire tellement l'entendre que je ne peux fermer l'œil. » Le mari, entendant ces paroles, a un ricanement furieux et sarcastique. Il mûrit un projet : il prendra le rossignol au piège. Tous les domestiques de la maison confectionnent pièges, filets et lacets, qu'ils disposent ensuite dans le jardin. Il n'y a ni coudrier ni châtaignier, où ils ne placent des lacets ou de la *glu*[4], si bien qu'à la fin, ils prennent le rossignol et le gardent. Une fois pris, ils le remettent vivant entre les mains du seigneur. Tout joyeux de le tenir, il se rend à l'appartement de la dame. « Dame, dit-il, où êtes-vous ? Approchez, venez donc me parler ! J'ai pris au piège le rossignol qui vous a tant fait veiller. Désormais vous pouvez rester couchée tranquillement : il ne vous réveillera plus. » En l'entendant parler ainsi, la dame est triste et peinée. Elle demande le rossignol à son mari, mais lui le tue par méchanceté. De ses deux mains, il lui brise le cou. Ce fut là le geste d'un homme ignoble. Puis il jette le corps sur la dame, si bien qu'il tache d'un peu de sang sa tunique par devant, au niveau de la poitrine. Après quoi, il sort de la chambre. La dame, elle, prend le petit oiseau mort, pleure à chaudes larmes et maudit alors ceux qui par traîtrise se sont emparés du rossignol en confectionnant pièges et lacets, car ils lui ont enlevé une grande joie. « Hélas, dit-elle, quel malheur pour moi ! Je ne pourrai plus me lever pendant la nuit, ni aller me tenir à la fenêtre où j'ai l'habitude de voir mon ami. Mais il y a une chose dont je suis bien sûre, c'est qu'il va croire que je l'abandonne et il me faut prendre des mesures. Je lui enverrai le rossignol et lui ferai savoir ce qui est arrivé. » Dans une *pièce de brocart*[5], avec leur histoire brodée en fils d'or, elle enveloppe l'oiselet. Elle fait venir un de ses domestiques, lui confie le message et l'envoie à son ami. Le domestique arrive chez le chevalier, lui fait part des salutations de sa dame et après avoir délivré tout son message, il lui offre le rossignol. Quand il lui a tout dit et raconté, le chevalier, qui l'avait écouté avec attention, resta peiné de ce qui était arrivé. Mais en homme courtois et prompt, il fait forger un coffret non en fer ni acier, mais tout d'or pur et enrichi de pierres précieuses de grande valeur. Dans le coffret, dont le couvercle ferme très bien, il place le rossignol. Puis il fait sceller la *châsse*[6] qu'il fait toujours porter avec lui.

On raconta cette aventure qui ne put rester longtemps cachée. Les Bretons en ont fait un lai qu'on nomme le *Laüstic*.

---

3. par manque de mieux   4. matière visqueuse par laquelle on prend des petits oiseaux
5. morceau de riche tissu de soie   6. coffre où l'on garde les reliques d'un saint

QUESTIONS

1. Faites une analyse du rôle du rossignol dans ce lai. Pensez au sens propre aussi bien qu'au sens figuré.
2. Commentez la réaction du mari. Réussit-il à contrôler sa femme ? Expliquez.
3. Comment la femme remédie-t-elle à sa situation de prisonnière du mariage ?
4. Quel lien percevez-vous entre la composition des lais et la broderie de cette femme amoureuse réduite au silence ? Réfléchissez au symbolisme du coffret.

Madeleine des Roches

« SONNET » (1578)

*Comme le poème d'Anne Hébert, ce sonnet de Madeleine des Roches — si différent
par sa forme exclamatoire — adopte un modèle anaphorique pour parler de l'amour.
Mais au lieu d'une célébration de la présence corporelle de l'autre, on trouve ici une
lamentation sur l'absence de l'époux bien-aimé. Eplorée, la veuve regrette même de
rester en vie.*

O de mon bien futur le frêle fondement !
O mes désirs semés en la déserte arène !
O que j'éprouve bien mon espérance vaine !
O combien mon tourment reçoit d'accroissement !

O douloureux regrets ! ô triste pensement
Qui avez mes deux yeux convertis en fontaine !
O trop soudain départ ! ô cause de la peine
Qui me fait lamenter inconsolablement !

O perte sans retour du fruit de mon attente !
O époux tant aimé qui me rendais contente ;
Que ta perte me donne un furieux remords !

Las ! puisque je ne puis demeurer veuve et vive,
J'impètre du grand Dieu que bientôt je te suive,
Finissant mes ennuis par une douce mort.

QUESTIONS

1. Identifiez les images par lesquelles cette femme dépeint ses émotions depuis la mort de son mari.
2. Essayez de diviser le sonnet en parties. A quoi sont consacrés les quatrains, par exemple ? Quand apprenons-nous qu'il s'agit de la mort du mari ?
3. Examinez le dernier tercet. Sur quelles juxtapositions se termine le sonnet ?

Marie-Madeleine Pioche de la Vergne, Madame de Lafayette *(1634–1693)*

Née à Paris d'une famille noble, Marie-Madeleine Pioche de la Vergne fréquente le célèbre salon de la marquise de Rambouillet où elle rencontre en particulier Gilles Ménage, poète et homme de lettres, et la marquise de Sévigné ; les deux restent ses amis toute sa vie. En 1655, elle épouse Jean-François Motier, comte de Lafayette, qui l'emmène dans ses propriétés en Auvergne. Lafayette a deux fils, et en 1663, elle rentre définitivement avec eux à Paris tandis que son mari reste en Auvergne. A Paris, Lafayette reprend sa vie mondaine et fréquente le salon de Madeleine de Scudéry. On la trouve aussi à la cour où elle se lie d'amitié avec Henriette d'Angleterre qui devient la belle-sœur de Louis XIV. Le premier ouvrage de Lafayette s'intitule « Portrait de Mme la marquise de Sévigné par Mme la comtesse de Lafayette sous le nom d'un inconnu », publié en 1659 dans *Divers portraits.* A la même époque à peu près, elle se met à écrire sa première nouvelle, *La Princesse de Montpensier* (1662), qu'elle publie dans l'anonymat comme elle le fera toujours par la suite. Malgré sa discrétion, plusieurs de ses amis apprécient ses dons littéraires, et Henriette d'Angleterre lui demande de rédiger sa biographie. Lafayette travaille sur cet ouvrage entre 1665 et 1670 lorsque Henriette meurt, et *L'Histoire de Madame Henriette d'Angleterre* n'est publié qu'en 1720. En dépit d'une santé fragile, Lafayette continue à fréquenter la cour et à écrire des romans et des mémoires jusqu'à la fin de sa vie.

Dès sa parution en 1678, son chef-d'œuvre, *La Princesse de Clèves,* provoque des controverses à cause d'une héroïne peu conventionnelle. Dans ce roman, la princesse de Clèves avoue à son mari sa passion pour un autre homme. Et à la mort de son mari, la princesse refuse de se remarier avec ce prétendant. Les critiques contemporains de Lafayette jugent ces actions « invraisemblables » — c'est-à-dire non conformes aux règles de conduite d'une héroïne de roman. Dans la plupart de ses textes, Lafayette dépeint l'amour comme la motivation essentielle des événements politiques et personnels. En analysant la psychologie de l'amour, Lafayette montre les forces négatives et destructrices de la passion. Ses héroïnes cherchent à éviter la passion qui menace leur autonomie, leur repos et même leur vie. Dans cette représentation sombre de l'amour, Lafayette expose l'asymétrie des rapports entre les sexes : les hommes profitent du plaisir, tandis que les femmes en sont presque toujours les victimes.

La Princesse de Montpensier (1662)

Zaïde, Histoire espagnole (1669–1671)

La Princesse de Clèves (1678)

Histoire de Madame Henriette d'Angleterre (1720)

La Comtesse de Tende (1724)

Mémoires de la Cour de France pour les années 1688 et 1689 (1731)

Correspondance (1942)

LA COMTESSE DE TENDE (1724)

Cette « nouvelle historique » décrit le monde clos de la cour de Catherine de Médicis[1] pendant la régence de Charles IX, période des guerres de religion entre catholiques et huguenots. Dans cette histoire d'un mariage entre nobles, on peut retracer les suites néfastes d'une passion illégitime. C'est un tableau saisissant du pouvoir anarchique des émotions.

Mademoiselle de Strozzi, fille du maréchal et proche parente de Catherine de Médicis, épousa, la première année de la Régence de cette reine, le comte de Tende, de la maison de Savoie, riche, bien fait, le seigneur de la cour qui vivait avec le plus d'éclat et plus propre à se faire estimer qu'à plaire. Sa femme néanmoins l'aima d'abord avec passion. Elle était fort jeune ; il ne la regarda que comme une enfant, et il fut bientôt amoureux d'une autre. La comtesse de Tende, vive, et d'une race italienne, devint jalouse ; elle ne se donnait point de repos ; elle n'en laissait point à son mari ; il évita sa présence et ne vécut plus avec elle comme l'on vit avec sa femme.

La beauté de la comtesse augmenta ; elle fit paraître beaucoup d'esprit ; le monde la regarda avec admiration ; elle fut occupée d'elle-même et guérit insensiblement de sa jalousie et de sa passion.

Elle devint l'amie intime de la princesse de Neufchâtel, jeune, belle et veuve du prince de ce nom, qui lui avait laissé en mourant cette souveraineté qui la rendait le parti de la cour le plus élevé et le plus brillant.

Le chevalier de Navarre, descendu des anciens souverains de ce royaume, était aussi alors jeune, beau, plein d'esprit et d'élévation ; mais la fortune ne lui avait donné d'autre bien que la naissance. Il jeta les yeux sur la princesse de Neufchâtel, dont il connaissait l'esprit, comme sur une personne capable d'un attachement violent et propre à faire la fortune d'un homme comme lui. Dans cette vue, il s'attacha à elle sans en être amoureux et attira son *inclination*[2] : il en fut souffert, mais il se trouva encore bien éloigné du succès qu'il désirait. Son dessein était ignoré de tout le monde ; un seul de ses amis en avait la confidence et cet ami était aussi intime ami du comte de Tende. Il fait consentir le chevalier de Navarre à confier son secret au comte, dans la vue qu'il l'obligerait à le servir auprès de la princesse de Neufchâtel. Le comte de Tende aimait déjà le chevalier de Navarre ; il en parla à sa femme, pour qui il commençait à avoir plus de considération et l'obligea, en effet, de faire ce qu'on désirait.

La princesse de Neufchâtel lui avait déjà fait confidence de son inclination pour le chevalier de Navarre ; cette comtesse la fortifia. Le chevalier la vint voir, il prit des liaisons et des mesures avec elle ; mais, en la voyant, il prit aussi pour elle une passion violente. Il ne s'y abandonna pas d'abord ; il vit les obstacles que ces sentiments partagés entre l'amour et l'ambition apporteraient à son dessein ; il résista ; mais, pour résister, il ne fallait pas voir souvent la comtesse de Tende et il la voyait tous les jours en cherchant la princesse de Neufchâtel ; ainsi il devint éperdument amoureux de la com-

---

1. Catherine de Médicis (1519–1589) a été régente pendant la minorité de son fils, Charles IX (1550–1574), devenu roi de la France en 1560, à l'âge de dix ans.
2. affection, amour, sympathie

tesse. Il ne put lui cacher entièrement sa passion ; elle s'en aperçut ; son *amour-propre*[3] en fut flatté et elle se sentit un amour violent pour lui.

Un jour, comme elle lui parlait de la grande fortune d'épouser la princesse de Neufchâtel, il lui dit en la regardant d'un air où sa passion était entièrement déclarée : Et croyez-vous, madame, qu'il n'y ait point de fortune que je préférasse à celle d'épouser cette princesse ? La comtesse de Tende fut frappée des regards et des paroles du chevalier ; elle le regarda des mêmes yeux dont il la regardait, et il y eut un trouble et un silence entre eux, plus parlant que les paroles. Depuis ce temps, la comtesse fut dans une agitation qui lui ôta le repos ; elle sentit le remords d'ôter à son amie le cœur d'un homme qu'elle allait épouser uniquement pour en être aimée, qu'elle épousait avec l'improbation de tout le monde, et aux dépens de son élévation.

Cette trahison lui fit horreur. La honte et les malheurs d'une galanterie se présentèrent à son esprit ; elle vit l'abîme où elle se précipitait et elle résolut de l'éviter.

Elle tint mal ses résolutions. La princesse était presque déterminée à épouser le chevalier de Navarre ; néanmoins elle n'était pas contente de la passion qu'il avait pour elle et, au travers de celle qu'elle avait pour lui et du soin qu'il prenait de la tromper, elle *démêlait*[4] la tiédeur de ses sentiments. Elle s'en plaignit à la comtesse de Tende ; cette comtesse la rassura ; mais les plaintes de Mme de Neufchâtel achevèrent de troubler la comtesse ; elles lui firent voir l'étendue de sa trahison, qui coûterait peut-être la fortune de son amant. La comtesse l'avertit des défiances de la princesse. Il lui témoigna de l'indifférence pour tout, hors d'être aimé d'elle ; néanmoins il se contraignit par ses ordres et

rassura si bien la princesse de Neufchâtel qu'elle fit voir à la comtesse de Tende qu'elle était entièrement satisfaite du chevalier de Navarre.

La jalousie se saisit alors de la comtesse. Elle craignit que son amant n'aimât véritablement la princesse ; elle vit toutes les raisons qu'il avait de l'aimer ; leur mariage, qu'elle avait souhaité, lui fit horreur ; elle ne voulait pourtant pas qu'il le rompît, et elle se trouvait dans une cruelle incertitude. Elle laissa voir au chevalier tous ses remords sur la princesse de Neufchâtel ; elle résolut seulement de lui cacher sa jalousie et crut en effet la lui avoir cachée.

La passion de la princesse surmonta enfin toutes ses irrésolutions ; elle se détermina à son mariage et se résolut de le faire secrètement et de ne le déclarer que quand il serait fait.

La comtesse de Tende était prête à expirer de douleur. Le même jour qui fut pris pour le mariage, il y avait une cérémonie publique ; son mari y assista. Elle y envoya toutes ses femmes ; elle fit dire qu'on ne la voyait pas et s'enferma dans son cabinet, couchée sur un lit de repos et abandonnée à tout ce que les remords, l'amour et la jalousie peuvent faire sentir de plus cruel.

Comme elle était dans cet état, elle entendit ouvrir une porte dérobée de son cabinet et vit paraître le chevalier de Navarre, paré et d'une grâce au-dessus de ce qu'elle ne l'avait jamais vu : Chevalier, où allez-vous ? s'écria-t-elle, que cherchez-vous ? Avez-vous perdu la raison ? Qu'est devenu votre mariage, et songez-vous à ma réputation ? Soyez en repos de votre réputation, madame, lui répondit-il ; personne ne le peut savoir ; il n'est pas question de mon mariage ; il ne s'agit plus de ma fortune, il ne

---

3. égoïsme ; fierté   4. distinguait, débrouillait

s'agit que de votre cœur, madame, et d'être aimé de vous ; je renonce à tout le reste. Vous m'avez laissé voir que vous ne me haïssiez pas, mais vous m'avez voulu cacher que je suis assez heureux pour que mon mariage vous fasse de la peine. Je viens vous dire, madame, que j'y renonce, que ce mariage me serait un *supplice*[5] et que je ne veux vivre que pour vous. L'on m'attend à l'heure que je vous parle, tout est prêt, mais je vais tout rompre, si, en le rompant, je fais une chose qui vous soit agréable et qui vous prouve ma passion.

La comtesse se laissa tomber sur un lit de repos, dont elle s'était relevée à demi et, regardant le chevalier avec des yeux pleins d'amour et de larmes : Vous voulez donc que je meure ? lui dit-elle. Croyez-vous qu'un cœur puisse contenir tout ce que vous me faites sentir ? Quitter à cause de moi la fortune qui vous attend ! je n'en puis seulement supporter la pensée. Allez à Mme la princesse de Neufchâtel, allez à la grandeur qui vous est destinée ; vous aurez mon cœur en même temps. Je ferai de mes remords, de mes incertitudes et de ma jalousie, puisqu'il faut vous l'avouer, tout ce que ma faible raison me conseillera ; mais je ne vous verrai jamais si vous n'allez tout à l'heure achever votre mariage. Allez, ne demeurez pas un moment, mais, pour l'amour de moi et pour l'amour de vous-même, renoncez à une passion aussi déraisonnable que celle que vous me témoignez et qui nous conduira peut-être à d'horribles malheurs.

Le chevalier fut d'abord transporté de joie de se voir si véritablement aimé de la comtesse de Tende ; mais l'horreur de se donner à une autre lui revint devant les yeux. Il pleura, il s'affligea, il lui promit tout ce qu'elle voulut, à condition qu'il la reverrait encore dans ce même lieu. Elle voulut

savoir, avant qu'il sortît, comment il y était entré. Il lui dit qu'il s'était fié à un *écuyer*[6] qui était à elle, et qui avait été à lui, qu'il l'avait fait passer par la cour des écuries où répondait *le petit degré*[7] qui menait à ce cabinet et qui répondait aussi à la chambre de l'écuyer.

Cependant, l'heure du mariage approchait et le chevalier, pressé par la comtesse de Tende, fut enfin contraint de s'en aller. Mais il alla, comme au supplice, à la plus grande et à la plus agréable fortune où un cadet sans bien eût été jamais élevé. La comtesse de Tende passa la nuit, comme on se le peut imaginer, agitée par ses inquiétudes ; elle appela ses femmes sur le matin et, peu de temps après que sa chambre fut ouverte, elle vit son écuyer s'approcher de son lit et mettre une lettre dessus, sans que personne s'en aperçût. La vue de cette lettre la troubla et, parce qu'elle la reconnut être du chevalier de Navarre, et parce qu'il était si peu vraisemblable que, pendant cette nuit qui devait avoir été celle de ses noces, il eût eu le loisir de lui écrire, qu'elle craignit qu'il n'eût apporté, ou qu'il ne fût arrivé quelques obstacles à son mariage. Elle ouvrit la lettre avec beaucoup d'émotion et y trouva à peu près ces paroles :

« *Je ne pense qu'à vous, madame, je ne suis occupé que de vous ; et dans les premiers moments de la possession légitime du plus grand parti de France, à peine le jour commence à paraître que je quitte la chambre où j'ai passé la nuit, pour vous dire que je me suis déjà repenti mille fois de vous avoir obéi et de n'avoir pas tout abandonné pour ne vivre que pour vous.* »

Cette lettre, et les moments où elle était écrite, touchèrent sensiblement la comtesse de Tende ; elle alla dîner chez la princesse de Neufchâtel, qui l'en avait priée. Son

---

5. tourment   6. membre du personnel des écuries   7. la marche d'un escalier

mariage était déclaré. Elle trouva un nombre infini de personnes dans la chambre ; mais, sitôt que cette princesse la vit, elle quitta tout le monde et la pria de passer dans son cabinet. A peine étaient-elles assises, que le visage de la princesse se couvrit de larmes. La comtesse crut que c'était l'effet de la déclaration de son mariage et qu'elle la trouvait plus difficile à supporter qu'elle ne l'avait imaginé ; mais elle vit bientôt qu'elle se trompait. Ah ! madame, lui dit la princesse, qu'ai-je fait ? J'ai épousé un homme par passion ; j'ai fait un mariage inégal, désapprouvé, qui m'abaisse ; et celui que j'ai préféré à tout en aime une autre ! La comtesse de Tende pensa *s'évanouir*[8] à ces paroles ; elle crut que la princesse ne pouvait avoir pénétré la passion de son mari sans en avoir aussi démêlé la cause ; elle ne put répondre. La princesse de Navarre (on l'appela ainsi depuis son mariage) n'y prit pas garde et, continuant : M. le prince de Navarre, lui dit-elle, madame, bien loin d'avoir l'impatience que lui devait donner la conclusion de notre mariage, se fit attendre hier au soir. Il vint sans joie, l'esprit occupé et embarrassé ; il est sorti de ma chambre à la pointe du jour sur je ne sais quel prétexte. Mais il venait d'écrire ; je l'ai connu à ses mains. A qui pouvait-il écrire qu'à une maîtresse ? Pourquoi se faire attendre, et de quoi avait-il l'esprit embarrassé ?

L'on vint dans le moment interrompre cette conversation, parce que la princesse de Condé arrivait ; la princesse de Navarre alla la recevoir et la comtesse de Tende demeura hors d'elle-même. Elle écrivit dès le soir au prince de Navarre pour lui donner avis des soupçons de sa femme et pour l'obliger à se contraindre. Leur passion ne se ralentit pas par les périls et par les obstacles ; la comtesse de Tende n'avait point de repos et le sommeil ne venait plus adoucir ses chagrins. Un matin, après qu'elle eut appelé ses femmes, son écuyer s'approcha d'elle et lui dit tout bas que le prince de Navarre était dans son cabinet et qu'il la conjurait qu'il lui pût dire une chose qu'il était absolument nécessaire qu'elle sût. L'on cède aisément à ce qui plaît ; la comtesse savait que son mari était sorti ; elle dit qu'elle voulait dormir et dit à ses femmes de refermer ses portes et de ne point revenir qu'elle ne les appelât.

Le prince de Navarre entra par ce cabinet et se jeta à genoux devant son lit. Qu'avez-vous à me dire ? lui dit-elle. Que je vous aime, madame, que je vous adore, que je ne saurais vivre avec Mme de Navarre. Le désir de vous voir s'est saisi de moi ce matin avec une telle violence que je n'ai pu y résister. Je suis venu ici au hasard de tout ce qui pourrait en arriver et sans espérer même de vous entretenir. La comtesse le gronda d'abord de la commettre si légèrement et ensuite leur passion les conduisit à une conversation si longue que le comte de Tende revint de la ville. Il alla à l'appartement de sa femme ; on lui dit qu'elle n'était pas éveillée. Il était tard ; il ne laissa pas d'entrer dans sa chambre et trouva le prince de Navarre à genoux devant son lit, comme il s'était mis d'abord. Jamais étonnement ne fut pareil à celui du comte de Tende, et jamais trouble n'égala celui de sa femme ; le prince de Navarre conserva seul de la présence d'esprit et, sans se troubler ni se lever de la place : Venez, venez, dit-il au comte de Tende, m'aider à obtenir une grâce que je demande à genoux et que l'on me refuse.

Le ton et l'air du prince de Navarre suspendit l'étonnement du comte de Tende. Je ne sais, lui répondit-il du même ton qu'avait parlé le prince, si une grâce que vous demandez à genoux à ma femme,

8. se trouver mal, défaillir

quand on dit qu'elle dort et que je vous trouve seul avec elle, et sans *carrosse*[9] à ma porte, sera de celles que je souhaiterais qu'elle vous accorde. Le prince de Navarre, rassuré et hors de l'embarras du premier moment, se leva, s'assit avec une liberté entière, et la comtesse de Tende, tremblante et éperdue, cacha son trouble par l'obscurité du lieu où elle était. Le prince de Navarre prit la parole et dit au comte :

— Je vais vous surprendre, vous m'allez blâmer, mais il faut néanmoins me secourir. Je suis amoureux et aimé de la plus aimable personne de la cour ; je *me dérobai*[10] hier au soir de chez la princesse de Navarre et de tous mes gens pour aller à un rendez-vous où cette personne m'attendait. Ma femme, qui a déjà démêlé que je suis occupé d'autre chose que d'elle, et qui a de l'attention à ma conduite, a su par mes gens que je les avais quittés ; elle est dans une jalousie et un désespoir dont rien n'approche. Je lui ai dit que j'avais passé les heures qui lui donnaient de l'inquiétude, chez la maréchale de Saint-André, qui est incommodée et qui ne voit presque personne ; je lui ai dit que Mme la comtesse de Tende y était seule et qu'elle pouvait lui demander si elle ne m'y avait pas vu tout le soir. J'ai pris le parti de venir me confier à Mme la comtesse. Je suis allé chez la Châtre, qui n'est qu'à trois pas d'ici ; j'en suis sorti sans que mes gens m'aient vu et on m'a dit que madame était éveillée. Je n'ai trouvé personne dans son antichambre et je suis entré hardiment. Elle me refuse de mentir en ma faveur ; elle dit qu'elle ne veut pas trahir son amie et me fait des réprimandes très sages : je me les suis faites à moi-même inutilement. Il faut ôter à Mme la princesse de Navarre l'inquiétude et la jalousie où elle est, et me tirer du mortel embarras de ses reproches.

La comtesse de Tende ne fut guère moins surprise de la présence d'esprit du prince qu'elle l'avait été de la venue de son mari ; elle se rassura et il ne demeura pas le moindre doute au comte. Il se joignit à sa femme pour faire voir au prince l'abîme des malheurs où il s'allait plonger et ce qu'il devait à cette princesse ; la comtesse promit de lui dire tout ce que voulait son mari.

Comme il allait sortir, le comte l'arrêta : Pour récompense du service que nous vous allons rendre aux dépens de la vérité, apprenez-nous du moins quelle est cette aimable maîtresse. Il faut que ce ne soit pas une personne fort estimable de vous aimer et de conserver avec vous *un commerce*[11], vous voyant embarqué avec une personne aussi belle que Mme la princesse de Navarre, vous la voyant épouser et voyant ce que vous lui devez. Il faut que cette personne n'ait ni esprit, ni courage, ni délicatesse et, en vérité, elle ne mérite pas que vous troubliez un aussi grand bonheur que le vôtre et que vous vous rendiez si ingrat et si coupable. Le prince ne sut que répondre ; il feignit d'*avoir hâte*[12]. Le comte de Tende le fit sortir lui-même afin qu'il ne fût pas vu.

La comtesse demeura éperdue du hasard qu'elle avait couru, des réflexions que faisaient faire les paroles de son mari et de la vue des malheurs où sa passion l'exposait ; mais elle n'eut pas la force de s'en dégager. Elle continua son commerce avec le prince ; elle le voyait quelquefois par l'entremise de La Lande, son écuyer. Elle se trouvait et était en effet une des plus malheureuses personnes du monde. La princesse de Navarre lui faisait tous les jours confidence d'une jalousie dont elle était la cause ; cette jalousie la pénétrait de remords et, quand la princesse de Navarre était contente de son mari, elle-même était pénétrée de jalousie à son tour.

---

9. voiture à chevaux   10. me retirai   11. une relation   12. être pressé

Il se joignit un nouveau tourment à ceux qu'elle avait déjà : le comte de Tende devint aussi amoureux d'elle que si elle n'eût point été sa femme ; il ne la quittait plus et voulait reprendre tous ses droits méprisés.

La comtesse s'y opposa avec une force et une aigreur qui allaient jusqu'au mépris : *prévenue*[13] pour le prince de Navarre, elle était blessée et offensée de toute autre passion que de la sienne. Le comte de Tende sentit son procédé dans toute sa dureté et, *piqué jusqu'au vif*[14], il l'assura qu'il ne l'importunerait de sa vie et, en effet, il la laissa avec beaucoup de sécheresse.

La campagne s'approchait ; le prince de Navarre devait partir pour l'armée. La comtesse de Tende commença à sentir les douleurs de son absence et la crainte des périls où il serait exposé ; elle résolut de se dérober à la contrainte de cacher son affliction et *prit le parti*[15] d'aller passer *la belle saison*[16] dans une terre qu'elle avait à trente lieues de Paris.

Elle exécuta ce qu'elle avait projeté ; leur adieu fut si douloureux qu'ils en devaient tirer l'un et l'autre un mauvais augure. Le comte de Tende demeura auprès du roi, où il était attaché par sa charge.

La cour devait s'approcher de l'armée ; la maison de Mme de Tende n'en était pas bien loin ; son mari lui dit qu'il y ferait un voyage d'une nuit seulement pour des ouvrages qu'il avait commencés. Il ne voulut pas qu'elle pût croire que c'était pour la voir ; il avait contre elle tout le *dépit*[17] que donnent les passions. Mme de Tende avait trouvé dans les commencements le prince de Navarre si plein de respect et elle s'était senti tant de vertu qu'elle ne s'était défiée ni de lui, ni d'elle-même. Mais le temps et les occasions

avaient triomphé de sa vertu et du respect et, peu de temps après qu'elle fut chez elle, elle s'aperçut qu'elle était *grosse*[18]. Il ne faut que faire réflexion à la réputation qu'elle avait acquise et conservée et à l'état où elle était avec son mari, pour juger de son désespoir. Elle fut pressée plusieurs fois d'attenter à sa vie ; cependant elle conçut quelque légère espérance sur le voyage que son mari devait faire auprès d'elle, et résolut d'en attendre le succès. Dans cet accablement, elle eut encore la douleur d'apprendre que La Lande, qu'elle avait laissé à Paris pour les lettres de son amant et les siennes, était mort en peu de jours, et elle se trouvait dénuée de tout secours, dans un temps où elle en avait tant de besoin.

Cependant l'armée avait entrepris un siège. Sa passion pour le prince de Navarre lui donnait de continuelles craintes, même au travers des mortelles horreurs dont elle était agitée.

Ses craintes ne se trouvèrent que trop bien fondées ; elle reçut des lettres de l'armée ; elle y apprit la fin du siège, mais elle apprit aussi que le prince de Navarre avait été tué le dernier jour. Elle perdit la connaissance et la raison ; elle fut plusieurs fois privée de l'une et de l'autre. Cet excès de malheur lui paraissait dans des moments une espèce de consolation. Elle ne craignait plus rien pour son repos, pour sa réputation, ni pour sa vie ; la mort seule lui paraissait désirable : elle l'espérait de sa douleur ou était résolue de se la donner. Un reste de honte l'obligea à dire qu'elle sentait des douleurs excessives, pour donner un prétexte à ses cris et à ses larmes. Si mille adversités la firent retourner sur elle-même, elle vit qu'elle les avait méritées, et la nature et le

---

13. prédisposée favorablement   14. ayant l'amour-propre irrité   15. prit la décision
16. période de la fin du printemps jusqu'au début de l'automne   17. amertume   18. enceinte

christianisme la détournèrent d'être homi- cide d'elle-même et suspendirent l'exécution de ce qu'elle avait résolu.

Il n'y avait pas longtemps qu'elle était dans ces violentes douleurs, lorsque le comte de Tende arriva. Elle croyait connaître tous les sentiments que son malheureux état lui pouvait inspirer ; mais l'arrivée de son mari lui donna encore un trouble et une confusion qui lui fut nouvelle. Il sut en arrivant qu'elle était malade et, comme il avait toujours con- servé des mesures d'honnêteté aux yeux du public et de son domestique, il vint d'abord dans sa chambre. Il la trouva comme une personne hors d'elle-même, comme une per- sonne égarée et elle ne put retenir ses larmes, qu'elle attribuait toujours aux douleurs qui la tourmentaient. Le comte de Tende, touché de l'état où il la voyait, s'attendrit pour elle et, croyant faire quelque diversion à ses douleurs, il lui parla de la mort du prince de Navarre et de l'affliction de sa femme.

Celle de Mme de Tende ne put résister à ce discours ; ses larmes redoublèrent d'une telle sorte que le comte de Tende en fut sur- pris et presque éclairé ; il sortit de la chambre plein de trouble et d'agitation ; il lui sembla que sa femme n'était pas dans l'état que causent les douleurs du corps ; ce redouble- ment de larmes, lorsqu'il lui avait parlé de la mort du prince de Navarre, l'avait frappé et, tout d'un coup, l'aventure de l'avoir trouvé à genoux devant son lit se présenta à son esprit. Il se souvint du procédé qu'elle avait eu avec lui, lorsqu'il avait voulu retourner à elle, et enfin il crut voir la vérité ; mais il lui restait néanmoins ce doute que l'amour- propre nous laisse toujours pour les choses qui coûtent trop cher à croire.

Son désespoir fut extrême, et toutes ses pensées furent violentes ; mais comme il était sage, il retint ses premiers mouvements et résolut de partir le lendemain à la pointe du jour sans voir sa femme, remettant au temps à lui donner plus de certitude et à prendre ses résolutions.

Quelque abîmée que fût Mme de Tende dans sa douleur, elle n'avait pas laissé de s'apercevoir du peu de pouvoir qu'elle avait eu sur elle-même et de l'air dont son mari était sorti de sa chambre ; elle se douta d'une partie de la vérité et, n'ayant plus que de l'horreur pour sa vie, elle se résolut de la perdre d'une manière qui ne lui ôtât pas l'es- pérance de l'autre.

Après avoir examiné ce qu'elle allait faire, avec des agitations mortelles, pénétrée de ses malheurs et du repentir de sa vie, elle se détermina enfin à écrire ces mots à son mari :

«Cette lettre me va coûter la vie ; mais je mérite la mort et je la désire. Je suis grosse. Celui qui est la cause de mon malheur n'est plus au monde, aussi bien que le seul homme qui savait notre commerce ; le public ne l'a jamais soupçonné. J'avais résolu de finir ma vie par mes mains, mais je l'offre à Dieu et à vous pour l'expi- ation de mon crime. Je n'ai pas voulu me dés- honorer aux yeux du monde, parce que ma réputation vous regarde ; conservez-la pour l'amour de vous. Je vais faire paraître l'état où je suis ; cachez-en la honte et faites-moi périr quand vous voudrez et comme vous le voudrez. »

Le jour commençait à paraître lors- qu'elle eut écrit cette lettre, la plus difficile à écrire qui ait peut-être jamais été écrite ; elle la cacheta, se mit à la fenêtre et, comme elle vit le comte de Tende dans la cour, prêt à monter en carrosse, elle envoya une de ses femmes la lui porter et lui dire qu'il n'y avait rien de pressé et qu'il la lût à loisir. Le comte de Tende fut surpris de cette lettre ; elle lui donna une sorte de pressentiment, non pas de tout ce qu'il y devait trouver, mais de quelque chose qui avait rapport à ce qu'il avait pensé la veille. Il monta seul en car- rosse, plein de trouble et n'osant même ouvrir la lettre, quelque impatience qu'il eût de la lire ; il la lut enfin et apprit son malheur ; mais que ne pensa-t-il point après l'avoir lue ! S'il eût eu des témoins, le violent état où il était l'aurait fait croire *privé de raison*[19] ou prêt de perdre la vie. La jalousie et les soupçons bien fondés préparent d'ordinaire les maris à leurs malheurs ; ils ont même toujours quelques doutes, mais ils n'ont pas cette certitude que donne l'aveu, qui est au-dessus de nos lumières.

Le comte de Tende avait toujours trouvé sa femme très aimable, quoiqu'il ne l'eût pas également aimée ; mais elle lui avait toujours paru la plus estimable femme qu'il eût jamais vue ; ainsi, il n'avait pas moins d'étonnement que de fureur et, au travers de l'un et de l'autre, il sentait encore, malgré lui, une douleur où la tendresse avait quelque part.

Il s'arrêta dans une maison qui se trouva sur son chemin, où il passa plusieurs jours, agité et affligé, comme on peut se l'imaginer. Il pensa d'abord tout ce qu'il était naturel de penser en cette occasion ; il ne songea qu'à faire mourir sa femme, mais la mort du prince de Navarre et celle de La Lande, qu'il reconnut aisément pour le confident, ralentit un peu sa fureur. Il ne douta pas que sa femme ne lui eût dit vrai, en lui disant que son commerce n'avait jamais été soupçonné ; il jugea que le mariage du prince de Navarre pouvait avoir trompé tout le monde, puisqu'il avait été trompé lui-même. Après une conviction si grande que celle qui s'était présentée à ses yeux, cette ignorance entière du public pour son malheur lui fut un adoucissement ; mais les circonstances, qui lui faisaient voir à quel point et de quelle manière il avait été trompé, lui perçaient le cœur, et il ne respirait que la vengeance. Il pensa néanmoins que, s'il fai-

sait mourir sa femme et que l'on s'aperçût qu'elle fût grosse, l'on soupçonnerait aisément la vérité. Comme il était l'homme du monde le plus glorieux, il prit le parti qui convenait le mieux à sa gloire et résolut de ne rien laisser voir au public. Dans cette pensée, il envoya un gentilhomme à la comtesse de Tende, avec ce billet :

« Le désir d'empêcher l'éclat de ma honte l'emporte présentement sur[20] *ma vengeance ; je verrai, dans la suite, ce que j'ordonnerai de votre indigne destinée. Conduisez-vous comme si vous aviez toujours été ce que vous deviez être. »*

La comtesse reçut ce billet avec joie ; elle le croyait l'arrêt de sa mort et, quand elle vit que son mari consentait qu'elle laissât paraître sa grossesse, elle sentit bien que la honte est la plus violente de toutes les passions. Elle se trouva dans une sorte de calme de se croire assurée de mourir et de voir sa réputation en sûreté ; elle ne songea plus qu'à se préparer à la mort ; et, comme c'était une personne dont tous les sentiments étaient vifs, elle embrassa la vertu et la pénitence avec la même ardeur qu'elle avait suivi sa passion. Son âme était, d'ailleurs, détrompée et noyée dans l'affliction ; elle ne pouvait arrêter les yeux sur aucune chose de cette vie qui ne lui fût plus rude que la mort même ; de sorte qu'elle ne voyait de remède à ses malheurs que par la fin de sa malheureuse vie. Elle passa quelque temps en cet état, paraissant plutôt une personne morte qu'une personne vivante. Enfin, vers le sixième mois de sa grossesse, son corps succomba, la fièvre continue lui prit et elle accoucha par la violence de son mal. Elle eut la consolation de voir son enfant en vie, d'être assurée qu'il ne pouvait vivre et qu'elle ne donnait pas un héritier illégitime à son mari. Elle expira

19. ne plus avoir de raison   20. l'emporte ... sur : se montre supérieur à

elle-même peu de jours après et reçut la mort avec une joie que personne n'a jamais ressentie ; elle chargea son confesseur d'aller porter à son mari la nouvelle de sa mort, de lui demander pardon de sa part et de le supplier d'oublier sa mémoire, qui ne lui pouvait être qu'odieuse.

Le comte de Tende reçut cette nouvelle sans inhumanité, et même avec quelques sentiments de pitié, mais néanmoins avec joie. Quoiqu'il fût fort jeune, il ne voulut jamais se remarier, et il a vécu jusqu'à un âge fort avancé.

QUESTIONS

1. Quelles semblent être les considérations importantes dans la décision de se marier à la cour ?
2. Comment la jalousie éprouvée par la comtesse de Tende détermine-t-elle son comportement à l'égard de son mari d'abord et puis à l'égard du chevalier de Navarre ?
3. En quoi, d'après ce portrait de l'angoisse de la comtesse de Tende, peut-on dire que Lafayette possède l'art de l'analyse psychologique ? A quels moments offre-t-elle des exemples frappants de la complexité des émotions de ces personnages ? Décrivez le ton de la voix narrative.
4. Dans le déroulement de l'intrigue, quel rôle les lettres jouent-elles ?
5. Pourquoi la comtesse se laisse-t-elle mourir ? Que pensez-vous de son comportement et de son sort ?

Natalie Clifford Barney (1876–1972)

Née d'un riche industriel et d'une héritière américaine, Natalie Clifford Barney a passé son enfance à Cincinnati où elle apprend le français par sa gouvernante et des amies. Après plusieurs séjours à Paris Natalie y retourne en 1898 avec sa mère, qui étudie la peinture avec Whistler. Natalie Barney devient d'abord célèbre grâce à sa liaison avec la courtisane Liane de Pougy, qui la décrira dans *Idylle saphique* (1901). A Paris, Barney s'éprend de la littérature française, surtout de la poésie qu'elle a toujours préférée au roman : « Les romans sont bien plus longs que la vie », dit-elle. En 1900, Barney publie son premier ouvrage, *Quelques portraits-sonnets de femmes*, illustré de portraits peints par sa mère, Alice Barney.

Quand Renée Vivien [Pauline Tarn] lui récite son poème « Lassitude » (recueilli dans *Cendres et poussières*), Barney est fascinée et ne cessera pas de l'être. Les deux femmes commencent en 1900 une relation passionnée et tumultueuse : le premier volume de Vivien paraîtra avec une dédicace à Barney (*Etudes et préludes,* 1901). Vivien s'établit avec Barney rue Alphonse-de-Neuville et les deux femmes voyagent ensemble aux Etats-Unis et en Grèce. Après des ruptures et des reconciliations, Vivien rompt définitivement avec Barney en 1905.

A partir de 1909, l'année de la mort de Vivien, Barney s'installe rue Jacob et ouvre un salon qui devient vite célèbre. Autour de la riche et généreuse Barney gravite un cercle de gens brillants qui assistent à ses goûters du vendredi et à ses fêtes ; parmi eux, Remy de Gourmont, Gabriele d'Annunzio, Colette, Ezra Pound, Djuna Barnes, Paul Valéry et Romaine Brooks. Barney aura une relation avec cette dernière pendant plus de cinquante ans. En 1917, Barney tient des réunions pour protester contre la guerre avec l'Allemagne. En 1927 elle fonde « L'Académie de Femmes », qui durera jusqu'à la seconde guerre mondiale, puis reprendra ses activités en 1945. Ouverte aux deux sexes, l'Académie a pour but de soutenir des femmes écrivains en leur donnant l'occasion de présenter leur travail dans de petites réunions. De plus, l'Académie subventionne la publication de travaux autrement difficiles à publier. A ces réunions se trouvent entre autres Aurel, Lucie Delarue-Mardrus, Colette, Gertrude Stein, Mina Loy, Rachilde et Elisabeth de Grammond.

L'œuvre de Barney — vers, épigrammes, essais, drames, fiction et mémoires — a été composée pendant plus de cinquante ans.

Quelques portraits-sonnets de femmes (1900)

Cinq petits dialogues grecs (antithèse et parallèles) (1902)

Actes et Entr'actes (1910)

Poems & poèmes, autres alliances (1920)

Aventures de l'esprit (1929)

Pensées d'une amazone (1921)

Nouvelles pensées de l'amazone (1939)

Souvenirs indiscrets (1960)

Traits et portraits (1963)

« À UNE FIANCÉE » (1900)

Du point de vue de Natalie Barney, grande prêtresse de l'amour saphique, le mariage est évidemment à fuir. La jalousie aussi bien que le jugement sont traités dans ce texte.

Donc, vous vous mariez, immolant vos vingt ans
En *hostie*[1] à la loi des anciennes méprises,
Vous allez consacrer votre amour aux églises,
Pour offrir l'esclavage à vos futurs enfants.

Vous légitimerez aux regards des passants
Votre union de vierge à la terre promise,
Joignant votre bêtise à tant d'autres bêtises
Pour donner à notre âge un neuf *gémissement*[2] !

Vous voulez enfanter, devenir une mère,
Donner au monde un homme, une âme à la matière,
Bétail[3] reproduisant le mal de vos *aïeux*[4].

Vautrée en le passé pour taire vos alarmes
N'entendez-vous ces cris qui montent jusqu'aux cieux,
Demandant le non-être au Créateur des larmes ?

QUESTIONS

1. Quelles images du mariage se trouvent dans les deux quatrains ? Commentez la représentation de la fiancée.
2. Caractérisez le ton de ce poème.
3. Comment le discours religieux se trouve-t-il ici exploité et subverti ?

---

1. 1) pain préparé pour être consacré pendant la messe ; 2) victime offerte en sacrifice
2. lamentation, plainte   3. animaux entretenus pour la production agricole
4. ancêtres

Fatima Mernissi

Fatima Mernissi, universitaire marocaine, est l'auteur de plusieurs travaux sociologiques sur la femme en Islam. Dans *Le Monde n'est pas un harem : Paroles de femmes du Maroc* (1991), des femmes de milieux divers racontent leur vie, leur mariage, leur prise de conscience en tant que femme. Ces entretiens offrent une perspective complexe sur l'évolution des femmes dans le Maroc moderne.

Sexe, idéologie et Islam (1983)
Le Harem politique : le Prophète et les femmes (1987)
Sultanes oubliées : Femmes chefs d'Etat en Islam (1990)
The Harem Within (1994)

INTERVIEW AVEC RABÉA
(LE MONDE N'EST PAS UN HAREM :
PAROLES DE FEMMES DU MAROC, 1991)

La discussion qui suit est tirée d'un livre intitulé Le Monde n'est pas un harem : Paroles de femmes du Maroc. *Dans ce recueil d'interviews entre la sociologue Fatima Mernissi et plusieurs femmes du Maroc contemporain, nous avons choisi la conversation avec une femme qui s'appelle Rabéa. Née en 1940 d'une famille bourgeoise, Rabéa a quinze frères et sœurs. Professeur, elle enseigne dans un lycée et elle est fonctionnaire au Ministère de l'Education nationale. Selon Mernissi, Rabéa représente une génération de femmes arabes qui, à la suite de la seconde guerre mondiale, ont eu accès à l'éducation et au travail salarié.*

LES PREMIÈRES FIANÇAILLES

Comment cela s'est-il passé ?

C'était mon cousin, le fils de ma tante. Je ne l'avais jamais vu. On habitait le même quartier mais il avait douze ans de plus que moi. Figure-toi qu'avant de l'épouser, j'ai été fiancée à son frère. C'était durant la période où je vivais à Meknès ; j'étais allée passer l'été à Safi pour voir maman. Il m'a vue et a dit à ma famille qu'il voulait m'épouser. Il a fait intervenir toutes les autorités. J'ai été

mariée en mon absence, sans être consultée : j'étais déjà retournée à Meknès.

Ils ne t'ont pas demandé ton avis ? Ils avaient peur que tu refuses ?

J'étais tellement terrorisée par mon frère, je ne pouvais rien dire.

Que s'est-il passé une fois que l'acte de mariage a été dressé ? Le fiancé venait te voir ?

Il venait me sortir, mais je refusais systématiquement. Il m'écrivait, je ne répondais pas. Il me faisait des cadeaux, je ne les acceptais pas. Il était gentil pourtant, je l'aimais bien, il était sympathique ; mais c'est tout.

Tu lui disais que tu ne l'aimais pas ?

Non, je ne lui disais rien, je me contentais de rester loin de lui, de garder mes distances.

Ton frère savait que tu ne l'aimais pas ?

Il le savait très bien.

Alors pourquoi t'avoir fiancée ?

Parce que c'était la tradition. Il fallait me marier. Le fiancé avait essayé de me consulter avant le mariage. Une fois, il m'avait demandé si je savais faire la cuisine, le ménage, et il me suivait d'une pièce à l'autre pour me demander cela. Je lui avais répondu que je ne savais rien faire. Je voulais vraiment me débarrasser de lui. J'étais jeune, très jeune, j'avais beaucoup de camarades, c'était les meilleures années, 1950–1954, le moment où tout le monde cherchait, voulait réaliser quelque chose. Et quelqu'un vient à ce moment-là te demander si tu sais *faire la popote et les matelas*[1] ! tu as envie de l'envoyer promener plutôt que l'épouser. A l'époque, la mentalité avait déjà changé ; un Fassi de 20 ou 30 ans ne serait pas venu te demander cela. Quand il a vu que je ne répondais pas à ses avances, que je tenais mes distances, il a cru que j'avais quelqu'un d'autre, que j'aimais un autre homme que lui. Evidemment, *il n'en était rien*[2]. Il avait été convenu au départ que le mariage n'aurait lieu qu'après mon baccalauréat. Il devait attendre que je l'ai passé. Il a pris une maîtresse qu'il a installée dans une maison. En tant qu'*amine*[3], il ne pouvait courir les filles, il lui fallait une *attitrée*[4], disait-il ! Son père venait de mourir, il lui avait succédé. Il était amine des

agrumes[5]. Un poste important. La femme attitrée qu'il s'était choisie était une prostituée notoire. Il l'entretenait officiellement et vivait avec elle ouvertement en attendant que je veuille bien changer d'avis à son égard.

Quand j'ai eu vent de la chose, cela a juste eu l'effet opposé à ce qu'il escomptait. Je trouvais une justification à mon refus. Je ne voulais plus entendre parler de lui, mais je ne pouvais pas en parler à mon grand frère, le tuteur. Il connaissait l'existence de la maîtresse attitrée et cela ne lui posait apparemment aucun problème. J'étais obligée d'attendre le retour de mon jeune frère Hamid, parti à Paris faire ses études supérieures. Quand il fut de retour, je lui dis que j'avais toujours été contre ce mariage et il le savait. J'étais décidée à mettre fin à mes jours d'une façon ou d'une autre s'il ne parvenait pas à me débarrasser de ce fiancé encombrant. Comme Hamid était assez lié avec lui, il s'employa tout l'été à le convaincre de renoncer à moi, lui disant que c'était mal parti, qu'il ne serait pas heureux avec moi, qu'il ferait mieux de chercher à faire vie avec une autre femme. Avec beaucoup de ruse et de patience, Hamid arriva à le persuader. J'ai recouvré ma liberté et l'acte de mariage fut annulé. Il s'est remarié juste après, mais pas avec sa maîtresse provisoire qu'il entretenait, avec une femme qu'il n'avait ni vue ni connue, que sa mère et sa sœur lui avaient choisie.

Etait-il un peu éduqué ?

Oui, il avait le niveau d'une cinquième année du secondaire, approximativement. C'est son frère que j'ai finalement épousé !

1. fam., faire la cuisine et le ménage   2. rien n'était vrai de cela
3. Dans l'organisation des corporations de métiers, c'est le responsable, l'homme en qui le groupe a confiance et à qui il a délégué le pouvoir de décision.
4. femme qu'il voyait habituellement   5. oranges, citrons et autres fruits du genre citrus

LE MARIAGE

Comment est-ce arrivé ?

Comme un cheveu sur la soupe[6] ! Je le savais amoureux d'une autre cousine à nous. Il était même question de mariage. Puis un jour je reçois une lettre, ma mère aussi, ainsi que mon frère. Il bombardait tout le monde de lettres me demandant en mariage et il voulait que cela se fasse le plus tôt possible. Comme je venais de refuser un premier fiancé, avec finalement le soutien de ma famille, il m'était impossible de refuser à nouveau. Il aurait dit que je faisais mes quatre volontés et que, par conséquent la famille n'avait pas à suivre mes caprices. J'ai donc accepté, je me suis laissé faire et je l'ai rejoint en France.

Il est venu te chercher ?

Non, pas du tout. Le mariage s'est fait sans lui. Il avait un poste officiel en France, avec le gouvernement marocain. Donc il ne pouvait pas bouger. Il m'a envoyé deux billets d'avion : l'un pour ma sœur, l'autre pour moi. Je suis partie un mois après l'acte de mariage, avec ma sœur. On a atterri un jour, à 4 heures du matin, en France et je me suis trouvée face à face avec mon mari. J'avais dix-huit ans.

Comment s'est-il comporté avec toi les premiers jours ?

C'est quelqu'un que je ne connaissais pratiquement pas, seulement dans un contexte différent, avec des sentiments différents ; et là, je me suis trouvée devant tout autre chose. Ma sœur est rentrée une vingtaine de jours plus tard.

T'avait-elle accompagnée pour ramener le pantalon[7] *?*

Non, quand même ! On n'en était pas là ! Mais imagine : J'allais retrouver l'homme qui allait devenir mon mari du jour au lendemain. Ce que je ressentais, ce n'est pas de la crainte mais plutôt une sensation de vide. Ma sœur était là, c'est vrai, mais depuis notre dispute à cause de la fête du lycée, le froid persistait entre nous. Je ne lui faisais plus de confidences.

Tu disais à ton mari ce que tu pensais de lui ?

Je ne le lui ai pas dit mais il s'en est rendu compte. Il mettait cela sur le compte de « l'enfantillage ». « Tu es encore une enfant », me disait-il. Il *se gargarisait*[8] de mots sans signification pour moi. Il me disait que j'étais son idole, qu'il m'aimait, que j'étais sa raison d'être, tout ça alors que je venais d'atterrir, que j'avais encore le vertige de l'avion que j'avais pris pour la première fois. J'avais surtout très peur à ce moment-là, tu vois, un sentiment d'immense insécurité. Je ne peux pas dire mieux.

Combien de temps êtes-vous restés en France ?

Un an à peu près. Lorsque je suis venue le rejoindre en septembre, il devait préparer de front deux certificats de licence. Il allait travailler à la Maison des Etudiants catholiques. Il y restait très tard chaque soir et j'étais très paniquée d'être seule. J'étais très jeune, je ne connaissais pas Paris. Je n'arrivais pas à me promener, à m'organiser seule dans la vie ; je vivais pratiquement cloîtrée tout le temps. On m'avait raconté tellement d'histoires sur la traite des Blanches.

Tu n'avais pas d'amies ?

Non, à l'époque je ne connaissais personne. Lui connaissait quelques familles parce qu'il avait passé sept ans en France avant mon arrivée. Mais c'était des familles

6. mal à propos
7. Il s'agit du pantalon taché de sang qui atteste que la mariée a bien été déflorée par le mari et qu'elle était alors vierge pour sa nuit de noces.   8. se délectait

avec des enfants de neuf et dix ans. Un grand écart d'âge entre eux et moi. Quand on allait chez eux, je me plaisais mieux avec les enfants.

Et tes études, c'était fini ?

Non, non. Dès octobre je me suis inscrite et j'ai suivi régulièrement des cours pendant toute cette année-là. Je n'ai arrêté que la veille de notre retour au Maroc. Je comblais mon temps par des cours. Le programme était très chargé, très vaste ; je faisais des études commerciales, alors que j'étais très attirée jusqu'alors par la littérature ! Il a fallu du jour au lendemain changer de vie, changer de pays, de cadre, d'études.

Pourquoi n'as-tu pas continué les mêmes études que celles interrompues au Maroc ? Pourquoi as-tu choisi de faire une section commerciale ?

C'est mon mari qui me l'a imposé. Il manquait à l'époque de bonnes sténodactylos dans les services du ministère auquel mon mari était attaché. Il voulait faire carrière dans ce ministère, et à l'étranger, un genre de carrière diplomatique. Alors les études commerciales me seraient très utiles, disait-il.

Vous êtes rentrés ensuite au Maroc ?

Oui, on est retournés au Maroc et c'est à ce moment-là que *la débandade*[9] a commencé. En France la vie sociale était restreinte : un déjeuner d'affaires par mois et les fêtes nationales qui reviennent tous les ans. Au Maroc, les gens menaient une vie mondaine très agitée ; c'étaient des réceptions à n'en plus finir. Il fallait que je l'accompagne et ensuite réinviter tout ce monde-là. Ça a duré deux ou trois ans.

Ensuite, il a changé de ministère et la situation s'est dégradée encore plus. Il s'est mis à boire, ce qu'il n'avait jamais fait auparavant, et à fréquenter des *chikhates*[10]. Comme il avait un poste important dans l'administration, les gens venaient lui demander des services. Un grand nombre de ces gens *étaient intéressés*[11]. Ils nous dérangeaient à n'importe quelle heure de la journée ou de la nuit, aux moments des repas, n'importe quand. Les soirées chez nous me donnaient du travail à n'en plus finir. Et puis, entre-temps, j'ai eu ma petite fille Kenza.

LA VIE DE JEUNE COUPLE

Je m'en suis occupée pendant une année, puis je suis entrée à l'Ecole normale pour pouvoir enseigner par la suite. A ce moment-là, l'Ecole normale dispensait un cours d'une année sanctionné à la fin par un examen. Quand j'ai eu terminé, j'ai enseigné. Mon mari ne voulait pas que je travaille, il voulait que je poursuive mes études ; à ce moment-là, il avait commencé son stage et, comme tu sais, les stagiaires ne gagnent pas beaucoup d'argent ; il avait un tout petit traitement. Donc je me suis décidée à travailler. Comme on avait acheté une maison, il y avait des échéances à payer. Il fallait absolument se mettre à deux pour couvrir les dépenses du ménage. Mais il préférait que je continue mes études.

Je me suis inscrite à la faculté de droit pour suivre les cours de capacité et accéder ainsi à la licence. J'ai fait une année et puis j'ai abandonné. Je n'arrivais pas à mener les deux de front : les préparations et les corrections me prenaient un temps fou. Les classes

9. le débâcle
10. Orchestres de femmes qui chantent et dansent pour une somme qui peut varier de 2 000 à 20 000 dirhams. Les *chikhates* sont devenues, à cause de la licence qui prédomine en leur présence, synonyme des prostituées. Souvent, elles sont originaires de familles rurales très pauvres, alors que les hommes qui louent leurs services sont souvent riches et puissants et essaient de pousser la relation plus loin.
11. recherchaient un avantage personnel

étaient tellement surchargées les premières années de l'indépendance en 1958–1959.[12]

Quand ton mari a terminé son stage, as-tu continué à travailler ?

Oui.

Pourquoi ?

Parce que je suis une femme très fière. Je ne demandais jamais à mon mari de m'acheter quoi que ce soit. J'estimais que mon travail devait me permettre de subvenir à mes besoins, de ne dépendre de personne. J'ai préféré garder une certaine indépendance. Parfois mon mari se plaignait : « Tu as pris trop d'indépendance. Je sais d'où ça vient. C'est le travail, c'est la voiture. Il faut que je te les enlève tous les deux. » Mais je connaissais sa psychologie. Je lui disais que dès le lendemain je déposerais ma démission à condition qu'il se montre à la hauteur de mes besoins. Parfois j'allais jusqu'à écrire ma démission et je lui demandais d'aller la porter lui-même. Au fond, il ne voulait pas tellement que je démissionne, c'était une situation qui l'arrangeait.

Qu'est-ce que tu faisais de ton salaire ?

Il faut parler de l'ensemble des dépenses du ménage. Nous n'avions pas un budget précis. Je ne savais pas combien mon mari gagnait, ni combien il dépensait. Il dépensait d'une manière irrationnelle. Ce n'était jamais planifié. On avait un train de vie très élevé à cause des réceptions qu'on donnait. On recevait beaucoup. J'en prends conscience maintenant que je suis divorcée et obligée de vivre avec un petit traitement. Mais avant, je ne m'en rendais pas compte. On faisait ensemble le marché, on achetait le ravitaillement d'un mois. Mon mari se désintéressait totalement de l'intérieur. Il lui arrivait d'aimer les belles choses, d'acheter une ménagère, par exemple, une cuisinière ou un truc comme ça... mais pour les petits

détails, les rideaux, les bibelots, les petites tables, etc. il n'y songeait jamais. Il aurait pu faire un effort si je n'avais pris les devants moi-même. J'utilisais mon salaire pour les petits meubles, pour m'habiller, habiller les enfants. Mon mari disait parfois : « Je n'ai jamais su ce qu'elle fait de son argent, je ne sais pas si elle le bloque sur un compte. » *Il savait pertinemment*[13] où je le mettais. Notre mobilier n'était pas tombé du ciel. Il n'avait pas du tout la notion des prix et n'appréciait nullement l'importance de l'argent que je dépensais.

Est-ce que ton travail te plaît ?

Il ne me passionne plus, je dois dire. J'aurais souhaité travailler dans l'enseignement supérieur mais cela supposait que j'aille en faculté moi-même ; or malheureusement ce n'est pas possible. Les cours du soir sont trop astreignants. C'est un rythme de vie impossible à tenir.

Parle-moi de tes grossesses. Etaient-elles spontanées ou planifiées ?

Le premier enfant est arrivé comme ça. On ne l'attendait pas. On était idiots tous les deux. Il connaissait, lui, mon ignorance en ce domaine et il n'a rien fait. D'ailleurs, il était en train de préparer des examens. Il avait beaucoup de travail et moi je m'étais inscrite dans un cours particulier d'études commerciales. Chacun de nous avait ses occupations et on ne voulait pas d'enfants, ça allait de soi. Trois mois plus tard on allait de médecin en médecin pour « le faire passer ». J'ai fait des piqûres, je sautais, je courais dans les escaliers, je me laissais tomber sur le lit, des sottises de ce genre. Je savais qu'autrefois les femmes se ménageaient sous prétexte qu'elles pouvaient avorter. Alors je me disais qu'en faisant le contraire ça me ferait avorter. Quand Kenza est venue, elle était tellement belle qu'on n'a pas regretté qu'elle

---

12. Le Maroc devient un royaume indépendant en août 1957.
13. Il en était informé exactement.

soit venue au monde. Je l'ai allaitée jusqu'à 10 mois. J'avais du lait à revendre. C'était un beau bébé.

A quel âge a-t-elle parlé ? En quelle langue ?

Elle a commencé à baragouiner à 9 mois. Je lui parlais en français et sa *dada*[14] lui parlait en arabe.

Kenza avait une dada ?

Oui, c'était une femme qui n'avait pas eu d'enfant, elle voulait à tout prix s'occuper de Kenza. Seulement moi je lisais des livres de puériculture, d'hygiène et je voulais, au début, les suivre à la lettre ! Je ne voulais pas que quelqu'un d'autre que moi la touche. Quand j'avais une soirée, je donnais des ordres pour qu'on la laisse pleurer, qu'on ne la touche pas, etc.

Est-ce qu'elle dormait avec toi ?

Mon mari ne tolérait pas le bruit. Il avait le sommeil fragile. La petite dormait donc ailleurs. Quand elle a eu 2 ans, elle s'est mise à dormir avec sa dada. Elles dormaient dans des lits séparés. Puis elles se sont mises à dormir dans le même lit. Mais ce fut catastrophique parce que l'enfant s'était habituée à la chaleur de Fatna. Il a fallu attendre presque la puberté pour qu'elle s'en libère. Elle ne pouvait dormir qu'avec sa dada. Si bien que lorsque dada partait dans son village pour voir sa famille, c'était un *calvaire*[15], l'enfant ne dormait plus. Elle pleurait toute la nuit et Fatna devait revenir le plus vite possible. Inutile de te dire que Fatna commençait à me *faire du chantage*[16]. Chaque fois qu'elle voulait une augmentation, elle partait ; le soir de préférence. La petite passait la nuit à pleurer. Elle avait pris avec sa dada

des habitudes que je ne pouvais satisfaire. Elles avaient développé des *manies*[17] : la petite ne dormait que si elle avait sa main dans celle de Fatna, si bien que le jour où on avait des invités Kenza attendait que Fatna soit libre pour pouvoir s'endormir. C'était devenu très inquiétant.

Comment cela avait-il commencé ?

Ça a commencé le jour où j'ai repris mon travail. J'étais restée à la maison pendant un an après la naissance de ma première fille. Après j'étais allée à l'Ecole normale. C'est à ce moment-là que Fatna a pris de l'importance dans la vie de l'enfant. J'étais absente et c'est elle qui s'en occupait. Elle suivait mes directives pour la nourriture, l'hygiène, mais elle était très possessive et envahissante. Comme elle n'avait jamais eu d'enfant, elle *s'est* totalement *emparée*[18] des miens, car elle a fait la même chose avec Aziza, ma deuxième fille. Elle a vu naître les trois enfants, elle avait un don diabolique pour les tourner vers elle. La même chose se reproduisit avec Aziza qui est née en 1963, six ans après Kenza. J'avais l'impression de terroriser Kenza quand je m'en occupais. Je ne savais plus m'occuper d'elle ; Fatna avait sa façon de lui donner le biberon, de la laver. Elle l'avait complètement métamorphosée. Je me sentais écartée de mes enfants, je sentais cette femme entre eux et moi. Combien de fois j'ai voulu me débarrasser d'elle ! mais à cause d'eux, j'en restais là. Je faisais des concessions et je la gardais. Elle a recommencé avec Aziza. Elle la mettait dans son lit la nuit, en cachette. Ce qui fait qu'à certains moments elle dormait avec les deux filles en même temps.

---

14. Esclave dans le contexte ancien. Ici le mot *dada* renvoie simplement à la bonne qui vit au sein de la famille et qui est plus spécialement chargée de l'enfant.
15. tourment
16. action d'essayer d'obtenir quelque chose de quelqu'un en menaçant de faire ce qui pourrait lui être désagréable
17. habitudes bizarres   18. s'est rendue importante au point de dominer

Aziza n'a vécu que deux ans. Elle est morte noyée. On avait du monde, on croyait qu'elle dormait. On devait la retrouver noyée dans le bassin au centre de la maison. Je ne veux plus y penser parce que c'était trop horrible. Elle avait beaucoup de caractère déjà à 19 mois. Elle s'est échappée des mains de la petite bonne qui la surveillait et elle *a piqué*[19] de la tête dans le bassin. Elle était très vivante, parlait déjà l'arabe et le français. Elle se comportait comme une petite adulte. C'est à ce moment-là que les choses ont commencé à mal marcher entre mon mari et moi. Après la mort de la petite, mon mari qui buvait déjà un peu a trouvé une raison sérieuse pour sombrer tout à fait dans l'alcoolisme.

Il buvait seul ?

Non, malheureusement. Il buvait avec d'autres. Mais quand je me suis opposée à ce qu'ils boivent chez moi, il s'est mis à fréquenter les bars, à boire en cachette, chez les uns et les autres.

A quelle heure rentrait-il ?

Tard, mais il rentrait quand même. Il avait mauvaise conscience, alors il désirait avoir un autre enfant, remplacer Aziza en quelque sorte. Je pensais pour ma part qu'il valait mieux éviter d'avoir un autre enfant que je traînerais comme une croix dans les conditions où je vivais. Après, il a tant insisté que j'ai pensé qu'un enfant le réhabiliterait, serait peut-être sa *planche de salut*[20]. Alors j'ai consenti. C'est ainsi que le troisième enfant est arrivé.

Venu avant terme, il était fragile et il ne s'en est jamais remis. Il n'avait pas crié, si bien que j'ai cru qu'il était mort. Le médecin qui m'accouchait était un idiot, il n'avait même pas les réflexes d'une bonne *qabla*[21]. Il n'a même pas été capable de lui donner de l'oxygène ou de le frictionner. Il l'a laissé revenir à lui tout seul. Le bébé a eu bientôt des œdèmes. On a pensé à un blocage des reins. Il était né à huit mois ; normalement, on aurait dû le mettre en *couveuse*[22]. Je l'ai emmené dans une clinique parisienne où une Française s'occupait des prématurés. Elle a remarqué qu'il gardait la position fœtale ; ses jambes et ses bras étaient écartés. Finalement, on l'a mis en couveuse dans ce centre, à Paris. Il y est resté vingt jours. On a diagnostiqué que non seulement il était prématuré, mais aussi qu'il avait une jaunisse. Les médecins avec qui j'ai pu parler ouvertement m'ont dit qu'il y avait un lien évident entre l'état de l'enfant et l'alcoolisme du père. C'était le coup de grâce !

Tu en as parlé à ton mari ?

C'était dans les moments de colère que je lui en parlais, quand j'étais vraiment excédée et quand il venait m'embêter le soir. Je lui disais : « Il ne suffit pas d'un enfant malade, tu veux en faire d'autres ? » Il avait compris que je le tenais pour responsable de l'état de l'enfant.

Je savais qu'il n'était pas homme à divorcer et que j'étais condamnée à rester ainsi toute ma vie. Je me suis fait une douce philosophie. J'ai essayé de m'organiser en fonction de mon travail, de mes enfants, si bien que *j'ai fait table rase de lui*[23]. Quand j'allais travailler le matin, il dormait encore. Il m'arrivait parfois de revenir le midi et de le trouver encore couché ou se préparant à sortir. Alors je mangeais avec ma fille et la ramenais à l'école. A trois ou quatre heures, il venait déjeuner avec une colonie de gens. On se croisait à peine. On n'avait plus de vie de famille. Il y avait toujours trop de monde à la maison.

---

19. a plongé   20. suprême appui, dernière ressource   21. accoucheuse traditionnelle
22. incubateur   23. je l'ai considéré comme inexistant

Il amenait les gens sans prévenir ?

Evidemment, puisqu'il y avait toujours à manger.

Qui faisait la cuisine ?

Au début de notre mariage, c'était moi ; mais quand je suis tombée enceinte, avec le marché et le ménage, je n'y arrivais plus. Alors on a eu une domestique qui s'est mise à s'occuper de tout, une perle. Elle faisait très bien la cuisine. Heureusement, parce que moi je commençais à m'en désintéresser totalement.

Il ne te réveillait pas quand il rentrait seul le soir ?

Bien sûr il me réveillait ; alors j'ai fait chambre à part.

Il s'y est fait ?[24]

Il avait un besoin absolu de me voir. Il fallait qu'il me voie. Il se donnait presque en spectacle pour se consoler. Il était plein de remords, de contradictions, de culpabilité. Il savait pertinemment qu'il me faisait mal et quand il rentrait le soir, il répétait souvent : « Je ne veux pas rentrer. Je ne mérite pas cette femme, c'est une sainte. Je ne veux pas rentrer chez moi. »

A qui disait-il ça ?

A des amis. C'était très dur. Quand le garçon est né et qu'il a compris qu'il serait malade toute sa vie, ça l'a achevé et a contribué à complètement le couper de tout le monde.

Tu n'as jamais pensé au divorce ?

Je croyais que c'était impossible. Il avait beaucoup d'amis avocats. Je me suis dit que je n'aurais jamais gain de cause. Alors j'ai traîné[25].

Vous n'avez jamais eu de moments de paix ?

Non. Quand il faisait des efforts pour ne pas boire, il devenait insupportable parce qu'il comprenait que moi je voyais ce qui se passait en lui. Il était confus. Il n'arrivait pas à être détendu. Il ne cherchait qu'à partir pour recommencer à boire. Dès qu'il avait des moments de lucidité, il ne cherchait qu'une seule chose, une échappatoire, n'importe quoi. Il téléphonait aux gens de venir pour se donner du courage en face de moi. Je crois qu'il se rendait compte que j'étais lucide. J'essayais toujours de sauver la situation, de rester digne malgré tout. Et c'est pour cela que tout le monde lui faisait des reproches : « Ecoute, tu as une femme comme ci, comme ça, tu ne la mérites pas. » Il s'enfonçait chaque fois davantage quand on lui disait ça. Et c'est pour ça qu'il devenait invivable lorsqu'il ne buvait pas. Il devenait agressif. Pas physiquement, mais il réclamait les choses avec arrogance : « Je vous fais le cadeau, l'honneur de ne pas être saoul[26]. »

J'ai longtemps été aux petits soins[27] pour lui. Je me disais : « Bon, puisqu'il fait l'effort, il faut l'aider » ; mais honnêtement, au fond de moi-même, je n'arrivais plus à le supporter. Je savais que la catastrophe était imminente. Il n'avait pas beaucoup de volonté. J'ai arrangé des entrevues avec des médecins pour qu'il fasse une cure. Il avait honte d'aller voir un médecin. Il n'admettait pas qu'il était ivrogne. Quand je lui disais : « Mais tu bois ! », il me répondait avec une langue pâteuse : « Moi, je bois ? » Il n'arrivait même pas à articuler. A quoi bon essayer de convaincre quelqu'un qui est foncièrement malhonnête et inconscient ? Il n'était même pas malhonnête car il était incapable de raisonner sainement.

C'était quelqu'un de très *complexé*[28]. Il a vécu privé d'affection, sa mère était morte alors qu'il était jeune et son père avait

---

24. Il s'y est habitué ?   25. j'ai agi trop lentement   26. ivre
27. j'ai longtemps été trop attentionnée   28. timide, inhibé

épousé la sœur de sa première femme qui vivait avec eux d'ailleurs. La disparition de sa mère et l'arrivée de cette tante qui devenait du jour au lendemain la patronne avait été un changement trop brusque.

Il avait quel âge ?

12 ou 14 ans. Il n'a jamais oublié. Ça l'a marqué parce qu'il n'était jamais satisfait. Il n'était pas bête. Il avait des *atouts*[29], notamment la possibilité d'aller en France, chose que beaucoup de Marocains ne pouvaient faire à ce moment-là.

Comment a-t-il pu se rendre en France avant de terminer ses études secondaires ? D'habitude on y va pour les études supérieures ?

Il est parti à l'aventure et il a continué ses études là-bas. Son père l'a aidé. Il lui envoyait de l'argent par l'intermédiaire de professeurs français qu'il connaissait. C'est ainsi qu'il est resté plus de dix ans en France. Il était quand même *nanti*[30] par rapport à beaucoup de Marocains. Mais *il a vraiment tout gâché*[31] et je suis sûre que son enfance est pour beaucoup dans l'échec de sa vie.

QUESTIONS

1. Comment se fait-il que la jeune Rabéa s'échappe aux premières fiançailles ?
2. Quel rôle la tradition a-t-elle joué dans son mariage ?
3. Comment se sent Rabéa quand elle rejoint son mari en France ? Quelle sorte de vie y mène-t-elle ?
4. Une fois rentré au Maroc, quel est le train de vie du couple ? Quels événements ont marqué leur vie commune ?
5. Faites le portrait du mari de Rabéa.
6. Décrivez l'importance du travail pour Rabéa.
7. Commentez les changements effectués dans la vie de cette femme dans le Maroc moderne.

29. chances, avantages   30. riche   31. il a vraiment tout gaspillé

Mariama Bâ

UNE SI LONGUE LETTRE (1979)

Nous retournons ici au roman épistolaire de Mariama Bâ. Dans cette lettre, Rama-
toulaye Fall raconte le moment où elle apprend que son mari a suivi les traditions de
son pays en lui imposant une deuxième femme. Elle écrit à son amie intime Aïssatou,
abandonnée elle aussi par son mari Mawdo Bâ, médecin et ami de Modou Fall.

Mon drame survint trois ans après le tien. Mais, contrairement à ton cas, le point de départ ne fut pas ma belle-famille. Le drame prit racine en Modou même, mon mari.

Ma fille Daba, préparant son baccalauréat, emmenait souvent à la maison des compagnes d'études. Le plus souvent, c'était la même jeune fille, un peu timide, frêle, mal à l'aise, visiblement, dans notre cadre de vie. Mais comme elle était jolie à la sortie de l'enfance, dans ses vêtements délavés, mais propres ! Sa beauté resplendissait, pure. Les courbes harmonieuses de son corps ne pouvaient passer inaperçues.

Je voyais, parfois, Modou s'intéresser au tandem. Je ne m'inquiétais nullement, non plus, lorsque je l'entendais se proposer pour ramener Binetou en voiture, « à cause de l'heure tardive », disait-il.

Binetou cependant se métamorphosait. Elle portait maintenant des robes de prêt-à-porter très coûteuses. Elle expliquait à ma fille en riant : « Je tire leur prix de la poche d'un vieux. »

Puis un jour, en revenant de l'école, Daba m'avoua que Binetou avait un sérieux problème :

« Le vieux des robes " Prêt-à-porter " veut épouser Binetou. Imagine un peu. Ses parents veulent la sortir de l'école, à quelques mois du Bac, pour la marier au vieux. »

— Conseille-lui de refuser, dis-je.

— Et si l'homme en question lui propose une villa, la Mecque pour ses parents, voiture, *rente*[1] mensuelle, bijoux ?

— Tout cela ne vaut pas le capital jeunesse.

— Je pense comme toi, maman. Je dirai à Binetou de ne pas céder ; mais sa mère est une femme qui veut tellement sortir de sa condition médiocre et qui regrette tant sa beauté fanée dans la fumée des feux de bois, qu'elle regarde avec envie tout ce que je porte ; elle se plaint à longueur de journée.

— L'essentiel est Binetou. Qu'elle ne cède pas.

Et puis, quelques jours après, Daba renoua le dialogue avec sa surprenante conclusion.

— Maman ! Binetou, *navrée*[2], épouse son « vieux ». Sa mère a tellement pleuré. Elle a supplié sa fille de lui « donner une fin heureuse, dans une vraie maison » que l'homme leur a promise. Alors, elle a cédé.

— A quand le mariage ?

— Ce dimanche-ci, mais il n'y aura pas de réception. Binetou ne peut pas supporter les moqueries de ses amies.

---

1. revenu, somme   2. désolée, attristée

Et, au crépuscule de ce même dimanche où l'on mariait Binetou, je vis venir dans ma maison, *en tenue d'apparat*[3] et solennels, Tamsir, le frère de Modou, entre Mawdo Bâ et l'Imam de son quartier. D'où sortaient-ils si *empruntés*[4] dans leurs *boubous*[5] empesés ? Ils venaient sûrement chercher Modou pour une mission importante dont on avait chargé l'un d'eux. Je dis l'absence de Modou depuis le matin. Ils entrèrent en riant, reniflant avec force l'odeur sensuelle de l'encens qui émanait de partout. Je m'assis devant eux en riant aussi. L'Imam attaqua :

— Quand Allah tout puissant met côte à côte deux êtres, personne n'y peut rien.

— Oui, oui, appuyèrent les deux autres.

Une pause. Il reprit souffle et continua :

— Dans ce monde, rien n'est nouveau.

— Oui, oui, *renchérirent*[6] encore Tamsir et Mawdo.

— Un fait qu'on trouve triste l'est bien moins que d'autres...

Je suivais la mimique des lèvres dédaigneuses d'où sortaient ces axiomes qui peuvent précéder l'annonce d'un événement heureux ou malheureux. Où voulait-il donc en venir avec ce préambule qui annonçait plutôt un orage ? Leur venue n'était donc point hasard. Annonce-t-on un malheur aussi *endimanché*[7] ? Ou, voulait-on inspirer confiance par une mise impeccable ?

Je pensais à l'absent. J'interrogeai dans un cri de fauve traqué :

— Modou ?

Et l'Imam, qui tenait enfin un fil conducteur, ne le lâcha plus. Il enchaîna, vite, comme si les mots étaient des braises dans sa bouche :

— Oui, Modou Fall, mais heureusement vivant pour toi, pour nous tous, Dieu merci. Il n'a fait qu'épouser une deuxième femme, ce jour. Nous venons de la Mosquée du Grand-Dakar où a eu lieu le mariage.

Les épines ainsi ôtées du chemin par l'Imam, Tamsir osa :

« Modou te remercie. Il dit que la fatalité décide des êtres et des choses : Dieu lui a destiné une deuxième femme, il n'y peut rien. Il te félicite pour votre quart de siècle de mariage où tu lui as donné tous les bonheurs qu'une femme doit à son mari. Sa famille, en particulier moi, son frère aîné, te remercions. Tu nous as vénérés. Tu sais que nous sommes le sang de Modou. »

Et puis, les éternelles paroles qui doivent alléger l'événement : « Rien que toi dans ta maison si grande soit-elle, si chère que soit la vie. Tu es la première femme, une mère pour Modou, une amie pour Modou. »

La pomme d'Adam de Tamsir dansait dans sa gorge. Il secouait sa jambe gauche croisée sur sa jambe droite repliée. Ses chaussures, des *babouches*[8] blanches, portaient une légère couche de poussière rouge, la couleur de la terre où elles avaient marché. Cette même poussière était attachée aux chaussures de Mawdo et de l'Imam.

Mawdo se taisait. Il revivait son drame. Il pensait à ta lettre, à ta réaction, et j'étais si semblable à toi. Il se méfiait. Il gardait la nuque baissée, l'attitude de ceux qui se croient vaincus avant de combattre.

J'acquiesçais sous les gouttes de poison qui *me calcinaient*[9]. « Quart de siècle de mariage », « femme incomparable ». Je faisais un compte à rebours pour déceler la cassure du fil à partir de laquelle tout s'est dévidé. Les paroles de ma mère me reve-

---

3. en vêtements solennels   4. embarrassés, gauches   5. longues tuniques   6. ajoutèrent
7. vêtu des habits plus soignés que d'habitude   8. chaussures dans les pays d'Islam
9. me brûlaient

naient : « Trop beau, trop parfait ». Je complétais enfin la pensée de ma mère par la fin du *dicton*[10]: « pour être honnête ». Je pensais aux deux premières incisives supérieures séparées largement par un espace, signe de la primauté de l'amour en l'individu. Je pensais à son absence, toute la journée. Il avait simplement dit : « Ne m'attendez pas à déjeuner ». Je pensais à d'autres absences, fréquentes ces temps-ci, *crûment*[11] éclairées aujourd'hui et habilement dissimulées hier sous la couverture de réunions syndicales. Il suivait aussi un régime draconien pour casser « l'œuf du ventre » disait-il en riant, cet œuf qui annonçait la vieillesse.

Quand il sortait chaque soir, il dépliait et essayait plusieurs vêtements avant d'en adopter un. Le reste, nerveusement rejeté, gisait à terre. Il me fallait replier, ranger ; et ce travail supplémentaire, je découvrais que je ne l'effectuais que pour une recherche d'élégance destinée à la séduction d'une autre.

Je m'appliquais à endiguer mon *remous intérieur*[12]. Surtout, ne pas donner à mes visiteurs la satisfaction de raconter mon désarroi. Sourire, prendre l'événement à la légère, comme ils l'ont annoncé. Les remercier de la façon humaine dont ils ont accompli leur mission. Renvoyer des remerciements à Modou, « bon père et bon époux », « un mari devenu un ami ». Remercier ma belle-famille, l'Imam, Mawdo. Sourire. Leur servir à boire. Les raccompagner sous les volutes de l'encens qu'ils reniflaient encore. Serrer leurs mains.

Comme ils étaient contents, sauf Mawdo, qui, lui, mesurait *la portée*[13] de l'événement à sa juste valeur.

QUESTIONS

1. A quel moment avez-vous deviné que le « vieux des robes " Prêt-à-porter " » était le mari de Ramatoulaye ? Expliquez.
2. Pour quelles raisons Binetou accepte-t-elle de se marier avec le « vieux » ?
3. Comment Ramatoulaye apprend-elle que son mari a pris une deuxième femme ? Comment a-t-elle réagi à cette nouvelle ?
4. Quels aspects de leur vie de couple Ramatoulaye découvre-t-elle en réfléchissant à cet événement ?
5. Comment la forme épistolaire de ce texte rend-il le récit plus poignant ?

SUJETS DE DISCUSSION ET DE COMPOSITION

1. Si, selon la tradition littéraire, la femme cherche sa place dans le monde en échangeant la maison paternelle pour celle d'un mari, les textes présentés dans cette section visent à montrer jusqu'à quel point cette place dans le monde est circonscrite. En vous rapportant à des textes de

10. pensée, proverbe   11. brutalement   12. agitation   13. l'importance

Marie de France, de Lafayette ainsi qu'au récit de Rabéa, examinez et comparez les codes et les pressions de la société qui régissent la vie de la femme mariée.

2. Comment est-ce que les femmes dans ces textes vivent le mariage ? Font-elles partie de ce que Barney appelle « le bétail » ou essaient-elles de trouver des moyens de remédier à leur situation ?

VI

FÉMINISMES

Depuis un certain temps on écrit « féminisme » au pluriel. Pourquoi cette orthographe ? « Féminismes » représente la conception d'une pensée collective mais ouverte : contemporaine dans sa diversité, traversée par des désirs communs mais aussi contradictoires. Depuis *Le Livre de la Cité des Dames* de Pisan les femmes ont réfléchi à leur destinée en tant que femmes. Elles ont interrogé les privilèges de l'autorité masculine ; elles ont contesté les discours culturels qui cherchent à définir leur nature. A travers les siècles, les femmes ont revendiqué le droit à la parole. Elles ont inventé des formes capables de bousculer les clichés et ont forgé des langages aptes à subvertir les stéréotypes. En ce sens ce n'est pas un seul et unique féminisme qui lie Pisan à Assia Djebar, mais plusieurs formes de pensée et d'écritures féministes qui se relaient et les relient entre elles.

Les textes recueillis ici cherchent à poser plutôt qu'à résoudre la question d'une identité féminine plurielle. Ils commencent par refuser toute définition : « La femme, ce n'est jamais ça » ; « Mais il n'y a plus de femmes !... En effet, qu'est-ce qu'une véritable femme ? » ; « Où est-elle ? ». Mais le questionnement d'une définition essentielle toute faite n'est qu'un premier pas vers une analyse culturelle plus radicale. Les féminismes constituent aussi une forme d'engagement qui se doit de dépasser le scepticisme initial pour déboucher sur une action politique et l'invention de nouvelles différences. Qu'attendons-nous ?

Christine de Pisan

LE LIVRE DE LA CITÉ DES DAMES (1405)

Le Livre de la Cité des Dames *inaugure l'histoire moderne des femmes de l'antiquité. Christine de Pisan invoque les accomplissements de femmes mythiques, légendaires, littéraires et historiques. Dans ces portraits, elle écrit en dialogue avec Boccace, poète et humaniste italien, auteur de nombreuses études encyclopédiques en latin, dont* De claris mulieribus *(1360–1374), collection de biographies de femmes célèbres. De cette façon, Pisan autorise son projet ambitieux et se donne une autorité d'innovatrice.*

XXXVII. OÙ IL EST QUESTION DE TOUS LES BIENFAITS QUE CES FEMMES ONT APPORTÉS AU MONDE.

« Ma Dame, je suis en admiration devant ce que vous me dites : tant de bienfaits dûs à l'intelligence des femmes ! Car les hommes affirment en général que le savoir féminin n'a aucune valeur, et l'on entend souvent dire en reproche, lorsqu'il est question de quelque sottise, que c'est bien là une idée de femme. En somme, l'opinion couramment admise par les hommes est que les femmes n'ont jamais servi à rien et n'ont d'autre utilité pour la société que de porter des enfants et de filer la laine. »

Elle me répondit : « On voit bien l'ingratitude de ceux qui tiennent de tels propos ! Ils ressemblent à ceux qui vivent des biens d'autrui et, ne sachant d'où viennent leurs richesses, ne songent jamais à remercier personne. Mais tu peux maintenant comprendre que Dieu, qui ne fait rien sans raison, a voulu montrer aux hommes qu'il n'a pas moins estimé le sexe féminin que le leur. En effet, il lui a plu d'accorder à l'intelligence des femmes de si vives lumières qu'elles peuvent non seulement apprendre et assimiler des sciences, mais en inventer des nouvelles, et qui plus est, des sciences si utiles et si profitables à l'humanité qu'on en trouverait difficilement de plus nécessaires. Cette Carmenta dont je t'ai parlé tout à l'heure illustre bien mon propos, elle qui inventa l'alphabet latin ; car Dieu a tant favorisé la découverte de cette femme qu'il en a répandu partout l'usage, si bien qu'elle a presque étouffé la gloire des alphabets hébraïque et grec, qui avaient été fort à l'honneur auparavant. L'Europe presque tout entière, c'est-à-dire une grande partie des pays du monde, emploie cet alphabet ; une infinité de livres et de volumes en toutes les disciplines sont rédigés en ces caractères, où brillent à tout jamais les exploits des hommes, la splendeur de la puissance divine, les sciences et les arts. Que l'on ne me rétorque pas que mon discours *est de parti pris*[1] ; je rapporte ici les propres paroles de Boccace, dont l'autorité bien connue est tenue pour irréprochable.

« On peut conclure que le bien que cette femme a fait est infini, car grâce à elle, les hommes, même s'ils ne le reconnaissent pas, ont été retirés de l'état d'ignorance et

1. est d'une opinion préconçue

183

amenés à la culture ; grâce à elle encore, ils peuvent envoyer, aussi loin qu'ils le souhaitent, leurs pensées les plus secrètes et communiquer leur volonté, faisant comprendre et savoir partout tout ce qu'ils veulent ; ils connaissent ainsi le passé, le présent, parfois même l'avenir. Grâce à l'invention de cette femme, les hommes peuvent encore établir des accords, se lier d'amitié avec des personnes vivant au loin ; par les réponses qu'ils se font les uns aux autres, ils peuvent se connaître sans jamais s'être vus. En somme, on ne saurait dire tous les bienfaits dont on est redevable à l'écriture, car elle décrit, fait connaître et comprendre Dieu, les choses célestes, la mer, la terre, tous les êtres et toutes les choses. Je te le demande donc : a-t-il jamais existé un homme à qui l'on doive davantage ? »

XVI. DES AMAZONES.

« Il est, proche de l'Europe, une terre jouxtant la grande mer océane qui entoure le monde : on l'appelle la Scythie ou terre des Scythes. Il advint un jour que les ravages de la guerre *privèrent*[2] cette terre de tous les nobles hommes de la région. Les femmes du pays, voyant qu'elles avaient toutes perdu mari, frères et parents, et qu'il ne leur restait plus que les vieillards et les petits enfants, s'assemblèrent courageusement pour délibérer ; elles décidèrent que désormais elles gouverneraient le royaume sans tutelle masculine et promulguèrent une loi interdisant aux hommes l'accès du territoire. Toutefois, pour assurer leur descendance, elles se rendaient dans les pays voisins à certaines époques de l'année, retournant ensuite dans leur pays ; si elles mettaient au monde des enfants mâles, elles les renvoyaient à leurs pères ; si c'étaient des filles, alors elles les élevaient. Pour appliquer cette loi, elles

choisirent deux des plus nobles d'entre elles et les couronnèrent reines : l'une eut pour nom Lampheto, l'autre Marthésie. Cela fait, elles chassèrent du pays tous les mâles qui restaient, s'armèrent, formèrent un grand nombre de bataillons entièrement composés de dames et de jeunes filles, et marchèrent sur leurs ennemis, dont les terres furent mises à feu et à sang. Nul ne put leur résister. Bref, elles vengèrent fort bien la mort de leurs maris.

« C'est ainsi que les femmes de Scythie commencèrent à porter les armes. On les appela par la suite Amazones, ce qui signifie " qui a subi *l'ablation d'un sein*[3] ". Elles avaient en effet l'habitude de brûler, selon une technique bien à elles, le sein gauche des petites filles de haute noblesse, afin que celles-ci ne soient point gênées en portant le *bouclier*[4] ; aux moins nobles, qui devaient tirer à l'arc, elles enlevaient le sein droit. Elles prirent un vif plaisir au métier des armes, agrandissant par la force leurs pays et domaines ; leur renommée fit le tour de la terre. Mais pour reprendre mon propos, Lampheto et Marthésie envahirent maints pays, chacune à la tête d'une grande armée ; elles finirent par assujettir une vaste partie de l'Europe et de l'Asie, faisant la conquête de nombreux royaumes et les soumettant à leur loi. Elles fondèrent un grand nombre de villes et de cités, en particulier Ephèse en Asie, ville qui fut célèbre et qui le demeure encore. La première à mourir fut Marthésie, tombée au combat ; à sa place les Amazones couronnèrent l'une de ses filles, une *pucelle*[5] noble et belle du nom de Synoppe. Celle-ci avait l'âme si hautaine et si fière qu'elle voulut rester vierge toute sa vie ; jamais en effet elle ne daigna s'accoupler à un homme. Sa seule passion, son unique soin, c'était la pratique des armes ; elle ne voulut point d'autre

---

2. enlevèrent   3. l'enlèvement d'un sein   4. arme défensive, épaisse plaque   5. jeune fille

plaisir. Rien ne pouvait satisfaire son appétit de terres à envahir et à conquérir. Elle se vengea de la mort de sa mère de façon exemplaire, passant tous les habitants du pays par l'épée et dévastant leurs terres. D'ailleurs, elle conquit bien d'autres contrées. »

XXIV. OÙ IL EST QUESTION DE LA VIERGE CAMILLE.

« Je pourrais te citer maintes vaillantes guerrières, et la vierge Camille ne fut pas moins intrépide que celles dont il a été question. Camille était la fille du vénérable roi des Volsques, Métabus. Sa mère mourut en la mettant au monde. Peu après, son père fut détrôné par les siens qui s'étaient révoltés. Le roi *était tellement aux abois*[6] qu'il fut contraint de fuir pour sauver sa vie ; il ne put emporter avec lui que Camille, qu'il aimait par-dessus tout. Arrivé à une grande rivière qu'il fallait traverser à la nage, il se désespéra, ne sachant par quel moyen faire passer l'enfant. Il y réfléchit longuement, puis dépouilla les arbres de grands morceaux d'écorce dont il fit une *nacelle*[7] flottante. Il y déposa sa fille et attacha l'embarcation à son bras avec de fortes lianes de lierre. C'est ainsi qu'il traversa avec sa fille. Il se réfugia dans les bois, n'osant se montrer ailleurs par peur des embûches de ses ennemis. Sa fille fut nourrie au lait de biches sauvages jusqu'à ce qu'elle eût grandi un peu ; la peau des bêtes leur servait de vêtement, de lit et de couverture.

« Adolescente, elle mit toute son ardeur à chasser, tuant les bêtes avec une fronde et des pierres. Elle était plus rapide pour les rattraper qu'aucun *lévrier*[8]. Elle fit ainsi jusqu'à l'âge adulte ; c'était alors un prodige de rapidité et de courage. Informée par son père du tort que lui avaient fait ses sujets, elle fit

confiance à sa force et à son courage et le quitta pour prendre les armes. Bref, elle fit tant et si bien qu'avec l'aide de quelques-uns de ses parents, elle reconquit son pays par la force des armes, prenant part elle-même aux batailles les plus féroces. Elle poursuivit ses exploits militaires et en acquit une grande renommée. Toutefois, elle fut si altière que jamais elle ne daigna se marier ni s'accoupler à un homme. Camille resta vierge ; ce fut elle qui courut au secours de Turnus contre Enée, lorsque celui-ci eut envahi l'Italie, comme le racontent les chroniques. »

XXV. OÙ IL EST QUESTION DE BÉRÉNICE, REINE DE CAPPADOCE.

« Il y avait en Cappadoce une reine nommée Bérénice, noble par la naissance et par le cœur, ainsi qu'il convenait à la fille du grand roi Mithridate, qui régnait sur une grande partie de l'Orient. C'était l'épouse du roi Ariarathe de Cappadoce. Cette femme devint veuve. Pendant son veuvage, un frère de feu son mari lui déclara la guerre, à elle et à ses enfants, pour les *dépouiller*[9] de leur héritage. Pendant cette lutte, au cours d'une bataille, l'oncle tua deux de ses neveux, c'est-à-dire les fils de cette femme. Bérénice en conçut une telle douleur que son immense chagrin chassa en elle toute peur féminine. Elle prit les armes et attaqua son beau-frère à la tête d'une grande armée ; elle s'illustra tant qu'elle finit par tuer son beau-frère de sa propre main, lui passant sur le corps avec son char et emportant la victoire. »

XXVI. OÙ IL EST QUESTION DE L'INTRÉPIDE CLÉLIE.

« Ce fut une femme courageuse et sage que la noble Romaine Clélie, même si elle ne s'illustra ni à la guerre ni sur le champ de

6. était si désespéré   7. petit bateau à rames   8. chien rapide   9. voler

bataille. Il arriva que les Romains, en signant la paix avec un roi qui avait été leur ennemi, acceptèrent de lui envoyer en otage, en gage de leur foi, la noble vierge Clélie et d'autres vierges romaines de haut rang. Clélie accepta sa captivité pendant un certain temps, puis pensa que c'était une grande honte pour la cité de Rome que tant de nobles vierges fussent prisonnières d'un roi étranger. Clélie s'arma de courage et de ruse, et, trompant par ses belles paroles et ses promesses ceux qui la surveillaient, s'enfuit avec ses compagnes pendant la nuit. Elles parvinrent jusqu'aux rives du Tibre ; là, Clélie trouva un cheval qui broutait dans la prairie. Elle qui n'était jamais montée à cheval l'enfourcha, et sans aucune frayeur ni peur de la profondeur des eaux, fit monter en croupe une de ses compagnes et traversa le fleuve. Elle revint les chercher les unes après les autres et les fit passer toutes, les ramenant saines et sauves à Rome où elle les rendit à leurs parents.

« Les citoyens romains vénérèrent hautement le courage de cette vierge, et même le roi qui l'avait eue en otage l'en estima et se réjouit de l'aventure. Pour garder à tout jamais le souvenir de ce haut fait, les Romains élevèrent une statue à Clélie, représentant une jeune fille à cheval, et choisirent pour emplacement une hauteur sur le chemin du temple où elle demeura longtemps.

« Voici achevées les fondations de notre Cité ; il nous faut maintenant lever les hauts murs de l'enceinte. »

QUESTIONS

1. Quelle est « l'opinion couramment admise » à laquelle Christine de Pisan s'attaque ? Comment s'en explique-t-elle ?
2. Selon Pisan, quelle est la contribution essentielle que Carmenta apporte à l'évolution de la civilisation occidentale ? Que signifie l'attribution, par Pisan, de l'invention de l'écriture à une femme ?
3. Qui sont les Amazones ?
4. Pourquoi a-t-on besoin d'une histoire de femmes courageuses ?

Marie-Jeanne Riccoboni (1713–1792)

Peu après la naissance de Marie-Jeanne Laboras de Mézière, on découvre la bigamie de son père. Le mariage est annulé, le père excommunié et la fille est placée dans un couvent. En 1734, elle épouse Antoine-François Riccoboni, un acteur italien. Elle commence aussi à jouer à la Comédie-Italienne. Pendant la première décennie de son mariage, Riccoboni tombe amoureuse du comte de Maillebois, qui la quitte pour faire un mariage de convenance. Riccoboni se sépare de son mari en 1755 et vit ensuite jusqu'à sa mort avec son amie et collègue, Marie-Thérèse Biancolelli.

Riccoboni continue à être actrice, et en 1751, sa carrière d'écrivain commence par un pari. Lorsqu'un ami déclare que le style de Marivaux dans *La Vie de Marianne* est inimitable, Riccoboni se met à écrire une continuation du roman que beaucoup prennent comme authentique. Six ans plus tard, elle publie son premier roman épistolaire, *Lettres de Mistress Fanni Butlerd,* dont le succès est considérable. Elle continue à écrire des romans épistolaires, et avec le troisième, en 1761, elle prend sa retraite du théâtre pour vivre de sa plume. A part ses romans épistolaires, elle écrit des contes, des essais moraux et des lettres. Elle traduit aussi des pièces de théâtre et des romans anglais. Peu après la publication des *Liaisons dangereuses* (1782), le roman épistolaire de Laclos, Riccoboni entre en correspondance avec l'auteur pour contester la représentation du vice chez son personnage Madame de Merteuil. Les réponses de Laclos indiquent le rôle important que Riccoboni joue dans la société de l'époque. En 1772, Riccoboni se voit accordée par Louis XV une pension annuelle. Et au dix-huitième siècle, ses romans sont parmi les plus appréciés.

Les héroïnes de Riccoboni sont informées, intelligentes et morales ; de leurs expériences, elles déduisent des vérités universelles. Elles protestent le traitement injuste des femmes par les hommes, en démontrant que cette injustice est sanctionnée par la société bourgeoise qui privilégie chez l'homme ce qu'elle punit chez la femme. Les hommes sont dominés par leur narcissisme et leur sensualité ; ils ne savent pas aimer comme les femmes, qui, par contre, sont généreuses et sincères. Bien qu'elles résistent à l'ordre sexuel, les héroïnes de Riccoboni ne cherchent pas à changer l'ordre social mais acceptent, plutôt, la destinée romanesque qui les définit à travers leur rapport aux hommes.

Suite de Marianne (1751)

Lettres de Mistress Fanni Butlerd (1757)

Histoire du Marquis de Cressy (1758)

Lettres de Milady Juliette de Catesby (1761)

Histoire d'Ernestine (1762)

L'Histoire de Miss Jenny (1764)

L'Abeille (1761–1765)

Recueil de pièces détachées (1765)

Œuvres complètes (1818)

L'ABEILLE

Entre 1761 et 1765, Marie-Jeanne Riccoboni s'invente un personnage littéraire appelé « L'Abeille ». Les courts textes qu'elle rédige sont conçus sur le modèle du célèbre journal anglais The Spectator (1711–1712) *de Joseph Addison et Richard Steele, où l'accent est mis sur le monde social et où un ou plusieurs personnages publient et commentent des correspondances (fictives ou réelles). Cette tradition a eu une riche influence en France. « L'Abeille » ne déclare pas son identité sexuelle mais invite le public à la deviner. Elle construit pourtant un espace dans lequel le point de vue féministe sur les rapports entre les sexes, les privilèges de l'autorité masculine et l'éducation des filles s'exprime à travers les voix des autres. Ici, « L'Abeille » cite des propos d'une amie, une lettre d'une marquise et les mémoires d'un comte.*

Il est surprenant de voir la plupart des hommes, surtout de ceux que la naissance ou la richesse distingue, profiter si mal des efforts que l'on fait pour les rendre sages et habiles : dès leur plus tendre jeunesse, on s'applique à former leur cœur, on leur enseigne à penser, à se conduire : des gens savants se destinent et s'emploient à leur donner des principes solides, des connaissances utiles. Que de moyens leur sont offerts pour développer, pour étendre cette intelligence sublime dont le premier homme fut doué : intelligence, qui, dans leur idée, succédant seulement des pères aux fils, les élève au-dessus des autres créatures, leur soumet l'empire de l'univers, les autorise à regarder leurs compagnes comme subordonnées à leur génie et condamnées à en reconnaître la supériorité.

J'étais un jour chez une Dame, où dix personnes du grand monde s'entretenaient d'un événement fâcheux et récent, il intéressait tous les Ordres de l'Etat, on formait cent conjectures différentes sur les suites qu'il pourrait avoir, on en vint à citer des exemples tirés de l'histoire, pour appuyer ses opinions, quelle confusion ! que de méprises ! quelle ignorance des temps, des lieux, des personnes ! je ne pus m'empêcher d'en rire. « Eh bien », me dit la maîtresse de la maison, quand elle se vit seule avec moi,

« voilà pourtant les êtres dominants dans la nature, destinés à commander, à régir, à guider notre sexe, et à le maîtriser ! on fait tout pour eux, dix ans sont employés à leur donner de l'esprit, de la raison, à les rendre capables de voir, de sentir, de juger, ils possèdent tout, jouissent de tout, le monde semble créé pour eux seuls.

Nous, négligées de nos pères, trop souvent regardées comme des êtres inutiles, à charge, qui viennent enlever une portion de l'héritage d'un fils, seul objet de la vanité d'une grande maison, on nous abandonne aux soins d'une vieille femme de chambre, qui passe de la toilette, où elle commence à déplaire, à l'emploi difficile d'éclaircir nos premières idées. Nous sortons des mains de cette inepte gouvernante, pour entrer dans des maisons, où des filles, qui ne connaissent point le monde nous enseignent à le haïr, nous répètent de le craindre, sans nous prévenir sur ses véritables dangers : une contenance modeste, quelques principes respectables, étouffés par mille préjugés, sont les seuls avantages que nous procurent plusieurs années perdues chez elles. Nous rentrons dans la maison paternelle, pour y perfectionner des talents frivoles, nous y vivons sans jouir de rien. Muette au milieu d'un grand cercle, une fille ne semble pas être compagnie, à peine lui parle-t-on, à peine ose-t-elle répondre, son cœur, son esprit, son âme, ne sont point connus. On nous marie enfin, et c'est un prodige si à trente ans, une femme est parvenue, par ses réflexions, par une étude pénible des autres et d'elle même, à penser, d'après les seules inspirations de son âme, qu'elle est formée pour acquérir les connaissances et pratiquer les vertus, qui font le partage égal des deux sexes. »

Cette Dame avait raison, communément les hommes sont élevés, et les femmes s'élèvent elles-mêmes, elles n'ont souvent d'autre maître que leur cœur, maître habile, dont la méthode est sûre, mais combien d'obstacles s'opposent à cette étude pénible, qu'elles sont forcées de faire ? Mille objets les en détournent, et la façon de penser des hommes à leur égard, les en dégoûte.

Un de mes amis, touché de voir une femme très aimable, uniquement occupée des grâces de sa personne, paraissant trop attentive à relever ses charmes par tout ce qui pouvait en augmenter l'éclat, crut devoir lui écrire, pour l'engager à donner un peu de temps à des soins plus sérieux, voici la réponse qu'il reçut.

LETTRE DE MADAME LA MARQUISE DE ***,
À MONSIEUR LE COMMANDEUR DE ***.

« Il était inutile, Monsieur, de terminer votre lettre par une apologie des motifs qui vous l'ont fait écrire, je l'ai lue avec attention et sans me fâcher de vos avis, très déterminée à me conduire par mes propres inspirations, j'écoute un conseil sans humeur, surtout quand l'amitié le dicte, je veux bien confier mes raisons à l'honnête homme qui me désirait parfaite, et m'estime assez pour penser qu'il me serait facile de le devenir. Je passe un temps considérable à ma toilette, cela est vrai, Monsieur. J'en emploie beau-coup à choisir des étoffes, à décider de la parure du jour ou de celle du soir, *je conviens de cela*[1], mais que ce temps perdu fût mieux employé à lire, à penser, à réfléchir, former mon caractère, cultiver mes talents, orner mon esprit, assurer mon goût, vous me permettrez, Monsieur, de n'en rien croire. Tant qu'une parure brillante, un air agaçant, le caprice, la légèreté, l'imprudence et l'*étourderie*[2] attireront sur mes pas une foule empressée à me plaire, me feront distinguer, préférer, chérir, à quoi bon, Monsieur, songerais-je à me donner des qualités estimables qui coûtent à acquérir, et *dont* il m'est si commode et si aisé *de me passer*[3] ? Si votre sexe mettait un prix flatteur à nos vertus, s'il accordait au mérite, le tribut de louanges qu'il prodigue à la beauté, on nous verrait travailler à parer nos grâces naturelles des attraits solides de l'égalité d'humeur, de la bonté, de la douceur, de l'esprit et du savoir, sûres de trouver des amis, nous dédaignerions l'art d'attirer des amants. Mais une femme n'inspire jamais qu'un sentiment intéréssé, les désirs, l'amusement, l'attente d'un plaisir passager, sont les motifs secrets des hommages rendus à ses charmes, on l'aime parce qu'elle est belle, on la cherche, on la suit, on la sert, dans l'idée qu'elle est faible, on s'y attache par l'espérance de la voir devenir folle, et de profiter de sa démence : est-ce la peine, Monsieur, de se gêner, de se contraindre, pour tirer si peu de fruit d'un vrai mérite ? quelle femme n'est pas digne de ce qu'un homme est capable de sentir en la voyant ?

Si vous étiez *sensés*[4], les femmes seraient raisonnables, la façon dont elles vivent, n'est pas un défaut de leur naturel, mais la suite inévitable de votre conduite avec elles, vos erreurs les *égarent*[5] nécessaire-

1. je concède cela   2. irréflexion, distraction   3. me dispenser de   4. raisonnables
5. déroutent

ment : eh ! corrigez-vous, devenez honnêtes, sensibles, chérissez la décence, appréciez les vertus, vous les ferez renaître : nées pour vous aimer, vos sentiments détermineront toujours les nôtres. » Mon Ami voulut répondre, il ne trouva rien à dire. Pendant que je suis sur la différence des soins que l'on croit devoir à ses enfants, suivant celle de leur sexe, je donnerai ici quelques lignes des Mémoires du Comte de Lipari. Il s'exprime en ces termes :

« Je vivais chez le Duc de Matalone, quand ma femme naquit. Je n'avais guère plus de dix ans, et je me souviens encore de l'étrange réception qu'on lui fit à son arrivée dans le monde. La fortune du Duc était considérable, il souhaitait ardemment un héritier, et sans cesse il importunait le Ciel de ses vœux, afin d'obtenir une bénédiction si désirée. On lui annonça enfin qu'il allait devenir père. Sa reconnaissance éclata par des bienfaits répandus dans tous les monastères, les autels furent parés de ses dons magnifiques, son empressement et sa tendresse redoublèrent pour celle dont le sein fécond devait remplir sa plus chère espérance.

Le temps amena le moment si vivement désiré, la Duchesse donna le jour à une aimable et innocente créature, qui apportait en naissant un droit incontestable à l'amour, aux soins, à la bienveillance de ses parents. Je croyais pouvoir féliciter le Duc, et courais dans ses bras, on me retint. Avant de se livrer à la joie, on devait examiner cet être encore inconnu, savoir de quel sexe la nature l'avait doué : la place qu'il occuperait dans le cœur de son père, était incertaine, un regard allait en décider. Hélas !, c'était une fille, c'était celle qui est devenue la compagne de ma vie, l'objet de mon amour et de mes complaisances. Le Duc en la connaissant, la repoussa d'une main, et porta l'autre à ses

yeux. Un air de tristesse se répandit sur tous les visages. La Duchesse, dont l'état exigeait des *ménagements*[6], ignora plusieurs jours le malheur qu'elle avait eu de mettre une fille au monde. Malgré ma grande jeunesse, je fus frappé de cette bizarrerie, je la trouvai inhumaine, j'y ai trop réfléchi depuis pour ne pas la mépriser, et peut-être la Comtesse de Lipari doit-elle une partie de ma constante tendresse à la pitié qu'elle m'inspira le jour de sa naissance.

Cette folle préférence pour un fils est une faiblesse de l'orgueil, et la plus condamnable sans doute. Ce n'est pas sa fortune, ses vertus, le bonheur dont on croit jouir, que l'on désire de faire passer après soi sur une autre tête, c'est son nom.

Je le dis à regret, si tant de grands qui se sont cru heureux en laissant des successeurs de leur sang à de vastes possessions, à des titres honorables, à des emplois brillants, pouvaient jeter les yeux sur leurs héritiers, les observer, suivre leurs démarches, pénétrer leurs sentiments, il y en aurait bien peu qui eussent sujet de s'applaudir d'être la tige de ces rameaux flétris !

L'inconséquence naturelle des hommes peut leur faire adopter un préjugé, mais quand il est absolument injuste, comment le temps et la réfléxion ne parviennent-ils pas à le détruire ? Est-il possible que des parents osent porter des regards si différents sur des créatures si semblables, qui leur imposent décidément les mêmes obligations, et que la loi de l'humanité, plus sainte que celle de l'usage, doit leur rendre également chères ? »

Comme le Comte de Lipari écrit ses Mémoires pour ses deux filles, il s'adresse ici à elles. « O mes filles ! je vous ai reçues avec joie des mains du Ciel, les bras d'un tendre père vous furent toujours ouverts, vous jouirez de mes biens, ma plus douce espérance est de vous voir heureuses. Mes titres

---

6. précautions, attentions

s'anéantiront, cette vaine grandeur qui m'environne, sera *ensévelie*[7] dans le sein de l'oubli, mon nom mourra parmi les hommes, mais sa mémoire vivra dans vos cœurs. »

Comme *j'ai un peu d'humeur*[8] aujourd'hui, je ne saurai conter, rien d'agréable ne s'offre à mon idée. Je finirai donc mon petit cahier, par des lettres traduites de l'arabe.

QUESTIONS

1. Faites le portrait de l'éducation d'une fille de la haute société. Qu'est-ce qu'on lui apprend ? Les garçons reçoivent-ils le même enseignement ?

2. La réponse de la marquise de *** vous paraît-elle d'actualité ? Justifiez votre réponse en citant des expressions pertinentes.

3. Pourquoi le duc de Matalone trouve-t-il que c'est un malheur que sa femme ait donné naissance à une fille ? Pourquoi aurait-il préféré avoir un fils ? Est-ce que les mêmes préjugés existent aujourd'hui ?

4. Expliquez la différence entre la perspective du duc et le point de vue du comte de Lipari. En quel sens pourrait-on dire qu'ils tombent d'accord pour reconnaître le pouvoir du nom du père ?

7. enterrée   8. je ne suis pas très gaie

Germaine de Staël

DES FEMMES QUI CULTIVENT LES LETTRES (1800)

De la littérature considérée dans ses rapports avec les institutions sociales est un des textes les plus importants dans l'histoire de la littérature comparée. Sous la pression de Napoléon, tout juste arrivé au pouvoir (1799), cet ouvrage a valu à Staël des critiques amères dans les journaux. Germaine de Staël élabore une théorie des rapports entre la littérature et l'esprit national, ce qu'on appelle « les mentalités ». Selon Staël, la littérature réfléchit et influence les institutions politiques, religieuses et sociales, aussi bien que les traditions culturelles. Le chapitre suivant interroge l'idéologie qui gouverne l'existence sociale et intellectuelle des femmes en France.

> « Le malheur est comme la montagne noire de Bember, aux extrémités du royaume brûlant de Lahor. Tant que vous la montez, vous ne voyez devant vous que de stériles rochers ; mais quand vous êtes au sommet, le ciel est sur votre tête, et à vos pieds le royaume de Cachemire. »
>
> *LA CHAUMIÈRE INDIENNE*, PAR
> BERNARDIN DE SAINT-PIERRE

L'existence des femmes en société est encore incertaine sous beaucoup de rapports. Le désir de plaire excite leur esprit ; la raison leur conseille l'obscurité ; et tout est arbitraire dans leurs succès comme dans leurs revers.

Il arrivera, je le crois, une époque quelconque, dans laquelle des législateurs philosophes donneront une attention sérieuse à l'éducation que les femmes doivent recevoir, aux loix civiles qui les protègent, aux devoirs qu'il faut leur imposer, au bonheur qui peut leur être garanti ; mais, dans l'état actuel, elles ne sont, pour la plupart, ni dans l'ordre de la nature, ni dans l'ordre de la société. Ce qui réussit aux unes perd les autres ; les qualités leur nuisent quelquefois, quelquefois les défauts leur servent ; tantôt elles sont tout, tantôt elles ne sont rien. Leur destinée ressemble, à quelques égards, à celle des *affranchis*[1] chez les empereurs ; si elles ont du pouvoir, on leur rappelle qu'elles sont nées esclaves ; si elles restent esclaves, on opprime leur destinée.

Certainement il vaut beaucoup mieux, en général, que les femmes se consacrent uniquement aux vertus domestiques ; mais ce qu'il y a de bizarre dans les jugemens[2] des hommes à leur égard, c'est qu'ils leur pardonnent plutôt de manquer à leurs devoirs

---

1. emancipés   2. Nous avons gardé l'ancienne orthographe dans ce texte.

que d'attirer l'attention par des talens distingués. Ils tolèrent en elles la dégradation du cœur en faveur de la médiocrité de l'esprit ; tandis que l'honnêteté la plus parfaite pourroit à peine obtenir grâce pour une supériorité véritable.

Je développerai les diverses causes de cette singularité. Je commence d'abord par examiner quel est le *sort*[3] des femmes qui cultivent les lettres dans les monarchies, et quel est aussi leur sort dans les républiques. Je m'attache à caractériser les principales différences que ces deux situations politiques doivent produire dans la destinée des femmes qui aspirent à la célébrité littéraire, et je considère ensuite d'une manière générale quel bonheur la gloire peut promettre aux femmes qui veulent y prétendre.

Dans les monarchies, elles ont à craindre le ridicule, et dans les républiques la haine.

Il est dans la nature des choses que, dans une monarchie où le tact des convenances est si finement saisi, toute action extraordinaire, tout mouvement pour sortir de sa place, paroisse d'abord ridicule. Ce que vous êtes forcé de faire par votre état, par votre position, trouve mille approbateurs ; ce que vous inventez sans nécessité, sans obligation, est d'avance jugé sévèrement. La jalousie naturelle à tous les hommes ne s'apaise que si vous pouvez vous excuser, pour ainsi dire, d'un succès par un devoir ; mais si vous ne couvrez pas du prétexte de votre situation et de votre intérêt la gloire même, si l'on vous croit pour unique motif le besoin de vous distinguer, vous importunerez ceux que l'ambition amène sur la même route que vous.

En effet, les hommes peuvent toujours cacher leur amour-propre et le désir qu'ils ont d'être applaudis sous l'apparence ou la réalité de passions plus fortes et plus nobles ;

mais quand les femmes écrivent, comme on leur suppose en général pour premier motif le désir de montrer de l'esprit, le public leur accorde difficilement son suffrage. Il sent qu'elles ne peuvent s'en passer, et cette idée fait naître en lui la tentation de le refuser. Dans toutes les situations de la vie, l'on peut remarquer que dès qu'un homme s'aperçoit que vous avez éminemment besoin de lui, presque toujours il se refroidit pour vous. Quand une femme publie un livre, elle se met tellement dans la dépendance de l'opinion, que les dispensateurs de cette opinion lui font sentir durement leur *empire*[4].

A ces causes générales, qui agissent presque également dans tous les pays, se joignoient diverses circonstances particulières à la monarchie française. L'esprit de chevalerie qui subsistoit encore s'opposoit, sous quelques rapports, à ce que les hommes mêmes cultivassent trop assidûment les lettres. Ce même esprit devoit inspirer plus d'éloignement encore pour les femmes qui s'occupoient trop exclusivement de ce genre d'étude, et détournoit ainsi leurs pensées de leur premier intérêt, les sentimens du cœur. La délicatesse du point d'honneur pouvoit inspirer aux hommes quelque répugnance à se soumettre eux-mêmes à tous les genres de critique que la publicité doit attirer : à plus forte raison pouvoit-il leur déplaire de voir les êtres qu'ils étoient chargés de protéger, leurs femmes, leurs sœurs ou leurs filles, courir les hasards des jugemens du public, lui donner seulement le droit de parler d'elles habituellement.

Un grand talent triomphoit de toutes ces considérations ; mais il étoit néanmoins difficile aux femmes de porter noblement la réputation d'auteur, de la concilier avec l'indépendance d'un rang élevé, et de ne perdre rien par cette réputation de la dignité, de

3. destin   4. pouvoir

la grâce, de l'aisance et du naturel qui devoient caractériser leur ton et leurs manières habituelles.

On permettoit bien aux femmes de sacrifier les occupations de leur intérieur au goût du monde et de ses amusemens ; mais on accusoit de pédantisme toute étude sérieuse ; et si l'on ne s'élevoit pas dès les premiers pas au-dessus des *plaisanteries*[5] qui assailloient de toutes parts, ces plaisanteries parvenoient à décourager le talent, à tarir la source même de la confiance et de l'exaltation.

Une partie de ces inconvéniens ne peut se retrouver dans les républiques, et surtout dans une république qui auroit pour but l'avancement des lumières. Peut-être seroit-il naturel que, dans un tel état, la littérature proprement dite devînt le partage des femmes, et que les hommes se consacrassent uniquement à la haute philosophie.

On a dirigé l'éducation des femmes, dans tous les pays libres, selon l'esprit de la constitution qui y étoit établie. A Sparte, on en faisoit des guerrières ; à Rome, on exigeoit d'elles des vertus austères et patriotiques. Si l'on vouloit que le principal *mobile*[6] de la république française fût l'émulation des lumières et de la philosophie, il seroit très raisonnable d'encourager les femmes à cultiver leur esprit, afin que les hommes pussent *s'entretenir*[7] avec elles des idées qui captiveroient leur intérêt.

Néanmoins, depuis la révolution, les hommes ont pensé qu'il étoit politiquement et moralement utile de réduire les femmes à la plus absurde médiocrité ; ils ne leur ont adressé qu'un misérable langage sans délicatesse comme sans esprit ; elles n'ont plus eu de motifs pour développer leur raison : les *mœurs*[8] n'en sont pas devenues meilleures. *En bornant*[9] l'étendue des idées, on n'a

pu rendre la simplicité des premiers âges ; il en est seulement résulté que moins d'esprit a conduit à moins de délicatesse, à moins de respect pour l'estime publique, à moins de moyens de supporter la solitude. Il est arrivé ce qui s'applique à tout dans la disposition actuelle des esprits : on croit toujours que ce sont les lumières qui font le mal, et l'on veut le réparer en faisant rétrograder la raison. Le mal des lumières ne peut se corriger qu'en acquérant plus de lumières encore. Ou la morale seroit une idée fausse, ou il est vrai que plus on s'éclaire, plus on s'y attache.

Si les Français pouvoient donner à leurs femmes toutes les vertus des Anglaises, leurs mœurs retirées, leur goût pour la solitude, ils feroient très bien de préférer de telles qualités à tous les dons d'un esprit éclatant ; mais ce qu'ils pourroient obtenir de leur femmes, ce seroit de ne rien lire, de ne rien savoir, de n'avoir jamais dans la conversation ni une idée intéressante, ni une expression heureuse, ni un langage *relevé*[10] ; loin que cette bienheureuse ignorance les fixât dans leur intérieur, leurs enfans leur deviendroient moins chers lorsqu'elles seroient hors d'état de diriger leur éducation. Le monde leur deviendroit à la fois plus nécessaire et plus dangereux ; car on ne pourroit jamais leur parler que d'amour, et cet amour n'auroit pas même la délicatesse qui peut tenir lieu de moralité.

Plusieurs avantages d'une grande importance pour la morale et le bonheur d'un pays, se trouveroient perdus si l'on parvenoit à rendre les femmes tout à fait insipides ou frivoles. Elles auroient beaucoup moins de moyens pour adoucir les passions furieuses des hommes ; elles n'auroient plus, comme autrefois, un utile *ascendant*[11] sur l'opinion : ce sont elles qui l'animoient dans

---

5. propos destinés à faire rire, moquerie 6. cause, motif 7. causer, se parler
8. habitudes, coutumes d'une société, d'un peuple 9. en limitant 10. noble
11. autorité, influence

tout ce qui tient à l'humanité, à la générosité, à la délicatesse. Il n'y a que ces êtres en-dehors des intérêts politiques et de la carrière de l'ambition, qui versent le mépris sur toutes les actions basses, signalent l'ingratitude, et savent honorer la disgrâce quand de nobles sentimens l'ont causée. S'il n'existoit plus en France des femmes assez éclairées pour que leur jugement pût compter, assez nobles dans leurs manières pour inspirer un respect véritable, l'opinion de la société n'auroit plus aucune puissance sur les actions des hommes.

Je crois fermement que dans l'ancien régime, où l'opinion exerçoit un si salutaire empire, cet empire étoit l'ouvrage des femmes distinguées par leur esprit et leur caractère : on citoit souvent leur éloquence quand un *dessein*[12] généreux les inspiroit, quand elles avoient à défendre la cause du malheur, quand l'expression d'un sentiment exigeoit du courage et déplaisoit au pouvoir.

Durant le cours de la révolution, ce sont ces mêmes femmes qui ont encore donné le plus de preuves de dévouement et d'énergie. Jamais les hommes, en France, ne peuvent être assez républicains pour se passer entièrement de l'indépendance et de la fierté naturelle aux femmes. Elles avoient sans doute, dans l'ancien régime, trop d'influence sur les affaires ; mais elles ne sont pas moins dangereuses alors qu'elles sont dépourvues de lumières, et par conséquent de raison ; leur ascendant se porte alors sur des goûts de fortune immodérés, sur des choix sans discernement, sur des recommandations sans délicatesse ; elles avilissent ceux qu'elles aiment au lieu de les exalter. L'état y gagne-t-il ? Le danger très rare de rencontrer une femme dont la supériorité soit en disproportion avec la destinée de son sexe, doit-

il priver la république de la célébrité dont jouissoit la France par l'art de plaire et de vivre en société ? Or, sans les femmes, la société ne peut être ni agréable ni piquante ; et les femmes privées d'esprit, ou de cette grâce de conversation qui suppose l'éducation la plus distinguée, les femmes gâtent la société au lieu de l'embellir ; elles y introduisent une sorte de *niaiserie*[13] dans les discours et de médisance de cotterie, une insipide gaîté qui doit finir par éloigner tous les hommes vraiment supérieurs, et réduiroit les réunions brillantes de Paris aux jeunes gens qui n'ont rien à faire et aux jeunes femmes qui n'ont rien à dire.

On peut découvrir des inconvéniens à tout dans les affaires humaines. Il y en a sans doute à la supériorité des femmes, à celle même des hommes, à l'amour-propre des gens d'esprit, à l'ambition des héros, à l'imprudence des âmes grandes, à l'irritabilité des caractères indépendans, à l'impétuosité du courage, etc. Faudroit-il pour cela combattre de tous ses efforts les qualités naturelles, et diriger toutes les institutions vers l'abaissement des facultés ? A peine est-il certain que cet abaissement favorisât les autorités de famille ou celle des gouvernemens. Les femmes sans esprit de conversation ou de littérature, ont ordinairement plus d'art pour échapper à leurs devoirs ; et les nations sans lumières ne savent pas être libres, mais changent très souvent de maîtres.

Eclairer, instruire, perfectionner les femmes comme les hommes, les nations comme les individus, c'est encore le meilleur secret pour tous les buts raisonnables, pour toutes les relations sociales et politiques auxquelles on veut assurer un fondement durable.

L'on ne pourroit craindre l'esprit des femmes que par une inquiétude délicate sur

12. désir, but, intention   13. bêtise, sottise

leur bonheur. Il est possible qu'en développant leur raison, on les éclaire sur les malheurs souvent attachés à leur destinée ; mais les mêmes raisonnemens s'appliqueroient à l'effet des lumières en général sur le bonheur du genre humain, et cette question me paroît décidée.

Si la situation des femmes est très imparfaite dans l'ordre civil, c'est à l'amélioration de leur sort, et non à la dégradation de leur esprit, qu'il faut travailler. Il est utile aux lumières et au bonheur de la société que les femmes développent avec soin leur esprit et leur raison. Une seule chance véritablement malheureuse pourroit résulter de l'éducation cultivée qu'on doit leur donner : ce seroit si quelques-unes d'entr'elles acquéroient des facultés assez distinguées pour éprouver le besoin de la gloire ; mais ce hasard même ne porteroit aucun préjudice à la société, et ne seroit funeste qu'au très petit nombre de femmes que la nature dévoueroit au tourment d'une importune supériorité.

S'il existoit une femme séduite par la célébrité de l'esprit, et qui voulût chercher à l'obtenir, combien il seroit aisé de l'en détourner s'il en étoit temps encore ! On lui montreroit à quelle affreuse destinée elle seroit prête à se condamner. Examinez l'ordre social, lui diroit-on, et vous verrez bientôt qu'il est tout entier armé contre une femme qui veut s'élever à la hauteur de la réputation des hommes.

Dès qu'une femme est signalée comme une personne distinguée, le public en général est prévenu contre elle. Le vulgaire ne juge jamais que d'après certaines règles communes, auxquelles on peut se tenir sans s'aventurer. Tout ce qui sort de ce cours habituel, déplaît d'abord à ceux qui considèrent la routine de la vie comme la sauvegarde de la médiocrité. Un homme supérieur déjà les effarouche ; mais une femme supé-

rieure, s'éloignant encore plus du *chemin frayé*[14], doit étonner, et par conséquent importuner davantage. Néanmoins un homme distingué ayant presque toujours une carrière importante à parcourir, ses talens peuvent devenir utiles aux intérêts de ceux mêmes qui attachent le moins de prix aux charmes de la pensée. L'homme de génie peut devenir un homme puissant, et sous ce rapport, les envieux et les sots le ménagent ; mais une femme spirituelle n'est appelée à leur offrir que ce qui les intéresse le moins, des idées nouvelles ou des sentimens élevés : sa célébrité n'est qu'un bruit fatigant pour eux.

La gloire même peut être reprochée à une femme, parce qu'il y a contraste entre la gloire et sa destinée naturelle. L'austère vertu condamne jusqu'à la célébrité de ce qui est bien en soi, comme portant une sorte d'*atteinte*[15] à la perfection de la modestie. Les hommes d'esprit, étonnés de rencontrer des rivaux parmi les femmes, ne savent les juger, ni avec la générosité d'un adversaire, ni avec l'indulgence d'un protecteur ; et dans ce combat nouveau, ils ne suivent ni les lois de l'honneur, ni celles de la bonté.

Si, pour *comble*[16] de malheur, c'étoit au milieu des dissentions politiques qu'une femme acquît une célébrité remarquable, on croiroit son influence sans bornes alors même qu'elle n'en exerceroit aucune ; on l'accuseroit de toutes les actions de ses amis ; on la haïroit pour tout ce qu'elle aime, et l'on attaqueroit d'abord l'objet sans défense avant d'arriver à ceux que l'on pourroit encore redouter.

Rien ne prête davantage aux suppositions vagues que l'incertaine existence d'une femme dont le nom est célèbre et la carrière obscure. Si l'esprit vain de tel homme excite la dérision ; si le caractère vil de tel autre le fait succomber sous le poids du mépris ; si l'homme médiocre est repoussé, tous aiment

---

14. route tracée, préparée   15. attaque, outrage   16. le plus haut degré

mieux s'en prendre à cette puissance inconnue qu'on appelle une femme. Les anciens se persuadoient que le sort avoit traversé leurs desseins quand ils ne s'accomplissoient pas. L'amour-propre aussi de nos jours veut attribuer ses *revers*[17] à des causes secrettes, et non à lui-même ; et ce seroit l'empire supposé des femmes célèbres qui pourroit, au besoin, tenir lieu de fatalité.

Les femmes n'ont aucune manière de manifester la vérité ni d'éclairer leur vie. C'est le public qui entend la calomnie ; c'est la société intime qui peut seule juger de la vérité. Quels moyens authentiques pourroit avoir une femme de démontrer la fausseté d'imputations mensongères ? L'homme calomnié répond par ses actions à l'univers ; il peut dire :

Ma vie est un témoin qu'il faut entendre aussi.

Mais ce témoin, quel est-il pour une femme ? quelques vertus privées, quelques services obscurs, quelques sentimens renfermés dans le cercle étroit de sa destinée, quelques écrits qui la feront connoître dans les pays qu'elle n'habite pas, dans les années où elle n'existera plus.

Un homme peut, même dans ses ouvrages, réfuter les calomnies dont il est devenu l'objet : mais pour les femmes, se défendre est un désavantage de plus ; se justifier, un bruit nouveau. Les femmes sentent qu'il y a dans leur nature quelque chose de pur et de délicat, bientôt flétri par les regards mêmes du public : l'esprit, les talens, une âme passionnée, peuvent les faire sortir du nuage qui devroit toujours les environner ; mais sans cesse elles le regrettent comme leur véritable *asyle*[18].

L'aspect de la malveillance fait trembler les femmes, quelque distinguées qu'elles soient. Courageuses dans le malheur, elles sont timides contre l'inimitié ; la pensée les exalte, mais leur caractère reste foible et sensible. La plupart des femmes auxquelles des facultés supérieures ont inspiré le désir de la renommée, ressemblent à *Herminie*[19] revêtue des armes du combat : les guerriers voient le casque, la lance, le panache étincelant, ils croient rencontrer la force, ils attaquent avec violence, et dès les premiers coups, ils atteignent au cœur.

QUESTIONS

1. Comment Staël caractérise-t-elle « l'état actuel » des femmes au seuil du dix-neuvième siècle ?

2. Comment se propose-t-elle d'examiner la condition des femmes ? Et pourquoi choisit-elle d'examiner le sort des femmes de lettres ?

3. Quelle est l'importance de ce que Staël appelle l'opinion — le jugement collectif porté par un groupe social — dans la vie d'une femme qui se veut écrivain et autonome ? Pourquoi les hommes auraient-ils peur des femmes d'esprit ?

4. Expliquez le point de vue de Staël sur l'éducation des femmes. Choisissez des passages précis.

17. échecs, infortunes   18. asile, refuge
19. Dans *La Jérusalem delivrée* du Tasse (1581), a poème épique de la première Croisade et la conquête de Jérusalem, cette douce jeune fille sarrasine, secrètement amoureuse du guerrier chrétien Tancrède, se fait passer pour la guerrière sarrasine, Clorinde, en lui volant son armure, ceci dans une tentative de pénétrer dans le camp de Tancrède.

Delphine Gay de Girardin (1804–1855)

Née au début du Premier Empire, Delphine Gay rêve longtemps d'une grandeur littéraire équivalente au prestige politique de Napoléon I. Quand le père de Delphine perd son poste de receveur-général à Aix-la-Chapelle, sa mère, Sophie Gay, revient s'installer à Paris avec Delphine, la plus jeune de ses filles. Dès les années 1820, Sophie Gay, elle-même femme de lettres, tient un célèbre salon fréquenté par le monde politique et littéraire parisien. Les premières leçons littéraires que reçoit la jeune Delphine ont lieu dans le salon de sa mère où la jeune femme récite des poèmes et improvise des vers. Grâce à sa beauté, et à ses dons, Delphine Gay devient vite une légende de la Restauration, si bien que la revue de la nouvelle école romantique, *La Muse française*, fait l'éloge de cette jeune muse qui non seulement inspire d'autres poètes mais qui écrit des vers elle-même.

Dans ses premiers poèmes, Gay vante des femmes telles que Marie-Madeleine et Jeanne d'Arc aussi bien que l'héroïne noire de la nouvelle *Ourika* (1824), de Claire de Duras, et Corinne, la femme de génie du roman éponyme de Germaine de Staël (1807). Gay chante aussi les espoirs et les déceptions d'une jeune femme poète célibataire. En même temps, se voulant poète de l'actualité nationale, elle compose aussi des vers de circonstance, commémorant par exemple le sacre du roi Charles X en 1824.

Vers la fin des années 1820, Gay commence à collaborer à des revues de mode de luxe où elle a l'occasion de rencontrer Honoré de Balzac, avec qui elle reste liée pendant longtemps. A cette époque, elle rencontre aussi Emile de Girardin (1806–1881), qu'elle épouse en 1831. Bien que mal vu du grand monde, son mariage avec cet homme entreprenant qui fait fortune en innovant dans la presse française, entraîne des changements importants dans le travail de Delphine Gay. Ses premières œuvres en prose datent du début de la Monarchie de Juillet (1830–1848) : trois romans traitent de la société parisienne de l'époque dominée par l'argent et les fausses apparences. Mais son regard perspicace et ironique sur ce monde qui se modernise lui sert mieux dans son feuilleton « Le Courrier de Paris », qui paraît une fois par semaine dans *La Presse,* le journal quotidien de son mari, de 1836 jusqu'à la Révolution de 1848.

Sous le pseudonyme masculin vite transparent du vicomte de Launay, Delphine Gay de Girardin publie une chronique aigre-douce de la vie parisienne. Elle passe en revue des défilés de mode, des fêtes, des passe-temps, des nouveautés littéraires et culturelles, des actualités et des personnages de la capitale. Avec « Le Courrier de Paris », elle dépasse son statut de « Muse de la Patrie » de la Restauration pour devenir une des premières femmes journalistes à célébrer et à critiquer les excès de l'existence urbaine moderne.

En 1848, à la fois effrayée par et furieuse de la Seconde République, Delphine Gay de Girardin retire le vicomte des colonnes de *La Presse*. Pourtant, elle ne s'arrête pas d'écrire jusqu'en 1855, quand elle meurt d'un cancer. Elle voit représentées ses comédies avec succès — ce qui n'a pas été le cas pour ses deux tragédies féminocentriques, *Cléopâtre* et *Judith*.

Essais poétiques (1824)
Nouveaux essais poétiques (1826)
Le Lorgnon (1832)
Poésies (1833)
Napoline (1834)
Monsieur le marquis de Pontanges (1835)
La Canne de M. de Balzac (1836)
L'Ecole des journalistes (1839)
Le vicomte de Launay, correspondance parisienne (1843 ; 1856)
Judith (1843)
Cléopâtre (1847)
C'est la faute du mari (1851)
Marguerite ou deux amours (1852)
Lady Tartuffe (1853)
La Joie fait peur (1854)
Le Chapeau d'un horloger (1854)
Une Femme qui déteste son mari (1856)

LA FEMME VÉRITABLE N'EXISTE PLUS

(12 MARS 1840)

Dans son « Courrier de Paris », Girardin s'en prend aux idées communes de l'époque tout en les exploitant, et vilipende tout particulièrement les préjugés sur les femmes. Ses commentaires sur les rôles changeants des femmes révèlent à la fois une réaction contre la société du règne de Louis-Philippe et une ironie amère visant les femmes des classes aisées. Ironie d'autant plus piquante que Girardin elle-même, femme journaliste et femme du monde, est un exemple frappant de la subversion des rôles que la société assigne traditionnellement à l'un et l'autre sexe.

[...] Nous commencerons par proclamer cette affreuse vérité :

La femme, la femme véritable n'existe plus.

Il y a encore des mères, et plus même qu'autrefois.

Il y a des sœurs.

Il y a des maîtresses.

Il y a des amies dévouées.

Il y a des associées.

Il y a des caissières.

Il y a des ménagères.

Il y a toujours des *mégères*[1].

Mais il n'y a plus de femmes !... dans le monde civilisé.

---

1. furies, harpies ; femmes méchantes

En effet, qu'est-ce qu'une véritable femme ? C'est un être faible, ignorant, craintif et paresseux, qui ne pourrait pas vivre par lui-même, qu'un mot fait pâlir, qu'un regard fait rougir, qui a peur de tout, qui ne connaît rien, mais qu'un instinct sublime éclaire, mais qui agit par inspiration, ce qui vaut encore mieux que d'agir par expérience ; c'est un être mystérieux, qui se pare des contrastes les plus charmants ; qui a des passions violentes avec de petites idées ; qui a des vanités insatiables et des générosités inépuisables, car la femme vraie est à la fois bonne comme une sainte et méchante comme une déesse ; qui est tout caprice, inconséquence ; qui pleure de joie et qui rit de colère, qui ment mal et qui trompe bien ; que le malheur rend sage, que les contrariétés exaltent jusqu'à la folie ; dont la naïveté égale la perfidie, dont la timidité égale l'audace, un être inexplicable enfin, ayant de grandes qualités par hasard, et dans les grands événements quand il faut en avoir, mais sachant montrer tous les jours ces défauts aimables, trésors de craintes et d'espérances, qui séduisent, attachent, inquiètent et auxquels on ne peut résister.

Eh ! maintenant où trouvez-vous donc beaucoup de femmes qui ressemblent à ce portrait-là ?

Hélas ! il ne leur est plus permis, à ces pauvres femmes, d'avoir tous ces charmants défauts, il leur a bien fallu y renoncer malgré elles depuis le jour où les hommes eux-mêmes les leur ont pris.

Naïve ignorance, imprévoyance aimable, paresse adorable, enfantine coquetterie, vous étiez *jadis*[2] la grâce des femmes ; vous êtes la force des hommes aujourd'hui.

Courage, raison, patience, intelligente activité, vous étiez jadis les vertus des hommes ; vous êtes les défauts des femmes aujourd'hui.

Vingt ans de paix ont porté leurs fruits ; le courage est passé de mode. Les jeunes gens du jour ne savent plus ni souffrir ni travailler ; ils ne savent rien supporter, ni la douleur, ni la pauvreté, ni l'ennui, ni les humiliations honorables, ni le chaud, ni le froid ; ni la fatigue, ni les privations ; excepté quelques *injures*[3], ils ne savent rien endurer.

Voilà pourquoi les femmes ont été forcées de se métamorphoser ; elles ont acquis des vertus surnaturelles, et qui certes ne leur convenaient point. Elles sont devenues courageuses, elles dont les frayeurs puériles avaient tant de grâce ; elles sont devenues raisonnables, elles dont la légèreté avait tant d'attraits ; elles ont renoncé à la beauté par économie, à la vanité par dévouement ; elles ont compris, avec ce pur instinct qui est leur force, que dans le ménage humain il faut que l'un des deux époux travaille pour que l'enfant soit nourri. L'homme s'étant croisé les bras, la femme s'est mise à l'ouvrage, et c'est pourquoi la femme n'existe plus.

Etudiez les mœurs du peuple ; voyez la femme de cet ouvrier, elle travaille, elle élève ses enfants, elle s'occupe de la boutique et de son ménage, elle n'a pas dans tout le jour un seul instant de repos. — Que fait donc son mari ? Où est-il ? — Au cabaret.

Regardez cette jeune fille, elle est couturière en linge. Son teint est pâle, ses yeux sont rouges, elle a dix-huit ans, elle n'est déjà plus jolie. Elle ne sort jamais, elle travaille nuit et jour. — Et son père ? — Il est là dans l'*estaminet*[4] voisin, occupé à lire les journaux.

Suivez cette belle femme. Comme elle marche rapidement, elle regarde à sa montre avec inquiétude, elle est en retard, elle a déjà donné depuis ce matin quatre leçons de chant, elle en a encore trois à donner. C'est

---

2. autrefois   3. insultes   4. petit café populaire

un métier bien fatigant. — Et son mari, que fait-il donc ? — Elle vient de le rencontrer ; il se promène sur le boulevard avec une actrice de petits théâtres.

Regardez encore cette pauvre femme comme elle a l'air de s'ennuyer. C'est une victime littéraire qui tâche de se faire une existence en écrivant. Ses médiocres ouvrages, qui se vendent assez bien, l'aident à vêtir convenablement sa petite fille. — Et son mari, où est-il donc ? — Il est au café là-bas, qui joue au billard, en faisant des plaisanteries contre les femmes auteurs.

Voyez encore chez tous les ministres courir, s'agiter, parler cette petite femme ; elle est riche, elle n'a pas besoin de travailler, mais son mari est un homme tout à fait nul, qui ne parviendrait à rien sans elle. Elle veut le faire nommer à telle place, et elle va solliciter pour lui, pendant qu'il joue au whist dans quelque club.

Eh ! pensez-vous que ce soit pour leur plaisir que les femmes se fassent ainsi actives et courageuses ? Croyez-vous qu'elles ne préféreraient pas mille fois redevenir nonchalantes et petites-maîtresses, et qu'il ne leur semblerait pas infiniment plus doux de passer leurs jours étendues sur de soyeux divans, avec des poses de sultane, entourées de fleurs, parées des plus riches étoffes et n'ayant autre chose à faire que de plaire et d'être jolies ! En changeant leur nature, elles font un très grand sacrifice, et qui leur coûte fort, croyez-le... Bien loin de les blâmer, il faudrait les admirer dans leur abnégation. Une jeune femme qui *se prive d'*[5]un objet qui peut l'embellir ! mais c'est un prodige de vertu ! c'est un modèle d'héroïsme !

Ah ! vous ne savez pas ce qu'il faut de courage à une femme pour se dévouer à être toujours vêtue humblement ; vous ne savez pas à quelles innombrables et irrésistibles tentations il lui faut à tout moment résister ! En fait de parure, être sage, c'est être sublime ! Passer devant une boutique engageante et voir suspendu derrière la glace un délicieux ruban bleu-de-ciel ou lilas, un ruban provocateur qui vous excite à l'admirer ; dévorer du regard cette *proie*[6] charmante ; bâtir toutes sortes de châteaux en Espagne à son sujet ; se parer en idée de ses nœuds coquets et se dire : « Je mettrai deux rosettes dans mes cheveux ; le grand ruban sera pour la ceinture, le plus petit servira pour la pèlerine et pour les manches... » Et puis tout à coup *s'arracher*[7] violemment à ces coupables rêveries, se les reprocher comme un crime et fuir courageuse et désolée loin du ruban tentateur, sans même vouloir le marchander. Cela seul demande plus de force d'âme que les plus terribles combats ; et ce mot plein de stoïque résignation et de noble humilité que nous avons entendu l'autre jour nous a plus touché le cœur que toutes les belles paroles des héroïnes de Sparte et de Rome. Une femme devait aller à un bal, à une fête magnifique ; elle était occupée à choisir des fleurs. Après avoir admiré ces couronnes à la mode qui sont si jolies, dont la forme est si gracieuse, elle en demanda le prix. Les belles fleurs, les fleurs fines sont très chères cette année, et ce prix trop élevé l'effraya. Alors, posant tristement la couronne de roses sur le comptoir, elle dit avec un soupir : « C'est trop cher ; je mettrai ma vieille guirlande ! »

Ma *vieille guirlande !* Sentez-vous ce qu'il y a de douleur et de poignante résignation dans ces deux mots : ma vieille guirlande ! Cela fait venir les larmes aux yeux.

Oui, les femmes ont perdu en attraits tout ce qu'elles ont gagné en qualités. Chose étrange ! elles ont plus de valeur, elles ont moins de puissance ; c'est que leur puissance

---

5. se refuse   6. fig., ce qu'on prend, enlève par force   7. se détacher avec effort

à elles n'est point dans l'activité qu'elles déploient, mais dans l'influence qu'elles exercent ; les femmes ne sont point faites pour agir, elles sont faites pour commander, c'est-à-dire pour inspirer : conseiller, empêcher, demander, obtenir, voilà leur rôle ; agir pour elles, c'est abdiquer. Et cette maxime fameuse, qui ne signifie rien quand on l'applique à la puissance d'un roi, est de toute vérité quand elle s'applique à la puissance de la femme : La femme règne et ne gouverne pas.

Mais, pour régner, les femmes comme les rois ont besoin de prestige, et, malheureusement, les femmes et les rois n'ont plus de prestige aujourd'hui ; les femmes du monde, entendons-nous, car les autres ont encore le prestige du théâtre, et c'est ce qui doit expliquer la préférence qu'on leur accorde si cruellement.

Si les femmes du monde, divinisées autrefois, n'ont plus à vos yeux de prestige, nous venons de vous le dire, ce n'est pas leur faute, ne les accusez pas. Elles ne l'ont point perdu, ce prestige, elles l'ont généreusement sacrifié.

Or, il y a deux sortes de prestiges : l'un est séduisant, l'autre est séducteur, qu'on nous permette cette subtilité. Il y a par conséquent deux sortes d'amour : l'un descend du ciel, l'autre vient de l'enfer.

Il doit donc y avoir deux catégories de femmes à aimer : les femmes anges et les femmes démons ; les vierges voilées, couronnées de lis ; les bacchantes couronnées de pampre ; celles qui chantent doucement en s'accompagnant de la lyre, celles qui dansent follement en agitant le thyrse et le tambour ; celles qu'on aime avec enthousiasme, celles que l'on idolâtre avec ivresse ; les unes sont *prestigieuses*[8] en bien, les autres sont *pres-*

tigieuses en mal ; mais toutes sont également idéales, également enveloppées de mystères, également placées sur un autel, également supérieures, également toutes-puissantes, les unes par le respect qu'elles imposent, les autres par la terreur qu'elles inspirent. Car, vous le savez, la peur est un des charmes de l'amour ; et ces deux natures de femmes font naître de délicieuses frayeurs. On tremble auprès de celles-ci ; un mot pourrait effaroucher leur exquise délicatesse, une imprudence peut les faire fuir à jamais, la pensée de leur déplaire cause un charmant effroi. — On tremble auprès de celles-là, on a peur de tout, on a peur de soi, on a peur d'elles ; ces femmes *aux passions sans frein*[9], à l'orgueil jaloux, au *courroux*[10] sauvage, ont pour les cœurs qu'elles entraînent toute la séduction des grands dangers.

Nous ne savons pas s'il existe encore des femmes idéales en mal, mais nous croyons que les femmes idéales en bien n'existent plus. Nous avons maintenant, et cela vaut peut-être mieux pour tout le monde, nous avons les femmes honnêtes, les femmes raisonnables, les femmes laborieuses, les bonnes femmes, les excellentes petites femmes, avec lesquelles on *cause sans façon*[11], que l'on rencontre avec grand plaisir, dont on accepte la préférence avec orgueil, mais qui ne parlent point à l'imagination, et qui n'inspirent point d'amour.

Vous avez tant dit : La femme est la compagne de l'homme, que les pauvres femmes vous ont pris au mot, elles sont devenues vos compagnes ; elles ont voulu partager votre existence, vos occupations, vos chagrins ! O folle pensée, coupable erreur, la femme n'est point faite pour partager les peines de l'homme ! Non, elle est faite pour l'en consoler, c'est-à-dire pour

---

8. étonnantes, magnifiques   9. démesurées, excessives   10. colère
11. converse simplement

l'en distraire. Malheur à l'imprudente qui demande à celui qu'elle aime le secret de ses chagrins ! (Nous ne parlons point des chagrins de cœur, les hommes y sont peu sujets ; leurs grandes douleurs, à eux, sont des souffrances d'amour-propre et des revers de fortune.) Malheur à la femme qui permet à l'homme qu'elle aime de lui confier ces tourments-là ! Elle perd dès ce moment la faculté de l'en distraire, et il la quittera pour aller les oublier auprès de celle qui les ignore.

L'amour ne vit que de mystère et de crainte, la confiance et la sécurité le font mourir.

Une compagne !... Est-ce qu'on aime d'amour une compagne ? Soyez de bonne foi et *convenez-en*[12], la femme n'est point la compagne de l'homme. Elle doit être son idole, toujours, dans toutes les phases de sa vie, et sous les plus séduisantes images : trésor de candeur dans l'âge de l'enfance, reine de beauté dans l'âge de l'amour, providence dans l'âge de la maternité.

QUESTIONS

1. Selon Girardin, comment se fait-il que « la femme véritable n'existe plus » ?

2. Retrouvez les exemples des métamorphoses de la femme que signale Girardin. Laquelle traite-t-elle le plus en profondeur ? Que pensez-vous de ses exemples ?

3. Qu'est-ce que Girardin appelle l'« héroïsme » contemporaine des femmes ? Quel exemple en donne-t-elle ? Est-ce que ses remarques retiennent toujours leur force mi-comique mi-sérieuse ? Expliquez.

4. Est-ce que Girardin déplore ou célèbre la transformation de la femme en « compagne de l'homme » ? Selon elle, quelles sont les conséquences de ce changement ?

5. Comment caractériseriez-vous le ton de Girardin dans ce feuilleton ? Justifiez vos remarques en faisant référence aux éléments les plus pertinents du texte.

12. admettez-le

LE DEUXIÈME SEXE (1949)

Publié en France en 1949 et aux Etats-Unis en 1953, Le Deuxième Sexe *ne cesse de provoquer la discussion des deux côtés de l'Atlantique. Il est à l'origine du féminisme de l'après-guerre, bien qu'un certain nombre des conclusions de Beauvoir soient aujourd'hui mises en question. Les extraits suivants sont tirés des deux tomes du livre.*

> Il y a un principe bon qui a créé l'ordre, la lumière et l'homme et un principe mauvais qui a créé le chaos, les ténèbres et la femme.
>
> PYTHAGORE.

> Tout ce qui a été écrit par les hommes sur les femmes doit être suspect, car ils sont à la fois juge et partie.
>
> POULAIN DE LA BARRE.

J'ai longtemps hésité à écrire un livre sur la femme. Le sujet est irritant, surtout pour les femmes ; et il n'est pas neuf. La querelle du féminisme a fait couler assez d'encre, à présent elle est à peu près close : n'en parlons plus. On en parle encore cependant. Et il ne semble pas que les volumineuses sottises *débitées*[1] pendant ce dernier siècle aient beaucoup éclairé le problème. D'ailleurs y a-t-il un problème ? Et quel est-il ? Y a-t-il même des femmes ? Certes la théorie de l'éternel féminin compte encore des adeptes ; ils chuchotent : « Même en Russie, *elles* restent bien femmes » ; mais d'autres gens bien informés — et les mêmes aussi quelquefois — soupirent : « La femme se perd, la femme est perdue. » On ne sait plus bien s'il existe encore des femmes, s'il en existera toujours, s'il faut ou non le souhaiter, quelle place elles occupent en ce monde, quelle place elles devraient y occuper. « Où sont les femmes ? » demandait récemment un magazine intermittent[1]. Mais d'abord : qu'est-ce qu'une femme ? « *Tota mulier in utero* : c'est une *matrice*[2] » dit l'un. Cependant parlant de certaines femmes, les connaisseurs décrètent : « Ce ne sont pas des femmes » bien qu'elles aient un utérus comme les autres. Tout le monde s'accorde à reconnaître qu'il y a dans l'espèce humaine des femelles ; elles constituent aujourd'hui comme autrefois à peu près la moitié de l'humanité ; et pourtant on nous dit que « la féminité est en péril » ; on nous exhorte : « Soyez femmes, restez femmes, devenez femmes. » Tout être humain femelle n'est

(1) Il est mort aujourd'hui, il s'appelait *Franchise.*

---

1. prononcées   2. utérus

donc pas nécessairement une femme ; il lui faut participer à cette réalité mystérieuse et menacée qu'est la féminité. Celle-ci est-elle sécrétée par les ovaires ? ou figée au fond d'un ciel platonicien ? Suffit-il d'un jupon à frou-frou pour la faire descendre sur terre ? Bien que certaines femmes s'efforcent avec zèle de l'incarner, le modèle n'en a jamais été déposé. On la décrit volontiers en termes vagues et *miroitants*[3] qui semblent empruntés au vocabulaire des voyantes. Au temps de saint Thomas, elle apparaissait comme une essence aussi sûrement définie que la vertu dormitive du *pavot*[4]. Mais le conceptualisme a perdu du terrain : les sciences biologiques et sociales ne croient plus en l'existence d'entités immuablement fixées qui définiraient des caractères donnés tels que ceux de la femme, du Juif ou du Noir ; elles considèrent le caractère comme une réaction secondaire à une *situation*. S'il n'y a plus aujourd'hui de féminité, c'est qu'il n'y en a jamais eu. Cela signifie-t-il que le mot « femme » n'ait aucun contenu ? C'est ce qu'affirment vigoureusement les partisans de la philosophie des lumières, du rationalisme, du nominalisme : les femmes seraient seulement parmi les êtres humains ceux qu'on désigne arbitrairement par le mot « femme » : en particulier les Américaines pensent volontiers que la femme *en tant que*[5] telle n'a plus lieu ; si une attardée se prend encore pour une femme, ses amies lui conseillent de se faire psychanalyser afin de se délivrer de cette obsession. A propos d'un ouvrage, d'ailleurs fort agaçant, intitulé *Modern Woman : A Lost Sex*, Dorothy Parker a écrit : « Je ne peux être juste pour les livres qui traitent de la femme en tant que femme... Mon idée c'est que tous, aussi bien hommes que femmes, qui que nous soyons, nous devons être considérés comme des êtres humains. » Mais le nominalisme est une doctrine un peu courte ; et les antiféministes *ont beau jeu*[6] de montrer que les femmes ne *sont* pas des hommes. Assurément la femme est comme l'homme un être humain : mais une telle affirmation est abstraite ; le fait est que tout être humain concret est toujours singulièrement situé. Refuser les notions d'éternel féminin, d'âme noire, de caractère juif, ce n'est pas nier qu'il y ait aujourd'hui des Juifs, des Noirs, des femmes : cette négation ne représente pas pour les intéressés une libération, mais une fuite inauthentique. Il est clair qu'aucune femme ne peut prétendre sans mauvaise foi se situer par-delà son sexe. Une femme écrivain connue a refusé voici quelques années de laisser paraître son portrait dans une série de photographies consacrées précisément aux femmes écrivains : elle voulait être rangée parmi les hommes ; mais pour obtenir ce privilège, elle utilisa l'influence de son mari. Les femmes qui affirment qu'elles sont des hommes n'en réclament pas moins des égards et des hommages masculins. Je me rappelle aussi cette jeune trotskyste debout sur une estrade au milieu d'un meeting houleux et qui s'apprêtait à faire le coup de poing malgré son évidente fragilité ; elle niait sa faiblesse féminine ; mais c'était par amour pour un militant dont elle se voulait l'égale. L'attitude de défi dans laquelle *se crispent*[7] les Américaines prouve qu'elles sont hantées par le sentiment de leur féminité. Et en vérité il suffit de se promener les yeux ouverts pour *constater*[8] que l'humanité se partage en deux catégories d'individus dont les vêtements, le visage, le corps, les sourires, la démarche, les intérêts, les occupations sont manifestement différents : peut-être ces différences sont-elles superficielles,

3. brillants   4. plante dont les fleurs fournissent l'opium   5. considérée comme
6. sont en situation de triompher facilement   7. s'enferment   8. observer

peut-être sont-elles destinées à disparaître. Ce qui est certain c'est que pour l'instant elles existent avec une éclatante évidence.

Si sa fonction de femelle ne suffit pas à définir la femme, si nous refusons aussi de l'expliquer par « l'éternel féminin » et si cependant nous admettons que, fût-ce à titre provisoire, il y a des femmes sur terre, nous avons donc à nous poser la question : qu'est-ce qu'une femme ?

> Quel malheur que d'être femme ! et pourtant le pire malheur quand on est femme est au fond de ne pas comprendre que c'en est un.
>
> KIERKEGAARD.
>
> A moitié victimes, à moitié complices, comme tout le monde.
>
> J.-P. SARTRE.

Les femmes d'aujourd'hui sont en train de détrôner le mythe de la féminité ; elles commencent à affirmer concrètement leur indépendance ; mais ce n'est pas sans peine qu'elles réussissent à vivre intégralement leur condition d'être humain. Elevées par des femmes, au sein d'un monde féminin, leur destinée normale est le mariage qui les subordonne encore pratiquement à l'homme ; le prestige viril est bien loin de s'être effacé : il repose encore sur de solides bases économiques et sociales. Il est donc nécessaire d'étudier avec soin le destin traditionnel de la femme. Comment la femme fait-elle l'apprentissage de sa condition, comment l'éprouve-t-elle, dans quel univers se trouve-t-elle enfermée, quelles évasions lui sont permises, voilà ce que je chercherai à décrire. Alors seulement nous pourrons comprendre quels problèmes se posent aux femmes qui, héritant d'un lourd passé, s'efforcent de forger un avenir nouveau. Quand j'emploie les mots « femme » ou « féminin » je ne me réfère évidemment à aucun archétype, à aucune immuable essence ; après la plupart de mes affirmations il faut sous-entendre « dans l'état actuel de l'éducation et des mœurs ». Il ne s'agit pas ici d'énoncer des vérités éternelles mais de décrire le fond commun sur lequel s'enlève toute existence féminine singulière.

ENFANCE

On ne naît pas femme : on le devient. Aucun destin biologique, psychique, économique ne définit la figure que revêt au sein de la société la femelle humaine ; c'est l'ensemble de la civilisation qui élabore ce produit intermédiaire entre le mâle et le castrat qu'on qualifie de féminin. Seule la médiation d'autrui peut constituer un individu comme un *Autre*.

LA FEMME INDÉPENDANTE

Le code français ne range plus l'obéissance au nombre des devoirs de l'épouse et chaque citoyenne est devenue une électrice ; ces libertés civiques demeurent abstraites quand elles ne s'accompagnent pas d'une autonomie économique ; la femme entretenue — épouse ou courtisane — n'est pas affranchie du mâle parce qu'elle a dans les mains un bulletin de vote ; si les mœurs lui imposent moins de contraintes qu'autrefois, ces licences négatives n'ont pas modifié profondément sa situation ; elle reste enfermée dans sa condition de vassale. C'est par le travail que la femme a en grande partie *franchi*[9] la distance qui la séparait du mâle ; c'est le travail qui peut seul lui garantir une liberté concrète. Dès qu'elle cesse d'être une parasite, le système fondé sur sa dépendance *s'écroule*[10] ; entre elle et l'univers il n'est plus besoin d'un médiateur masculin. La malédiction qui pèse sur la femme vassale, c'est qu'il ne lui est permis de rien faire : alors, elle s'entête dans l'impossible poursuite de l'être à travers le narcissisme, l'amour, la religion ; productrice, active, elle reconquiert sa transcendance ; dans ses projets elle s'affirme concrètement comme sujet ; par son rapport avec le but qu'elle poursuit, avec l'argent et les droits qu'elle s'approprie, elle éprouve sa responsabilité. Beaucoup de femmes ont conscience de ces avantages, même parmi celles qui exercent les métiers les plus modestes. J'ai entendu une *femme de journée*[11], en train de laver le carreau d'un hall d'hôtel, qui déclarait : « Je n'ai jamais rien demandé à personne. Je suis arrivée toute seule. » Elle était aussi fière de se suffire qu'un Rockefeller. Cependant il ne faudrait pas croire que la simple juxtaposition du droit de vote et d'un métier soit une parfaite libération : le travail aujourd'hui n'est pas la liberté. C'est seulement dans un monde socialiste que la femme en accédant à l'un s'assurerait l'autre. La majorité des travailleurs sont aujourd'hui des exploités. D'autre part, la structure sociale n'a pas été profondément modifiée par l'évolution de la condition féminine ; ce monde qui a toujours appartenu aux hommes conserve encore la figure qu'ils lui ont imprimée. Il ne faut pas perdre de vue ces faits d'où la question du travail féminin tire sa complexité. Une dame importante et *bien pensante*[12] a fait récemment une enquête auprès des ouvrières des usines Renault : elle affirme que celles-ci préféreraient rester au foyer plutôt que de travailler à l'usine. Sans doute, elles n'accèdent à l'indépendance économique qu'au sein d'une classe économiquement opprimée ; et d'autre part les tâches accomplies à l'usine ne les dispensent pas des corvées du foyer. Si on leur avait proposé de choisir entre quarante heures de travail hebdomadaire à l'usine *ou* dans la maison, elles auraient sans doute fourni de tout autres réponses ; et peut-être même accepteraient-elles allégrement *le cumul*[13] si en tant qu'ouvrières elles s'intégraient à un monde qui serait leur monde, à l'élaboration duquel elles participeraient avec joie et orgueil. A l'heure qu'il est, sans même parler des paysannes, la majorité des femmes qui travaillent ne s'évadent pas du monde féminin traditionnel ; elles ne reçoivent pas de la société, ni de leur mari, l'aide qui leur serait nécessaire pour devenir concrètement les égales des hommes. Seules celles qui ont une *foi*[14] politique, qui militent dans les syndicats, qui font confiance à l'avenir, peuvent donner un sens éthique aux ingrates fatigues quotidiennes ; mais privées de loisirs, héritant d'une tradition de soumission, il est normal que les femmes commencent seulement à développer un sens politique et social. Il est normal

---

9. traversé   10. tombe en ruine
11. femme qui fait des travaux domestiques à la journée
12. qui pense conformément à l'ordre établi
13. en une même personne, le fait d'exercer plusieurs fonctions   14. conviction

que, ne recevant pas en échange de leur travail les bénéfices moraux et sociaux qu'elles seraient en droit d'*escompter*[15], elles en subissent sans enthousiasme les contraintes. On comprend aussi que la *midinette*[16], l'employée, la secrétaire ne veuillent pas renoncer aux avantages d'un *appui*[17] masculin. J'ai dit déjà que l'existence d'une caste privilégiée à laquelle il lui est permis de *s'agréger*[18] rien qu'en livrant son corps est pour une jeune femme une tentation presque irrésistible ; elle est vouée à la galanterie du fait que ses salaires sont minimes tandis que le standard de vie que la société exige d'elle est très haut ; si elle se contente de ce qu'elle gagne, elle ne sera qu'une paria : mal logée, mal vêtue, toutes les distractions et l'amour même lui seront refusés. Les gens vertueux lui prêchent l'ascétisme ; en vérité, son régime alimentaire est souvent aussi austère que celui d'une carmélite ; seulement, tout le monde ne peut pas prendre Dieu pour amant : il faut qu'elle plaise aux hommes pour réussir sa vie de femme. Elle se fera donc aider : c'est ce qu'escompte cyniquement l'employeur qui lui alloue un salaire de famine. Parfois, cette aide lui permettra d'améliorer sa situation et de conquérir une véritable indépendance ; parfois, au contraire, elle abandonnera son métier pour se faire entretenir. Souvent elle cumule ; elle se libère de son amant par le travail, elle s'évade de son travail grâce à l'amant ; mais aussi elle connaît la double servitude d'un métier et d'une protection masculine. Pour la femme mariée, le salaire ne représente en général qu'un *appoint*[19] ; pour la « femme qui se fait aider », c'est le secours masculin qui apparaît comme inessentiel ; mais ni l'une ni l'autre n'achètent par leur effort personnel une totale indépendance.

Cependant, il existe aujourd'hui un assez grand nombre de privilégiées qui trouvent dans leur profession une autonomie économique et sociale. Ce sont elles qu'on met en cause quand on s'interroge sur les possibilités de la femme et sur son avenir. C'est pourquoi bien qu'elles ne constituent encore qu'une minorité, il est particulièrement intéressant d'étudier de près leur situation ; c'est à leur propos que les débats entre féministes et antiféministes se prolongent. Ceux-ci affirment que les femmes émancipées d'aujourd'hui ne réussissent dans le monde rien d'important et que, d'autre part, elles ont peine à trouver leur équilibre intérieur. Ceux-là exagèrent les résultats qu'elles obtiennent et s'aveuglent sur leur désarroi. En vérité, rien n'autorise à dire qu'elles font fausse route ; et cependant il est certain qu'elles ne sont pas tranquillement installées dans leur nouvelle condition : elles ne sont encore qu'à moitié du chemin. La femme qui s'affranchit économiquement de l'homme n'est pas pour autant dans une situation morale, sociale, psychologique identique à celle de l'homme. La manière dont elle s'engage dans sa profession et dont elle s'y consacre dépend du contexte constitué par la forme globale de sa vie. Or, quand elle aborde sa vie d'adulte, elle n'a pas derrière elle le même passé qu'un garçon ; elle n'est pas considérée par la société avec les mêmes yeux ; l'univers se présente à elle dans une perspective différente. Le fait d'être une femme pose aujourd'hui à un être humain autonome des problèmes singuliers.

---

15. attendre, espérer   16. jeune ouvrière ou vendeuse de la mode   17. soutien, aide
18. s'associer, se faire admettre   19. supplément

CONCLUSION

[...] [I]l est vrai que l'évolution actuelle ne menace pas seulement le charme féminin : en se mettant à exister pour soi, la femme abdiquera la fonction de double et de médiatrice qui lui vaut dans l'univers masculin sa place privilégiée ; pour l'homme pris entre le silence de la nature et la présence exigeante d'autres libertés, un être qui soit à la fois son semblable et une chose passive apparaît comme un grand trésor ; la figure sous laquelle il perçoit sa compagne peut bien être mythique, les expériences dont elle est la source ou le prétexte n'en sont pas moins réelles ; et il n'en est guère de plus précieuses, de plus intimes, de plus brûlantes ; que la dépendance, l'infériorité, le malheur féminins leur donnent leur caractère singulier, il ne peut être question de le nier ; assurément l'autonomie de la femme, si elle épargne aux mâles bien des ennuis, leur déniera aussi maintes facilités ; assurément il est certaines manières de vivre l'aventure sexuelle qui seront perdues dans le monde de demain : mais cela ne signifie pas que l'amour, le bonheur, la poésie, le rêve en seront bannis. Prenons garde que notre manque d'imagination dépeuple toujours l'avenir ; il n'est pour nous qu'une abstraction ; chacun de nous y déplore sourdement l'absence de ce qui fut lui ; mais l'humanité de demain le vivra dans sa chair et dans sa liberté, ce sera son présent et à son tour elle le préférera ; entre les sexes naîtront de nouvelles relations charnelles et affectives dont nous n'avons pas idée : déjà sont apparues entre hommes et femmes des amitiés, des rivalités, des complicités, des camaraderies, chastes ou sexuelles, que les siècles révolus n'auraient su inventer. Entre autres, rien ne me paraît plus contestable que

le slogan qui voue le monde nouveau à l'uniformité, donc à l'ennui. Je ne vois pas que de ce monde-ci l'ennui soit absent ni que jamais la liberté crée l'uniformité. D'abord, il demeurera toujours entre l'homme et la femme certaines differences ; son érotisme, donc son monde sexuel, ayant une figure singulière ne saurait manquer d'engendrer chez elle une sensualité, une sensibilité singulière : ses rapports à son corps, au corps mâle, à l'enfant ne seront jamais identiques à ceux que l'homme soutient avec son corps, avec le corps féminin et avec l'enfant ; ceux qui parlent tant d'« égalité dans la différence » auraient mauvaise grâce à ne pas m'accorder qu'il puisse exister des différences dans l'égalité. D'autre part, ce sont les institutions qui créent la monotonie : jeunes et jolies, les esclaves du *sérail*[20] sont toujours les mêmes entre les bras du sultan ; le christianisme a donné à l'érotisme sa saveur de *péché*[21] et de légende *en douant d'une âme*[22] la femelle de l'homme ; qu'on lui restitue sa souveraine singularité, on n'ôtera pas aux *étreintes*[23] amoureuses leur goût *pathétique*[24]. Il est absurde de prétendre que l'orgie, le vice, l'extase, la passion deviendraient impossibles si l'homme et la femme étaient concrètement des semblables ; les contradictions qui opposent la chair à l'esprit, l'instant au temps, le vertige de l'immanence à l'appel de la transcendance, l'absolu du plaisir au néant de l'oubli ne seront jamais levées ; dans la sexualité se matérialiseront toujours la tension, le déchirement, la joie, l'échec et le triomphe de l'existence. Affranchir la femme, c'est refuser de l'enfermer dans les rapports qu'elle soutient avec l'homme, mais non les nier ; qu'elle se pose pour soi elle n'en continuera pas moins à exister *aussi* pour lui : se reconnaissant mutuelle-

---

20. harem   21. acte qui contrevient aux lois religieuses   22. en donnant une âme à
23. embrassements   24. touchant, émouvant

ment comme sujet chacun demeurera cependant pour l'autre un *autre* ; la réciprocité de leurs relations ne supprimera pas les miracles qu'engendre la division des êtres humains en deux catégories séparées : le désir, la possession, l'amour, le rêve, l'aventure ; et les mots qui nous émeuvent : donner, conquérir, s'unir, garderont leur sens ; c'est au contraire quand sera aboli l'esclavage d'une moitié de l'humanité et tout le système d'hypocrisie qu'il implique que la « section » de l'humanité révélera son authentique signification et que le couple humain trouvera sa vraie figure.

« Le rapport immédiat, naturel, nécessaire, de l'homme à l'homme est le *rapport de l'homme à la femme* » a dit Marx[1]. « Du carac-

tère de ce rapport il suit jusqu'à quel point l'homme s'est compris lui-même comme *être générique*, comme homme ; le rapport de l'homme à la femme est le rapport le plus naturel de l'être humain à l'être humain. Il s'y montre donc jusqu'à quel point le comportement *naturel* de l'homme est devenu *humain* ou jusqu'à quel point l'être *humain* est devenue son être *naturel*, jusqu'à quel point sa *nature humaine* est devenue sa *nature*. »

On ne saurait mieux dire. C'est au sein du monde donné qu'il appartient à l'homme de faire triompher le règne de la liberté ; pour remporter cette suprême victoire il est entre autres nécessaire que pardelà leurs différenciations naturelles hommes et femmes affirment sans équivoque leur fraternité.

---

(1) *Œuvres philosophiques*, tome VI. C'est Marx qui souligne.

QUESTIONS

1. De quelle façon le texte de Beauvoir constitue-t-il un commentaire sur les épigraphes ?
2. Qu'entend Beauvoir par les termes « la féminité », « la femelle » et « la femme » ?
3. Pourquoi écrire un livre sur la condition féminine ? Que pensez-vous de la constatation de Dorothy Parker que nous devrions plutôt « être considérés comme des êtres humains » ?
4. Est-ce que l'autonomie économique de la femme mettrait fin aux inégalités entre les sexes ? Pourquoi ou pourquoi pas ?
5. Que veut dire Beauvoir par l'idée de « différences dans l'égalité » ? Quelle sorte de nouvelles relations envisage-t-elle entre les deux sexes ?

Julia Kristeva

LA FEMME, CE N'EST JAMAIS ÇA (1974)

L'interview « La femme, ce n'est jamais ça », qui devait paraître dans le journal féministe radical Le Torchon brûle, *a paru pour la première fois dans le journal d'a-vant-garde* Tel Quel *en 1974. Dans cet entretien avec des femmes du groupe « psychanalyse et politique » du M.L.F. (Mouvement de Libération des Femmes), Julia Kristeva répond aux questions sur le rapport de son travail de critique et de théoricienne littéraire avec l'histoire politique actuelle.*

II. Dans notre pratique s'annonce un rapport différent au texte, rapport auquel tu participes. Peux-tu préciser en quoi ton travail est « celui d'une femme », ou encore : où s'implique le fait d'être femme dans ce type de travail ? En quoi la lutte des femmes, où il semble que tu veuilles t'impliquer toujours davantage, transforme-t-elle quelque chose de ton rapport à l'écriture, au texte, à la production théorique ou textuelle ?

J. K. : Se croire « être une femme », c'est presque aussi absurde et obscurantiste que de se croire « être un homme ». Je dis presque parce qu'il y a encore des choses à obtenir pour les femmes : liberté de l'avortement et de la contraception, crèches pour les enfants, reconnaissance du travail, etc. Donc, « nous sommes des femmes » est encore à maintenir comme publicité ou slogan de *revendication*[1]. Mais, plus profondément, une femme, cela ne peut pas *être* : c'est même ce qui ne va pas dans l'*être*. A partir de là, une pratique de femme ne peut être que néga-tive, *à l'encontre de*[2] ce qui existe, pour dire que « ce n'est pas ça » et que « ce n'est pas encore ». J'entends donc par « femme » ce qui ne se représente pas, ce qui ne se dit pas, ce qui reste en dehors des nominations et des idéologies. Certains « hommes » en savent quelque chose aussi, c'est même ce que les textes modernes dont nous parlions tout à l'heure n'arrêtent pas de signifier : d'éprou-ver les deux bords du langage et de la socia-lité — la loi et sa transgression, la maîtrise et la jouissance —, sans que l'une soit pour les mâles et l'autre pour les femelles pourvu qu'on n'en parle pas. De ce point de vue, cer-taines revendications féministes paraissent ressusciter le romantisme naïf, une croyance à l'identité (*envers*[3] du phallocratisme), si on les compare à l'expérience de l'un *et* l'autre bord de la différence sexuelle qu'on trouve dans l'économie du discours chez Joyce, Artaud, ou dans la musique moderne — Cage, Stockhausen. Prêter attention à cet aspect du travail de l'avant-garde qui dis-sout les identités, y compris les identités sex-uelles, et essayer, dans ma formulation théorique, d'aller à l'encontre des théories métaphysiques qui censurent ce que je viens d'appeler une « femme », c'est ce qui fait, je pense, que ma recherche est celle d'une femme. Il faut peut-être ajouter ceci (mais ce

1. demande, réclamation 2. à l'opposé de
3. l'aspect d'une chose qui ne se voit pas généralement, la face opposée, mais inséparable

n'est pas une contradiction) : à cause de la place, en dernière instance décisive, des femmes dans la reproduction de l'espèce, et à cause du rapport privilégié de la fille au père, une femme prend davantage au sérieux la contrainte sociale, elle est moins portée vers l'anarchisme, elle est plus attentive à une éthique. Ceci explique peut-être pourquoi notre négativité n'est pas une rage nietzschéenne. Si mon travail *vise à*[4] faire entendre à la société ce que cette société refuse dans la pratique de l'avant-garde, je pense qu'il obéit à une telle exigence éthique. Tout le problème est de savoir si ce penchant éthique ne va pas rester, dans la lutte des femmes, séparé de la négativité ; auquel cas l'un va dégénérer dans le conformisme, l'autre dans la perversion ésotérique. Le problème est à l'ordre du jour dans le mouvement. Mais, sans le mouvement, aucun travail de femme ne serait aujourd'hui réellement possible.

IV. *De même que*[5] le féminin est l'envers du masculin, le féminisme pourrait être l'envers de l'humanisme. Nous luttons contre cette idéologie qui ne produit que de l'inversion, sans pour autant ignorer ce que chacune doit connaître comme son féminisme minimal, comme arène temporaire. A cet égard, la lutte des femmes ne nous paraît pas pouvoir être coupée des luttes révolutionnaires, lutte des classes, luttes anti-impérialistes. Les points forts qui nous paraissent très importants dans la pratique sont l'interrogation de la notion de sujet, de son éclatement, l'inscription de l'hétérogénéité, de la différence... Autant de questions que le féminisme ignore, en postulant que les femmes sont des « individus à part entière »,

à « identité propre », ou en demandant comme revendication « des noms pour des femmes », etc. Comment penser une lutte révolutionnaire qui ne soit pas aussi une révolution du discours (pas de bouleversement du langage même, mais aussi de la théorie sur ces bouleversements) ? Il y aurait peut-être, dans le féminisme, une idéologie enclose du côté du dominant ? Et des impasses des « revendications » si elles restent uniquement au « niveau social » ?
J. K. : Le féminisme peut n'être qu'une exigence de rationalisation plus poussée du capitalisme. Giscard[6], voulant liquider les archaïsmes gaullistes, invente le secrétariat à la condition féminine. C'est mieux que rien, mais ce n'est pas ça. Au XXᵉ siècle, après le fascisme, après le révisionnisme, on aura compris qu'il n'y a pas de transformation sociopolitique possible si elle n'est pas une transformation des sujets : c'est-à-dire de leur rapport à la contrainte sociale, à la jouissance et, plus profondément, au langage. Les phénomènes politiquement nouveaux aujourd'hui passent aussi par la nouvelle musique, la bande dessinée, les communautés des jeunes, à condition qu'ils ne s'isolent pas dans le marginalisme, mais participent aussi aux contradictions de classes, politiques. Le mouvement des femmes, s'il a une raison d'être, me semble appartenir à ce courant, il en est même une des composantes les plus radicales. A tous les appareils, de droite, mais aussi de gauche, le mouvement, par sa négativité, indique ce qu'ils *refoulent*[7] : que la « conscience de classe » par exemple ne va pas sans l'inconscient du parlant sexué. Le piège, pour cette force démystifiante que peut être le mouvement des femmes, c'est l'identification avec le principe

---

4. a en vue un certain but   5. Comme
6. Valéry Giscard d'Estaing (1926–), Président de la France (1974–1981). En 1976, Giscard d'Estaing crée, parmi plusieurs mesures libérales, un secrétariat d'Etat à la condition féminine.
7. répriment

de pouvoir qu'on croit combattre : la sainte hystérique joue sa jouissance contre l'ordre social, mais au nom de Dieu. Question : qui fait Dieu pour le féminisme actuel ? L'Homme ? ou la Femme, son substitut ? Tant qu'il n'a pas analysé le rapport à l'instance du pouvoir, ni renoncé à croire à sa propre identité, tout mouvement libertaire (et le féminisme aussi) est récupérable par le pouvoir et par le spiritualisme ouvertement religieux ou laïque : c'est même la dernière chance du spiritualisme. La solution ? Infinie, car l'enjeu est le passage de la société patriarcale, de classe et à religion, c'est-à-dire de la préhistoire, vers... Qui le sait ? Ça passe en tout cas par ce qui est refoulé dans le discours, dans les rapports de reproduction et dans les rapports de production. Appelez ça « femme » ou « *couches sociales*[8] opprimées » : c'est la même lutte, et jamais l'une sans l'autre. Faire entendre cette complicité aux appareils idéologiques et politiques me semble être le but immédiat du mouvement. Mais cela implique qu'on change de style, qu'on sorte un peu de l'« entre-femmes » et qu'on s'attaque, chacune, en son lieu de travail, aux archaïsmes sociaux et culturels.

QUESTIONS

1. Comment Kristeva justifie-t-elle le refus de l'identité « Femme » ou « Homme » ? Qu'entend-elle par le mot « femme » ? Qu'est-ce qu'une « pratique de femme » ?

2. Quelle est la signification de l'avant-garde pour Kristeva ? Pourquoi veut-elle faire entendre à la société la pratique de l'avant-garde ?

3. Selon Kristeva, quels rapports devraient exister entre le mouvement féministe et d'autres mouvements de dissidence ?

4. En quel sens est-ce que le mouvement des femmes pourrait être une « force démystifiante » ? Quel est selon Kristeva le piège pour tout mouvement libertaire ? Qu'est-ce qu'elle entend par « complicité aux appareils idéologiques et politiques » ?

8. classes

Hélène Cixous

« SORTIES » (1975)

Dans cet extrait d'un chapitre de La jeune née, *Cixous suggère des moyens par lesquels on pourrait « sortir » d'une certaine pensée philosophique, littéraire et critique. Réfléchissez à l'effet produit par une organisation qui commence par une question et qui dépend d'une série d'oppositions métaphoriques dont la vérité n'est jamais mise en cause.*

Où est-elle ?

Activité/passivité,
Soleil/Lune,
Culture/Nature,
Jour/Nuit,

Père/Mère,
Tête/sentiment,
Intelligible/sensible,
Logos/Pathos.

Forme, convexe, marche, avance, semence, progrès. Matière, concave, sol — sur lequel s'appuie la marche, réceptacle.

Homme
Femme

Toujours la même métaphore : on la suit, elle nous transporte, sous toutes ses figures, partout où s'organise un discours. Le même fil, ou *tresse*[1] double, nous conduit, si nous lisons ou parlons, à travers la littérature, la philosophie, la critique, des siècles de représentation, de réflexion.

La pensée a toujours travaillé par opposition,
Parole/Écriture
Haut/Bas

Par oppositions duelles, *hiérarchisées*. Supérieur/Inférieur. Mythes, légendes, livres. Systèmes philosophiques. Partout (où) intervient une mise en ordre, une loi organise le pensable par oppositions (duelles, irréconciliables ; ou relevables, dialectiques). Et tous les couples d'oppositions sont des *couples*. Est-ce que ça veut dire quelque chose ? Que le logocentrisme soumette la pensée, — tous les concepts, les codes, les valeurs à un système à deux termes est-ce que c'est en rapport avec « le » couple, homme/femme ?

Nature/Histoire,
Nature/Art,
Nature/Esprit,
Passion/Action.

Théorie de la culture, théorie de la société, l'ensemble des systèmes symboliques — art, religion, famille, langage, — tout s'élabore en faisant apparaître les mêmes *schèmes*[2]. Et le mouvement par lequel chaque opposition se constitue pour faire sens est le mouvement par lequel le couple se détruit. Champ de bataille général. Chaque fois une guerre est *livrée*[3]. La mort est toujours à l'œuvre.

Père/fils   Rapports d'autorité, de privilège, de force.
Logos/écriture   Rapports : opposition, conflit, relève, retour.
Maître/esclave   Violence. Répression.

Et on s'aperçoit que la « victoire » revient toujours au même : Ça se hiérarchise. La hiérarchisation soumet à l'homme toute l'organisation conceptuelle. Privilège mâle, qui se marque dans l'opposition dont il se soutient, entre l'*activité* et la *passivité*. Traditionnellement, on traite la question de la différence sexuelle en l'accouplant à l'opposition : activité/passivité.

Cela va loin. Si on interroge l'histoire de la philosophie — en tant que le discours philosophique ordonne et reproduit toute la pensée — on s'aperçoit que : elle est marquée par une constante absolue, ordonnatrice des valeurs, qui est justement l'opposition activité/passivité.

Que dans la philosophie la femme est toujours du côté de la passivité. Chaque fois qu'il en est question ; quand on examine les structures de parenté ; qu'un modèle familial est mis en jeu ; en fait dès que la question ontologique s'agite ; dès qu'on se demande ce que veut dire la question « qu'est-ce que c'est » ; dès qu'il y a du vouloir-dire. Du vouloir : désir, autorité, on interroge ça, et on est ramené droit... au père. On peut même ne pas s'apercevoir qu'il n'y a pas de place du tout pour la femme dans l'opération ! A la limite le monde de l'« être » peut fonctionner *en forcluant*[4] la mère. Pas besoin de mère, — pourvu qu'il y ait du maternel : et c'est le père alors qui fait — est — la mère. Ou la femme est passive ; ou elle n'existe pas. Ce

---

1. natte   2. structures   3. engagée   4. à l'exclusion de

qui en reste est impensable, impensé. C'est-à-dire bien sûr qu'elle n'est pas pensée, qu'elle n'entre pas dans les oppositions, elle ne fait pas couple avec le père (qui fait couple avec le fils).

Il y a ce rêve tragique, de Mallarmé, cette lamentation du père sur le mystère de la paternité, qu'arrache au poète *le* deuil, le deuil des deuils, la mort du fils chéri : ce rêve d'un hymen entre le père et le fils — Et pas de mère alors. Rêve de l'homme devant la mort. Qui le menace toujours autrement qu'elle menace la femme.

« une alliance
un hymen, superbe
— et la vie
restant en moi
je m'en servirai
pour...
donc pas mère alors ? »

Et rêve de la filiation masculine, rêve de Dieu le père sortant de lui-même dans son fils, — et pas de mère alors

Elle n'existe pas, elle peut ne pas être ; mais il faut qu'il y en ait. De la femme, dont il ne dépend plus, il ne garde alors que cet espace, toujours vierge, matière soumise au désir qu'il veut imprimer.

Et si on interroge l'histoire littéraire, c'est la même histoire. Tout revient à l'homme à son tourment à lui, son désir d'être (à) l'origine. Au père. Il y a un lien intrinsèque entre le philosophique — et le littéraire : (dans la mesure où elle signifie, la littérature est commandée par le philosophique) et le phallocentrisme. Le philosophique se construit à partir de l'abaissement de la femme. Subordination du féminin à l'ordre masculin qui apparaît comme la condition du fonctionnement de la machine.

La mise en question de cette solidarité du logocentrisme et du phallocentrisme est aujourd'hui devenue assez pressante — la mise au jour du sort fait à la femme, de son *enfouissement*[5], — pour menacer la stabilité de l'édifice masculin qui se faisait passer pour éternel-naturel ; en faisant surgir du côté de la féminité des réflexions, des hypothèses nécessairement ruineuses pour le bastion qui détient encore l'autorité. Qu'adviendrait-il du logocentrisme, des grands systèmes philosophiques, de l'ordre du monde en général si la pierre sur laquelle ils ont fondé leur église *s'émiettait*[6] ?

S'il éclatait à un nouveau jour que le projet logocentrique avait toujours été, inavouablement, de *fonder* le phallocentrisme, d'assurer à l'ordre masculin une raison égale à l'histoire à elle-même ?

Alors toutes les histoires seraient à raconter autrement, l'avenir serait incalculable, les forces historiques changeraient, changeront, de mains, de corps, une autre pensée encore non pensable, transformera le fonctionnement de toute société. Or nous vivons justement cette époque où l'*assise*[7] conceptuelle d'une culture millénaire est en train d'être *sapée*[8] par des millions d'une espèce de *taupe*[9] encore jamais reconnue.

Quand elles se réveilleront d'entre les morts, d'entre les mots, d'entre les lois.

---

5. enterrement   6. se réduisait en petits morceaux   7. base   8. détruite, minée, creusée
9. petit mammifère qui vit sous terre et qui creuse de longues galeries

QUESTIONS

1. Pourriez-vous expliquer comment la pensée procède par opposition ? Selon Cixous, quels en sont les effets ?

2. Donnez d'autres exemples de la capacité que possède le couple homme/femme à former les images dominantes de la culture occidentale. La pensée travaille-t-elle toujours par opposition ? Trouvez des exceptions à cette règle.

3. Qu'est-ce que Cixous entend par le phallocentrisme ?

4. Commentez l'image finale de la « taupe » qui se réveille et réfléchissez aux divers sens possibles du titre, « Sorties ».

Andrée Chédid (1920–)

Poète, auteur de nouvelles, dramaturge, Andrée Khoury-Haddad Saab est née au Caire dans une famille d'origine libanaise. Après le divorce de ses parents, Andrée Saab est envoyée comme interne dans un pensionnat au Caire, puis en France. De retour au Caire, elle entreprend des études à l'Université américaine où elle obtient un B.A. en journalisme. En 1946, après un séjour de trois ans au Liban, Andrée et Louis Chédid, son mari, décident de s'installer définitivement en France. Dans l'écriture de Chédid se mêlent alors deux pays, deux manières de vivre, l'Egypte et la France. De 1949 à 1956, elle publie principalement des recueils de poèmes, écrits en vers libres et courts, qui expriment un attachement pour la vision, un goût pour l'image. Dans ses romans, qui ont l'Egypte comme toile de fond, se tisse un monde de personnages pris entre les traditions et la modernité. L'Egypte lui permet « d'enraciner et de déraciner » le récit. Les événements, les personnages, la sensibilité lui sont familiers, mais en même temps éloignés.

Détentrice de différents prix littéraires, le prix Louise Labé (1966), le Grand prix de l'Académie royale de Belgique (1975), le prix Mallarmé (1976), Chédid reçoit le prix Goncourt pour *Fraternité de la parole*. C'est dans la préface de ce recueil de poèmes que Chédid s'exprime sur son « travail » d'écrivain qu'elle conçoit comme une mission, celle de rappeler un chemin de fraternité humaine. Contrairement à d'autres écrivains arabes francophones en prise au choix de la langue, Chédid n'écrit qu'en français, et n'en éprouve aucun conflit apparent. Pour elle, le français et la France ont été un choix et non un exil.

Le Sommeil délivré (1952)

Textes pour le vivant (1953)

Le Sixième Jour (1963)

Le Survivant (1963)

Double pays (1965)

La Cité fertile (1972)

Néfertiti et le rêve d'Akhnaton (1974)

Fraternité de la parole (1976)

Le Corps et le temps suivi de l'étroite peau (1979)

Les Marches de sable (1981)

Echec à la reine (1984)

La Maison sans racine (1985)

Mondes Miroirs Magies (1988)

L'Enfant multiple (1989)

Les Manèges de la vie (1991)

A la mort à la vie : Nouvelles (1992)

« FEMMES DE TOUS LES TEMPS » (1976)

Le poème suivant extrait du receuil **Fraternité de la parole** *(1976) constate l'existence d'une communauté de femmes, d'une continuité entre femmes diversement situées dans le temps. Par quelles images le poème embrasse-t-il l'actuel et l'ancien ?*

Ancestrales et pourtant fraternelles
Lointaines et pourtant proches

Elles viennent à notre rencontre
Ces Femmes d'un autre âge

Dans la pulpe éphémère de leurs corps
Dans la beauté d'un geste périssable
Dans les brefs remous d'un visage neuf ou vieilli

Ces Femmes immémoriales
         à travers *argile*[1] et pierres
         écartant[2] les *écorces*[3] du temps
Se frayent passage jusqu'ici.

Hors du *tréfonds*[4] des siècles
délivrant l'esprit

Non plus *femmes-objets*
Mais objets devenus Femmes

Elles lèvent échos paroles
et questions d'aujourd'hui.

QUESTIONS

1. Comment ce poème fait-il ressortir la presence des « Femmes d'un autre âge » ? Examinez sa structure, sa syntaxe et ses images avant de commenter la représentation des femmes.
2. Expliquez la façon dont ce poème donne une nouvelle vision de l'histoire et de la place que les femmes y occupent.
3. Commentez l'opposition entre « *femmes-objets* » et « Femmes ».
4. Quel pourrait être « l'esprit » que ces « Femmes » « délivrent » ? Réfléchissez aux sens possibles du mot.

1. terre 2. ouvrant
3. enveloppe du tronc d'un arbre ; peau ; pelure   4. ce qu'il y a de plus profond, de plus secret

≡ *Assia Djebar* (1936–)

Romancière, auteur de nouvelles, poète et cinéaste, Fatima-Zahra Imalayène est née à Churchell, ville côtière de l'Algérie. Sa mère Baya Sarba appartient à une famille de notables de la région dont plusieurs membres ont fait partie de la résistance algérienne à la colonisation française. En novembre 1954, à la fin de ses études secondaires, Djebar se rend en France pour poursuivre des études à l'Ecole normale supérieure de Sèvres. C'est la première femme algérienne à être admise dans cette grande école. En 1954, la révolution algérienne commence, et l'été suivant, Djebar ne se présente pas aux examens, par solidarité avec les étudiants algériens qui appelaient à la grève, et elle se tourne alors vers la fiction. En 1958, de retour en Afrique du Nord, Djebar enseigne, tout en poursuivant des études supérieures et, surtout, des activités journalistiques. Dans ses articles pour *El-Moudjahid*, l'organe du Front National de Libération de l'Algérie, animé par Frantz Fanon[1], Djebar se concentre sur le sort des nombreuses femmes réfugiées algériennes. En 1960, en collaboration avec son mari Ahmed Ould-Rouis[2], dont le nom de plume est Walid Garn, elle écrit *Rouge l'aube,* une pièce de théâtre destinée à être jouée en arabe pour les communautés de réfugiés algériens au Maroc et en Tunisie.

Avec l'indépendance de l'Algérie, Djebar retourne à Alger, où elle enseigne l'Histoire d'Afrique du Nord à la Faculté de Lettres de l'Université d'Alger. De plus en plus préoccupée par la question de la langue et la difficulté d'exprimer sa propre identité arabe en français, et par la recherche d'un public algérien qui devrait se tenir au courant des problèmes de la femme algérienne, Djebar entreprend de tourner un film pour la télévision algérienne. *La Nouba des femmes de Mont Chenoua,* film radical, controversé, et mal reçu en Algérie, se voit interdire sa projection au festival de Carthage et obtient un prix au festival de Venise. En 1980, Djebar publie un recueil de nouvelles, *Femmes d'Alger dans leur appartement,* avec une remarquable postface « Regard interdit, son coupé », où Djebar poursuit sa réflexion sur l'identité des femmes algériennes. La lectrice pénètre au cœur de l'espace féminin pour se mettre « à l'écoute » des femmes arabes. Leur parler est un « arabe souterrain », où le corps voilé de même que les mots se font entendre dans des murmures étouffés, des récits fragmentaires sur la mémoire collective, le passé et le présent.

La Soif (1956)

Les Impatients (1958)

Rouge l'aube (1960)

Les Enfants du nouveau monde (1962)

Les Alouettes naïves (1967)

---

1. Psychiatre et ensuite idéologue de la révolution algérienne, Frantz Fanon (1925–1961) est un des principaux théoriciens de l'anticolonialisme. Parmi ses ouvrages les plus connus sont *Peau noire, masques blancs* (1952) et *Les Damnés de la Terre* (1961).
2. Divorcée d'Ahmed Ould-Rouis en 1975, Djebar se remarie avec le poète Malek Aloula en 1980.

FEMMES D'ALGER DANS LEUR APPARTEMENT (1980)

Dans « L'Ouverture » à son livre Femmes d'Alger, *Djebar décrit ses nouvelles comme « quelques repères sur un trajet d'écoute, de 1958 à 1978 » : « Conversations fragmentées, remémorées, reconstituées... Récits fictifs, visages et murmures d'un imaginaire proche. » La postface à ce livre, « Regard interdit, son coupé », est une méditation sur la représentation des Algériennes à partir des tableaux de Delacroix et de Picasso.*

III

Alors que débutait à peine la guerre de libération en Algérie, Picasso va vivre, de décembre 1954 à février 1955, quotidiennement dans le monde des « Femmes d'Alger » de *Delacroix*[1]. Il s'y confronte et bâtit autour des trois femmes, et avec elles, un univers complètement transformé : quinze toiles et deux lithographies portant le même titre.

Il m'émeut de penser que l'Espagnol génial préside ainsi à un changement des temps.

A l'entrée de notre « nuit coloniale », le peintre français nous *livrait*[2] sa vision qui, remarque Baudelaire admirateur, « exhale je ne sais quel haut parfum de mauvais lieu qui nous guide assez vite vers les limbes *insondés*[3] de la tristesse ». Ce parfum de mauvais lieu venait de bien loin et il se sera encore davantage concentré.

Picasso renverse la malédiction, fait éclater le malheur, inscrit en lignes *hardies*[4] un bonheur totalement nouveau. Prescience qui devrait, dans notre quotidien, nous guider.

« Picasso a toujours aimé libérer les belles du harem », remarque *Pierre Daix*[5]. Libération glorieuse de l'espace, réveil des corps dans la danse, la dépense, le mouvement *gratuit*[6]. Mais aussi préservation d'une des femmes restée hermétique, olympienne, soudain immense. Comme une morale proposée, ici, d'un rapport à retrouver entre sérénité ancienne et parée (la dame, figée auparavant dans sa tristesse maussade, est *dorénavant*[7] immobile, mais comme un roc de puissance intérieure) et l'éclatement improvisé dans un espace ouvert.

Car il n'y a plus de harem, la porte en est grande ouverte et la lumière y entre *ruisselante*[8], il n'y a même plus de servante

---

1. Peintre français identifié comme chef de l'école romantique. Djebar commente son tableau « Femmes d'Alger » (1834).
2. donnait   3. énigmatiques, incompréhensibles   4. énergiques, audacieuses
5. écrivain et journaliste français qui a consacré quelques travaux à Picasso
6. sans motifs extérieurs, désintéressé   7. à partir du moment actuel
8. se répandant à profusion

espionne, simplement une autre femme, espiègle et dansante. Enfin les héroïnes — à l'exception de la reine dont les seins éclatent néanmoins — y sont totalement nues, comme si Picasso retrouvait la vérité du langage usuel qui, en arabe, désigne les « dévoilées » comme des « dénudées ». Comme s'il faisait aussi de cette dénudation non pas seulement le signe d'une « émancipation », mais plutôt celui d'une renaissance de ces femmes à leur corps.

Deux ans après cette intuition d'artiste, est apparue la lignée des porteuses de bombes, à la « bataille d'Alger ». Celles-ci sont-elles seulement les sœurs-compagnes des héros nationalistes ? Certes pas, car tout se passe comme si ces derniers, isolés, hors du clan, avaient fait un long parcours, des années 1920 à presque 1960, pour retrouver leurs « sœurs-amantes » et cela, à l'ombre des prisons et des sévices des légionnaires.

Comme s'il avait fallu la guillotine et les premiers sacrifiés du froid de l'aube pour que des jeunes filles tremblent pour leurs frères de sang et le disent. L'accompagnement ancestral avait été jusque là le hululement du triomphe et de la mort.

Il s'agit de se demander si les porteuses de bombes, en sortant du harem, ont choisi par pur hasard leur mode d'expression le plus direct : leurs corps exposés dehors et elles-mêmes s'attaquant aux autres corps ? En fait elles ont sorti ces bombes comme si elles sortaient leurs propres seins, et ces grenades ont éclaté contre elles, tout contre.

Certaines d'entre elles se sont retrouvées sexes électrocutés, *écorchés*[9] par la torture.

Si le viol comme fait et « tradition » de guerre est en soi horriblement banal depuis que les guerres existent, il devint — lorsque nos héroïnes en furent les expiatoires vic-

times — motif à bouleversement douloureux, vécu comme traumatisme par l'ensemble de la collectivité algérienne. Sa dénonciation publique par journaux et *prétoires*[10] interposés contribua certes à en amplifier la résonance scandaleuse : les mots qui le nommèrent firent, autour du viol, l'unanimité explicitement réprobatrice. Une barrière de mots tombait, se transgressait, un voile se déchirait devant une réalité menacée, mais dont le refoulement était trop fort pour ne pas faire retour. Celui-ci submergea une solidarité du malheur qui avait été un instant efficace. Ce que les mots avaient dévoilé le temps d'une guerre, voilà que retombe sur lui la chape épaisse des sujets tabous, voilà que s'inverse le sens d'une révélation. Revient alors le lourd silence qui met fin au rétablissement momentané du son. Le son est de nouveau coupé. Comme si les pères, frères ou cousins disaient : « Nous avons bien assez payé pour ce dévoilement des mots ! » Oubliant sans doute que des femmes ont inscrit dans leur chair meurtrie ce dire qui est pourtant pénalisé d'un silence s'étendant alentour.

Le son de nouveau coupé, le regard de nouveau interdit reconstruisent les ancestrales barrières. « Un parfum de mauvais lieu », disait Baudelaire. Il n'y a plus de sérail. Mais la « structure du sérail »[11] tente d'imposer, dans les nouveaux terrains vagues, ses lois : loi de l'invisibilité, loi du silence.

Je ne vois que dans les *bribes*[12] de murmures anciens comment chercher à restituer la conversation entre femmes, celle-là même que Delacroix gelait sur le tableau. Je n'espère que dans la porte ouverte en plein soleil, celle que Picasso ensuite a imposée, une libération concrète et quotidienne des femmes.

Février 1979.

---

9. blessés   10. salles d'audience d'un tribunal
11. Note de l'auteur : *La structure du sérail* d'Alain Grosrichard, 1979.
12. fragments, menus morceaux

QUESTIONS

1. Comment Picasso a-t-il transformé l'univers des trois femmes de Delacroix dans son propre tableau ?

2. Décrivez l'effet que produit la juxtaposition du tableau de femmes nues dans le harem d'autrefois et la violence perpétuée aussi bien que subie par les femmes pendant la guerre d'Algérie.

3. Quel est le rapport entre la « sortie » des femmes algériennes pendant la guerre et ce que Djebar appelle la reconstitution des « ancestrales barrières » ?

4. Qu'est ce qui distingue le sérail de la « structure du sérail » ?

5. Commentez le titre de cet essai. Comment Djebar souligne-t-elle la voix et la lumière dans une « libération concrète et quotidienne » des femmes ?

≡ *Joyce Mansour*

« LES VICES DES HOMMES... » (1953)

Dans le bref poème qui suit, Mansour exploite le thème de la mangeuse d'homme, la femme attirante qui menace l'homme. En quoi pourrait-on considérer ce poème féministe ?

> Les vices des hommes
> Sont mon domaine
> Leurs *plaies*[1] mes doux gâteaux
> J'aime *mâcher*[2] leurs viles pensées
> Car leur laideur fait ma beauté.

QUESTIONS

1. En quoi est-ce que les références à l'oralité ici agissent de façons multiples ?
2. Comment voyez-vous la « beauté » du « je » qui parle ici ?
3. Comment décririez-vous le ton du poème ?
4. Le poème révèle-t-il ce que sont les vices des hommes ?

SUJETS DE DISCUSSION ET DE COMPOSITION

1. Lesquels des textes de cette section trouvez-vous les plus engageants ? Quels en sont les sujets de critique féministe qui dépassent l'amour et le mariage ? En décrivant les questions politiques et culturelles qui y sont abordées, faites attention aussi à la forme de l'analyse.
2. Dans cette section, plusieurs femmes posent le problème de l'identité de la femme. Comparez la manière dont Girardin, Beauvoir, Kristeva et Cixous abordent ce problème de définition.

1. blessures   2. mastiquer, écraser avec les dents

VII

PAROLES ET POLITIQUES

A partir d'écrits de femmes pendant la période de la Révolution de 1789, nous abordons dans cette partie la question des relations possibles entre la parole écrite et la voix politique, question d'autant plus épineuse quand il s'agit de la femme dans la démocratie moderne. Comment la femme peut-elle mener une lutte politique lorsqu'elle est d'emblée exclue des notions même de la politique ? Comment se faire entendre quand on est a priori hors de combat ? Si la Révolution française fait figure de date charnière ici, c'est que les idées démocratiques qu'elle fait siennes agissent puissamment sur les femmes. En même temps, le discours révolutionnaire dont les femmes héritent rend difficile, voire impossible, une parole politique féminine sans contradictions.

Après les idées libérales et les droits du citoyen de 1789, ce sont aussi les mouvements socialistes, des années 1830 jusqu'au vingtième siècle, qui intéressent vivement les femmes, à la fois de par leur programme humanitaire et de par l'attention qu'ils portent aux questions de classe et de la femme. Certaines citoyennes embrassent la cause du peuple sans pour autant interroger celle de la femme. D'autres essaient d'établir un lien entre les deux problématiques. Enfin, d'autres encore passent outre afin d'explorer un langage qui pourrait troubler, sinon effacer, les divisions conceptuelles entre homme et femme, entre espace privé et espace public, entre le politique et le non-politique.

A partir de la Révolution de 1789, la prise de conscience sociale et politique des femmes va de pair avec sa mise en texte journalistique. Les femmes découvrent des organes où se forger une voix que la société leur refuse. Ainsi Olympe de Gouges se sert de la « Déclaration des droits de l'homme et du citoyen » pour en proposer une équivalente pour la femme. Les femmes saint-simoniennes se déclarent indépendantes des hommes et de leurs mouvements dans un journal qu'elles fondent. Dans ses articles de journal, André Léo [Léodile Champseix] témoigne de la participation importante, bien que largement ignorée, des femmes pendant la Commune. Simone Weil tient à placer ses articles dans de petits journaux syndicalistes. Pour ces femmes, acte et parole ne font qu'un. Le fait même d'écrire, d'inscrire sa parole de femme dans les colonnes, celles d'une pétition ou d'un journal, devient un des seuls moyens de se constituer publiquement en tant que sujet.

PÉTITION DES FEMMES
DU TIERS-ÉTAT AU ROI (1ᴱᴿ JANVIER 1789)

En août 1789, des questions économiques graves poussent le roi Louis XVI à convoquer pour la première fois depuis 1614 les Etats-Généraux (corps législatif comprenant les trois ordres : le clergé, la noblesse et le Tiers-Etat). Le roi demande également aux Français de se réunir afin de rédiger des « Cahiers de doléances » et de les présenter aux députés du Tiers-Etat. Parmi les nombreux Cahiers se trouvent des pamphlets, écrits par des femmes anonymes, qui réclament le droit au travail ainsi que des réformes dans le domaine des droits civils comme dans celui des mœurs. Il faut préciser néanmoins que le texte suivant n'est pas un extrait des Cahiers, mais une pétition. Nous avons gardé l'ancienne orthographe.

> Ce qu'on sçait droitement, on
> en dispose,
> sans regarder au patron.
>
> *ESSAIS* DE MONTAIGNE, L.I,C.
> XXV

Sire,

Dans un tems où les différens Ordres de l'Etat sont occupés de leurs intérêts, où chacun cherche à faire valoir ses titres & ses droits ; où les uns se tourmentent pour rappeler les siècles de la servitude & de l'anarchie ; où les autres s'efforcent de secouer les derniers chaînons qui les attachent encore à un impérieux reste de féodalité, les femmes, objets continuels de l'admiration & du mépris des hommes, les femmes, dans cette commune agitation, ne pourraient-elles pas aussi faire entendre leur voix ?

Exclues des Assemblées Nationales par des loix trop bien cimentées pour espérer de les *enfreindre*[1], elles ne vous demandent pas, Sire, la permission d'envoyer leurs députés aux Etats-Généraux ; elles savent trop combien la faveur aurait de part à l'élection, & combien il serait facile aux élus de gêner la liberté des suffrages.

Nous préférons, Sire, de porter notre cause à vos pieds : ne voulant rien obtenir que de votre cœur, c'est à lui que nous adressons nos plaintes & confions nos misères.

Les femmes du Tiers-Etat naissent presque toutes sans fortune ; leur éducation est très-négligée ou très-*vicieuse*[2] : elle consiste à les envoyer à l'*école*, chez un Maître qui, lui-même, ne sait pas le premier mot de la langue qu'il enseigne ; elles continuent d'y aller jusqu'à ce qu'elles sachent lire l'Office de la Messe en français, & les Vêpres en latin. Les premiers devoirs de la Religion remplis, on leur apprend à travailler ; parvenues à l'âge de quinze ou seize ans, elles peuvent gagner cinq ou six sous par jour. Si la nature leur a refusé la beauté, elles épousent, sans *dot*[3], de malheureux artisans, végètent péniblement dans le fond des provinces, & donnent la vie à des enfans qu'elles sont hors d'état d'élever. Si, au contraire, elles naissent jolies, sans culture, sans principes, sans idée de morale, elles deviennent la *proie*[4] du premier séducteur, font une première faute, viennent à Paris ensevelir

---

1. transgresser 2. corrompue, mauvaise
3. bien qu'une femme apporte en se mariant 4. victime

leur honte, finissent par l'y perdre entièrement & meurent victimes du libertinage.

Aujourd'hui que la difficulté de subsister force des milliers d'entre elles de se mettre *à l'encan*[5], que les hommes trouvent plus commode de les acheter pour un tems que de les conquérir pour toujours, celles qu'un heureux penchant porte à la vertu, que le désir de s'instruire dévore, qui se sentent *entraînées*[6] par un goût naturel, qui ont surmonté les défauts de leur éducation & savent un peu de tout, sans avoir rien appris, celles enfin qu'une âme haute, un cœur noble, une fierté de sentiment fait appeler *bégueules*[7], sont obligées de se jeter dans les cloîtres où l'on n'exige qu'une dot médiocre, ou forcées de se mettre au service, quand elles n'ont pas assez de courage, assez d'héroïsme pour partager le généreux dévouement des *filles de Vincent de Paul*[8].

Plusieurs aussi, par la seule raison qu'elles naissent filles, sont dédaignées de leurs parents, qui refusent de les établir pour réunir leur fortune sur la tête d'un fils qu'ils destinent à perpétuer leur nom dans la Capitale ; car il est bon que Votre Majesté sache que nous avons aussi des noms à conserver. Ou si la vieillesse les surprend filles, elles la passent dans les larmes & se voyent l'objet des mépris de leurs plus proches parents.

Pour *obvier*[9] à tant de maux, Sire, nous demandons : que les hommes ne puissent, sous aucun prétexte, exercer les métiers qui sont *l'apanage*[10] des femmes, soit couturière, brodeuse, marchande de modes, &c. &c. ; que l'on nous laisse au moins l'aiguille & le fuseau, nous nous engageons à ne manier jamais le compas ni l'*équerre*[11].

Nous demandons, Sire, que votre bonté nous fournisse les moyens de faire valoir les talents dont la nature nous aura pourvues, malgré les *entraves*[12] que l'on ne cesse de mettre à notre éducation.

Que vous nous assigniez des *charges*[13] qui ne pourront être remplies que par nous, que nous n'occuperons qu'après avoir subi un examen sévère, après des informations sûres de la pureté de nos mœurs.

Nous demandons à être éclairées, à posséder des emplois, non pour usurper l'autorité des hommes, mais pour en être plus estimées ; pour que nous ayons des moyens de vivre *à l'abri de*[14] l'infortune, que l'indigence ne force pas les plus faibles d'entre nous, que le luxe éblouit et que l'exemple entraîne, de se réunir à la foule de malheureuses qui surchargent les rues et dont la *crapuleuse* audace fait l'opprobre de notre sexe & des hommes qui les fréquentent.

Nous désirerions que cette classe de femmes portât une marque distinctive. Aujourd'hui qu'elles empruntent jusqu'à la modestie de nos habits, qu'elles se mêlent partout, sous tous les costumes, nous nous trouvons souvent confondues avec elles ; quelques hommes s'y trompent & nous font rougir de leur méprise. Il faudrait que, sous peine de travailler dans des ateliers publics, au profit des pauvres (on sait que le travail est la plus grande peine que l'on puisse leur infliger), elles ne puissent jamais quitter cette marque... Cependant nous réfléchissons que l'empire de la mode serait anéanti & l'on

---

5. fig., comme objet de trafic donné au plus offrant   6. poussées
7. femmes d'une pruderie affectée
8. Vincent de Paul (1581–1660) était un prêtre français qui a fondé des organisations de charité dont les Filles de la Charité.
9. remédier   10. le propre, le bien exclusif
11. instrument qui sert à tracer des angles droits   12. obstacles
13. emplois, postes   14. protégées contre

risquerait de voir beaucoup trop de femmes vêtues de la même couleur.

Nous vous supplions, Sire, d'établir des Ecoles gratuites où nous puissions apprendre notre langue par principes, la Religion & la morale ; que l'une & l'autre nous soient présentées dans toute leur grandeur, entièrement dénuées des petites pratiques qui en atténuent la majesté ; que l'on nous y forme le cœur, que l'on nous y enseigne surtout à pratiquer les vertus de notre sexe, la douceur, la modestie, la patience, la charité ; quant aux Arts agréables, les femmes les apprennent sans Maître. Les Sciences ?... Elles ne servent qu'à nous inspirer un sot orgueil, nous conduisent au Pédantisme, contrarient les vœux de la nature, font de nous des êtres mixtes qui sont rarement épouses fideles, &, plus rarement encore, bonnes mères de famille.

Nous demandons à sortir de l'ignorance, pour donner à nos enfans une éducation saine & raisonnable, pour en former des Sujets dignes de vous servir. Nous leur apprendrons à chérir le beau nom de Français ; nous leur transmettrons l'amour que nous avons pour Votre Majesté ; car, nous voulons bien laisser aux hommes la valeur, le génie ; mais nous leur disputerons toujours le dangereux & précieux don de la sensibilité ; nous les défions de mieux vous aimer que nous ; ils courent à Versailles la plupart pour leurs intérêts ; & nous, Sire, pour vous y voir, quand, à force de peine & le cœur palpitant, nous pouvons *fixer*[15] un instant votre auguste Personne, des larmes s'échappent de nos yeux, l'idée de Majesté, de Souverain, s'évanouit, & ne voyons en vous qu'un Père tendre, pour lequel nous donnerions mille fois la vie.

QUESTIONS

1. A qui les femmes s'adressent-elles ? Pourquoi ?
2. Décrivez le ton de cette pétition.
3. Quels sont les griefs majeurs et les principales revendications de la pétition ?
4. Lesquels parmi les sujets abordés indiquent la position modérée des auteurs ?

15. retenir

Olympe de Gouges (1748–1793)

Née à Montauban, Marie Gouzes épouse à 16 ans un officier qui meurt peu après la naissance de leur fils. Reniant à la fois ses origines plébéiennes et le titre de veuve, Marie Gouzes s'installe à Paris où, se nommant Olympe de Gouges, elle se lance dans les lettres. Ni Olympe, nom de sa mère, ni la particule aristocrate « de » ne sont sans importance dans la nouvelle identité que se forge la jeune femme. Marie prétendra même que son vrai père est le marquis Le Franc de Pompignan, homme de lettres de la région du Languedoc. Ainsi s'explique une nouvelle légitimité pour une jeune femme qui se veut écrivain.

A Paris, Olympe de Gouges lutte pour se faire reconnaître comme dramaturge et faire monter ses pièces à la Comédie-Française, tentative qui se termine généralement par un échec. Dans son *Bonheur primitif de l'homme* (1788) elle propose la création d'un théâtre national où seules seraient représentées les pièces rédigées par des femmes qui manquent de moyens de subsistance. Faute de voir la plupart de ses pièces jouées, Olympe de Gouges les publie à compte d'auteur et les accompagne de préfaces amères. Dans *L'Homme généreux* (1786), elle s'insurge contre l'exclusion des femmes du pouvoir, et dans *Le Couvent ou les vœux forcés* (1792) elle exprime son anticléricalisme. Dans la seule pièce montée à la Comédie-Française, *L'Esclavage des noirs* (1789), l'auteur plaide contre l'esclavage, sujet chaudement débattu lors de la Révolution.

Si ses écrits littéraires sont tombés dans l'oubli (bien qu'il existe de nouvelles éditions de certaines pièces), on ne peut pas en dire autant pour les nombreux pamphlets et brochures que Gouges écrit pendant la période révolutionnaire. Pourtant, c'est alors que son nom se voit associé à une écriture opposée à maintes formes d'injustice sociale, particulièrement celles dont souffrent les femmes, « ce sexe faible et trop longtemps opprimé, prêt à secouer le joug d'un esclavage honteux ». Chez Olympe de Gouges, une parole politique se fait entendre qui ne trouve sa plus forte expression ni à la scène ni à la tribune — espaces que Gouges réclame pour les femmes — mais dans ses écrits polémiques. Son ouvrage le plus connu reste sa « Déclaration des droits de la femme et de la citoyenne » (1791), écrite pour compléter la « Déclaration des droits de l'homme et du citoyen » adoptée par l'Assemblée nationale en 1789. Olympe de Gouges donne à voir les contradictions du programme révolutionnaire qui revendique les droits de l'Homme mais qui ne reconnaît que l'homme. Puisqu'elle soutient une monarchie constitutionnelle ainsi que l'appartenance des femmes au corps social, Olympe de Gouges déplaît aux républicains. Arrêtée par le gouvernement républicain, Gouges est guillotinée en novembre 1793 pour avoir voulu être « homme d'Etat ».

L'Homme généreux (1786)

Le Bonheur primitif de l'homme, ou les rêveurs patriotiques (1788)

L'Esclavage des noirs, ou l'heureux naufrage (1789)

Les Comédiens démasqués, ou Mme de Gouges ruinée par la Comédie-Française, pour se faire jouer (1790)

Les Droits de la femme. A la Reine (1791)
Le Couvent, ou les vœux forcés (1792)

DÉCLARATION DES DROITS DE LA FEMME ET DE LA CITOYENNE (1791)

Pour contester les insuffisances des principes fondateurs de la Révolution de 1789, Olympe de Gouges adresse à la reine une déclaration solennelle sur les droits et les devoirs de la femme destinée à faire pendant à la « Déclaration des droits de l'homme et du citoyen » adoptée par le corps législatif en 1789. Revendiquant l'égalité pour la femme, Gouges fait pourtant appel à la différence de la femme. La question se pose alors : comment une femme peut-elle se constituer en tant que sujet politique dans les termes proposés par la pensée révolutionnaire ? Nous reproduisons ici des extraits de la « Déclaration ».

Homme, es-tu capable d'être juste ? C'est une femme qui t'en fait la question ; tu ne lui ôteras pas du moins ce droit. Dis-moi ? qui t'a donné le souverain empire d'opprimer mon sexe ? ta force ? tes talents ? Observe le créateur dans sa sagesse ; parcours la nature dans toute sa grandeur, dont tu sembles vouloir te rapprocher, et donne-moi, si tu l'oses, l'exemple de cet empire tyrannique.

Remonte aux animaux,* consulte les éléments, étudie les végétaux, jette enfin un coup d'œil sur toutes les modifications de la matière organisée ; et rends-toi à l'évidence quand je t'en offre les moyens ; cherche, *fouille*[1] et distingue, si tu le peux, les sexes dans l'administration de la nature. Partout tu les trouveras confondus, partout ils coopèrent avec un ensemble harmonieux à ce chef-d'œuvre immortel.

L'homme seul *s'est fagoté*[2] un principe de cette exception. Bizarre, aveugle, *boursouflé*[3] de sciences et dégénéré, dans ce siècle de lumières et de sagacité, dans l'ignorance la plus crasse, il veut commander en despote sur un sexe qui a reçu toutes les facultés intellectuelles ; il prétend *jouir de*[4] la révolution, et réclamer ses droits à l'égalité, pour ne rien dire de plus.

DÉCLARATION DES DROITS DE LA FEMME ET DE LA CITOYENNE

A décréter par l'Assemblée nationale dans ses dernières séances ou dans celle de la prochaine législature.

PRÉAMBULE

Les mères, les filles, les sœurs, représentantes de la nation, demandent d'être constituées en assemblée nationale. Considérant que l'ignorance, l'oubli ou le mépris des droits de la femme, sont les seules causes des malheurs publics et de la corruption des gouvernements, ont résolu d'exposer dans une déclaration solennelle, les droits naturels,

*De Paris au Pérou, du Japon à Rome, le plus sot animal, à mon avis, c'est l'homme.

---

1. explore   2. s'est fait   3. enflé, gonflé   4. tirer plaisir de, profiter de

inaliénables et sacrés de la femme, afin que cette déclaration, constamment présente à tous les membres du corps social, leur rappelle sans cesse leurs droits et leurs devoirs, afin que les actes du pouvoir des femmes, et ceux du pouvoir des hommes pouvant être à chaque instant comparés avec le but de toute institution politique, en soient plus respectés, afin que les réclamations des citoyennes, fondées *désormais*[5] sur des principes simples et incontestables, tournent toujours au maintien de la constitution, des bonnes mœurs, et au bonheur de tous.

En conséquence, le sexe supérieur en beauté comme en courage, dans les souffrances maternelles, reconnaît et déclare, en présence et sous les auspices de l'Etre suprême, les Droits suivants de la Femme et de la Citoyenne.

ARTICLE PREMIER

La Femme naît libre et demeure égale à l'homme en droits. Les distinctions sociales ne peuvent être fondées que sur l'utilité commune.

II

Le but de toute association politique est la conservation des droits naturels et imprescriptibles de la Femme et de l'Homme : ces droits sont la liberté, la propriété, la sûreté, et surtout la résistance à l'oppression.

IV

La liberté et la justice consistent à rendre tout ce qui appartient à autrui ; ainsi l'exercice des droits naturels de la femme n'a de *bornes*[6] que la tyrannie perpétuelle que l'homme lui oppose ; ces bornes doivent être réformées par les lois de la nature et de la raison.

VII

Nulle femme n'est exceptée ; elle est accusée, arrêtée, & détenue dans les cas déterminés par la Loi. Les femmes obéissent comme les hommes à cette Loi rigoureuse.

IX

Toute femme étant déclarée coupable, toute rigueur est exercée par la Loi.

X

Nul ne doit être inquiété pour ses opinions mêmes fondamentales, la femme a le droit de monter sur l'échafaud ; elle doit avoir également celui de monter à la Tribune ; pourvu que ses manifestations ne troublent pas l'ordre public établi par la Loi.

XI

La libre communication des pensées et des opinions est un des droits les plus précieux de la femme, puisque cette liberté assure la légitimité des pères envers les enfants. Toute Citoyenne peut donc dire librement, je suis mère d'un enfant qui vous appartient, sans qu'un préjugé barbare la force à dissimuler la vérité ; sauf à répondre de l'abus de cette liberté dans les cas déterminés par la Loi.

XIII

Pour *l'entretien*[7] de la force publique, & pour les dépenses d'administration, les contributions de la femme et de l'homme sont égales ; elle *a part à*[8] toutes les corvées, à toutes les tâches pénibles ; elle doit donc avoir de même part à la distribution des places, des emplois, des charges, des dignités et de l'industrie.

---

5. à partir du moment actuel   6. limites   7. le maintien   8. participe à

XV

La masse des femmes, coalisée pour la contribution à celle des hommes, a le droit de *demander compte à*[9] tout agent public, de son administration.

XVII

Les propriétés sont à tous les sexes réunis ou séparés ; elles ont pour chacun un droit inviolable et sacré ; nul ne peut en être privé comme vrai patrimoine de la nature, si ce n'est lorsque la nécessité publique, légalement constatée, l'exige évidemment, et sous la condition d'une juste et préalable indemnité.

POSTAMBULE

Femme, réveille-toi ; le *tocsin*[10] de la raison se fait entendre dans tout l'univers ; reconnais tes droits. Le puissant empire de la nature n'est plus environné de préjugés, de fanatisme, de superstition et de mensonges. Le flambeau de la vérité a dissipé tous les nuages de la sottise et de l'usurpation. L'homme esclave a multiplié ses forces, a eu besoin de recourir aux tiennes pour briser ses fers. Devenu libre, il est devenu injuste envers sa compagne. O femmes ! femmes, quand cesserez-vous d'être aveugles ? Quels sont les avantages que vous avez recueillis dans la révolution ? Un mépris plus marqué, un dédain plus signalé. Dans les siècles de corruption vous n'avez régné que sur la faiblesse des hommes. Votre empire est détruit ; que vous reste-t-il donc ? la conviction des injustices de l'homme. La réclamation de votre patrimoine, fondée sur les sages décrets de la nature ; qu'auriez-vous à redouter pour une si belle entreprise ? le bon mot du *Législateur des noces de Cana*[11] ? Craignez-vous

que nos Législateurs Français, correcteurs de cette morale, longtemps accrochée aux branches de la politique, mais qui n'est plus de saison, ne vous répètent : femmes, qu'y a-t-il de commun entre vous et nous ? Tout, auriez-vous à répondre. S'ils s'obstinaient, dans leur faiblesse, à mettre cette inconséquence en contradiction avec leurs principes ; opposez courageusement la force de la raison aux vaines prétentions de supériorité ; réunissez-vous sous les *étendards*[12] de la philosophie ; déployez toute l'énergie de votre caractère, et vous verrez bientôt ces orgueilleux, non serviles adorateurs rampants à vos pieds, mais fiers de partager avec vous les trésors de l'Etre suprême. Quelles que soient les barrières que l'on vous oppose, il est en votre pouvoir de les affranchir ; vous n'avez qu'à le vouloir. Passons maintenant à l'effroyable tableau de ce que vous avez été dans la société ; & puisqu'il est question, en ce moment, d'une éducation nationale, voyons si nos sages Législateurs penseront sainement sur l'éducation des femmes.

Les femmes ont fait plus de mal que de bien. La contrainte et la dissimulation ont été *leur partage*[13]. Ce que la force leur avait *ravi*[14], la ruse leur a rendu ; elles ont eu recours à toutes les ressources de leurs charmes, et le plus irréprochable ne leur résistait pas. Le poison, le fer, tout leur était soumis ; elles commandaient au crime comme à la vertu. Le gouvernement français, surtout, a dépendu, pendant des siècles, de l'administration nocturne des femmes ; le cabinet n'avait point de secret pour leur indiscrétion ; ambassade, commandement, ministère, présidence, pontificat, cardinalat ; enfin tout ce qui caractérise la sottise des hommes, profane et sacré, tout a été soumis à la cupidité et

9. demander une explication   10. sonnerie de cloche pour donner l'alarme   11. Christ
12. drapeaux   13. leur lot   14. enlevé, volé

à l'ambition de ce sexe autrefois méprisable et respecté, et depuis la révolution, respectable et méprisé.

Dans cette sorte d'antithèse, que de remarques n'ai-je point à offrir ! je n'ai qu'un moment pour les faire, mais ce moment fixera l'attention de la postérité la plus *reculée*[15]. Sous l'ancien régime, tout était vicieux, tout était coupable ; mais ne pourrait-on pas apercevoir l'amélioration des choses dans la substance même des vices ? Une femme n'avait besoin que d'être belle ou aimable ; quand elle possédait ces deux avantages elle voyait cent fortunes à ses pieds. Si elle n'en profitait pas, elle avait un caractère bizarre, ou une philosophie peu commune, qui la portait aux mépris des richesses ; alors elle n'était plus considérée que comme une mauvaise tête ; la plus indécente se faisait respecter avec de l'or ; le commerce des femmes était une espèce d'industrie reçue dans la première classe, qui, désormais, n'aura plus de crédit. S'il en avait encore, la révolution serait perdue, et sous de nouveaux rapports, nous serions toujours corrompus ; cependant la raison peut-elle se dissimuler que tout autre chemin à la fortune est fermé à la femme que l'homme achète, comme l'esclave sur les côtes d'Afrique. La différence est grande ; on le sait. L'esclave commande au maître ; mais si le maître lui donne la liberté sans récompense, et à un âge où l'esclave a perdu tous ses charmes, que devient cette infortunée ? Le jouet du mépris ; les portes mêmes de la bienfaisance lui sont fermées ; elle est pauvre et vieille, dit-on ; pourquoi n'a-t-elle pas su faire fortune ? D'autres exemples encore plus touchants s'offrent à la raison. Une jeune personne sans expérience, séduite par un homme qu'elle aime, abandonnera

ses parents pour le suivre ; l'ingrat la laissera après quelques années, et plus elle aura vieilli avec lui, plus son inconstance sera inhumaine ; si elle a des enfants, il l'abandonnera de même. S'il est riche, il se croira dispensé de partager sa fortune avec ses nobles victimes. Si quelqu'engagement le lie à ses devoirs, il en violera la puissance en espérant tout des lois. S'il est marié, tout autre engagement perd ses droits. Quelles lois restent-il donc à faire pour extirper le vice jusque dans la racine ? Celle du partage des fortunes entre les hommes et les femmes, et de l'administration publique. On conçoit aisément que celle qui est née d'une famille riche, gagne beaucoup avec l'égalité des partages. Mais celle qui est née d'une famille pauvre, avec du mérite et des vertus ; quel est son lot ? La pauvreté et l'opprobre. Si elle n'excelle pas précisément en musique ou en peinture, elle ne peut être admise à aucune fonction publique, quand elle en aurait toute la capacité. Je ne veux donner qu'un aperçu des choses, je les approfondirai dans la nouvelle édition de tous mes ouvrages politiques que je me propose de donner au public dans quelques jours, avec des notes.

Je reprends mon texte quant aux mœurs. Le mariage est le tombeau de la confiance & de l'amour. La femme mariée peut impunément donner des bâtards à son mari, et la fortune qui ne leur appartient pas. Celle qui ne l'est pas, n'a qu'un faible droit : les lois anciennes et inhumaines lui refusaient ce droit sur le nom & sur *le bien*[16] de leur père, pour ses enfants, et l'on n'a pas fait de nouvelles lois sur cette matière. Si tenter de donner à mon sexe une consistance honorable et juste, est considéré dans ce moment comme un paradoxe de ma part, et comme tenter

15. éloignée   16. la fortune, le capital

l'impossible, je laisse aux hommes à venir la gloire de traiter cette matière ; mais, en attendant, on peut la préparer par l'éducation nationale, par la restauration des mœurs et par les *conventions*[17] conjugales.

FORME DU CONTRAT SOCIAL DE L'HOMME ET DE LA FEMME.

Nous N et N, *mus*[18] par notre propre volonté, nous unissons pour le terme de notre vie, et pour la durée de nos penchants mutuels, aux conditions suivantes : Nous entendons & voulons mettre nos fortunes en communauté, en nous réservant cependant le droit de les séparer en faveur de nos enfants, et de ceux que nous pourrions avoir d'une inclination particulière, reconnaissant mutuellement que notre bien appartient directement à nos enfants, de quelque lit qu'ils sortent, et que tous indistinctement ont le droit de porter le nom des pères et mères qui les ont *avoués*[19], et nous imposons de souscrire à la loi qui punit l'abnégation de son propre sang. Nous nous obligeons également, au cas de séparation, de faire le partage de notre fortune, et de *prélever*[20] la portion de nos enfants indiquée par la loi ;

et, au cas d'union parfaite, celui qui viendrait à mourir, *se désisterait*[21] de la moitié de ses propriétés en faveur de ses enfants ; et si l'un mourait sans enfants, le survivant hériterait de droit, à moins que le mourant n'ait disposé de la moitié du bien commun en faveur de qui il jugerait à propos.

Voilà à peu près la formule de l'acte conjugal dont je propose l'exécution. A la lecture de ce bizarre écrit, je vois s'élever contre moi les *tartuffes*[22], les bégueules, le clergé et toute la *séquelle*[23] infernale. Mais combien il offrira aux sages de moyens moraux pour arriver à la perfectibilité d'un gouvernement heureux !

———

J'offre un moyen invincible pour élever l'âme des femmes ; c'est de les joindre à tous les exercices de l'homme : si l'homme s'obstine à trouver ce moyen impraticable, qu'il partage sa fortune avec la femme, non à son caprice, mais par la sagesse des lois. Le préjugé tombe, les mœurs s'épurent, et la nature reprend tous ses droits. Ajoutez-y le mariage des prêtres ; le Roi, raffermi sur son trône, et le gouvernement français ne saurait plus périr...

QUESTIONS

1. Qui sont les destinataires principaux de cet écrit et comment Gouges s'adresse-t-elle à eux ?
2. Quelle comparaison Gouges établit-elle entre la nature et les hommes ? En quoi son recours à « la nature » remet-il en cause les sphères différentes de l'homme et de la femme ?
3. Dans tous les articles, quels sont à votre avis les droits les plus importants ?

---

17. contrats, accords   18. agissant   19. reconnus   20. extraire, enlever   21. renoncerait
22. imposteurs, hypocrites   23. groupe de gens attachés aux intérêts de quelqu'un

Jeanne Désirée [Désirée Veret]

PAR MES ŒUVRES ON SAURA MON NOM

(4 NOVEMBRE 1832)

Pendant le premier tiers du dix-neuvième siècle, les voix des femmes engagées semblent rester muettes face au Code civil créé en 1804 sous le Premier Empire et, ensuite, devant les idées conservatrices de la Restauration des Bourbons (1815–1830). Ce n'est qu'au début de la Monarchie de Juillet qu'il redevient possible de parler d'activités politiques féministes qui bénéficient de l'apparition de doctrines socialistes-utopiques telles que le saint-simonisme[1] *et le* fouriérisme[2]. *Le principal disciple du saint-simonisme, le « Père »* Enfantin[3], *développe les théories du duc de Saint-Simon en une « nouvelle religion » où le couple forme l'unité sociale fondamentale. La femme y occupera une place égale à celle de l'homme sans pour autant se confondre avec lui. Selon la religion saint-simonienne, la nature sentimentale et instinctive de la femme s'harmonise avec la puissance rationnelle de l'homme. C'est à la femme d'être la compagne et le guide de l'homme.*

Pendant quelques brèves années, les saint-simoniens remettent en cause le mariage et tentent de « réhabiliter » la chair. La doctrine d'Enfantin attire puis rebute beaucoup de bourgeoises aussi bien qu'ouvrières. Un groupe d'ouvrières fonde un journal d'abord intitulé La Femme libre, *qui change par la suite plusieurs fois de nom :* Apostolat des femmes, Affranchissement des femmes, *et enfin* La Tribune des femmes. La Femme libre *ne publie que des articles de femmes signés du prénom de la rédactrice. Des femmes telles que Suzanne Voilquin, Claire Démar, Jeanne Deroin et Désirée Veret demandent des réformes dans l'instruction des femmes et leur formation technique, revendiquent l'égalité des salaires, un plus grand accès aux métiers et l'égalité civile à l'intérieur du mariage. Dans l'article suivant, Jeanne Désirée [Désirée Veret] s'éloigne sans équivoque des saint-simoniens pour proclamer que la liberté des femmes est centrale aux questions sociales.*

1. Doctrine de Claude de Saint-Simon (1760–1825) et de ses disciples à l'origine du socialisme en France. Saint-Simon propose d'améliorer le sort de la classe la plus pauvre en insistant sur le travail et l'industrie.
2. Charles Fourier (1772–1837), théoricien socialiste français qui dénonce les « vices de la civilisation ». Selon lui, l'ordre social mutile l'homme et ses passions. Fourier propose le phalanstère comme unité sociale où 810 hommes et 810 femmes vivront et travailleront ensemble. Dans cette communauté coopérative, les individus travailleront par passion selon les besoins du groupe.
3. Barthélemy Prosper Enfantin (1796–1864), ingénieur et théoricien français qui apporte à la doctrine saint-simonienne ses principaux élements économiques. En 1828 le mouvement se transforme en Eglise et Enfantin devient de plus en plus autoritaire. Le saint-simonisme d'Enfantin condamne la propriété privée et l'héritage ainsi que les rapports existants entre les sexes. Après un an de prison, Enfantin part pour l'Egypte où il fonde une société pour le percement de l'isthme de Suez. Il passe le reste de sa vie à participer dans des projets financiers et économiques du pays.

Lorsque, dans la dernière séance des Dames, j'ai dit que je ne voulais pas du nom de Saint-Simonienne, ce n'est point que je nie le bien qu'ont fait les Saint-Simoniens, ni que je doute de ce qu'ils feront : je crois qu'ils ont mieux que personne *pressenti*[1] l'avenir de l'humanité, et qu'ils sont les hommes les plus avancés de notre époque. Si je voulais me ranger sous un nom, ce serait certainement le leur que je prendrais.

Mais je me sens une œuvre différente à accomplir. Pour moi, toutes les questions sociales dépendent de la liberté des femmes : elle les résoudra toutes. C'est donc vers ce but que tendent tous mes efforts ; c'est à la bannière des femmes nouvelles que je rapporterai tout ce que je ferai pour notre émancipation : la cause des femmes est universelle, et n'est point seulement saint-simonienne ; car ailleurs aussi nous *puiserons*[2] des forces : d'autres hommes, en même temps que Saint-Simon, comprenaient que la liberté des femmes était liée à celle du peuple. Nous en avons déjà cité deux : il en est probablement que nous ignorons encore. D'autres depuis ont propagé ces idées, et il s'en trouvera qui nous soutiendront, et qui, pour être baptisés d'un autre nom que celui de Saint-Simon, sont cependant unis à nous par une même pensée.

Laissons aux hommes ces distinctions de noms, d'opinions ; elles leur sont utiles : leur esprit, plus systématique que le nôtre, a besoin, pour agir avec ordre, de rattacher à un nom, à un individu, les progrès qu'il fait ; mais nous, êtres de sentiment, d'inspiration, nous sautons par-dessus les traditions et règles auxquelles les hommes ne *dérogent*[3] qu'avec peine. Nous ne devons voir dans le genre humain que les enfans d'une même famille, dont nous sommes par notre conformation les mères et les éducatrices naturelles. Tous les hommes sont frères et sœurs unis entre eux par notre maternité : ils enfantent des doctrines, des systèmes, et les baptisent de leur nom ; mais nous, nous enfantons des hommes ; nous devrons leur donner notre nom, et ne tenir le nôtre que de nos mères et de Dieu. C'est la loi qui nous est dictée par la nature, et si nous continuons à prendre des noms d'hommes et de doctrines, nous serons esclaves à notre insu des principes qu'ils ont enfantés et sur lesquels ils exercent une sorte de paternité à laquelle nous devrons être soumises pour être conséquentes avec nous-mêmes : de cette manière, nous aurons des pères ; leur autorité sera plus douce, plus aimante que celle du passé ; mais nous ne serons jamais les égales, les mères des hommes.

Voilà, en termes généraux, les motifs qui m'ont fait agir. Je suis liée à vous ; je conserve la même devise ; *union, vérité*, mais, pour que l'union, la vérité soient durables entre vous et moi, je veux être indépendante de toutes.

QUESTIONS

1. Comment Jeanne Désirée distingue-t-elle sa conception du nom du nom des hommes ?
2. Commentez l'emploi stratégique de l'idée de la maternité dont se sert l'auteur, au sens figuré aussi bien qu'au sens propre.
3. En quoi ce texte anticipe-t-il des notions d'un certain féminisme moderne ?

1. entrevu, deviné   2. prendrons   3. transgressent

≡≡≡ *André Léo [Léodile Champseix]* (1824–1900)

André Léo, pseudonyme masculin composé du prénom de ses fils jumeaux, André et Léo, s'appelle, quand elle se met à publier ses écrits, Mme Léodile Champseix (ou Champceix). Fille d'un notaire, Léodile Béra passe sa jeunesse dans le Poitou paysan. Après le coup d'Etat de Napoléon Bonaparte (2 décembre 1851), la famille Béra s'exile en Suisse pour s'échapper au rétablissement de l'Empire.

En 1852, la jeune Béra épouse Grégoire Champseix, ancien rédacteur dans deux journaux socialistes à Limoges, réfugié politique et ami du saint-simonien Pierre Leroux. Après l'amnistie en 1860, le couple s'installe à Paris avec leurs enfants. André Léo commence sa carrière d'écrivain par le roman, qui lui sert d'apprentissage et de terrain de combat à la fois. Elle critique l'institution du mariage dans *Un Mariage scandaleux*, qu'elle édite à compte d'auteur et dans *Un Divorce*, d'abord publié par le journal quotidien *Le Siècle.* Quand son mari meurt en 1863, André Léo ne fait que commencer une longue carrière consacrée aux activités socialistes qu'elle soutient dans ses romans et dans son journalisme.

Parmi ses thèmes les plus chers figurent les associations ouvrières (y compris celles des femmes), la liberté, la dot et les différences de salaire entre la ville et la campagne ainsi qu'entre la femme et l'homme. En 1868, quand l'Empereur Napoléon III rétablit la liberté de réunion, André Léo participe à la Société pour la Revendication des Droits de la Femme qu'elle fonde avec des féministes comme Louise Michel, Maria Desraismes et Noémie Reclus.

En 1869, André Léo abandonne le roman pour publier dans le journal *Le Droit des femmes* un traité, *La Femme et les mœurs : Liberté ou monarchie.* C'est là une réponse idéologique à certains penseurs socialistes comme *Proudhon*[1], qui exclut la femme de toute activité hors du foyer. Son analyse de l'inégalité politique de la femme, maintenue depuis la Révolution de 1789, la pousse à dire que « l'homme du peuple exploite la femme comme ont fait les nobles, comme font les bourgeois ». Dans le même écrit, Léo constate qu'en privant la femme « d'initiative et de responsabilité, on l'a frappée d'incapacité morale, on en a fait un objet [...] Lorsqu'il s'agit de la femme, l'homme ne veut pas être logique et il semble ne le pouvoir ».

Durant la période de la Commune (1871), Léo fait preuve d'une très grande activité journalistique. Elle fonde avec son futur mari, Benoît Malon, l'hebdomadaire *La République des travailleurs* dont l'une des devises est « affranchissement des travailleurs par les travailleurs eux-mêmes ». Léo fonde aussi avec d'autres écrivains le journal du soir *La Sociale* où elle publie les deux textes réunis ici. Menacée d'arresta-

---

1. Pierre Joseph Proudhon (1809–1865), qui réclame le crédit gratuit et les associations de travailleurs, exerce une influence considérable sur les ouvriers français pendant les années 1850 et 1860. Dans son premier ouvrage, *Qu'est-ce que la propriété ?* (1840), il s'oppose à l'émancipation de la femme ; il combattra le féminisme jusqu'à sa mort. En effet, un ouvrage posthume s'intitule *La Pornocratie ou les femmes dans les temps modernes* (1875). Selon ce théoricien socialiste, la femme est physiquement, intellectuellement et moralement inférieure à l'homme.

tion en juin, elle se réfugie avec Malon en Suisse, où elle ne tarde pas à reprendre sa lutte pour la liberté et l'égalité dans plusieurs journaux.

Rentrée à Paris après l'amnistie de 1880, Léo y vit jusqu'à la fin de ses jours et écrit de nombreux romans ainsi que des articles traitant de l'éducation des enfants et de la condition de la femme. Jusqu'à sa mort, elle rêve d'une société qui reconnaîtrait les droits du travailleur et de la femme. Quelle meilleure preuve de ce rêve que son testament, où elle laisse une « petite rente à la première commune de France qui voudra essayer le système collectiviste par l'achat d'un terrain communal, travaillé en commun avec partage des fruits ».

Un Mariage scandaleux (1862)

Un Divorce (1866)

La Femme et les mœurs : Liberté ou monarchie (1869)

Aline-Ali (1869)

La Justice des choses (1891)

Le Petit moi (1892)

« AVENTURES DE NEUF AMBULANCIÈRES... »
(6 MAI 1871)
« LA RÉVOLUTION SANS LA FEMME » (8 MAI 1871)

Pour mieux comprendre les deux articles suivants, il faut les situer dans leur contexte historique immédiat. Après la défaite des troupes françaises de Napoléon III par la Prusse en septembre 1870, des cohues parisiennes forcent le Corps législatif à proclamer la République. Néanmoins, les élections législatives en février 1871 amènent au pouvoir une majorité de monarchistes. La guerre continue et Paris reste assiégé par les troupes prusses pendant tout l'hiver 1870–1871. Lorsque les autorités du gouvernement français quittent la ville, le Comité Central de la Garde Nationale comble le vide et annonce les élections pour la Commune (ou le conseil municipal). Composée pour la plupart de républicains et de socialistes, la Commune dirige la défense de la ville et commence à mettre en œuvre un programme de révolution sociale. Les « Versaillais », le gouvernement national qui siège alors à Versailles, entrent dans une sorte de guerre civile contre les communards et tentent de reprendre Paris. Les barricades s'érigent mais, au bout de deux mois, la Commune tombe après une défaite sanglante. Témoin des efforts des communards et des communardes, André Léo expose les préjugés contre les femmes au sein du mouvement radical.

AVENTURES DE NEUF
AMBULANCIÈRES À LA RECHERCHE
D'UN POSTE DE DÉVOUEMENT
(6 MAI 1871)

Dans chaque arrondissement de Paris, on le sait, des groupes de citoyennes dévouées et courageuses se sont formés pour aider à la défense de Paris. Les unes s'occupent de préparer à nos combattants, généralement très-mal nourris, des aliments chauds et sains ; les autres vont sur le champ de bataille porter aux blessés et aux mourants des soins immédiats ; d'autres, enfin, les mêmes pour la plupart, s'inscrivent pour se porter — s'il y a lieu — derrière les barricades, afin d'y protester par leur présence contre la violation de la cité par une armée de bandits, et afin de doubler par leur nombre et leur courage les forces des combattants — le bras étant assez fort quand le cœur est *ferme*[1].

— On sait aussi, d'autre part, qu'il y a dans Paris un très-grand nombre de républicains, très-forts en logique, et que cet amour des femmes pour la République indigne et désole. Les faits de ce genre, que l'histoire, à d'autres époques, enregistre comme héroïques, leur semblent admirables dans le passé, mais tout à fait inconvenants et ridicules aujourd'hui.

Ceci posé, le récit commence :

Un groupe de citoyennes du 17ᵉ arrondissement, munies d'une commission de la municipalité, portant la croix rouge, et conduites par une déléguée du comité, franchirent, le 2 mai, la porte de Clichy et se rendirent près du commandant du 34ᵉ bataillon pour lui offrir leurs services. Convenablement accueillies, quatre d'entre elles restèrent à ce poste, où l'on jugea qu'un plus grand nombre n'était pas nécessaire, et les autres reprirent leur marche pour se rendre à Levallois.

Le chemin qu'elles suivaient côtoyait les *batteries*,[2] d'où l'on *tirait*[3] de temps en temps. Bien qu'il y eût ce jour-là un ralentissement marqué des hostilités, plusieurs fois, devant ces batteries, des balles sifflèrent à leurs oreilles et firent voler quelques éclats de pierre en frappant contre les murs.

Pas une de ces citoyennes ne montra de crainte ; à peine, pressèrent-elles le pas, et celle qui les conduisait put s'assurer qu'elles n'avaient point, en s'engageant, trop présumé de leur courage.

A Levallois, le commandant s'efforçant d'être poli, ne marqua guère que de l'indifférence pour la mission des Républicaines. Les ambulances, les blessés, il ne savait pas, il ne s'occupait pas de ces choses-là. Il y avait bien quelque part une directrice d'ambulances, nommée par la Commune, et le chirurgien-major, mais où ?... C'était aux voyageuses de chercher à le savoir. De renseignements en renseignements, d'étapes en étapes, elles firent inutilement beaucoup de chemin, et aboutirent enfin à Neuilly, à l'état-major du général Dombrowski.

C'est là que le sens de ces hésitations, de ces *fins*[4] de non recevoir *s'accusa* enfin *nettement*[5].

A l'ambulance, un chirurgien polonais, *déployant une amabilité*[6] suspecte, conduit les ambulancières, en leur affirmant que *le général sera charmé de les voir*. Or, est-il vrai qu'un ordre avait paru la veille proscrivant la présence des femmes aux ambulances.

Au seuil de l'habitation du général, les citoyennes rencontrent un homme *galonné*[7], entouré d'autres officiers.

---

1. décidé, déterminé   2. régiments d'artillerie
3. faisait partir, décharger une arme à feu ; tirait des balles, un canon, etc.
4. buts   5. se révéla clairement   6. montrant une gentillesse
7. portant des signes de grades militaires

Parlé-je au général Dombrowski, demande la déléguée.

L'homme galonné a le sentiment de son importance, il ne répond pas à cette question, et n'en prend pas moins le droit de décider sur la demande qui lui est soumise : il renvoie les citoyennes au Palais de l'Industrie.

Nous marchons depuis quatre heures, répond la déléguée. Nous sommes sur le lieu où l'on a besoin de nos services ; on parle d'un *engagement*[8] pour cette nuit. Mission nous est donnée par un comité reconnu, et par la municipalité de notre arrondissement. Tant de formalités et d'obstacles sont plus qu'inutiles. Paris, la Révolution, ont-ils donc à leur service trop de dévouements ?

Nouveau refus, plus formel, de l'officier supérieur, qui se retire. Un jeune officier, encouragé par la sécheresse de son supérieur, se croit le droit d'impertinence, et adresse aux citoyennes une plaisanterie de mauvais goût. Il s'attire cette réponse qu'en venant au milieu des défenseurs de Paris, elles avaient cru s'adresser à des hommes sérieux.

Ils étaient là, en effet, les hommes sérieux, mais seulement dans la foule des gardes nationaux qui assistaient d'un air indigné à ce colloque.

— Citoyenne, dit l'un d'eux, s'adressant à la déléguée, venez, il y a là d'autres citoyennes à qui vous devez parler.

Elle le suit.

A deux pas de là, dans une petite chambre au rez-de-chaussée, trois femmes sont occupées à préparer leur repas. On se reconnaît et des exclamations joyeuses retentissent. Une de ces femmes est *Louise Michel*[9].

Elle a quitté Issy quand l'attaque est devenue plus vive à Neuilly.

Son costume n'a plus rien que de féminin.

— Qu'avez-vous fait de votre fusil ?

— Oh ! il n'était pas à moi !

— Et l'on ne pouvait en fournir un à celle de qui l'on a dit qu'elle était le meilleur des combattants d'Issy ?

— Ah ! si l'on me permettait seulement de secourir nos blessés ! Mais vous ne sauriez croire que d'obstacles, que de taquineries, que d'hostilité !...

Le même garde national revient en courant.

— Citoyenne ! on chasse vos compagnes ; on les emmène !

Oui, ces femmes venues pour servir, au péril de leur vie, la Révolution et ses défenseurs, on les faisait reconduire par des hommes armés, comme des coupables. Leur indignation était vive, profonde. Naïvement, elles se croyaient humiliées d'un pareil traitement, sans réfléchir que l'odieux et l'humiliation n'en revenaient qu'à ceux qui l'avaient ordonné. Les soldats comprenaient mieux.

— Citoyennes, c'est nous qui sommes honteux. Mais nous sommes forcés d'obéir.

— Tenez, ne dites pas votre numéro, ça ne vous ferait pas honneur.

Nous demandons le nom du chef qui a donné cet ordre.

— Son nom, nous ne le savons pas ; c'est le prévôt de l'état-major de... Nous allons être *mitraillés*[10] tout à l'heure, et beaucoup d'entre nous, sans doute, souffriront faute de secours.

Et tout le long de l'avenue, interpellant leurs camarades :

8. combat
9. Une des militantes les plus actives pendant la Commune, Louise Michel (1830–1905) est condamnée à six années de réclusion et déportée avec plus de quatre mille autres communards à la Nouvelle-Calédonie en août 1873. Là elle écrit ses mémoires et une histoire de la Commune. Amnistiée en 1880, Michel revient à Paris où ses écrits traitent des thèmes de la liberté, de la justice sociale et de l'anarchie.
10. bombardés, attaqués

— Dites donc, vous autres, voilà de braves citoyennes qui venaient pour vous secourir, et voilà comment elles sont reçues.

Et l'indignation était partout la même.

Aux portes, les geôliers et leurs prisonnières se séparèrent en échangeant de cordiales poignées de main.

Ailleurs aussi bien qu'à Neuilly, dans tout ce voyage aux avant-postes, nous avons pu constater ce double sentiment très-marqué : du côté des officiers et des chirurgiens, sauf exception, une absence de sympathie, qui varie de la sécheresse à l'insulte ; du côté des gardes nationaux, un respect, une fraternité, mêlés souvent à une émotion sincère. Ces braves, qui, eux, se battent obscurément pour leur foi, sans ambition et sans récompense, croient au dévouement et l'honorent. Nous en avons recueilli des preuves touchantes : en passant près d'une batterie, dans un chemin où sifflaient les balles :

— Ah ! citoyennes, c'est beau, c'est bien ce que vous faites là !

Et l'honnête figure de celui qui parlait ainsi était éclairée de cette expression qui dit plus que la parole.

En effet, pour le citoyen qui défend son droit et son foyer, la présence de la femme est une joie, une force. Elle double son courage et son enthousiasme, en lui apportant ces soins matériels, ce secours moral dont il se sent parfois cruellement privé. La femme au champ de bataille, dans la guerre pour le droit, c'est la certitude dans la foi ; c'est l'âme de la cité disant au soldat : Je suis avec toi. Tu fais bien.

En somme, et malgré l'insulte brutale faite à nos enrôlées du dévouement, l'impression que nous avons rapportée de cette excursion est profondément heureuse ; car à côté de cet esprit bourgeois et autoritaire, si étroit et si *mesquin*[11], qui se trouve encore malheureusement chez beaucoup de chefs, éclate chez nos soldats-citoyens le sentiment vif, élevé, profond de la vie nouvelle. Ils croient, eux, aux grandes forces qui sauvent le monde, et les acclament au lieu de les proscrire. Ils sentent le droit de tous dans leur droit. Ils sentent que la Révolution actuelle est l'expansion des facultés ardentes et généreuses, trop longtemps comprimées, et qu'ils s'indignent de voir comprimer encore. Le peuple, enfin, est prêt pour les destinées. Tandis que la plupart des chefs ne sont encore que... des *militaires*, les soldats sont bien des citoyens.

LA RÉVOLUTION SANS LA FEMME
(8 MAI 1871)

Savez-vous, général Dombrowski, comment s'est faite la révolution du *18 mars*[12] ?

Par les femmes.

On avait dirigé de grand matin des troupes de ligne sur Montmartre. Le petit nombre de gardes nationaux qui gardaient les canons de la place Saint-Pierre avait été surpris et les canons enlevés ; on les descendait sur Paris, sans obstacle. La garde nationale, sans chefs, sans ordre, hésitait devant une attaque ouverte. Encore quelques tours de roue, et vous n'auriez jamais été général de la Commune, citoyen Dombrowski.

Mais alors, sur la place de l'Abbaye, les femmes, les citoyennes de Montmartre, se portèrent en foule, saisirent la bride des

11. petit
12. Journée de révolution et début du gouvernement insurrectionnel français. Appelée par le gouvernement à désarmer Paris, l'armée française pactise avec la garde nationale et la foule à Montmartre, et désarme les officiers. Le gouvernement donne donc l'ordre d'évacuer la ville et se retire à Versailles. Ainsi commence le début de la Commune de Paris. Le général Dombrowski, un des chefs militaires de la Commune, est tué dans la défense de Montmartre.

chevaux, entourèrent les soldats, et leur dirent :

— Quoi ! vous servez les ennemis du peuple, vous, ses enfants ! N'êtes-vous pas las d'être les instruments de vos propres oppresseurs ? N'êtes-vous pas honteux de servir des lâches ?

Arrêtés tout d'abord par la crainte de blesser les femmes et d'écraser leurs enfants, qui s'attachaient aux roues des canons, les soldats comprirent ces reproches, et ils mirent en l'air la crosse de leurs fusils. Le peuple poussa des cris de joie : les prolétaires, divisés sous différents noms et sous différents costumes, se comprenaient enfin et se retrouvaient. Plus d'armée, *partant*[13], plus de tyrannie. Soldats et gardes nationaux s'embrassèrent. On replaça les canons ; désormais, la confiance, l'enthousiasme, un indomptable courage, remplissaient les âmes, indécises un instant avant. La Révolution était faite.

Grâce aux femmes, surtout. Il faut bien l'avouer, et je vous le répète, citoyen Dombrowski, — et vous, *grand-prévôt*[14], qui chassez de vos avant-postes les femmes assez dévouées à la *cause de la Révolution*, pour lui sacrifier leur vie.

Il faudrait cependant raisonner un peu : croit-on pouvoir faire la Révolution sans les femmes ?

Voilà quatre-vingts ans qu'on l'essaie et qu'on n'en vient pas à bout.

La première Révolution leur décerna bien le titre de citoyennes ; mais non pas les droits. Elle les laissa exclues de la liberté, de l'égalité.

Repoussées de la Révolution, les femmes retournèrent au catholicisme, et, sous son influence, composèrent cette immense force réactionnaire, imbue de l'esprit du passé, qui étouffe la Révolution toutes les fois qu'elle veut renaître.

Quand trouvera-t-on que cela a assez duré ? Quand l'intelligence des républicains s'élèvera-t-elle jusqu'à comprendre leur principe et servir leur intérêt ?

Ils demandent que la femme ne soit plus sous le *joug*[15] des prêtres ; et il leur déplaît de la voir *libre-penseuse*[16]. — Ils veulent bien qu'elle ne travaille pas contre eux, mais ils rejettent son *concours*[17] dès qu'elle veut agir.

Pourquoi cela ?

Je vais vous le dire :

C'est que beaucoup de républicains, — je ne parle pas des vrais, — n'ont détrôné l'Empereur et le bon Dieu… que pour se mettre à leur place.

Et naturellement, dans cette intention, il leur faut des sujets, ou tout au moins des sujettes. La femme ne doit plus obéir aux prêtres ; mais elle ne doit pas plus qu'auparavant *relever d'elle-même*[18]. Elle doit demeurer neutre et passive, sous la direction de l'homme, elle n'aurait fait que changer de confesseur.

Eh bien, cette *combinaison*[19] n'a pas de chances.

Dieu a sur l'homme, en ce point, un avantage immense, c'est de rester inconnu ; c'est cela qui lui permet d'être l'idéal.

D'un autre côté, la religion condamne la raison et défend la science. Voilà qui est simple, radical et net ; c'est un cercle d'où l'on ne sort pas, quand on y est, — à moins de le rompre.

Mais la Révolution, mais l'esprit nouveau, n'existe au contraire que *de par*[20] l'exercice de la raison, de la liberté, par la recherche du vrai, du juste en toutes choses. Ici, ce n'est plus le cercle mais la ligne droite projetée dans l'infini.

---

13. par conséquent, donc   14. officier à la tête de l'administration municipale de Paris
15. domination   16. celle qui, en matière religieuse, ne veut être influencée par aucun dogme
17. aide   18. se libérer   19. calcul, manœuvre, arrangement   20. au nom de

Où s'arrêter dans cette *voie*[21] ? Où poser la borne que tel ou tel esprit en marche ne dépassera pas ? Et qui a le droit de la poser ?

La Révolution, il faut bien en prendre son parti, est la liberté et la responsabilité de toute créature humaine, sans autre limite que le droit commun, sans aucun privilège de race, ni de sexe.

Les femmes n'abandonneront la vieille foi, que pour embrasser avec ardeur la nouvelle. Elles ne veulent pas, elles ne peuvent pas être neutres. Entre leur hostilité et leur dévouement, il faut choisir. Quelques-unes, sans doute, méprisant l'obstacle, fortes et convaincues, persistent malgré les dégoûts ; mais ces natures-là sont rares. La plupart des êtres humains sont frappés surtout par le fait et découragés par l'injustice.

Or, qui souffre le plus de la crise actuelle, de la *cherté des vivres*[22], de la cessation du travail ? — La femme ; et surtout la femme isolée, dont ne s'occupe pas plus le régime nouveau, que ne s'en occupèrent jamais les anciens.

Qui n'a rien à gagner, immédiatement du moins, au succès de la Révolution ? La femme encore. C'est de l'affranchissement de l'homme qu'il est question, non du sien.

Et quand, poussée par l'instinct sublime, qui entraîne heureusement en ce siècle tous les cœurs vers la liberté, elle offre malgré tout son dévouement à cette Révolution qui l'oublie, on la rejette avec insulte et mépris !...

— On pourrait, d'un certain point de vue, écrire l'histoire depuis 89, sous ce titre : *Histoire des inconséquences du parti révolutionnaire.* — La question des femmes en ferait le plus gros chapitre, et l'on y verrait comment ce parti trouva moyen de faire passer du côté de l'ennemi la moitié de ses troupes, qui ne demandait qu'à marcher et à combattre avec lui.

QUESTIONS

« Aventures de neuf ambulancières... »

1. Dans quel but Léo se sert-elle de son récit des neuf ambulancières ?
2. En quoi est-ce une « aventure » ?
3. Quelles sortes de réactions la présence des femmes derrière les barricades de Paris provoque-t-elle chez les hommes ?
4. Quel est le rôle de la journaliste dans cet article ?

« La Révolution sans la femme »

1. Selon Léo, pourquoi existe-t-il des préjugés contre la femme au sein des républicains ? D'après ceux-ci, quel rôle devrait-elle occuper ?
2. Quelle définition Léo donne-t-elle du terme « révolution » ?
3. Quelle est la conséquence majeure de l'exclusion des femmes du parti révolutionnaire depuis 1789 ?

21. ligne, chemin   22. prix élevé de nourritures

Simone Weil (1909–1943)

Née à Paris dans une famille aisée d'origine juive, Simone Weil est une des premières étudiantes admises au célèbre lycée Henri IV en 1925. Pendant sa scolarité à l'Ecole normale supérieure, Weil devient pacifiste et s'inquiète de la politique coloniale française. Elle acquiert une réputation de communiste et enseigne gratuitement aux ouvriers. Agrégée de philosophie en 1931, Weil occupe un nombre de postes de professeur dans des lycées français, de préférence dans des villes industrielles. Pendant ces années-là, les articles qu'elle publie dans de petits journaux syndicalistes touchent aux questions politiques et sociales. Dès cette époque, le sort des moins privilégiés commence à occuper son temps et ses moyens financiers.

En 1934–1935, bien que souffrant d'affreux maux de tête, Weil demande un an de congé pour « études personnelles ». Elle profite de cette année pour écrire sur la liberté et l'oppression sociale et pour travailler dans une usine de Renault. Elle tient un journal intime, prend des notes et écrit des lettres. Ces derniers écrits seront réunis après sa mort sous le titre *La Condition ouvrière* (1950).

Pendant la guerre en Espagne, en 1936, elle soutient la cause des opposants au régime militaire de Franco. Toujours pacifiste, elle va sur le front de Barcelone mais refuse de porter les armes. Après un accident qui l'oblige à rentrer en France, elle se retrouve professeur à Saint-Quentin en 1937. Mais les migraines reprennent et Weil se voit forcée de prendre un congé médical qui dure jusqu'au début de la seconde guerre mondiale. A partir de cette époque, Weil se préoccupe de plus en plus de questions spirituelles. Attirée vers le christianisme, Weil vit une aventure spirituelle et passe une semaine sainte à l'abbaye de Solesmes. Elle découvre les poètes métaphysiques anglais et songe sérieusement à devenir catholique mais, en fin de compte, ne s'y résout pas. Pour se soulager de ses maux de tête, elle médite en récitant un poème de George Herbert, et c'est ainsi que lui est un jour révélée la présence mystique du Christ.

La pensée de Weil se partage entre la métaphysique et le social, deux approches liées par sa notion particulière de l'être humain. Selon Weil, l'individu ne peut retrouver la part sacrée en lui qu'en harmonisant sa pensée et son travail. Frustré par la contradiction entre deux forces principales, celle de la nécessité de travailler et celle de l'attente d'un bien-être spirituel, l'individu ne peut les réconcilier que par la foi. En fait, la société industrielle se trouve dans l'incapacité à offrir des valeurs pour satisfaire les aspirations sacrées de l'individu. Ce n'est qu'en procédant à la fusion du travail et de la pensée, en réintégrant le travail à l'édifice spirituel de la société, que l'individu pourra retrouver un sens de la liberté, de la dignité et de la communauté.

La seconde guerre mondiale angoisse Weil, qui s'oppose de tout son pouvoir au nazisme. Elle fuit Paris avec sa famille, séjourne quelque temps à Marseille, approfondit sa position spirituelle et travaille à la campagne. Désespérée de ne rien pouvoir pour les Français, elle passe aux Etats-Unis dans l'espoir de gagner plus facilement l'Angleterre et d'obtenir une mission de guerre auprès des *Forces françaises libres*[1]. En novembre 1942, elle arrive en Angleterre où elle ne fait que rédiger des rapports. Elle refuse d'accepter une ration supérieure à celle que reçoit un déporté juif dans un camp nazi. En août 1943, elle succombe à 36 ans à la tuberculose, rongée de remords de ne pas avoir pu faire davantage dans la lutte contre les nazis.

Si elle n'a jamais cessé d'écrire, Simone Weil n'a pas voulu publier son travail, à l'exception de quelques articles. Révoltée par l'injustice sociale, philosophe illuminée, Weil laisse une œuvre inachevée que ses amis réunissent après sa mort.

La Pesanteur et la grâce (1947)

L'Enracinement (1949)

Attente de Dieu (1950)

La Condition ouvrière (1950)

Lettres à un religieux (1951)

Oppression et liberté (1955)

Ecrits historiques et politiques (1960)

Cahiers, 3 volumes (1970–1974)

Réflexion sur les causes de la liberté et de l'oppression sociale (1980)

LETTRE À UNE ÉLÈVE (1934)

Chez Simone Weil, l'écrivain qui veut atteindre la vérité ne peut pas rester neutre et doit agir pour donner un sens à son œuvre. Pour fournir une critique valable des nouvelles méthodes de travail instaurées dans les usines, il fallait en faire l'expérience. Le « contact avec la vie réelle » est indispensable au penseur. Dans cette lettre écrite à une ancienne étudiante, non seulement Weil décrit sa vie d'ouvrière dans une usine de Renault mais elle entame aussi une discussion des moyens grâce auxquels une jeune femme peut mener une vie authentique et indépendante.

Chère petite,

Il y a longtemps que je veux vous écrire, mais le travail d'usine n'incite guère à la correspondance. Comment avez-vous su ce que je faisais ? Par les sœurs Derieu, sans doute ? Peu importe, d'ailleurs, car je voulais vous le dire. Vous, du moins, n'en parlez pas, même pas à Marinette, si ce n'est déjà fait. C'est ça le « contact avec la vie réelle » dont je vous parlais. Je n'y suis arrivée que par faveur ; un de mes meilleurs copains connaît l'administrateur-délégué de la Compagnie, et lui a expliqué mon désir ; l'autre a compris, ce qui dénote une largeur d'esprit tout à fait exceptionnelle chez cette espèce de gens. De nos jours, il est presque impossible d'entrer dans une usine sans certificat de travail —

1. Constituées après l'armistice du 22 juin 1940 par les volontaires qui rejoignent le général de Gaulle à Londres ou dans les territoires ralliés à la France libre.

surtout quand on est, comme moi, lent, maladroit et pas très *costaud*[1].

Je vous dis tout de suite — pour le cas où vous auriez l'idée d'orienter votre vie dans une direction semblable — que, quel que soit mon bonheur d'être arrivée à travailler en usine, je ne suis pas moins heureuse de n'être pas enchaînée à ce travail. J'ai simplement pris une année de congé « pour études personnelles ». Un homme, s'il est très adroit, très intelligent et très costaud, peut à la rigueur espérer, dans l'état actuel de l'industrie française, arriver dans l'usine à un poste où il lui soit permis de travailler d'une manière intéressante et humaine ; et encore les possibilités de cet ordre diminuent de jour en jour avec les progrès de la *rationalisation*[2]. Les femmes, elles, sont parquées dans un travail tout à fait machinal, où on ne demande que de la rapidité. Quand je dis machinal, ne croyez pas qu'on puisse rêver à autre chose en le faisant, encore moins réfléchir. Non, le tragique de cette situation, c'est que le travail est trop machinal pour offrir matière à la pensée, et que néanmoins il interdit toute autre pensée. Penser, c'est aller moins vite ; or il y a des normes de vitesse, établies par des bureaucrates impitoyables, et qu'il faut réaliser, à la fois pour ne pas être renvoyé et pour gagner suffisamment (le salaire étant *aux pièces*[3]). Moi, je n'arrive pas encore à les réaliser, pour bien des raisons : le manque d'habitude, ma maladresse naturelle, qui est considérable, une certaine lenteur naturelle dans les mouvements, les maux de tête, et une certaine manie de penser dont je n'arrive pas à me débarrasser... Aussi je crois qu'on me mettrait à la porte sans une protection d'en haut. Quant aux heures de loisir, théoriquement

on en a pas mal, avec la journée de 8 heures ; pratiquement elles sont absorbées par une fatigue qui va souvent jusqu'à l'*abrutissement*[4]. Ajoutez, pour compléter le tableau, qu'on vit à l'usine dans une subordination perpétuelle et humiliante, toujours aux ordres des chefs. Bien entendu, tout cela fait plus ou moins souffrir, selon le caractère, la force physique, etc. ; il faudrait des nuances ; mais enfin, en gros, c'est ça.

Ce n'empêche pas que — tout en souffrant de tout cela — je suis plus heureuse que je ne puis dire d'être là où je suis. Je le désirais depuis je ne sais combien d'années, mais je ne regrette pas de n'y être arrivée que maintenant parce que c'est maintenant seulement que je suis en état de tirer de cette expérience tout le profit qu'elle comporte pour moi. J'ai le sentiment, surtout, de m'être échappée d'un monde d'abstractions et de me trouver parmi des hommes réels — bons ou mauvais, mais d'une bonté ou d'une méchanceté véritable. La bonté surtout, dans une usine, est quelque chose de réel quand elle existe ; car le moindre acte de bienveillance, depuis un simple sourire jusqu'à un service rendu, exige qu'on triomphe de la fatigue, de l'obsession du salaire, de tout ce qui accable et incite à *se replier sur soi*[5]. De même la pensée demande un effort presque miraculeux pour s'élever au-dessus des conditions dans lesquelles on vit. Car ce n'est pas là comme à l'université, où on est payé pour penser ou du moins pour faire semblant ; là, la tendance serait plutôt de payer pour ne pas penser : alors, quand on aperçoit un éclair d'intelligence, on est sûr qu'il ne trompe pas. En dehors de tout cela, les machines par elles-mêmes m'attirent et m'intéressent vivement. J'ajoute que je suis

1. fort, robuste   2. se dit du travail organisé selon les principes rationnels d'efficacité
3. en proportion de l'ouvrage effectué   4. fatigue extrême   5. se renfermer

en usine principalement pour me renseigner sur un certain nombre de questions fort précises qui me préoccupent, et que je ne puis vous énumérer.

Assez parlé de moi. Parlons de vous. Votre lettre m'a effrayée. Si vous persistez à avoir pour principal objectif de connaître toutes les sensations possibles — car, comme état d'esprit *passager*[6], c'est normal à votre âge — vous n'irez pas loin. J'aimais bien mieux quand vous disiez aspirer à prendre contact avec la vie réelle. Vous croyez peut-être que c'est la même chose ; en fait, c'est juste le contraire. Il y a des gens qui n'ont vécu que de sensations et pour les sensations ; André Gide en est un exemple. Ils sont en réalité les dupes de la vie, et, comme ils le sentent confusément, ils tombent toujours dans une profonde tristesse où il ne leur reste d'autre ressource que de *s'étourdir*[7] en se mentant misérablement à eux-mêmes. Car la réalité de la vie, ce n'est pas la sensation, c'est l'activité — j'entends l'activité et dans la pensée et dans l'action. Ceux qui vivent de sensations ne sont, matériellement et moralement, que des parasites par rapport aux hommes travailleurs et créateurs, qui seuls sont des hommes. J'ajoute que ces derniers, qui ne recherchent pas les sensations, en reçoivent néanmoins de bien plus vives, plus profondes, moins artificielles et plus vraies que ceux qui les recherchent. Enfin la recherche de la sensation implique un égoïsme qui me fait horreur, en ce qui me concerne. Elle n'empêche évidemment pas d'aimer, mais elle amène à considérer les êtres aimés comme de simples occasions de jouir ou de souffrir, et à oublier complètement qu'ils existent par eux-mêmes. On vit au milieu de fantômes. On rêve au lieu de vivre.

En ce qui concerne l'amour, je n'ai pas de conseils à vous donner, mais au moins des avertissements. L'amour est quelque chose de grave où l'on risque souvent d'engager à jamais et sa propre vie et celle d'un autre être humain. On le risque même toujours, à moins que l'un des deux ne fasse de l'autre son jouet ; mais en ce dernier cas, qui est fort fréquent, l'amour est quelque chose d'odieux. Voyez-vous l'essentiel de l'amour, cela consiste en somme en ceci qu'un être humain se trouve avoir un besoin vital d'un autre être — besoin réciproque ou non, durable ou non, selon les cas. Dès lors le problème est de concilier un pareil besoin avec la liberté, et les hommes se sont débattus dans ce problème depuis des temps immémoriaux. C'est pourquoi l'idée de rechercher l'amour pour voir ce que c'est, pour mettre un peu d'animation dans une vie trop *morne*[8], etc., me paraît dangereuse et surtout puérile. Je peux vous dire que quand j'avais votre âge, et plus tard aussi, et que la tentation de chercher à connaître l'amour m'est venue, je l'ai *écartée*[9] en me disant qu'il valait mieux pour moi ne pas risquer d'engager toute ma vie dans un sens impossible à prévoir avant d'avoir atteint un degré de maturité qui me permette de savoir au juste ce que je demande en général à la vie, ce que j'attends d'elle. Je ne vous donne pas cela comme un exemple ; chaque vie se déroule selon ses propres lois. Mais vous pouvez y trouver matière à réflexion. J'ajoute que l'amour me paraît *comporter*[10] un risque plus effrayant encore que celui d'engager aveuglément sa propre existence ; c'est le risque de devenir l'*arbitre*[11] d'une autre existence humaine, au cas où on est

6. éphémère, temporaire   7. perdre la claire conscience de soi-même   8. sombre, triste
9. éloignée   10. impliquer, contenir   11. maître, juge

profondément aimé. Ma conclusion (que je vous donne seulement *à titre d'*[12]indication) n'est pas qu'il faut fuir l'amour, mais qu'il ne faut pas le rechercher, et surtout quand on est très jeune. Il vaut bien mieux alors ne pas le rencontrer, je crois.

Il me semble que vous devriez pouvoir réagir contre l'ambiance. Vous avez le royaume illimité des livres ; c'est loin d'être tout, mais c'est beaucoup, surtout à titre de préparation à une vie plus concrète. Je voudrais aussi vous voir vous intéresser à votre travail de classe, où vous pouvez apprendre beaucoup plus que vous ne croyez. D'abord à travailler : tant qu'on est incapable de travail suivi, on n'est bon à rien dans aucun domaine. Et puis vous former l'esprit. Je ne vous recommence pas l'éloge de la géométrie. Quant à la physique, vous ai-je suggéré l'exercice suivant ? C'est de faire la critique de votre manuel et de votre cours en essayant de discerner ce qui est bien raisonné de ce qui ne l'est pas. Vous trouverez ainsi une quantité surprenante de faux raisonnements. Tout en s'amusant à ce jeu, extrêmement instructif, la leçon se fixe souvent dans la mémoire sans qu'on y pense. Pour l'histoire et la géographie, vous n'avez guère à ce sujet que des choses fausses à force d'être schématiques ; mais si vous les apprenez bien, vous vous donnerez une base solide pour acquérir ensuite par vous-même des notions réelles sur la société humaine dans le temps et dans l'espace, chose indispensable à *quiconque*[13] se préoccupe de la question sociale. Je ne vous parle pas du français, je suis sûre que votre style se forme.

J'ai été très heureuse quand vous m'avez dit que vous étiez décidée à préparer l'école normale ; cela m'a libérée d'une préoccupation angoissante. Je regrette d'autant plus vivement que cela semble être sorti de votre esprit.

Je crois que vous avez un caractère qui vous condamne à souffrir beaucoup toute votre vie. J'en suis même sûre. Vous avez trop d'ardeur et trop d'impétuosité pour pouvoir jamais vous adapter à la vie sociale de notre époque. Vous n'êtes pas seule ainsi. Mais souffrir, cela n'a pas d'importance, d'autant que vous éprouverez aussi de vives joies. Ce qui importe, c'est de ne pas rater sa vie. Or pour ça, il faut se discipliner.

Je regrette beaucoup que vous ne puissiez pas faire de sport : c'est cela qu'il vous faudrait. Faites encore un effort pour persuader vos parents. J'espère, au moins, que les vagabondages joyeux à travers les montagnes ne vous sont pas interdits. Saluez vos montagnes pour moi.

Je me suis aperçue, à l'usine, combien il est paralysant et humiliant de manquer de vigueur, d'adresse, de sûreté dans le coup d'œil. A cet égard, rien ne peut *suppléer*[14], malheureusement pour moi, à ce qu'on n'a pas acquis avant 20 ans. Je ne saurais trop vous recommander d'exercer le plus que vous pouvez vos muscles, vos mains, vos yeux. Sans un pareil exercice, on se sent singulièrement incomplet.

Ecrivez-moi, mais n'attendez de réponse que de loin en loin. Ecrire me coûte un effort excessivement pénible. Ecrivez-moi 228, rue Lecourbe, Paris-15ᵉ. J'ai pris une petite chambre tout près de mon usine.

Jouissez du printemps, humez l'air et le soleil (s'il y en a), lisez de belles choses.

S. Weil

---

12. comme, en tant que   13. qui que ce soit qui   14. remédier à, compenser

QUESTIONS

1. Quel est « le tragique » de la situation, surtout pour les femmes, des conditions de travail dans l'usine ?
2. Comment Weil décrit-elle sa vie à l'usine ?
3. Quels conseils précis Weil donne-t-elle à cette élève en ce qui concerne la « vie réelle », l'amour et les études ? Qu'en pensez-vous ?
4. Comment « ne pas rater sa vie », selon Weil ?

LE TORCHON BRÛLE (EXTRAIT) (1971-73)

Les collectivités féministes qui se font et se défont pendant les années soixante-dix en France sont souvent regroupées sous le sigle du M.L.F. (Mouvement de Libération des Femmes). Pourtant, de multiples tentatives d'action et de pensée radicale ne peuvent se réduire aussi facilement à cette étiquette. Le féminisme radical né de la révolte idéologique de 1968 en France s'attaque et au capitalisme et au pouvoir des hommes sur le double front de l'action (manifestations, événements spectaculaires) et de la parole (criée, chuchotée, écrite). Ainsi trouve-t-on de nouveaux journaux et périodiques véhiculant des voix de femmes. L'article reproduit ici est un extrait d'un supplément du "menstruel," Le Torchon brûle, première publication de l'avant-garde du mouvement féministe radical. Ce titre transforme une expression commune signifiant « dispute domestique » (dans la cuisine, précisément) en emblème de lutte féministe. On s'étonne de remarquer jusqu'à quel point cette critique sociale des années 1970 fait écho à celles articulées par des femmes depuis la Révolution de 1789. Le champ de bataille comprend toujours, bien que de manière plus théorique, la question d'un monde clivé entre espace politique et domestique et entre hommes et femmes.

MA MAISON, MES ENFANTS, MA VIE

C'est par la famille que passe, aujourd'hui encore, l'essentiel de l'oppression qui pèse sur les femmes. Parce qu'elles y sont exploitées — matériellement et économiquement —. Et surtout, parce que tout est fait pour leur faire croire que cette exploitation n'en est pas une, qu'elle est « normale », inéluctable, qu'elle fait partie de l'ordre des choses (ou de la « Nature »), et non d'un ordre social défini, de conditions économiques et culturelles parfaitement déterminées. Parce qu'enfin c'est encore aux femmes qu'est imposé, à travers la famille, le rôle de maintien, de transmission et de conservation de cet ordre dont elles sont les premières victimes.

Le principe est simple : on passe d'un constat de fait — les femmes sont seules à pouvoir porter des enfants (i.e. reproduire l'espèce) à une affirmation de droit : elles sont *faites pour cela,* et pour cela exclusivement. La caractéristique biologique sert :

1) à définir un destin (une finalité) *unique* (ou, au moins, prioritaire) pour tous les êtres humains nés de sexe féminin ;

2) à légitimer l'ensemble d'un système d'oppression qui, lui, n'a rien de biologique ni de « naturel » et qui lie *arbitrairement* à la maternité les tâches d'élevage des enfants et d'entretien domestique (plus exactement, l'existence du système d'oppression nécessite la recherche d'alibis et de prétextes — appelés « explications » — qui en masquent la nature et le justifient). Ce mécanisme est parfaitement connu : c'est celui de tous les *racismes.* Est raciste toute attitude qui décrète qu'une portion de l'humanité est, *de naissance,* « faite pour » assumer électivement certaines tâches plutôt que d'autres (ainsi les femmes seraient « faites pour » les activités domestiques comme les Noirs pour les travaux de force, les Juifs pour le petit commerce : la preuve est là : ils s'en acquittent « tellement mieux » que les autres — les hommes, les blancs, les aryens).

Reste le plus important : les persuader (les opprimés) non seulement que leur oppression est juste, et nécessaire, mais qu'ils sont heureux ainsi, qu'ils *aiment* leur oppression, leur exploitation, leur prison. Et c'est là que, pour les femmes, tout se complique.

Parce que c'est précisément *d'amour* qu'on leur parle dès qu'elles se mettent à lutter contre leur oppression. Personne n'oserait plus prétendre que les Noirs « aimaient » cueillir du coton, que les arabes « aimaient » vendre des tapis, que les africains « aiment » balayer les rues de la capitale, ou que les mineurs « aiment » descendre au fonds du puits (de façon générale, l'« amour du travail bien fait » *n'est plus guère de mise*[1] dans les négociations entre patrons et employés). Seulement voilà : une femme qui se révolte contre ses conditions de travail ou contre *toute* sa condition ; une femme qui, par exemple, veut vivre sans avoir d'enfants, ou qui ne se donne pas d'abord à sa famille, une femme qui refuse le couple (légitime ou non) n'a pas droit au *statut politique* ; elle est considérée comme tout simplement *dénaturée* ; elle n'est pas vraiment une femme, pas même un être humain : par quelle aberration peut-elle donc refuser l'AMOUR (celui de son partenaire, celui de ses enfants) ?

Minute[2], camarades. L'*amalgame*[3] est subtil, et insidieux. C'est pourquoi il faut le démonter soigneusement, une fois pour toutes. Exemple le travail : il constitue (Marx aussi le dit) l'un des droits fondamentaux de l'individu, une source essentielle d'é-*panouissement*[4] — mais il est aujourd'hui presqu'en totalité aliéné, dénaturé, approprié à des fins étrangères aux travailleurs eux-mêmes — ceci n'exclut évidemment pas que l'on s'y intéresse parfois, que l'on s'y attache, qu'on l'« aime », même ; simplement cet intérêt, ou cet amour ne détruisent pas les conditions fondamentales d'exploitation des travailleurs : au mieux ils s'y juxtaposent, souvent ils les masquent. Il y a aussi des femmes — et des hommes — qui s'aiment, et qui aiment les enfants, et qui souhaiteraient les élever. Mais ce que désigne aujourd'hui le mot « amour », ce n'est presque jamais ce libre choix des individus : c'est l'écran qui permet de dissimuler, au-delà des sentiments, l'esclavage de la femme, son maintien dans une situation de subordination et de dépendance, son handicap permanent par rapport aux hommes.

Et, à travers cet écran, c'est la totalité de l'ordre social qui se reproduit. Car on finit par *aménager*[5] même les murs de sa cellule. Par s'y attacher presque. Par s'y sentir « chez soi ». Cet espace clos où l'on se trouve relégué, c'est aussi la dernière chose que, tout déshérité que l'on soit, l'on possède *en toute propriété.* Du moins le croit-on. On peut en user comme on veut, on peut le façonner à son image, le marquer. Cet espace s'appelle la maison, le foyer, les enfants. Ils définissent et résument mon horizon et mon destin. Et je leur appartiens complètement ; et je dis « ma » maison, « mon » foyer, « mes » enfants ; et j'essaie, je veux, je rêve de me les approprier, de les faire miens. Et c'est toute *ma* vie. Quand ils seront adultes, je leur aurai montré — appris — par mon exemple qu'aujourd'hui *ne dispose pas de sa vie*[6] qui veut. Mes filles au moins s'en accommoderont ; elles demanderont peut-être, une amélioration de leurs conditions de détention — des machines à laver, *des garderies, des crèches*[7], — un salaire pour leur travail.

Pendant combien de temps les victimes du système continueront-elles à l'accepter, à l'aménager, à le perpétuer ?

ET SI LA FÊTE DES MÈRES DEVENAIT LE JOUR « J » DE LA LUTTE DES FEMMES ?

---

1. n'est plus acceptable   2. attendez une minute
3. 1) mélange ; 2) méthode en politique qui consiste à englober artificiellement, en exploitant un point commun, diverses formations ou attitudes politiques
4. floraison, plénitude   5. arranger   6. n'est pas libre
7. des établissements destinés à recevoir dans la journée des enfants

~ Compliment ~

repose toi, maman aujourd'hui
car demain, tout ça recommence :

courses
ménage
cuisine
métro, boulot, dodo,[8] marmots
lessivage
torchage[9]

PÈRES ET MÈRES DE TOUS LES PAYS UNISSONS-NOUS

Parce que sous le nom d'amour ils cachaient toutes les frus-
[trations
Parce qu'ils nous ont obligés à ne pas aimer en vous des êtres
[humains mais des fonctions
Parce qu'ils vous ont donné le rôle de *gardes-chiourmes*[10]
Parce qu'ils vous ont fait croire que vous étiez responsables
[de nous
Parce qu'ils vous ont laissé nous élever sans aide matérielle ni
[morale
Parce qu'ils ont fait de nous le seul but de vos existences
Parce qu'adolescents, nous étions forcés de nous révolter contre
[vous qui étiez leurs *porte-parole*[11]
Parce que vous étiez nos vies et qu'ils ont fait de vous nos
[morts
Parce qu'ils nous demandent maintenant :
— De continuer
— De prendre le flambeau
— D'élever à notre tour des enfants qui *se dresseront contre*[12]
[nous
Nous nous révoltons aujourd'hui contre les vrais responsables,
hommes occidentaux, bourgeoisie expirante, écoute :

LA FAMILLE NE SERA PLUS JAMAIS NOTRE HORIZON
ET NOTRE TOMBE

8. expression argotique pour le fait routinier d'aller au travail et puis de rentrer dormir
9. le nettoyage, faire le ménage
10. de l'ancienne expression pour un surveillant des esclaves, un surveillant brutal et sans scrupules
11. interprètes, personnes qui parlent au nom d'un groupe   12. s'opposeront à

Assez d'être fêtées une journée, exploitées toute l'année!

COMME C'EST GENTIL LA FÊTE DES MÈRES !

Ce jour-là, télé, journaux, radio, nous répètent qu'on est des petites reines.

D'où vient la fête des mères ? De *Pétain*[13], le petit copain d'Hitler, qui institue une journée à la gloire des mères de la patrie dont le devoir est de faire des *gosses*[14].

TRAVAIL - FAMILLE - PATRIE !

La fête des mères seulement, car, dans notre société, seules les femmes qui ont des enfants ont le droit d'être fêtées. On ne respecte la femme que lorsqu'elle devient mère, car, elle représente alors le pilier de la famille bourgeoise, *pondeuse*[15] de nouveaux exploités. Ce jour-là, il paraît qu'on nous aime bien, nous les mères,

POURTANT :

Pendant 364 jours par an, du matin au soir, on passe de la cuisine au ménage, des enfants aux courses, le tout sans rétribution, on n'arrête pas, et, pourtant, on reste la 5ᵉ roue du carrosse.

OMO - MARMOTS - BOULOT. Y EN A MARRE ![16]

Pour la femme qui travaille, elle doit effectuer le soir en rentrant, son boulot *domestique*, bref, *faire une double journée de travail*, alors, que *les hommes* ont *droit* à des *loisirs* pour *reconstituer leur force de travail*.

DOUBLE TRAVAIL, DEMI-SALAIRE, ASSEZ !

On nous aime bien POURTANT

la femme est plus exploitée que l'homme à l'usine ou au bureau : travaux pénibles, les moins qualifiés, salaire inférieur à celui de l'homme pour un même travail, quand elle ne doit pas subir en plus les *engueulades*[17] les sourires méprisants, quand ce n'est pas la main *aux fesses*[18]. On est considérées comme des mineures, *on compte pour du beurre*[19] !

À BAS LA DOUBLE EXPLOITATION DE LA FEMME !

À TRAVAIL ÉGAL ! SALAIRE ÉGAL !

La fête des mères c'est le *susucre*[20] pour nous faire accepter notre vie d'esclave, pour qu'on ne se révolte pas.

NON ! NOUS DISONS ASSEZ !

Assez D'ÊTRE FÊTÉES UNE JOURNÉE, EXPLOITÉES TOUTE L'ANNÉE !

On nous aime bien,

POURTANT

On soumet nos gosses, à un chantage affectif ignoble, à l'école par la préparation attentive de petits cadeaux, partout avec la publicité, pour qu'ils nous remercient, pour qu'ils expriment leur reconnaissance de les avoir mis au monde et de les nourrir.

On pousse nos maris à nous offrir des cadeaux « utiles », qui ne serviront qu'à augmenter notre *rendement*[21] de femme de ménage ! Non ! Moulinex ne libère pas la femme !

Cela permet aux capitalistes de réaliser une grosse opération commerciale.

13. Philippe Pétain (1856–1951), maréchal de France et homme d'Etat français qui signe l'armistice avec Hitler en juin 1940. Pétain indique sa volonté de mener une politique de collaboration avec l'Allemagne et assume les fonctions de chef d'Etat français à Vichy. Il s'efforce d'établir un Etat autoritaire fondé sur la triple entité, « Travail, Famille, Patrie ».
14. fam., enfants
15. péjoratif et populaire, de l'animal qui dépose des œufs, pour une femme qui accouche d'un enfant
16. Omo (marque d'un produit de nettoyage) - enfants - travail. Nous en avons assez !
17. réprimandes   18. sur le derrière   19. on ne compte pas
20. mot de langage enfantin pour sucre   21. productivité

CE QUE NOUS ATTENDONS DE VOUS LES HOMMES, c'est que vous ne vous comportiez plus avec nous comme le patron avec son ouvrier, comme le seigneur avec son esclave. Ce que nous attendons de vous c'est que vous ne vous mettiez pas en travers de notre chemin de notre combat pour notre libération, mais que vous nous souteniez dans ce combat.

LA FETE DES FEMMES, nous la fêterons quand nous aurons :

— le droit pour toutes d'avoir des enfants quand nous le désirons, de ne pas en avoir quand nous ne le désirons pas.

CONTRACEPTION ET AVORTEMENT LIBRES ET GRATUITS !

— DES CRECHES GRATUITES 24 H SUR 24 !

— DES LAVERIES COLLECTIVES ET GRATUITES !

— DES SOINS GRATUITS POUR LES ENFANTS !

— DES SALLES DE REUNIONS DANS LES IMMEUBLES ET LES QUARTIERS POUR DISCUTER, APPRENDRE À NOUS CONNAITRE !

— LES MÊMES DROITS À TOUTES LES FEMMES, CELIBATAIRES OU MA-RIÉES !

LE 6 JUIN NOUS MANIFESTERONS DANS LA RUE, ENSEMBLE, TOUTES LES FEMMES, POUR DIRE QUE LE COMBAT POUR NOTRE LIBERATION A COM-MENCÉ !

Mouvement de Libération des Femmes - Censier

QUESTIONS

1. Quel est le sens donné ici au mot « Nature » ? Comparez sa signification ici avec celle qu'il prend, par exemple, dans le texte d'Olympe de Gouges ou de Jeanne Désirée.

2. Comment cet article traite-t-il de la notion de l'amour ? En quoi l'amour est-il lié à une contestation ?

3. Par quels moyens la question de la fête des mères devient-elle politique ?

SUJETS DE DISCUSSION ET DE COMPOSITION

1. En relisant ces textes modernes, quels griefs vous semblent persister, de la « Pétition des femmes du Tiers-Etat au Roi » jusqu'au *Torchon brûle,* et pourquoi ?

2. Nous avons vu que la presse moderne véhicule les revendications fémi-nistes et permet aux femmes journalistes de créer un nouveau public. D'après vous, le journalisme féministe jouit-il toujours de ce pouvoir ? Reste-t-il un moyen efficace dans la diffusion d'une pensée féministe ? Justifiez vos remarques en citant des exemples précis.

3. Comment caractériseriez-vous le rapport des mouvements féministes à d'autres mouvements politiques tel qu'il se présente dans les textes reproduits ici ? Y-a-t-il des exemples historiques plus récents du même rapport ?

VIII

CORRESPONDANCES ET INTERVIEWS

Dans cette section figurent des formes diverses de dialogue entre femmes et hommes. On entend ici des voix masculines qui viennent répondre, « à la première personne », à celles de leurs collègues féminines. Nos extraits traversent les siècles et comprennent des échanges à la fois intimes et intellectuels. Au dix-huitième siècle, les romanciers Riccoboni et Laclos discutent de la représentation de la femme dans les œuvres de fiction les plus populaires de l'époque, notamment dans *Les Liaisons dangereuses* (1782) de Laclos. On passe ensuite à un extrait de la célèbre correspondance entre George Sand et Gustave Flaubert, échange de lettres d'une énorme tendresse et intelligence qui dure pendant dix ans, jusqu'à la mort de Sand en 1876. Plus âgée de dix-sept ans, Sand sert de conseillère privilégiée à Flaubert dans ce riche débat sur la signification de l'art, de la politique et de l'écriture. Le couple intellectuel le plus reconnu de notre siècle vient clore cet examen du dialogue hétérosexuel. Dans son interview avec Jean-Paul Sartre des années 1960, Simone de Beauvoir interroge le partenaire qui, trente ans plus tôt, l'avait encouragée à écrire « un livre sur les femmes ». Cette conversation démontre l'évolution, depuis la publication du *Deuxième Sexe* en 1949, de la pensée de Beauvoir et de Sartre sur l'inégalité des sexes et sur la lutte des femmes.

Dans son célèbre roman épistolaire, Les Liaisons dangereuses *(1782), Choderlos de Laclos (1741–1803) fait un portrait malicieux des mœurs libertines de son époque. Au centre de ce roman, le couple libertin que forment la marquise de Merteuil et le vicomte de Valmont pousse très loin une expérience des limites dans l'invention d'une nouvelle moralité. Ils exploitent la vulnérabilité des innocents à leurs propres fins. Marie-Jeanne Riccoboni, romancière connue à son époque, écrit à Laclos pour contester sa représentation de Madame de Merteuil. Leur correspondance a été imprimée pour la première fois dans l'édition des* Liaisons dangereuses *de 1787.*

LETTRE I

Madame Riccoboni à Laclos

Je ne suis pas surprise qu'un fils de M. de Chauderlos* écrive bien. L'esprit est héréditaire dans sa famille ; mais je ne puis le féliciter d'employer ses talents, sa facilité, les grâces de son style à donner aux étrangers une idée si révoltante des mœurs de sa nation et du goût de ses compatriotes. Un écrivain distingué comme M. de Laclos doit avoir deux objets en se faisant imprimer : celui de plaire, et celui d'être utile. En remplir un, ce n'est pas assez pour un homme honnête. On n'a pas besoin de se mettre en garde contre des caractères qui ne peuvent exister, et j'invite M. de Laclos à ne jamais orner le vice des agréments qu'il a prêtés à Mme de Merteuil.

LETTRE II

Laclos à Madame Riccoboni

Monsieur de Laclos remercie bien sincèrement Mme Riccoboni de la bonté qu'elle a eue de lui faire parvenir son avis sur l'ouvrage qu'il vient de faire paraître. Il lui doit bien plus de remerciements encore de l'indulgence qu'elle a portée dans son jugement littéraire ; mais il la supplie de lui permettre quelques réclamations sur la sévérité avec laquelle elle a jugé la morale de l'auteur.

M. de L. commence par féliciter Mme R. de ne pas croire à l'existence des femmes méchantes et dépravées ; pour lui, éclairé par une expérience plus malheureuse, il assure avec chagrin, mais avec sincérité, qu'il ne pourrait effacer aucun des traits qu'il a rassemblés dans la personne de Mme de M. sans mentir à sa conscience, sans taire au moins une partie de ce qu'il a vu. Serait-ce donc un tort, d'avoir voulu, dans l'indignation de ces horreurs, les dévoiler, les combattre, et peut-être en *prévenir*[1] de semblables ?

Si M. de L. peut être accusé d'*avoir donné*, par là, *aux étrangers une idée si révoltante des mœurs de sa nation et du goût de ses compatriotes*, il faut faire le même reproche

*Nous reproduisons ici l'orthographe originale.

───────────

1. avertir, informer

au peintre de *Lovelace*[2], à l'auteur des *Egarements du cœur et de l'esprit*[3], etc., etc.

Sans quitter l'ouvrage dont il est question, si les étrangers apportent dans ce pays la crainte salutaire des Madame de M., en sentiront-ils moins le prix des Tourvel et des Rosemonde ; et se plaindra-t-on d'eux s'ils jugent les femmes d'après ce qu'en dit cette même Mme de Rosemonde, lettre CXXX ?

Enfin M. de L. n'a point cherché *à orner le vice des agréments* qu'il a prêtés à Mme de M. Mais il a cru qu'en peignant le vice, il pouvait lui laisser tous les agréments dont il n'est que trop souvent orné ; et il a voulu que cette gravure dangereuse et séduisante ne pût affaiblir un moment l'impression d'horreur que le vice doit toujours exciter. Tel à peu près, au monument élevé par Pigalle, on ne voit point sans effroi, sous une draperie moelleuse, le squelette de la mort fortement prononcé.

M. de L. n'en sent pas moins que les regards pourront être blessés de quelques-uns des tableaux qu'il n'a pas craint de présenter ; mais son premier objet était *d'être utile,* et ce n'est que pour y parvenir qu'il a *désiré de plaire.*

Quand ses lecteurs, fatigués de ces images attristantes, voudront se reposer sur des sentiments plus doux ; quand ils rechercheront la nature embellie, quand ils voudront connaître tout ce que l'esprit et les grâces peuvent ajouter de charmes à la tendresse, à la vertu, M. de Laclos les invitera à lire *Ernestine, Fanny, Catesby*[4], etc., etc., etc. Et si à la vue d'aussi charmants tableaux, ils doutaient de l'existence des modèles, il leur dira avec confiance : ils sont tous dans le cœur du peintre. Peut-être alors conviendront-ils que c'est aux femmes seules, qu'appartient cette sensibilité précieuse, cette imagination facile et riante qui embellit tout ce qu'elle touche, et crée les objets tels qu'ils devraient être, mais que les hommes condamnés à un travail plus sévère ont toujours suffisamment bien fait quand ils ont rendu la nature avec exactitude et fidélité !

M. de Laclos osera-t-il joindre à cette justification peut-être trop longue, un exemplaire de son ouvrage ? Mme R. recevra cet hommage avec indulgence, si elle veut bien en juger moins sur sa valeur que sur le sentiment qui le fait présenter.

LETTRE III
Madame Riccoboni à Laclos

Vous êtes bien généreux, Monsieur, de répondre par des compliments si polis, si flatteurs, si spirituellement exprimés, à la liberté que j'ai osé prendre d'attaquer le fond d'un ouvrage dont le style et les détails méritent tant de louanges. Vous me feriez un tort véritable en m'attribuant la partialité *d'un auteur.* Je le suis de si peu de choses qu'en lisant un livre nouveau je me trouverais bien injuste et bien sotte, si je le comparais aux bagatelles sorties de ma plume et croyais mes idées propres à guider celles des autres. C'est en qualité de femme, Monsieur, de Française, de patriote zélée pour l'honneur de ma nation, que j'ai senti mon cœur blessé du caractère de Madame de Merteuil. Si, comme vous l'assurez, ce caractère affreux existe, je m'applaudis d'avoir passé mes jours dans un petit cercle, et je plains ceux qui étendent assez leurs connaissances pour se rencontrer avec de pareils monstres.

Recevez mes sincères remerciements, Monsieur, de l'agréable présent que vous avez bien voulu me faire. Tout Paris s'empresse à vous lire, tout Paris s'entretient de

---

2. personnage dans le roman épistolaire de Samuel Richardson, *Clarissa Harlowe* (1749)
3. ouvrage de Crébillon fils (1736)   4. ouvrages de Mme Riccoboni

vous. Si c'est un bonheur d'occuper les habitants de cette immense capitale, jouissez de ce plaisir. Personne n'a pu le goûter autant que vous. J'ai l'honneur d'être, Monsieur, avec tous les sentiments qui vous sont dus,

Votre très humble et très obéissante servante,

Riccoboni.

14 avril 1782.

LETTRE IV

Laclos à Madame Riccoboni

C'est encore moi, Madame, et je crains bien que vous ne me trouviez importun ; mais le moyen de ne pas répondre à votre obligeante lettre ! de ne pas vous remercier de vos remerciements ! enfin, que vous dirai-je ? cette correspondance peut cesser, et même je m'y attends ; je sens que vous avez le droit de vous taire, et que je n'aurai pas celui de réclamer contre votre silence ; mais sans doute vous ne vous attendez pas que ce soit moi qui en donne l'exemple ; ce sera bien assez de m'y conformer. J'ai appris depuis longtemps à supporter des privations, mais non pas à m'en imposer.

Non, Madame, je ne vous ai point soupçonnée de la partialité *d'un auteur* ; et qui pourrait vous en inspirer ? Que pourrait-on écrire qui détruisît jamais le charme de ces ouvrages délicieux, que vous seule nommez des bagatelles, mais qu'on chérira toujours, tant qu'on sentira le prix des sentiments honnêtes délicatement exprimés. Mais, dites-vous, vous êtes femme et Française ! Hé bien ! ces deux qualités ne m'effraient point. Je sens dans mon cœur tout ce qu'il faut pour ne pas redouter ce tribunal.

Peut-être ces mêmes *liaisons dangereuses*, tant reprochées aujourd'hui par les femmes, sont une preuve assez forte que je me suis beaucoup occupé d'elles ; comment s'en occuper et ne les aimer pas ?

Que si j'en ai rencontré quelques-unes jetées en quelque sorte hors de leur sexe par la dépravation et la méchanceté ; si, frappé du mal qu'elles faisaient, des maux qu'elles pouvaient faire, j'ai répandu l'alarme et dévoilé leurs coupables artifices, qu'ai-je fait en cela, que servir les femmes honnêtes, et pourquoi me reprocheraient-elles d'avoir combattu l'ennemi qui faisait leur honte, et pouvait faire leur malheur ?

Mais, *poursuit*[5]-on, vous créez des monstres pour les combattre ; de telles femmes n'existent point. Supposons-le, j'y consens : alors, pourquoi tant de rumeur ? Quand D. Quichotte s'arma pour aller combattre les moulins à vent, quelqu'un s'avisa-t-il d'en prendre la défense ? On le plaignit, on ne l'accusa point. Revenons à la vérité.

On insiste et l'on me demande : Mme de M. a-t-elle jamais existé ? Je l'ignore. Je n'ai point prétendu faire un libelle, mais quand Molière peignit le Tartuffe, existait-il un homme, qui, sous le manteau de la religion, eût entrepris de séduire la mère dont il épousait la fille, de *brouiller*[6] le fils avec le père, d'enlever à celui-ci sa fortune et de finir par se rendre le *délateur*[7] de sa victime pour échapper à ses réclamations ? Non sans doute, cet homme n'existait pas ; mais vingt, mais cent hypocrites avaient commis séparément de semblables horreurs : Molière les réunit sur un seul d'entre eux et le livra à l'indignation publique.

Vous ne me soupçonnerez pas, sans doute, de me comparer à Molière ; mais j'ai pu, comme lui, rassembler dans un même personnage les traits épars du même caractère. J'ai donc peint, ou au moins j'ai voulu peindre les noirceurs que des femmes dépravées s'étaient permises, en couvrant leurs vices de l'hypocrisie des mœurs.

Si aucune femme ne s'est livrée à la débauche en feignant de se rendre à l'amour,

5. continue, persévère 6. fâcher 7. traître

si jamais une autre n'a facilité, provoqué même la séduction de sa compagne, de *son amie* ; s'il ne s'en trouve point qui ait voulu perdre, qui ait perdu en effet son amant, devenu trop tôt infidèle ; si l'on n'en a point vu, dans ce choc des passions viles, se permettre un grand mal pour un très léger intérêt ; si enfin ce mot de *gaîté* n'a pas été profané indistinctement par les hommes et par les femmes, pour exprimer des horreurs qui doivent révolter toute âme honnête ; si tout cela n'est point, j'ai eu tort d'écrire... mais qui osera nier la vérité de tous les jours ?

Voilà, Madame, une partie des raisons que je me suis dites avant de publier mon ouvrage, et que peut-être je serai obligé de dire un jour à tout le monde. J'en ai d'autres encore, mais ce n'est pas avec vous qu'il est besoin de tout dire.

J'ajouterai cependant que Mme de M. n'est pas plus une Française qu'une femme de tout autre pays. Partout où il naîtra une femme avec des sens actifs et un cœur incapable d'amour, quelque esprit et une âme vile, qui sera méchante, et dont la méchanceté aura de la profondeur sans énergie, là existera Mme de M., sous quelque costume qu'elle se présente, et seulement avec des différences locales. Si j'ai donné à celle-ci l'habit français, c'est que, persuadé qu'on ne peint avec vérité qu'en peignant d'après nature, j'ai préféré la draperie que je pouvais avoir sous mes yeux, mais l'œil exercé *dépouille*[8] aisément le modèle, et reconnaît *le nu*.

Soyez donc, Madame, femme et Française ; chérissez votre sexe et votre patrie, qui tous deux doivent s'honorer de vous posséder ; j'y trouverai un motif de plus de désirer votre suffrage, mais non une raison nouvelle pour ne pas l'obtenir.

J'ai l'honneur d'être, Madame, etc.

LETTRE V

Madame Riccoboni à Laclos

Me croire dispensée de vous répondre, Monsieur, et me donner votre adresse, c'est au moins une petite contradiction. On vous aura dit que j'étais *farouche*[9]. Je le suis en effet. Mais l'antre où je me cache ne m'a pas rendue tout à fait impolie, et je reconnaîtrais mal la bonne opinion que vous daignez avoir de mon caractère si je paraissais insensible aux égards dont vous m'honorez. Une de vos expressions me semble assez *singulière*. Un militaire mettre au rang de ses *privations* la négligence d'une femme dont il a pu entendre parler à sa grand'mère ! Cela ne vous fait-il pas rire, Monsieur ?

Vous avez la fantaisie de me persuader, même de me convaincre par vos raisonnements, qu'un livre, où brille votre esprit, est le résultat de vos remarques et non l'ouvrage de votre imagination. N'est-ce pas là votre idée ? En le supposant, toutes les campagnes n'offrent point l'aspect d'un joli paysage, et c'est au peintre à choisir les vues qu'il dessine. Oui sans doute, Monsieur, on a montré avant vous des monstres détestables. Mais leur vice est puni par les lois. Tartuffe, que vous chargez à tort d'un désir incestueux, est un voleur adroit, mis à la fin de la pièce entre les mains de la justice. Molière a dû rassembler des traits frappants sur ce personnage, le théâtre exigeant une action vive et pressée. Votre second exemple, Lovelace, est un être de raison. La passion vraiment forte, vraiment tendre que Richardson lui donne pour Clarisse le met absolument hors de la nature. Votre libertin, indifférent et vain, s'en rapproche bien davantage. Il trompe, il trahit de sang-froid, ce qu'un homme amoureux ne saurait faire.

Malgré tout votre esprit, malgré toute votre adresse à justifier vos intentions, on

8. dénude   9. timide

vous reprochera toujours, Monsieur, de présenter à vos lecteurs une vile créature, appliquée dès sa premiere jeunesse à se former au vice, à se faire des principes de noirceur, à se composer un masque pour cacher à tous les regards le dessein d'adopter les mœurs d'une de ces malheureuses que la misère réduit à vivre de leur infamie. Tant de dépravation irrite et n'instruit pas. On s'écrie à chaque page : cela n'est point, cela ne saurait être ! L'exagération ôte au précepte la force propre à corriger. Un *prédicateur*[10] emporté, fanatique, en damnant son auditoire, n'excite pas la moindre réflexion salutaire. Il en a trop dit, on ne le croit pas. Ce sont les vérités douces et simples qui s'insinuent aisément dans le cœur ; on ne peut se défendre d'en être touché parce qu'elles parlent à l'âme et l'ouvrent au sentiment dont on veut la pénétrer. Un homme extrêmement pervers est aussi rare dans la société qu'un homme extrêmement vertueux. On n'a pas besoin de prévenir contre les crimes, tout le monde en conçoit de l'horreur. Mais des règles de conduite seront toujours nécessaires, et ce sera toujours un mérite d'en donner. Vous avez tant de facilité, Monsieur, un style si aimable ! Pourquoi ne pas les employer à présenter des caractères que l'on désire d'imiter ? Vous prétendez aimer les femmes ? Faites-les donc taire, apaisez leurs cris et calmez leur colère. Vous ne savez pas, Monsieur, combien vous regretterez un jour leur amitié ; elle est si douce ; elle devient si agréable à votre sexe, quand les passions *amorties*[11] lui permettent de ne plus les regarder comme l'objet de son amusement. Les hommes s'estiment, se servent, s'obligent même, mais sont-ils capables de ces attentions délicates, de ces petits soins, de ces complaisances continuelles et consolantes dont l'amitié des femmes fait seule goûter les charmes ? Changez de sys-

tème, Monsieur, ou vous vivrez chargé de la malédiction de la moitié du monde, excepté de la mienne, pourtant. Car je vous pardonne de tout mon cœur, et je vous excuserai même, autant que je le pourrai sans me faire arracher les yeux. J'ai l'honneur d'être, Monsieur,

Votre très humble et très obéissante servante,

Riccoboni.

Vendredi, 19 avril 1782.

LETTRE VI

Laclos à Madame Riccoboni.

Vous croire dispensée de me répondre, Madame, et vous donner mon adresse, c'est, en effet, *une petite contradiction* : mais désirer de recevoir de vos lettres, et ne vous pas donner le moyen de me les faire parvenir, en eût été une autre. Forcé de choisir, j'ai préféré, je l'avoue, le parti de mes désirs à celui de mes craintes. Ce que je ne voulais pas devoir à mon indiscrétion, j'espérais l'obtenir de votre politesse ; et il est si difficile de s'arrêter dans ses désirs que je souhaite actuellement mériter qu'au moins par la suite votre politesse ne soit plus le seul motif de votre correspondance. Je m'attends encore que cet espoir sera déçu, et cependant si je connaissais quelque moyen pour qu'il ne le fût pas, je n'en négligerais aucun. C'est toujours même conduite, comme vous voyez ; et que ce soit votre faute ou la mienne, j'ai bien peur de ne pas me corriger. Je ne peux pas même gagner sur moi de ne pas trouver une *privation* dans votre silence ! Et cependant je me rappelle fort bien d'avoir entendu, comme vous dites, Madame, parler de vous à ma grand'mère ; j'en parle même encore tous les jours avec mon père, qui n'est plus jeune ; et pour tout dire, je ne le suis plus moi-même ;

10. celui qui prêche   11. affaiblies

mais nos petits-neveux parleront aussi de vous à leur tour ; et si après vous avoir lue, ils ne regardaient pas comme une privation de ne plus avoir à vous lire, j'estimerais bien peu le goût de la postérité. Je vous pardonne de me trouver ces torts par le plaisir que je trouve à m'en justifier ; il n'en est pas de même de ceux que vous trouvez à mon ouvrage. Une longue justification est si près d'être une justification ennuyeuse, qu'il ne faut pas moins que le cas infini que je fais de votre suffrage, pour me donner le courage de revenir sur ces objets.

Je conviens avec vous, Madame, que *toutes les campagnes n'offrent point l'aspect d'un joli paysage,* et que *c'est au peintre à choisir les vues qu'il dessine.* Mais si quelques-unes nous plaisent par le choix des sites riants, rejetterons-nous entièrement ceux qui préfèrent pour leurs tableaux, les rochers, les précipices, les gouffres et les volcans ? Et la paisible habitante de Paris sera-t-elle autorisée à reprocher au peintre du Vésuve de calomnier la nature ? Mais quoi ! le même pinceau ne peut-il pas s'exercer tour à tour dans les deux genres ? Si je m'en souviens bien, Vernet fit son tableau de la tempête avant celui du calme, et l'un n'a pas nui à l'autre.

Ce n'est pas que pour mon compte, je m'engage à courir l'autre carrière. Hé ! qui osera se croire le talent nécessaire pour peindre les femmes dans tous leurs avantages ! pour rendre comme on le sent, et leur force et leurs grâces, et leur courage et même leurs faiblesses ! toutes les vertus embellies, jusqu'aux défauts devenus séduisants ! la raison sans raisonnement, l'esprit sans prétention ! l'abandon de la tendresse et la réserve de la modestie, la solidité de l'âge mûr et l'enjouement folâtre de l'enfance ! que sais-je... Mais surtout comment ne pas laisser là le tableau, pour courir après le modèle ? *Rousseau*[12] osa fixer Julie ; il essaya de la peindre ; il porta l'enthousiasme jusqu'au délire, et vingt fois cependant il resta au-dessous de son sujet.

Sans doute, une femme née avec une belle âme, un cœur sensible et un esprit délicat, peut répandre sur le portrait qu'elle trace, une partie des charmes qu'elle possède ; elle jouit dans son travail d'une paisible facilité ; elle ne fait en quelque sorte que donner une *contre-épreuve*[13] d'elle-même. Mais quel homme assez froid peut faire une étude tranquille d'un modèle enchanteur ? Quelle main ne sera pas tremblante ? Quels yeux ne seront point troublés ?... Et si cet homme impassible existe, par là même, il ne fera qu'une image imparfaite ; dans son tableau sans vie et sans chaleur, je ne retrouverai plus la femme qu'il faut aimer : celle-là ne peut se reconnaître qu'aux transports qu'elle excite, et celui qui les ressent s'occupe-t-il à les peindre ?

Vous voyez, Madame, combien je suis loin encore *de faire taire les femmes, d'apaiser leurs cris et de calmer leur colère.* Heureusement j'avais déjà quelques-unes d'elles pour amies, et *mon criminel ouvrage* ne m'a point encore attiré *leur malédiction.* Je me rappelle à ce sujet un mot de Julie, qui disait en parlant de Dieu : « Les *réprouvés*[14], dit-on, le haïssent ; il faudrait donc qu'il m'empêcha *(sic)* de l'aimer. » J'ose dire comme elle. Je mets trop de prix à l'amitié des femmes, pour ne pas espérer de la conserver, peut-être même d'en obtenir encore. Pour vous, Madame, il y aurait sûrement de l'indiscrétion à vous demander plus que de l'indulgence... je sens qu'il faut m'arrêter ici pour ne pas tomber encore dans *une petite contradiction.*

Cette longue lettre ne répond, comme vous voyez, qu'à une partie de la vôtre, et je

---

12. Jean-Jacques Rousseau, *Julie ou la nouvelle Héloïse* (1761)   13. vérification   14. damnés

n'ai même dit encore qu'une partie de mes raisons sur les objets dont j'ai parlé. Si vous craignez un second volume, il sera nécessaire que vous me le fassiez savoir bientôt.

J'ai l'honneur d'être, etc.

LETTRE VII
Laclos à Madame Riccoboni

Cette lettre n'est, Madame, que la continuation de celle que j'ai eu l'honneur de vous écrire il y a quelques jours. Il me semble que votre silence me donne le droit de poursuivre, et j'en profite pour éclairer les objets qui me restent à traiter avec vous.

Je n'ai point prétendu charger Tartuffe *d'un désir incestueux*. Si je n'ai pas désigné Marianne par le mot de cette fille, c'est qu'écrivant sur un sujet si connu, j'étais assuré d'être entendu ; c'est de plus que je ne prétendais pas apprécier le péché, mais seulement le procédé ; or l'action considérée sous cette face et relativement à Orgon me paraît absolument la même. Il n'en est pas moins vrai que l'expression n'est pas exacte, et j'aurais dû dire : *de séduire la femme de l'homme dont il épousait la fille*. Je me permets à mon tour une observation sur ce que vous me dites de cette pièce ; c'est que Tartuffe n'est point puni *par les lois,* mais par l'autorité. Je fais cette remarque parce qu'il me semble que le droit du moraliste, soit dramatique, soit romancier, ne commence qu'où les lois se taisent. Molière lui-même paraît si bien de cet avis, qu'il a pris soin de mettre à l'abri des atteintes de la loi jusqu'à la donation irrégulière d'Orgon à Tartuffe. C'est qu'en effet les hommes une fois rassemblés en société n'ont droit de se faire justice que des délits que le gouvernement ne s'est pas chargé de punir. Cette justice du public est le ridicule pour les défauts, et l'indignation pour les vices. La punition de Tartuffe n'est

elle-même qu'une suite de l'indignation du prince ; et le châtiment est motivé sur d'autres actions que celles qui se sont passées durant le cours de la pièce.

Mais combien cette salutaire indignation publique n'est-elle pas utile à réveiller sur les vices en faveur desquels elle semble se relâcher ! C'est ce que j'ai voulu faire. Mme de M. et V. excitent dans ce moment une clameur générale. Mais rappelez-vous les événements de nos jours, et vous retrouverez une foule de traits semblables dont les héros des deux sexes ne sont ou n'ont été que mieux accueillis et plus honorés. J'ajoute même que je me suis particulièrement privé de quelques traits qui manquent à mes caractères par la seule raison qu'ils étaient trop récents et trop connus, et que l'honnête homme en diffamant le vice répugne cependant à diffamer les vicieux.

Les mœurs que j'ai peintes ne sont pourtant pas, Madame, celles *de ces malheureuses que la misère réduit à vivre de leur infamie* : mais ce sont celles de ces femmes, plus viles encore, qui savent calculer ce que le *rang*[15] ou la fortune leur permettent d'ajouter à ces vices infâmes, et qui en redoublent le danger par la profanation de l'esprit et des grâces. Le tableau en est attristant, je l'avoue ; mais il est vrai ; et le mérite que je reconnais à tracer *des sentiments qu'on désire d'imiter*, n'empêche pas, je crois, qu'il ne soit utile de peindre ceux dont on doit se défendre.

Je ne finirai pas cette lettre sans vous remercier, Madame, de l'honnêteté avec laquelle vous avez combattu mon avis, et même encore de la complaisance que vous avez eue de le combattre, et, si je me félicite d'avoir fixé un moment sur moi l'attention volage du public, c'est particulièrement par l'occasion que j'y ai trouvée de faire parvenir jusqu'à vous, et de pouvoir vous adresser

15. condition, place

moi-même l'assurance et l'hommage des sentiments d'estime et de respect que je vous ai voués pour la vie.

J'ai l'honneur d'être, etc.

LETTRE VIII
Madame Riccoboni à Laclos

Avec de l'esprit, de l'éloquence, et de l'obstination, on a souvent raison, Monsieur, ou du moins on réduit au silence les personnes qui n'aiment ni à disserter, ni à soutenir leur opinion avec trop de chaleur. Permettez-moi donc de terminer une dispute dont nos derniers neveux ne verraient pas la fin, si elle continuait. Le brillant succès de votre livre doit vous faire oublier ma légère censure. Parmi tant de suffrages, à quoi vous servirait celui d'une *cénobite*[16] ignorée ? Il n'ajouterait point à votre gloire. Dire ce que je ne pense pas me paraît une trahison, et je vous tromperais en feignant de me rendre à vos sentiments. Ainsi, Monsieur, après un volume de lettres, nous nous retrouverions toujours au point d'où nous sommes partis. J'ai l'honneur d'être,

Votre très humble et très obéissante servante,

Riccoboni.

Ce vendredi.

QUESTIONS

1. A la fin de sa première lettre, Madame Riccoboni accuse Laclos d'avoir « orné le vice des agréments ». Comment entendez-vous cette expression ? Selon Riccoboni, quels sont les deux « objets » que doit avoir un écrivain « distingué » ?

2. Dans la lettre II, Laclos distingue deux sortes d'œuvre littéraire, l'une relevant des femmes, l'autre appartenant aux hommes. Selon lui, sur quoi est fondée cette distinction ? Etes-vous d'accord avec Laclos ? Expliquez.

3. Dans la lettre III, comment est-ce que Riccoboni répond aux compliments de Laclos ? Elle explique que son jugement est celui d'une femme et non pas celui d'un *auteur*. Qu'est-ce qu'elle entend par cela ?

4. Dans les lettres IV, V et VI, les deux auteurs discutent de la représentation des femmes. Comment Laclos justifie-t-il la sienne ? Que veut dire Riccoboni quand elle dit que « toutes les campagnes n'offrent point l'aspect d'un bel paysage » et que « c'est au peintre à choisir les vues qu'il dessine » ? Comment Laclos lui répond-il ?

5. D'après Riccoboni, est-ce que Laclos est capable de dépeindre les femmes telles qu'elles sont ? Faut-il être femme pour faire un tableau fidèle des femmes ?

16. religieuse qui vit en communauté

George Sand et Gustave Flaubert (1866–1872)

*Cet échange de lettres entre deux auteurs importants du dix-neuvième siècle frappe
par l'intimité du ton et par la coexistence, dans leur rapport, de la gaîté et du sérieux.*

55. *Sand à Flaubert*

[*Paris, 17 décembre 1866*]
lundi

Il y a quelque chose comme huit jours, on est venu chez moi le matin pour me demander l'adresse du cordonnier. Ma bonne n'a pas voulu m'éveiller, et, à midi seulement, j'ai lu la lettre. Le porteur s'annonçant comme venant de la rue, et de l'hôtel du Helder[1], j'ai répondu tout de suite *que Simonin demeurait rue Richelieu 15.* Je m'adressais à votre mère, croyant que c'était elle qui m'écrivait. Je vois qu'elle n'a pas reçu mon mot et je n'y comprends plus rien, mais il n'y a pas de ma faute.

Votre vieux troubadour est encore malade comme un chien aujourd'hui. Ça ne l'empêchera pas d'aller *au Magny*[2] de ce soir. Il ne pourrait pas *claquer*[3] en meilleure compagnie ; encore qu'il préférât le bord d'un fossé, au printemps.

Tout va bien d'ailleurs et je pars pour Nohant samedi. Je suis occupée à lancer de mon mieux le livre d'entomologie que Maurice publie et qui est très réussi[4]. Je fais pour lui ce que je n'ai jamais fait pour moi, j'écris aux journalistes. Je vas[5] recommander Mlle Bosquet à qui je pourrai. Mais ça, ça s'adresse à un autre public et je ne suis pas aussi bien accueillie des littérateurs que des savants.

Mais certainement Marengo l'Hirondelle est *à faire*, et le troubadour abricot aussi. Tout ça c'était des *Cadio* de la révolution qui commençaient à être ou à vouloir être quelque chose, n'importe quoi[6]. Je suis des derniers venus, et, vous autres nés de nous, vous êtes entre les illusions de mon temps et la déception *crue*[7] des temps nouveaux. Il est tout simple que *Du Camp*[8] se rencontre avec vous dans une série d'observations et d'idées, ça ne fait rien. Il n'y aura pas ressemblance.

Oh non ! Je ne vous ai pas trouvé un titre, c'est trop sérieux, et puis il faudrait tout connaître. Dans tous les cas, aujourd'hui je ne suis bonne qu'à rédiger mon épitaphe ! *Et in Arcadia ego*, vous savez[9].

1. De passage à Paris, Mme Flaubert descendait ordinairement à l'Hôtel du Helder dans la rue de même nom.
2. Le restaurant Magny dans le Quartier Latin où se rassemblaient régulièrement entre 1862 et 1875 des gens de lettres et des artistes. Parmi les convives réguliers à ces dîners Magny se trouvaient Théophile Gautier, Sainte-Beuve, Flaubert, Sand, les frères Goncourt et l'écrivain russe Turgenev.
3. parler ; claquer sa langue
4. Il s'agit du *Monde des papillons,* paru à Paris, chez Rothschild, avec la date 1867.
5. Nous utilisons l'orthographe original.
6. Le personnage de Cadio, dans le roman de ce nom, est un humble paysan : poltron au début, il devient héros quand il s'aperçoit qu'on se sert de lui sans scrupule. A la fin du roman, il est devenu républicain fanatique et implacable.
7. brutale   8. Maxime Du Camp (1822–1894), écrivain et journaliste, lié à Flaubert
9. Un tableau de Poussin, conservé au Louvre, représente quatre bergers devant une tombe, qui porte l'inscription *Et in Arcadia ego* (Moi aussi j'ai vécu en Arcadie). On emploie l'expression pour rappeler la durée éphémère du bonheur et le regret d'un bien perdu.

Je vous aime, cher ami frère, et vous bénis de tout mon cœur.

G. Sand.

60. *Sand à Flaubert*

Nohant, 15 janvier [1867]

Me voilà chez nous, assez *valide*[10], sauf quelques heures le soir. Enfin ça passera, *le mal ou celui qui l'endure*, disait *mon vieux curé*[11], *ça ne peut pas durer*. Je reçois ta lettre ce matin, cher ami de mon cœur. Pourquoi que je t'aime plus que la plupart des autres, même plus que des camarades anciens et bien éprouvés ? Je cherche, car mon état, à cette heure, c'est d'être

> *Toi qui vas cherchant,*
> *Au soleil couchant,*
> *Fortune ? ...*[12]

Oui fortune intellectuelle, *lumière !* Eh bien, voilà : on se fait, étant vieux, dans le soleil couchant de sa vie — qui est la plus belle heure des tons et des reflets — une notion nouvelle de toutes choses et de l'affection surtout. Dans l'âge de la puissance et de la personnalité on *tâte*[13] l'ami comme on tâte le terrain, au point de vue de la réciprocité. Solide on se sent, solide on veut trouver ce qui vous porte ou vous conduit. Mais quand on sent fuir l'intensité du *moi*, on aime les personnes et les choses pour ce qu'elles sont par elles-mêmes, pour ce qu'elles représentent aux yeux de votre âme, et nullement pour ce qu'elles apporteront en plus à votre destinée. C'est comme le tableau ou la statue que l'on voudrait avoir à soi quand on rêve en même temps un beau chez-soi pour l'y mettre. Mais on a parcouru *la verte Bohême*[14] sans y rien amasser, on est resté *gueux*[15], sentimental et troubadour. On sait très bien que ce sera toujours de même et qu'on mourra sans feu ni lieu. Alors on pense à la statue, au tableau dont on ne saurait que faire et que l'on ne saurait où placer avec honneur si on les possédait. On est content de les savoir en quelque temple non profané par la froide analyse, un peu loin du regard, et on les aime d'autant plus. On se dit : je repasserai par le pays où ils sont. Je verrai encore et j'aimerai toujours ce qui me les a fait aimer et comprendre. Le contact de ma personnalité ne les aura pas modifiés, ce ne sera pas moi que j'aimerai en eux. Et c'est ainsi vraiment, que l'idéal qu'on ne songe plus à fixer, se fixe en vous parce qu'il reste *lui*. Voilà tout le secret du beau, du bon, du *seul vrai*[16], de l'amour, de l'amitié, de l'art, de l'enthousiasme et de la foi. Penses-y, tu verras.

Cette solitude où tu vis me paraîtrait délicieuse avec le beau temps. En hiver, je la trouve stoïque et suis forcée de me rappeler que tu n'as pas le besoin moral de la locomotion *à l'habitude*. Je pensais qu'il y avait pour toi une autre dépense de forces durant cette claustration ; alors, c'est très beau, mais il ne faut pas prolonger cela indéfiniment. Si le roman doit durer encore il faut l'interrompre ou le *panacher*[17] de distractions. Vrai, cher

---

10. en bonne santé
11. Le vieux curé de Saint-Chartier, l'abbé Pierre Pinaud de Montpeyroux, dont la romancière parle abondamment dans l'*Histoire de ma vie*
12. Début d'une chanson qui se trouve, un peu modifiée, dans le livre de Maurice Sand, *Le Monde des papillons* : Au soleil couchant / Toi qui vas cherchant / Fortune, / Prends garde de choir : / La terre, le soir / Est brune. / Vois à l'horizon, / Aucune maison. / Aucune !
13. sonde ; cherche à connaître
14. La Bohème (comme d'ailleurs l'adjectif « vert ») symbolise la fertilité.
15. vagabond, pauvre
16. allusion manifeste à l'ouvrage du philosophe Victor Cousin, *Du Vrai, du Bien et du Beau* (1858), qui résume en quelque sorte les doctrines de l'Ecole de l'éclectisme   17. varier

ami. Pense à la vie du corps qui se fâche et se crispe quand on la réduit trop. J'ai vu, étant malade à Paris, un médecin très fou, mais très intelligent qui disait là-dessus des *choses vraies*[18]. Il me disait que je me *spiritualisais* d'une manière inquiétante, et comme je lui disais justement à propos de toi que l'on pouvait s'abstraire de toute autre chose que le travail, et avoir plutôt excès de force que diminution, il répondait que le danger était aussi grand dans l'accumulation que dans la déperdition. Et, à ce propos, beaucoup de choses excellentes que je voudrais savoir te redire. Au reste, tu les sais, mais tu n'en tiens compte. Donc ce travail que tu traites si mal en paroles, c'est une passion et une grande ! Alors je te dirai ce que tu me dis : pour l'amour de nous et pour celui de ton vieux troubadour, ménage-toi un peu.

Consuelo, La Comtesse de Rudolstadt, qu'est-ce que c'est que ça ? est-ce que c'est de moi ? Je ne m'en rappelle pas *un traître mot*[19] ! Tu lis ça, toi. Est-ce que vraiment ça t'amuse ? Alors je le relirai un de ces jours et je m'aimerai si tu m'aimes.

Qu'est-ce que c'est aussi que d'être hystérique ? Je l'ai peut-être été aussi, je le suis peut-être, mais je n'en sais rien, n'ayant jamais approfondi la chose et en ayant *ouï*[20] parler sans l'étudier. N'est-ce pas un malaise, une angoisse, causés par le désir d'un impossible *quelconque* ? En ce cas, nous en sommes tous atteints, de ce mal étrange, quand nous avons de l'imagination ; et pourquoi une telle maladie aurait-elle un sexe ?

Et puis encore, il y a ceci pour les gens forts en anatomie : *il n'y a qu'un sexe*. Un homme et une femme c'est si bien la même chose que l'on ne comprend guère les tas de distinctions et de raisonnements subtils dont se sont nourries les sociétés sur ce chapitre-là. J'ai observé l'enfance et le développement de *mon fils* et de *ma fille*[21]. Mon fils était moi, par conséquent femme bien plus que ma fille qui était un homme pas réussi.

Je t'embrasse. Maurice et Lina qui se sont pourléchés de tes fromages t'envoient leurs amitiés, et Mlle Aurore te crie : *attends, attends, attends !* C'est tout ce qu'elle sait dire en riant comme une folle — quand elle rit, car, au fond, elle est sérieuse, attentive, adroite de ses mains comme un singe et s'amusant mieux du jeu qu'elle invente que de tous ceux qu'on lui suggère. Je crois qu'elle aura une trompette à elle.

Si je ne guéris pas ici, j'irai à Cannes où des *personnes amies*[22] m'appellent. Mais je ne peux pas encore en ouvrir la bouche à mes enfants. Quand je suis avec eux, ce n'est pas aisé de bouger. Il y a passion et jalousie. Et toute ma vie a été comme ça, jamais à moi ! Plains-toi donc, toi qui t'appartiens !

[*sans signature*]

288. *Sand à Flaubert*
Nohant, 25 octobre [1871]

Tes lettres tombent sur moi comme une pluie qui mouille, et fait pousser tout de suite ce qui est en germe dans le terrain. Elles me donnent l'envie de répondre à tes raisons,

18. Agenda du 22 décembre 1866 : « [...] Le Dr Favre vient me voir à 7 heures. Il m'examine encore. Il me donne un bon conseil et une longue causerie jusqu'à minuit. Il est très intelligent, très savant, très intéressant, très spirituel, mais je crains qu'il ne soit toqué. Il se croit la seule intelligence saine du siècle, diable ! Et il dit cela sous les formes les plus modestes, c'est grave. »
19. Compte tenu de la part d'exagération qu'il y a dans cette boutade, il semble en effet que Sand se soit si peu souciée de sa prose qu'elle oubliait parfois ce qu'elle avait écrit. Un jour, un de ses amis lui ayant fait lire un passage qu'il avait beaucoup admiré dans un de ses romans : « Oui, » aurait-elle répondu, « ce n'est vraiment pas mal, de qui est cet ouvrage ? » (cité par L. Vincent, *G. Sand et le Berry* (1919), t. 1, p. 606).
20. entendu   21. Maurice, né en 1823 ; Solange, née en 1828
22. Juliette Lamber et son fiancé Edmond Adam

parce que tes raisons sont fortes et poussent à la réplique. Je ne prétends pas que mes répliques soient fortes aussi, elles sont sincères, elles sortent de mes racines à moi, comme les plantes susdites. C'est pourquoi je viens d'écrire un feuilleton sur le sujet que tu soulèves, en m'adressant cette fois *à une amie* laquelle m'écrit aussi dans ton sens, mais moins bien que toi, ça va sans dire, et un peu à un point de vue d'aristocratie intellectuelle, auquel elle n'a pas *tous les droits voulus*[23].

Mes racines, on n'extirpe pas cela en soi et je m'étonne que tu m'invites à en faire sortir des tulipes, quand elles ne peuvent te répondre que par des pommes de terre. Dès les premiers jours de mon éclosion intellectuelle, quand, m'instruisant toute seule auprès du lit de ma grand'mère paralytique, ou à travers champs aux heures où je la confiais à *Deschartres,* je me posais sur la société les questions les plus élémentaires. Je n'étais pas plus avancée à 17 ans qu'un enfant de 6 ans, pas même, grâce à Deschartres (le précepteur de mon père), qui était contradiction des pieds à la tête, grande instruction et absence de bon sens ; grâce au couvent où l'on m'avait fourrée Dieu sait pourquoi, puisqu'on ne croyait à rien ; grâce aussi à un entourage de pure Restauration où ma grand'mère, philosophe, mais mourante, s'éteignit sans plus résister au courant monarchique. Alors je lisais Chateaubriand et Rousseau ; je passais de l'Evangile au *Contrat social*[24] ; je lisais l'histoire de la Révolution faite par des dévots, l'histoire de France faite par des philosophes ; et un beau jour j'accordai tout cela comme une lumière faite de deux lampes, et j'ai eu des *principes.*[25] Ne ris pas, des principes d'enfant très candide, qui me sont restés à travers tout, à travers *Lélia* et l'époque romantique, à travers l'amour et le doute, les enthousiasmes et les désenchantements. Aimer, se sacrifier, ne se reprendre que quand le sacrifice est nuisible à ceux qui en sont l'objet, et se sacrifier encore, dans l'espoir de servir une cause vraie, l'amour. Je ne parle pas ici de la passion personnelle, mais de l'amour de la race, du sentiment étendu de l'amour de soi, de l'horreur du *moi tout seul.* Et cet idéal de *justice* dont tu parles, je ne l'ai jamais vu séparé de l'amour, puisque la première loi pour qu'une société naturelle subsiste, c'est que l'on se serve mutuellement comme chez les fourmis et les abeilles. Ce concours de tous au même but, on est convenu de l'appeler instinct chez les bêtes, et peu importe. Mais chez l'homme l'instinct est amour ; qui *se soustrait à*[26] l'amour, se soustrait à la vérité, à la justice.

J'ai traversé des révolutions et j'ai vu de près les principaux *acteurs*[27] ; j'ai vu le fond de leur âme, je devrais dire tout bonnement le fond de leur sac : *pas de principes,* aussi pas de véritable intelligence, pas de force, pas de durée. Rien que des *moyens* et un but personnel. Un seul avait des principes, pas tous bons, mais devant la sincérité desquels il comptait pour rien sa personnalité : *Barbès*[28]. Chez les artistes et les lettrés, je n'ai trouvé aucun fond. Tu es le

23. Juliette Lamber (Mme Adam)
24. François-René de Chateaubriand (1768–1848) a écrit *Le Génie du Christianisme* (1802) ; Jean-Jacques Rousseau est l'auteur *Du Contrat social* (1762).
25. On lira le récit détaillé de cette évolution dans l'*Histoire de ma vie,* 3ᵉ partie.
26. s'échappe à
27. George Sand a pris une part très active à la révolution de 1848. Non seulement elle a travaillé beaucoup dans le journalisme politique, mais elle a aussi rédigé des Bulletins de la République.
28. Armand Barbès (1809–1870), socialiste à qui Sand dédie son roman, *La Petite Fadette* (1849). Dans la deuxième préface datée le 21 décembre 1851, c'est-à-dire, après les élections présidentielles qui ont amené Louis Napoléon au pouvoir, Sand dédie en termes voilés son ouvrage à ses amis « prisonniers [...] en particulier, à Armand... ».

seul avec qui j'aie pu échanger des idées autres que celles du métier. Je ne sais si tu étais chez Magny un jour où je leur ai dit qu'ils étaient tous des *Messieurs*. Ils disaient qu'il ne fallait pas écrire pour les ignorants ; ils me *conspuaient*[29] parce que je ne voulais écrire que pour ceux-là, vu qu'eux seuls ont besoin de quelque chose. Les maîtres sont pourvus, riches et satisfaits. Les imbéciles manquent de tout ; je les plains. *Aimer et plaindre*[30] ne se séparent pas. Et voilà le mécanisme peu compliqué de ma pensée.

J'ai la passion du bien, et point du tout de sentimentalisme de parti pris. Je crache de tout mon cœur sur celui qui prétend avoir mes principes et qui fait le contraire de ce qu'il dit. Je ne plains pas l'incendiaire et l'assassin qui tombent sous le coup de la loi. Je plains profondément la classe qu'une vie brutale, déchue, sans essor et sans aide, réduit à produire de pareils monstres. Je plains l'humanité, je la voudrais bonne, parce que je ne veux pas m'abstraire d'elle ; parce qu'elle est moi ; parce que le mal qu'elle se fait me frappe au cœur ; parce que sa honte me fait rougir ; parce que ses crimes me tordent le ventre ; parce que je ne peux comprendre le paradis au ciel ni sur la terre pour moi tout seul [*sic*]. Tu dois me comprendre, toi qui es bonté de la tête aux pieds.

Es-tu toujours à Paris ? Il a fait des jours si beaux que j'ai été tenté [*sic*] d'aller t'y embrasser. Mais je n'ose pas dépenser de l'argent, si peu que ce soit, quand il y a tant de misère. Je suis avare parce que je me sais prodigue quand j'oublie ; et j'oublie toujours. Et puis j'ai tant à faire !... Je ne sais rien, et je n'apprends pas, parce que je suis toujours forcée de rapprendre. J'ai pourtant bien besoin de te retrouver un peu. C'est une partie de moi qui me manque.

Mon Aurore m'occupe beaucoup[31]. Elle comprend trop vite et il faudrait la mener au triple galop. Comprendre la passionne, savoir la rebute. Elle est paresseuse comme était monsieur son père. Il en a si bien rappelé que je ne m'impatiente pas. Elle se promet de t'écrire bientôt une lettre. Tu vois qu'elle ne t'oublie pas. Le *polichinelle*[32] de la *Titite* a perdu la tête, à force littéralement d'être embrassé et caressé. On l'aime encore autant sans tête ; quel exemple de fidélité au malheur ! Son ventre est devenu un coffre où on met des joujoux.

Maurice est plongé dans des études archéologiques. Lina toujours adorable, et tout va bien, sauf que les bonnes ne sont pas propres. Que de chemin ont encore à faire les êtres qui ne se peignent pas !

Je t'embrasse. Dis-moi où tu en es avec *Aïssé*, l'Odéon, et tout ce tracas dont tu es chargé. Je t'aime, c'est la conclusion à tous mes discours.

G. Sand.

289. *Flaubert à Sand*

[*Croisset] 14 novembre [1871]*

Ouf ! je viens de finir *mes Dieux* ! c'est-à-dire la partie mythologique de mon *Saint Antoine*, sur laquelle je suis depuis le commencement de juin ! Comme j'ai envie de vous lire ça, chère maître du bon Dieu !

Pourquoi avez-vous résisté à votre bon mouvement ? pourquoi n'êtes-vous pas venue cet automne ? Il ne faut pas rester si longtemps sans voir Paris. Moi, j'y serai après-demain. Et je ne m'y amuserai pas, de tout l'hiver, avec *Aïssé*, un volume de vers à imprimer (je voudrais bien vous montrer la préface), que sais-je encore ? une foule de choses peu drôles !

Je n'ai pas reçu le second feuilleton annoncé ?

29. poussaient des cris de dérision 30. compatir
31. C'est George Sand elle-même qui apprend à lire et à écrire à Aurore. 32. marionnette

Votre vieux troubadour à la tête cuite. Mes plus longues nuits, depuis trois mois, n'ont pas été au-delà de 5 heures ! *J'ai pioché*[33] d'une manière frénétique. Aussi je crois avoir amené *mon bouquin*[34] à un joli degré d'insanité ? L'idée des bêtises qu'il fera dire au bourgeois me soutient. Ou plutôt je n'ai pas besoin d'être soutenu, un pareil milieu me plaisant naturellement.

Il est de plus en plus stupide, ce bon bourgeois ! il ne va même pas voter ! Les bêtes brutes le dépassent dans le sentiment de la conservation personnelle ! Pauvre France ! pauvre *nous* !

Savez-vous ce que je lis, pour me distraire, maintenant ? *Bichat* et *Cabanis*, qui m'amusent énormément[35]. On savait faire des livres dans ce temps-là ! Ah ! que nos docteurs d'aujourd'hui sont loin de ces hommes !

Nous ne souffrons que d'une chose : *la Bêtise*. Mais elle est formidable et universelle.

Quand on parle de l'abrutissement de la plèbe, on dit une chose injuste, incomplète. Je me suis astreint à lire *toutes* les professions de foi des candidats au Conseil général de la Seine-Inférieure. Il y en avait bien une soixantaine, toutes émanées ou plutôt *vessées*[36] par la fine fleur de la bourgeoisie, par des gens riches, bien posés, etc. etc. Eh bien, je défie qu'on soit plus ignoblement âne en *cafrerie*[37]. Conclusion : il faut éclairer les classes éclairées. Commencez par la tête, c'est ce qui est le plus malade ; le reste suivra.

Vous n'êtes pas comme moi, vous ! vous êtes pleine de *mansuétude*[38]. Moi, il y a des jours où la colère m'étouffe ! Je voudrais noyer mes contemporains dans les Latrines. Ou tout au moins, faire pleuvoir sur leurs crêtes des torrents d'injures, des cataractes d'invectives. Pourquoi cela ? je me le demande à moi-même.

Quelle espèce d'archéologie occupe Maurice ? Embrassez bien vos fillettes pour moi.

Votre vieux

Gve Flaubert.

337. *Sand à Flaubert*
Nohant, 8 décembre [18]72

Eh bien, alors, si tu es dans l'idéal de la chose, si tu as un livre d'avenir dans la pensée, si tu accomplis une tâche de confiance et de conviction, plus de colère et plus de tristesse. Soyons logiques. Je suis arrivé [*sic*], moi, à un état philosophique d'une sérénité très satisfaisante et je n'ai rien *surfait* en te disant que toutes les misères qu'on peut me faire, ou toute l'indifférence qu'on peut me témoigner ne me touchent réellement plus et ne m'empêchent pas, non seulement d'être heureux [*sic*] en dehors de la littérature, mais encore d'être littéraire avec plaisir et de travailler avec joie. Tu as été content de mes deux romans ? Je suis payée. Je crois qu'ils sont *bien*, et le silence qui a envahi ma vie (il faut dire que je l'ai cherché) est plein d'une bonne voix qui me parle et me suffit. Je n'ai pas monté aussi haut que toi dans mon ambition. Tu veux écrire pour tous les temps. Moi je crois que dans cinquante ans je serai parfaitement oubliée et peut-être durement méconnue. C'est la loi des choses qui ne sont pas de premier ordre et je ne me suis jamais crue de premier ordre. Mon idée a été plutôt d'agir sur mes contemporains, ne fût-ce que sur quelques-uns, et de leur faire

---

33. J'ai travaillé dur   34. mon livre
35. Physiologistes célèbres : Xavier Bichat (1771–1802) est notamment l'auteur d'une *Anatomie générale* (1801) et de *Recherches physiologiques sur la vie et la mort* (1800) ; Georges Cabanis (1757–1808) publie entre autres *Rapports du physique et du moral* (1802).
36. pétées   37. Du mot arabe *kafir* pour "mécréant, infidèle", ici, hypocrisie.   38. bonté, indulgence

partager mon idéal de douceur et de poésie. J'ai atteint ce but jusqu'à un certain point, j'ai fait du moins pour cela tout mon possible, je le fais encore et ma récompense est d'en approcher toujours un peu plus.

Voilà pour moi ; mais, pour toi, le but est plus vaste, je le vois bien, et le succès plus lointain. Alors, tu devrais te mettre plus d'accord avec toi-même en étant encore plus calme et plus content que moi. Tes colères d'un moment sont *bonnes.* Elles sont le résultat d'un tempérament généreux et comme elles ne sont ni méchantes, ni haineuses, je les aime ! Mais ta tristesse, tes semaines de *spleen*[39], je ne les comprends pas et je te les reproche. J'ai cru, je crois encore à trop d'isolement, à trop de détachement des liens de la vie.

Tu as de puissantes raisons pour me répondre, si puissantes qu'elles devraient te donner la victoire. Fouille-toi et réponds-moi, ne fût-ce que pour dissiper les craintes que j'ai souvent sur ton compte, je ne veux pas que tu te consumes. Tu as cinquante ans, mon fils aussi ou à peu près. Il est dans la force de l'âge, dans son meilleur développement, toi de même si tu ne chauffes pas trop le four aux idées. Pourquoi dis-tu souvent que tu voudrais être mort ? Tu ne crois donc pas à ton œuvre ? Tu te laisses donc influencer par ceci ou cela des choses présentes ? C'est possible, nous ne sommes pas des Dieux et quelque chose en nous, quelque chose de faible et d'inconséquent trouble parfois notre *théodicée*[40]. Mais la victoire devient chaque jour plus facile quand on est sûr d'aimer la logique et la vérité. Elle arrive même à prévenir, à vaincre d'avance les sujets d'humeur, de dépit ou de découragement.

Tout cela me paraît facile quand il s'agit de la gouverne de nous-mêmes : les sujets de grande tristesse sont ailleurs, dans le spectacle de l'histoire qui se déroule autour de nous. Cette lutte éternelle de la barbarie contre la civilisation est d'une grande amertume pour ceux qui ont dépouillé l'élément barbare et qui se trouvent en avant de leur époque. Mais dans cette grande douleur, dans ces secrètes colères, il y a un grand stimulant qui justement nous relève en nous inspirant le besoin de réagir. Sans cela, je confesse que, pour mon compte, j'abandonnerais tout.

J'ai eu assez de compliments dans ma vie, du temps où l'on s'occupait de littérature. Je les ai toujours *redoutés*[41] quand ils me venaient des inconnus, ils me faisaient trop douter de moi. De l'argent, j'en ai gagné de quoi me faire riche. Si je ne le suis pas, c'est que je n'ai pas tenu à l'être, j'ai assez de ce que *Lévy*[42] fait pour moi (Lévy qui vaut mieux que tu ne dis). Ce que j'aimerais, ce serait de me livrer absolument à la botanique, ce serait pour moi le paradis sur la terre. Mais il ne faut pas, cela ne servirait qu'à moi, et si le chagrin est bon à quelque chose, c'est à nous défendre de l'égoïsme. Donc, il ne faut pas maudire ni mépriser la vie. Il ne faut pas l'user volontairement. Tu es épris de la *justice,* commence par être juste envers toi-même, tu te dois de te conserver et de te développer.

Ecoute-moi ; je t'aime tendrement, je pense à toi tous les jours et à tout propos, en travaillant je pense à toi. J'ai conquis certains biens intellectuels que tu mérites mieux que moi et dont tu dois faire un plus long usage. Pense aussi que mon esprit est souvent près du tien et qu'il te veut une longue vie et une inspiration féconde en jouissances vraies.

---

39. ennui, humeur noire
40. justification de la bonté de Dieu par la réfutation des arguments tirés de l'existence du mal ; théologie naturelle
41. craints   42. Michel Lévy, éditeur parisien

Tu promets de venir, c'est joie et fête pour mon cœur et dans la famille.

Ton vieux troubadour.

Il faut me raconter toute *l'inconduite* de Michel. S'il a eu des torts, je tâcherai qu'il les répare.

338. *Flaubert à Sand*

[Croisset] 12 décembre [1872]

Chère bon maître,

Ne vous inquiétez pas de Lévy ! et n'en parlons plus. Il n'est pas digne d'occuper notre pensée une minute ; il m'a profondément blessé dans un endroit sensible : le souvenir de mon pauvre Bouilhet. Cela est *irréparable.* Je ne suis pas chrétien, et l'hypocrisie du pardon m'est impossible. Je n'ai qu'à ne plus le fréquenter. Voilà tout. Je désire même ne le jamais revoir [*sic*]. Amen.

Et ne prenez pas au serieux les exagérations de mon *ire.* N'allez pas croire que je compte « sur la Postérité pour me venger de l'indifférence de mes contemporains ». J'ai voulu dire seulement ceci : quand on ne s'adresse pas à la Foule, il est juste que la Foule ne vous paye pas. C'est de l'Economie Politique. Or je maintiens qu'une œuvre d'art (digne de ce nom et faite avec conscience) est inappréciable, n'a pas de valeur commerciale, ne peut pas se payer. Conclusion : si l'artiste n'a pas de rentes, il *doit* crever de faim ! ce qui est charmant.

Et on parle de l'indépendance des lettres ! On trouve que l'Ecrivain, parce qu'il ne reçoit plus de pension des grands, est bien plus libre, bien plus noble. Toute sa noblesse sociale maintenant consiste à être l'égal d'un Epicier. Quel progrès ! Quant à moi, vous me dites : « Soyons logiques », mais c'est là le difficile.

Je ne suis pas *sûr* du tout d'écrire de bonnes choses, ni que le livre que je rêve maintenant puisse être bien fait. Ce qui ne m'empêche pas de l'entreprendre. Je crois que l'idée en est originale, rien de plus. Et puis comme j'espère *cracher là-dedans le fiel*[43] qui m'étouffe, c'est-à-dire émettre quelques vérités, j'espère par ce moyen *me purger* et être ensuite plus Olympien. Qualité qui me manque absolument. Ah ! comme je voudrais m'admirer !

J'entre aujourd'hui dans ma 52e année, et je tiens à vous embrasser aujourd'hui. C'est ce que je fais tendrement, puisque vous m'aimez si bien.

Votre vieux troubadour

Gve Flaubert.

Encore un deuil. J'ai conduit l'enterrement du père Pouchet, lundi dernier. Je soutenais son fils Georges qui sanglotait à se briser les côtes. La vie de ce bonhomme a été très belle, et je l'ai pleuré.

Je ne sors plus des enterrements ! c'est à en devenir croque-morts [*sic*] !

QUESTIONS

1. Dans quelle mesure George Sand fait-elle son propre portrait dans ses lettres ?
2. Au moment où Sand écrit ces lettres, quelle spécificité de sa notion de l'amitié désigne-t-elle ? Comment l'explique-t-elle à Flaubert ?

43. exprimer mon animosité, mon amertume

3. Pourquoi Sand tient-elle tant à l'amitié de Flaubert ? Décrivez son attitude à l'égard de celui-ci.

4. D'après leur correspondance, quelles différences remarquez-vous entre ces deux écrivains en ce qui concerne leur attitude envers la société, le public et l'écriture ?

5. Pourquoi Flaubert appelle-t-il Sand « Chère bon maître » ? Relevez la disjonction des genres dans les deux adjectifs qu'il emploie. Comment décrit-il la différence entre Sand et lui-même ?

6. Lequel des ces personnages aimeriez-vous rencontrer ? Pourquoi ?

SIMONE DE BEAUVOIR INTERROGE
JEAN-PAUL SARTRE (1975)

Dans un numéro spécial du journal L'Arc *consacré à Simone de Beauvoir et la lutte des femmes (1975), Simone de Beauvoir et Jean-Paul Sartre examinent les rapports entre les hommes et les femmes de notre temps, le machisme des hommes et la situation des femmes.*

Simone de Beauvoir. — Eh bien, Sartre, je voudrais vous interroger sur la question des femmes ; car, en somme, vous ne vous êtes jamais exprimé sur cette question, et c'est même la première chose que je voudrais vous demander. Comment se fait-il que vous ayez parlé de tous les opprimés : des travailleurs, des Noirs, dans *Orphée noir,* des Juifs, dans *Réflexions sur la question juive,* et que vous n'ayez jamais parlé des femmes ? Comment expliquez-vous ça ?

Sartre. — Je pense que c'est venu de mon enfance. Dans mon enfance, j'ai été surtout entouré de femmes ; ma grand-mère, ma mère s'occupaient beaucoup de moi ; et puis j'étais entouré de petites filles. De sorte que c'était un peu mon milieu naturel, les filles et les femmes, et j'ai toujours pensé qu'il y avait en moi une sorte de femme.

Simone de Beauvoir. — Le fait que vous ayez été entouré de femmes n'empêche pas que vous auriez pu saisir comme un phénomène important l'oppression qu'elles subissent.

Sartre. — Je sentais que ma grand-mère était opprimée par mon grand-père ; mais je ne le réalisais pas vraiment. Ma mère, en tant que veuve, était opprimée par ses parents ; mais autant par sa mère que par son père.

Simone de Beauvoir. — Mais vous êtes devenu adulte ! Pourquoi avez-vous ignoré l'oppression dont les femmes sont victimes ?

Sartre. — Dans sa généralité, je n'en avais pas conscience. Je ne voyais que des cas particuliers. Bien sûr, j'en voyais des tas. Mais, chaque fois, je considérais l'impérialisme comme un défaut individuel de l'homme, et une certaine obéissance particulière comme un trait de caractère de la femme.

Simone de Beauvoir. — Est-ce qu'on ne pourrait pas dire qu'il y a là, par rapport aux femmes, chez beaucoup d'hommes — et même chez des femmes, parce que moi, j'ai été comme ça longtemps aussi — une sorte de tache aveugle ? On prend les rapports hommes-femmes comme quelque chose de tellement donné que ça apparaît naturel, et, qu'en somme, on ne les voit pas.

Ça me fait un peu penser à ce qui s'est passé autrefois dans la démocratie grecque, où l'esclavage n'était pas perçu par des gens qui, pourtant, professaient des idées de réciprocité. Il me semble que, dans les siècles futurs, on regardera avec autant d'étonnement la manière dont les femmes sont traitées aujourd'hui dans notre société, que nous regardons l'esclavage dans la démocratie athénienne, par exemple.

Sartre. — Je pense que vous avez raison. Etant jeune, je croyais à la supériorité de l'homme, ce qui n'excluait pas entre lui et la femme une certaine égalité. Il me semblait que, dans la vie de société, les femmes étaient traitées comme les égales des hommes. Dans quelques cas, l'homme était hautain, orgueilleux, autoritaire, dans ses rapports avec sa femme : mon beau-père, par exemple. C'était, à mes yeux, un simple trait de caractère.

Simone de Beauvoir. — Mais, vous-même, vous venez de dire que dans vos rapports avec les femmes, qui ont été très nombreux, vous les regardiez à la fois comme égales et comme pas égales. Est-ce que vous voulez dire, ce que vous m'aviez indiqué une fois, qu'étant donné leur oppression, elles étaient les égales de l'homme, même si elles ne l'étaient pas ?

Je veux dire que, comme il est plus difficile pour une femme d'avoir autant de culture, de connaissances, de liberté qu'un homme, une femme peut vous apparaître comme égale, même si elle n'a pas de culture, de liberté, et autres qualités ?

Sartre. — Il y a de ça. Je considérais qu'elle avait un certain type de sentiments, et une manière d'être, que je retrouvais en moi. Je me sentais donc capable de causer avec des femmes beaucoup mieux qu'avec des hommes.

Avec des hommes, la conversation dégénère toujours en questions de métier. On en arrive toujours à parler ou des rapports économiques du moment, ou de *l'aoriste grec*[1], selon qu'on est professeur ou commerçant ; mais il est rare que, par exemple, on puisse s'asseoir à la terrasse d'un café et parler du temps qu'il fait dehors, des gens qui passent, de l'aspect de la rue, toutes choses que j'ai toujours faites avec les femmes, et qui me donnaient avec elles une impression d'égalité ; encore que, bien sûr, c'est moi qui *menais*[2] la conversation. Je la menais, parce que j'avais décidé de la mener.

Simone de Beauvoir. — Mais, dans ce fait que c'est vous qui meniez la conversation, qu'il était normal que ce soit vous, il entrait du « machisme ». D'ailleurs, je dois dire que, dans l'ensemble de vos œuvres, quand on les relit, on trouve des traces de machisme, et même de phallocratie.

Sartre. — Vous exagérez un peu. Mais, enfin, je veux bien croire que c'est vrai.

Simone de Beauvoir. — Mais, vous-même, vous ne vous sentiez pas machiste ?

Sartre. — D'une certaine manière, si, puisque c'est moi qui mettais les rapports sur un plan ou sur un autre, si la femme était d'accord, bien sûr. Mais c'était moi qui faisais les premières tentatives. Et je ne prenais pas le machisme comme quelque chose qui venait de ma condition de mâle. Je le prenais

---

1. temps de la conjugaison grecque ; ici, des détails techniques et peu intéressants
2. guidais

comme une caractéristique particulière de ma personne.

Simone de Beauvoir. — C'est curieux, puisque vous avez été le premier à dire que la psychologie, l'intériorité, ça n'est jamais que l'intériorisation d'une situation.

Sartre. — Oui. J'avais la situation générale de l'homme de notre époque par rapport aux femmes. Je la prenais pour une supériorité individuelle. Il ne faut pas oublier, je l'avoue aussi, que je me suis attribué beaucoup de supériorité sur ma classe d'âge et de sexe. C'est-à-dire sur beaucoup d'hommes.

Simone de Beauvoir. — C'est-à-dire que l'idée de supériorité ne vous semblait pas particulière dans votre rapport aux femmes, parce que vous l'aviez avec tout le monde ?

Sartre. — Si vous voulez. Cependant, elle avait quelque chose de particulier, puisqu'elle s'accompagnait de sentiment. Il faudrait étudier la supériorité saisie à travers un sentiment. Qu'est-ce que c'est qu'aimer quelqu'un en se sentant supérieur à lui, et dans quelle mesure y a-t-il une contradiction ?

Simone de Beauvoir. — Enfin, moi, ce que je retiens comme le plus intéressant là-dedans, c'est que, quoique vous disiez volontiers que vous êtes n'importe qui, vous n'avez pas senti votre machisme comme étant celui de n'importe qui.

Sartre. — Mais comme le machisme particulier d'un individu. Il ne faudrait pas croire que je me suis considéré comme n'importe qui toute ma vie. C'est à partir de quarante ans que je l'ai fait, et c'est à ce moment-là que je l'ai écrit, et je le pense encore.

Simone de Beauvoir. — Pour en revenir au machisme, il faut tout de même nuancer.

Parce que, après tout, vous m'avez vivement encouragée à écrire *Le Deuxième Sexe* ; et lorsque le livre a été écrit, vous en avez accepté toutes les thèses, alors que des gens comme Camus, par exemple, m'ont quasi jeté le livre à la figure. C'est à ce moment-là, d'ailleurs, que j'ai découvert le machisme d'un certain nombre d'hommes que je croyais vraiment démocrates, par rapport au sexe, comme par rapport à l'ensemble de la société.

Sartre. — Oui, mais d'abord, il faudrait dire que, dans nos rapports, je vous ai toujours considérée comme une égale.

Simone de Beauvoir. — Je dois dire que vous ne m'avez jamais opprimée, et que vous n'avez jamais marqué de supériorité sur moi. Pour nuancer votre machisme, il est important de voir que nous n'avons jamais eu de rapports d'infériorité-supériorité, comme en ont souvent une femme et un homme.

Sartre. — Dans ce rapport même, j'ai appris, j'ai compris qu'il y avait des rapports entre homme et femme qui indiquaient l'égalité profonde des deux sexes. Je ne me considérais pas comme supérieur à vous, ou plus intelligent, ou plus actif, donc je nous mettais sur le même plan. Nous étions des égaux. Je pense, curieusement, que ça a fortifié mon machisme, d'une certaine façon, parce que ça m'a permis, avec d'autres femmes, de me retrouver machiste. Cependant, l'égalité que nous avions ne me semblait pas simplement une égalité de fait de deux individus, mais me paraissait révéler l'égalité profonde des deux sexes.

Simone de Beauvoir. — Cela dit, *Le Deuxième Sexe*, vous l'avez accepté. Il ne vous a pas du tout changé ; je dois dire, moi non plus, d'ailleurs, car je crois que nous avions la même attitude à ce moment-là.

Nous avions la même attitude, à savoir que, tous les deux, nous croyions que la révolution socialiste entraînerait nécessairement l'émancipation de la femme. *Nous avons bien déchanté*[3], parce que nous nous sommes aperçus que, ni en U.R.S.S., ni en Tchécoslovaquie, ni dans aucun des pays dits socialistes que nous connaissons, la femme n'était vraiment l'égale de l'homme.

C'est d'ailleurs ce qui m'a décidée, à partir de 1970 à peu près, à adopter une attitude franchement féministe. Je veux dire par là, à reconnaître la spécificité des luttes des femmes. Vous m'avez suivie, d'ailleurs, dans cette voie, mais je voudrais préciser jusqu'à quel point. Qu'est-ce que vous pensez, maintenant, de la lutte des femmes pour leur libération ? Par exemple, comment pensez-vous qu'elle s'articule avec la lutte des classes ?

Sartre. — Pour moi, ce sont deux luttes d'aspect et de sens différents, *qui ne se recoupent donc pas toujours.*[4] La lutte des classes, jusqu'ici, oppose des hommes entre eux. Il s'agit essentiellement de rapports entre hommes, de rapports concernant la puissance ou l'économie. Le rapport des femmes et des hommes est très différent.

Sans doute, il y a des implications très importantes du point de vue économique, mais la femme n'est pas une classe, et l'homme, par rapport à la femme, n'en est pas une non plus. C'est autre chose, c'est le rapport des sexes. C'est-à-dire qu'il y a, au fond, deux grandes lignes de lutte pour les opprimés : la lutte des classes et la lutte des sexes. Bien sûr, ces deux lignes se rejoignent souvent.

Par exemple, aujourd'hui, la lutte des classes et la lutte des sexes tendent à se rejoindre. Je dis « tendent », parce que les principes des articulations ne sont pas les mêmes. La femme du bourgeois et la femme de l'ouvrier ne sont pas exactement opposées comme des classes. La division en classes, bourgeois-ouvriers, n'atteint que très secondairement les femmes. Par exemple, on trouve fréquemment des rapports entre une bourgeoise et sa bonne, ou sa femme de ménage, qui seraient impensables entre un bourgeois patron d'usine, ou ingénieur dans cette usine, et un ouvrier O.S.[5] de la même usine.

Simone de Beauvoir. — Quel genre de rapports voulez-vous dire ?

Sartre. — Les rapports où la bourgeoise parle de son mari, de ses rapports avec son mari, de sa maison... Il peut y avoir une complicité entre deux femmes appartenant à des classes différentes. Je pense qu'une bourgeoise, sauf dans des cas précis où elle est, par exemple, chef d'entreprise, n'appartient pas à la classe bourgeoise. Elle est bourgeoise par son mari.

Simone de Beauvoir. — Vous voulez dire, une bourgeoise traditionnelle ?

Sartre. — Oui, qui, d'abord, jeune fille, vit chez ses parents, sous l'autorité de son père, puis épouse un homme qui reprendra, en les adoucissant un peu, les mêmes principes que son père. Elle n'a pas l'occasion de s'affirmer comme appartenant à la classe masculine, à la classe bourgeoise. Bien sûr, dans beaucoup de cas, elle assimile les principes bourgeois. Bien sûr, une femme de bourgeois apparaît normalement comme une bourgeoise. Elle exprime souvent, avec plus de force même, les mêmes opinions que son mari. Et, d'une certaine manière, elle imite les conduites de son mari, dans la mesure où elle a des rapports avec des « inférieurs ».

Par exemple, elle est ambiguë vis-à-vis de sa femme de ménage, elle a une double

3. nous avons perdu nos illusions   4. ne coincident pas   5. ouvrier spécialisé

attitude vis-à-vis d'elle. Il y a une certaine complicité de sexe, qui est le rapport proprement féminin, au nom duquel la bourgeoise fait des confidences à la femme de ménage, qui les comprend, et qui peut justifier la confiance de la bourgeoise par certaines réflexions ; et puis, il y a, de l'autre côté, l'autorité de la bourgeoise, qui n'est qu'une autorité acquise par ses rapports avec son mari.

Simone de Beauvoir. — Autrement dit, vous accepteriez la thèse de certaines femmes du M.L.F. selon laquelle la bourgeoise ne l'est que par procuration.

Sartre. — Certainement, étant donné qu'elle n'a jamais le rapport à la vie économique et sociale qu'a l'homme. Elle ne l'a que par personne interposée. Une bourgeoise est très rarement en rapport avec le capital. Elle est liée sexuellement à un homme qui a ces rapports.

Simone de Beauvoir. — D'ailleurs, il est frappant que, si une bourgeoise est entretenue par son mari, et qu'elle n'a pas un père qui la reprenne en mains au cas où le mari demande le divorce, elle est obligée de chercher un métier ; et, très souvent, ce sera un métier très mal payé, qui ne l'élèvera guère au-dessus de la condition des prolétaires.

Sartre. — Je vois le rapport à l'argent qu'a eu ma mère ; elle a d'abord reçu de l'argent de son mari, puis de son père, puis elle a été demandée en mariage par un autre homme, mon beau-père, qui l'a entretenue jusqu'à ce qu'il meure ; à la fin de sa vie, elle a vécu en partie de ce que mon beau-père lui avait laissé, et en partie de certaines sommes que je lui donnais. Elle a été, d'un bout à l'autre de sa vie, entretenue par des hommes, et elle n'a eu aucun rapport direct avec le capital.

Simone de Beauvoir. — Autrement dit, vous reconnaissez la spécificité de la lutte féminine ?

Sartre. — Absolument. Je ne pense pas qu'elle *découle*[6] de la lutte des classes.

Simone de Beauvoir. — Pour moi, le féminisme représente une de ces luttes qui se situent en dehors de la lutte des classes, quoique liées avec elle d'une certaine manière. On en trouve beaucoup d'autres aujourd'hui : par exemple, les luttes des Bretons, des Occitans, etc., qui ne se recoupent pas avec la lutte des classes.

Sartre. — Elles y sont quand même plus étroitement liées.

Simone de Beauvoir. — La rébellion des jeunes soldats, c'est également autre chose que la lutte des classes. Je crois qu'il y a beaucoup de mouvements aujourd'hui qui sont à la fois en rapport avec la lutte des classes, et à la fois indépendants, ou, en tout cas, irréductibles à cette lutte.

Sartre. — Il faudrait les examiner les uns après les autres. Je reconnais que la spécificité de la lutte des femmes contre les hommes n'est pas du tout la lutte des classes opprimées contre leurs oppresseurs. C'est autre chose. Encore que l'essentiel de la lutte des femmes contre les hommes, c'est bien une lutte contre l'oppression, parce que l'homme essaie de cantonner la femme dans une position secondaire.

Simone de Beauvoir. — Cette lutte féministe que vous reconnaissez comme telle, quelle importance est-ce que vous lui accordez ? Est-ce que vous garderiez la vieille distinction entre contradiction première et contradiction secondaire, et penseriez-vous la lutte des femmes comme secondaire ?

6. vient, dérive

Sartre. — Non, je prends la lutte des femmes comme primaire. Pendant des siècles, cette lutte ne s'est manifestée que dans des rapports individuels, dans chaque foyer. L'ensemble de ces luttes particulières est en train de construire une lutte plus générale. Elle n'atteint pas tout le monde. Je dirai même que la majorité des femmes ne se rend pas compte qu'elle aurait intérêt à joindre sa lutte individuelle à une lutte plus générale, qui est celle de toutes les femmes contre tous les hommes. Cette lutte générale n'a pas encore pris toute son ampleur.

Simone de Beauvoir. — Il y a des domaines dans lesquels, sans être très conscientes, les femmes se sentent très concernées : la bataille au sujet de l'avortement, c'est une bataille qui a été menée au départ par une poignée d'intellectuelles ; quand nous avons signé *le manifeste des 343*[7], nous étions encore très peu nombreuses, mais ça avait une telle résonance chez toutes les femmes, que, finalement, on est arrivé à arracher au gouvernement la loi sur l'avortement ; loi qui n'est pas entièrement satisfaisante, loin de là, mais qui est quand même une victoire.

Sartre. — Oui, mais notez que beaucoup d'hommes sont partisans, aussi, de l'avortement. Souvent, c'est l'homme qui paie l'avortement. Un homme qui est marié et qui a une maîtresse par exemple, n'a aucune envie d'avoir un enfant d'elle.

Simone de Beauvoir. — Je vous trouve bien optimiste, touchant la sollicitude des hommes pour les femmes enceintes. Le nombre de cas où l'homme se défile complètement, ne donne ni argent, ni aucun secours moral, est considérable. La bataille de l'avortement, c'est par les femmes qu'elle a été gagnée.

Sartre. — Dans une certaine mesure, actuellement, oui. Mais, malgré tout, c'est une assemblée d'hommes qui a voté la loi ; il y a eu là une certaine complicité de sexes.

Simone de Beauvoir. — Cela dit, il y a beaucoup de femmes qui ne sont pas positivement conscientes de leur oppression, qui trouvent naturel de faire, à elles seules, tout le travail domestique, d'avoir presque seules la charge des enfants. Que pensez-vous du problème qui se pose à des femmes du M.L.F. quand elles sont en présence, mettons, d'ouvrières qui, d'une part, travaillent à l'usine où elles sont exploitées et qui, d'autre part, sont exploitées à la maison par le mari ? Pensez-vous qu'il faut, ou non, leur ouvrir les yeux sur cette oppression domestique ?

Sartre. — Certainement. Mais il est évident qu'à l'heure actuelle, il y a une séparation entre les femmes bourgeoises, ou petites bourgeoises, et les ouvrières. Elles ont, au fond, les mêmes intérêts, et, d'ailleurs, elles peuvent avoir une communication en tant que femmes, mais elles restent séparées les unes des autres ; et cela, en grande partie, à cause de la séparation de classes qui oppose leurs maris, et parce qu'elles sont obligées de refléter les idées sociales des maris bourgeois ou des maris ouvriers. C'est ça qui distingue surtout les femmes bourgeoises des femmes ouvrières, parce que le mode de vie, au fond, c'est-à-dire la gestion du foyer, le soin des enfants, etc., on les retrouve, à des degrés différents, des deux côtés.

Simone de Beauvoir. — Oui. Seulement, l'ouvrière qui travaille elle-même, subit les deux oppressions.

---

7. Le manifeste des 343 a apparu dans *Le Nouvel Observateur* le 5 avril 1971 sous le titre « Un appel de 343 femmes ». Parmi les signataires se trouvaient, à part Simone de Beauvoir, Françoise Sagan, Catherine Deneuve, Jeanne Moreau, Christiane Rochefort, Gisèle Halimi et Violette Leduc.

Et alors, ma question est très précisément — et c'est pour des raisons pratiques que je vous la pose — : faut-il dresser, en quelque sorte, la femme contre son mari, alors qu'il lui apparaît bien souvent comme, au contraire, le seul refuge contre l'oppression patronale ?

Sartre. — Il y a là une contradiction. Mais il faut bien considérer que c'est le contraire de ce qu'on dit d'ordinaire. La contradiction majeure, c'est celle de la lutte des sexes, et la contradiction mineure, c'est celle de la lutte des classes.

Dans la mesure où la femme se trouve subir une double oppression, la lutte des sexes est prioritaire. Je pense qu'il faut que la femme ouvrière invente une synthèse, diverse d'ailleurs selon les cas, entre la lutte ouvrière et la lutte des femmes, et qu'elle ne minimise ni l'une ni l'autre. Je ne pense pas que ce soit facile, mais c'est dans ce sens que peut aller le progrès.

Simone de Beauvoir. — Oui ; mais je me souviens d'une discussion que nous avons eue après *Coup pour coup*[8] de Karmitz. Il y avait des femmes du M.L.F. et des ouvrières qui assistaient à la projection. Quand nous avons parlé de l'oppression qu'elles subissent de la part de leur mari, elles nous ont laissé très clairement entendre qu'elles étaient beaucoup plus proches d'un mari ouvrier que d'une femme bourgeoise.

Sartre. — D'une certaine façon, ça me paraît évident. Mais la question est de savoir si les problèmes qui se posent aux femmes bourgeoises ne sont pas les mêmes que ceux qui se posent aux femmes ouvrières. Parce que, comme nous l'avons vu, abandonnée par son mari, ou simplement veuve, la femme bourgeoise risque de rejoindre l'ouvrière, en tout cas, la petite bourgeoise, avec des métiers très mal payés.

Simone de Beauvoir. — On voit une articulation entre la lutte des classes et la lutte des sexes dans le cas où les femmes lancent des mouvements de revendications professionnelles.

J'en connais deux exemples : il y a eu une grève à Troyes, voici deux ou trois ans ; les ouvrières meneuses de la grève ont déclaré à des femmes du M.L.F. qui les interrogeaient, d'une manière très spontanée et très violente : « Maintenant que j'ai compris ce que c'est que de se révolter, je ne me laisserai plus marcher sur les pieds à la maison. Il faudra pas que mon mari joue les petits chefs ».

Egalement, des employées des *Nouvelles Galeries* de Thionville, qui ont fait une grève très dure, ont tenu des propos extrêmement féministes, en expliquant qu'elles prenaient conscience, justement, de la double exploitation, et qu'elles les refusaient toutes les deux. Donc, on peut conclure que, selon vous, au risque de créer une certaine tension un peu pénible pour la femme, il est bon de l'aider à ouvrir les yeux ?

Sartre. — Evidemment. Il me paraît impossible de supprimer une des luttes essentielles entre êtres humains pour une partie de la population. Puisque les femmes sont victimes, il faut qu'elles en prennent conscience.

Simone de Beauvoir. — Je suis d'accord. Il faut qu'elles en prennent conscience, et qu'elles trouvent des moyens de lutter, qu'elles ne se sentent pas isolées dans leur lutte.

Maintenant, il y a une autre question que je voudrais vous poser, qui me semble être importante, et qui est discutée au sein du M.L.F. : c'est la relation à établir entre ce qu'on peut appeler la promotion, et l'égalité.

D'une part, nous sommes pour une société égalitaire, avec abolition non seulement de l'exploitation de l'homme par

8. Film de Marin Karmitz (1971). Du « cinéma ouvrier, » il s'agit dans ce film d'une grève d'ouvrières.

l'homme, mais des hiérarchies, des privilèges, etc. D'autre part, nous voulons accéder aux mêmes qualifications que les hommes, avoir les mêmes chances au départ, avoir les mêmes salaires, les mêmes chances dans une carrière, les mêmes possibilités d'arriver au sommet de la hiérarchie. Il y a là une certaine contradiction.

Sartre. — La contradiction existe d'abord parce qu'il y a une hiérarchie. Si nous supposons un mouvement, comme je le souhaite, qui la supprime, la contradiction cessera, c'est-à-dire que les femmes seront traitées exactement comme les hommes. Il y aura une égalité profonde de l'homme et de la femme dans le travail, et ce problème ne se posera plus.

Mais il faut considérer les choses aujourd'hui. Aujourd'hui, les hommes eux-mêmes sont, d'une part, assez égaux en ce qui concerne les métiers secondaires ou les métiers peu payés ou exigeant peu de connaissances. Et, au contraire, il y a des métiers très bien payés, qui confèrent un pouvoir, et exigent un savoir. Il me paraît légitime que la majorité des femmes s'unissent entre elles pour l'égalité absolue de l'homme et de la femme sur un plan où les hiérarchies n'existeront plus ; et, d'autre part, dans la société actuelle, qu'elles fassent la preuve, à travers un certain nombre d'entre elles, qu'elles sont les égales des hommes jusque dans les métiers d'élite.

Je considère donc qu'un certain nombre de femmes, à la condition qu'elles appartiennent au même mouvement, égalitaire et féministe, doivent, parce qu'elles le peuvent, aller jusqu'en haut de l'échelle sociale, pour montrer qu'elles ne sont pas dépourvues d'intelligence lorsqu'il s'agit des mathématiques ou des sciences, par exemple, comme beaucoup d'hommes le *prétendent*[9],

et qu'elles sont capables de faire les mêmes métiers que les hommes.

Il me paraît que, à l'heure qu'il est, ces deux catégories de femmes sont indispensables, étant bien entendu que la catégorie élitiste est déléguée, en quelque sorte, par la masse des femmes, pour prouver que, dans cette société actuelle fondée sur des élites et l'injustice, les femmes peuvent être de l'élite, comme les hommes. Ça me paraît nécessaire, parce que ça désarmera une partie des hommes qui sont contre les femmes, en prétextant une infériorité, intellectuelle ou autre, des femmes par rapport à eux.

Simone de Beauvoir. — On pourrait dire que ça les désarmera, plutôt que ça ne les convaincra. Ils veulent penser les femmes inférieures parce qu'ils veulent la première place. Mais n'existe-t-il pas un risque que ces femmes servent d'alibis ? Il y a eu, là aussi, au sein du M.L.F., des tendances différentes à propos de *Mlle Chopinet*[10]. Les unes disaient, dont je suis : c'est très bien qu'elle ait prouvé ses capacités ; et d'autres ripostaient : les hommes vont s'en servir comme d'un alibi, en disant : « Mais on vous donne les mêmes chances, vous voyez bien vous pouvez arriver aussi bien que les hommes ; par conséquent, ne dites pas que vous êtes maintenues en situation d'infériorité ». Que pensez-vous de ce danger ?

Sartre. — Je pense qu'il existe, quoique la réponse aux hommes est facile, et vous l'avez suffisamment donnée, par exemple dans le numéro des *Temps modernes* consacré aux femmes. Cependant, le danger existe. C'est pourquoi la femme-alibi, dont vous parlez, est une créature ambiguë ; elle peut justifier l'inégalité, et elle n'existe que comme déléguée, en quelque sorte, de la femme qui veut l'égalité. Cependant, je crois

9. déclarent   10. reçue première à l'Ecole polytechnique

que, dans la société actuelle, il est impossible de négliger le fait qu'il y a des femmes qui font des métiers d'hommes et qui réussissent aussi bien qu'eux.

Simone de Beauvoir. — Et puis, il faut dire qu'on risque toujours de servir d'alibi, de devenir un alibi aux yeux de ce qu'on combat. Ça revient à l'idée de « faire le jeu de... ». On ne peut rien entreprendre sans faire, d'une manière ou d'une autre, le jeu de quelqu'un. Par exemple, on ne va pas cesser d'écrire sous prétexte que, même si on écrit contre la bourgeoisie, la bourgeoisie nous récupère comme écrivain bourgeois.

Donc, là, nous sommes d'accord, il est bon que la femme ait les plus hautes qualifications. Seulement, je distinguerai deux choses : la qualification et le poste. Parce que, même si elle est qualifiée, va-t-elle accepter des postes qui impliquent le maintien des hiérarchies dont on ne veut pas ?

Sartre. — Je pense qu'il est impossible de concevoir actuellement une qualification qui ne conduise pas à des postes... Dans ces postes, la femme peut amener des changements.

Simone de Beauvoir. — Ce qu'on peut dire aussi, c'est qu'il y a des postes que les hommes également refuseront. Après tout, une femme devrait refuser d'être inspecteur général ou d'être ministre dans le gouvernement tel qu'il est, mais un homme aussi. Au fond, il y a les mêmes impossibilités pour les uns que pour les autres. Mais les femmes risquent beaucoup d'être piégées, parce qu'elles exerceront le pouvoir que cette qualification leur donne, à l'intérieur d'un monde d'hommes qui ont la quasi-totalité du pouvoir.

Par exemple, on pourrait espérer qu'une femme qui fait de la recherche en biologie dirige ses recherches vers les problèmes féminins : menstruation, contraception, etc. En fait, elle fera des recherches dans des cadres qui seront déjà dessinés par les hommes ; donc, je pense que sa position est très délicate, car il ne faut pas qu'elle serve des intérêts uniquement masculins.

Et cela nous amène à une autre question, qui est aussi controversée au sein du M.L.F. : est-ce que les femmes doivent entièrement rejeter cet univers masculin, ou s'y faire une place ? Est-ce qu'elles doivent voler l'*outil*[11], ou changer l'outil ? Je veux dire aussi bien la science, que le langage, que les arts. Toutes les valeurs sont marquées du *sceau*[12] de la masculinité. Faut-il, pour cela, complètement les rejeter, et essayer de réinventer, à partir de zéro, radicalement autre chose ? Ou faut-il s'assimiler ces valeurs, s'en emparer, s'en servir, à des fins féministes ? Qu'est-ce que vous en pensez ?

Sartre. — Cela pose le problème de savoir qu'il y a des valeurs spécifiquement féminines. Je constate, par exemple, que les romans féminins essaient d'aborder souvent la vie intérieure de la femme ; et que leurs auteurs se servent des valeurs masculines pour rendre compte des faits féminins ; il y a quelques valeurs proprement féminines qui sont liées à la nature, à la terre, aux vêtements, etc. Ce sont des valeurs secondaires, et qui ne correspondent pas à une réalité féminine éternelle.

Simone de Beauvoir. — Vous posez là une autre question, celle de la « féminitude ». Personne, parmi nous, n'admet l'idée qu'il y a une nature féminine ; mais est-ce que, culturellement, le statut d'oppression de la femme n'a pas développé en elle certains défauts, mais aussi certaines qualités, qui diffèrent de ceux des hommes ?

---

11. appareil, instrument   12. cachet, empreinte

Sartre. — Certainement. Mais ils n'impliquent pas que dans un avenir plus ou moins éloigné, si le féminisme triomphe, ces principes et cette sensibilité doivent demeurer.

Simone de Beauvoir. — Pourtant, si nous nous considérons comme *détenant*[13] certaines qualités positives, est-ce qu'il ne vaut pas mieux les communiquer aux hommes, que les supprimer chez la femme ?

Sartre. — Il est possible, en effet, qu'une meilleure connaissance de soi, plus intérieure, plus précise, appartienne surtout à la femme et moins à l'homme.

Simone de Beauvoir. — Dans la mesure où vous disiez, au début, que vous aimiez mieux fréquenter des femmes que des hommes, n'est-ce pas parce que, du fait de leur oppression, elles échappent à certains défauts masculins ? Vous avez dit souvent qu'elles étaient moins « comiques » que les hommes ?

Sartre. — C'est certain. L'oppression y est pour beaucoup. Je veux dire par « moins comiques » que, chez l'homme, dans la mesure où il se constitue comme un homme moyen, il se rencontre avec des conditions extérieures qui le rendent proprement comique.

Par exemple, lorsque j'attribuais mon machisme à une qualité personnelle et non pas à une action du monde social sur moi, j'étais comique.

Simone de Beauvoir. — Vous voulez dire que l'homme est plus facilement dupe ?

Sartre. — Plus facilement dupe, et plus facilement comique. La société d'hommes est une société comique.

Simone de Beauvoir. — En gros, parce que chacun joue des rôles et est complètement *guindé*[14] dans ces rôles ?

Sartre. — C'est ça. La femme, en tant qu'opprimée, est quasiment plus libre, d'une certaine manière, que l'homme. Elle a moins de principes lui dictant sa conduite. Elle a plus d'irrespect.

Simone de Beauvoir. — Donc, vous dites que vous approuvez la lutte féministe ?

Sartre. — Absolument. Et je considère comme tout à fait normal que les féministes ne soient pas d'accord entre elles sur certains points, qu'il y ait des *tiraillements*[15], des divisions ; c'est normal, pour un groupe qui en est au degré où vous êtes. Je pense aussi qu'elles manquent de base dans la masse, et leur travail, aujourd'hui, me paraît être de la gagner. A cette condition, la lutte féministe pourrait ébranler la société d'une manière qui la bouleverserait complètement, tout en s'alliant toujours à la lutte des classes.

QUESTIONS

1. Quel rapport semble-t-il y avoir entre ces deux écrivains ? Quel est le lien entre leurs rapports personnels et l'analyse qu'ils font des rapports entre les sexes ?

2. En quoi est-ce que la lutte des femmes ne découle pas de celle des classes ? Quels exemples Sartre et Beauvoir mentionnent-ils ?

13. possédant   14. contraint   15. conflits

3. Comment la division entre les bourgeoises et les ouvrières pose-t-elle un problème à la lutte des femmes ?

4. Quels sont les enjeux de la lutte des femmes dans la revendication professionnelle ? A cet égard distinguez la position de Sartre de celle de Beauvoir. Qu'est-ce qu'une « femme-alibi » ?

5. Pensez-vous que les femmes doivent « voler » ou « changer l'outil » ? Expliquez. Y a-t-il des valeurs spécifiquement féminines ? Qu'est-ce que Beauvoir entend par « féminitude » ?

6. Les problèmes soulevés par cette discussion en 1975 sont-elles toujours d'actualité ? Justifiez votre réponse en prenant appui sur des exemples concrets.

SUJETS DE DISCUSSION ET DE COMPOSITION

1. Dans sa dernière lettre à Laclos, Riccoboni met fin à une « dispute dont nos derniers neveux ne verraient pas la fin, si elle continuait ». En termes généraux, quelle est cette dispute ? Continue-t-elle toujours ? Donnez-en des exemples et dites si vous êtes d'accord avec Riccoboni ou Laclos.

2. Est-ce que les lettres de Sand et de Flaubert vous font regretter qu'on n'en écrive plus de pareilles ? Y a-t-il toujours un art de la correspondance ? Expliquez en réfléchissant aux forces culturelles contemporaines à l'œuvre dans la société actuelle.

3. Choisissez une des femmes écrivains de *Contre-Courants* dont le texte vous a plu et écrivez-lui une lettre dans laquelle vous lui parlez des questions d'art, de culture ou de politique. Vous pourriez lui poser des questions sur sa vie et son œuvre ou la mettre au courant de l'état présent de ces mêmes questions.

IX

PASSAGES

« Naître », « vieillir », « écrire », « mourir » — tels sont les verbes qui président à notre dernier chapitre. Pourtant, si nous avons décidé de clore par un chapitre qui offrirait une gamme de réflexions sur le cycle de la vie, c'est parce que, nous autres femmes, quand nous imaginons notre vie, nous ne l'envisageons pas d'habitude comme un cycle mortel, mais plutôt comme un cycle vital.

Ainsi la sagesse se joint à l'ironie dans cette traversée que nous entreprenons toutes. Pleurer un être proche de la nature ; vivre auprès d'une grand-mère qu'on adore, qu'on admire ; regarder sa mère nourricière, par l'esprit aussi bien que par le corps ; voir en soi-même les élans de l'amour maternel ou filial — tout cela fait partie de ce que nous appelons notre vie réelle, notre situation existentielle.

Qu'y voient les hommes ? Qu'y verraient-ils s'ils étaient à notre place ? Nous ne le savons pas, car ils n'y seront jamais. Donner naissance procure une autre structure affective à notre vision de la vie de femme. Et pourtant, par ces textes tout lecteur peut se trouver transporté, pour ainsi dire, dans l'imagination vitale d'une femme. Et en dernier lieu, la vie nous vieillit.

L'une des grandes traditions littéraires, c'est le regard lucide que l'auteur dirige sur son propre visage : se voir et s'écrire. Et, dans ce miroir où nous nous regardons vieillir, nous voyons aussi le regard de nos ancêtres spirituels : savoir que nous ne sommes pas seules dans notre situation peut se révéler de la plus haute importance. Ainsi, le lyrisme de Marceline Desbordes-Valmore dans son texte élégiaque, la sagesse de George Sand devenue vieille sous-tendent cette traversée à laquelle Colette se réfère aussi. L'une des choses essentielles qu'apprend la femme, c'est de puiser courage et soulagement dans son admiration et son amitié pour l'autre qui est, elle aussi, passée par là.

Marceline Desbordes-Valmore

« ÉLÉGIE » (1830)

*On trouve, dans l'œuvre poétique de Marceline Desbordes-Valmore, de nombreux
exemples d'élégie, expression (du mot grec* elegia *pour lamentation) de la plainte
douleureuse, et des sentiments mélancoliques. Elle en adresse souvent à des amies, à
ses enfants et à ses amants. Dans celle-ci pourtant, Desbordes-Valmore exprime
l'extrême mélancolie de la femme poète pour qui l'amour et la vie ne sont que le point
de départ d'une métamorphose.*

Toi que l'on plaint, toi que j'envie,
Indigente de nos hameaux,
Toi dont ce chêne aux vieux rameaux
N'a pas vu commencer la vie ;

Toi qui n'attends plus des mortels
Ni ton bonheur, ni ta souffrance ;
Toi dont la dernière espérance
S'incline aux rustiques autels ;

Toi que dans le fond des chaumières
On appelle, avant de mourir,
Pour aider une âme à souffrir
Par ton exemple et tes prières ;

Oh ! donne-moi tes cheveux blancs,
Ta marche pesante et courbée,
Ta mémoire enfin absorbée,
Tes vieux jours, tes pas chancelants,
Tes yeux sans lumière, sans larmes,
Assoupis sous les doigts du temps,
Miroirs ternis pour tous les charmes
Et pour tous les feux du printemps ;
Ce souffle qui t'anime à peine,
Ce reste incertain de chaleur,
Et qui s'éteint de veine en veine,
Comme il est éteint dans ton cœur.

Prends ma jeunesse et ses orages,
Mes cheveux libres et flottants ;
Prends mes vœux que l'on croit contents ;
Prends ces doux et trompeurs *suffrages*[1]
Que ne goûtent plus mes douleurs,
Ce triste éclat qui m'environne,
Et cette fragile couronne
Qu'on attache en vain sur mes pleurs !
Changeons d'âme et de destinée ;
Prends, pour ton avenir d'un jour,
Ma jeune saison condamnée
Au désespoir d'un long amour !

Ah ! si cet échange est possible,
Que toi seule, à mes yeux sensible,
Au Temps me présente pour toi ;
Qu'il éteigne alors sous son aile
Une image ardente et cruelle
Qui brûle et s'attache sur moi !

Que ces flots, ces molles verdures,
Ces frais bruissements des bois
N'imitent plus, dans leur murmure,
Les accents d'une seule voix !
Que pour moi, comme à ton oreille
Que rien n'émeut, que rien n'éveille,
Le souvenir n'ait point d'échos,
L'ombre du soir point de *féerie*[2] ;
Que les ruisseaux de la prairie
Ne me soient plus que des ruisseaux !

1. approbation   2. merveilleux, poésie, magie

Que, semblable à la chrysalide,
Qui sous sa froide et sombre *égide*[3]
Couve[4] son destin radieux,
Demain, sur des ailes de flamme,
Comme l'insecte qui peint l'âme,
J'étende mon vol vers les cieux !...

Mais tu regagnes sans m'entendre
Le sentier qui mène au vallon ;
Insensible aux cris d'un cœur tendre,
Comme aux soupirs de l'*Aquilon*[5],
Tu n'écoutes plus de la terre
Le bruit, les plaintes, ni les chants ;

Et, sur ton chemin solitaire,
Inutile même aux méchants
Qui me suivent d'un pas agile,
Toi, dans ces incultes séjours,
Tu dérobes ton pied d'argile
Aux pièges où tombent mes jours !

Suis ta route, vieille bergère ;
En glanant l'aride *fougère*[6].
Debout encor sous ton *fardeau*[7],
Sans craindre une voix importune,
Bientôt ta paisible infortune
Cheminera sur mon tombeau.

QUESTIONS

1. A qui la voix poétique s'adresse-t-elle ?
2. Comment savons-nous que c'est une femme qui parle en poète ?
3. Quelle relation s'établit entre la femme poète et sa destinataire ?
4. Pourquoi la femme poète revendique-t-elle un échange avec sa desti-nataire ? En quoi est-ce surprenant ?
5. Comment et pourquoi la femme poète s'identifie-t-elle à une chrysalide ? En quel sens s'agit-il d'un « passage » dans ce poème ?

3. bouclier, protection   4. Se prépare mystérieusement
5. vent du nord, froid et violent   6. plante à tige rampante souterraine   7. charge, poids

Renée Vivien

« VIEILLESSE COMMENÇANTE » (1910)

En lisant le poème suivant, rappelez-vous que Vivien est morte à trente-deux ans.
Dans quelle mesure cette représentation par une femme de sa propre « décrépitude »
vous semble-t-elle originale ?

C'est en vain aujourd'hui que le songe me *leurre*[1]
Me voici face à face inexorablement
Avec l'inévitable et terrible moment :
Affrontant le miroir trop vrai, mon âme pleure,

Tous les remèdes vains exaspèrent mon mal,
Car nul ne me rendra la jeunesse ravie...
J'ai trop porté le poids accablant de la vie
Et sanglote aujourd'hui mon désespoir final.

Hier, que m'importaient la lutte et l'effort rude !
Mais aujourd'hui l'angoisse a fait taire ma voix.
Je sens mourir en moi mon âme d'autrefois,
Et c'est la sombre horreur de la décrépitude !

QUESTIONS

1. Qu'est-ce qu'il y a de particulièrement amer dans ce traitement du vieillissement ?

2. Comment et à quelle fin Vivien se sert-elle de l'image du miroir ? Pourquoi le miroir aurait-il tant de pouvoir évocateur pour la femme poète ?

3. Commentez l'effet produit par l'emploi des adverbes du temps ici.

1. dupe, endort, flatte

Raymonde Linossier (1897–1930)

On ne possède que des détails fort incomplets sur la vie de Raymonde Linossier. Grâce à la réédition en 1991 de *Bibi-la-Bibiste* aux Editions De La Violette Noire, on peut quand même reconstruire l'essentiel de sa vie. D'après la préface de l'éditeur, Adrienne Monnier aurait joué un rôle essentiel dans l'histoire de *Bibi-la-Bibiste* et de son auteur. Monnier, dont la célèbre librairie « La Maison des Amis des Livres » était située rue de l'Odéon, était une grande amie des écrivains d'entre-guerre ; elle a aidé Linossier à faire publier son roman en 1918.

Née à Lyon, Raymonde Linossier est la cadette d'une grande famille bourgeoise dont le conformisme et les bienséances lui deviennent bientôt insupportables. Elle s'inscrit à l'université à Paris pour y suivre des cours de droit et devient en 1921, à l'âge de vingt-quatre ans, avocate à la Cour d'appel de Paris. Passionnée d'orientalisme, elle est membre de la Société Asiatique et travaille comme stagiaire au service photographique du Musée Guimet. Elle publie de nombreux ouvrages de recherche, dont sa *Mythologie du Bouddhisme dans l'Inde,* et des traductions de textes japonais. Erudite, lectrice des littératures d'avant-garde, elle parle l'anglais et l'espagnol, et sait le sanscrit et l'hébreu.

Parmi les membres du cercle des « Amis des Livres » qui gravitent autour de Monnier, Linossier trouve des amis intimes et des admirateurs de son écriture, dont Ezra Pound et Léon-Paul Fargue. A propos de *Bibi-la-Bibiste,* Pound écrit en 1920 : « L'auteur est parvenu à faire une satire de l'instruction religieuse française [...] avec une remarquable économie de moyens. » L'anticléricalisme informe ce roman minimaliste aussi bien qu'une piquante ironie à l'égard des conventions sociales et littéraires. Dans l'espace de cinq pages, le personnage de Bibi-la-Bibiste traverse chacune des étapes de la vie conventionnelle des jeunes filles « sages » de son époque.

Bibi-la-Bibiste (1918)

BIBI-LA-BIBISTE (1918)

Ce bref roman est une parodie du grand Livre de la Vie de la Bible, non moins sérieux pour autant. Le nom curieux de l'héroïne, Bibi-la-Bibiste, donne à réfléchir sur sa signification : « bibi » peut vouloir dire en langage enfantin, « moi », en langage familier, « chapeau de femme ». Les sonorités pourraient aussi évoquer « Bible », du mot latin « biblia » pour « livres saints ».

CHAPITRE PREMIER

ENFANCE

Sa naissance fut semblable à celle des autres enfants.

C'est pourquoi on la nomma Bibi-la-Bibiste.

(Ceci fut l'enfance de Bibi-la-Bibiste)

CHAPITRE DEUXIÈME

ADOLESCENCE

Le sang rouge coulait
dans ses artères ; le sang noir
coulait dans ses veines.[1]

(Telle fut l'adolescence
de Bibi-la-Bibiste)

1. *Cf. Caustier ; Anatomie et phy-
siologie animale et végétale.*

CHAPITRE TROISIÈME

AMOUR

A seize ans, elle travaillait dans un atelier.

— Aïe ! mon nez me *démange*[1] ! s'écria-t-elle.

— C'est un vieux qui t'aime, répondirent ses compagnes, interrompant leur chanson.

Une violente émotion la saisit. Son cœur fit volte-face dans sa poitrine.

(Telles furent les amours de Bibi-la-Bibiste)

1. irrite, chatouille ; fig., cause une envie irrépressible

CHAPITRE QUATRIÈME

DÉCEPTION

Elle sortit.

Dans la rue populeuse, les vieux messieurs passaient, nombreux. Bibi-la-Bibiste les examina de son regard anxieux. Mais aucun ne répondit à son appel. Un seul lui lança un coup d'œil enflammé, et il était jeune !

Ne voulant pas s'opposer aux desseins mystérieux de la Fatalité[1], Bibi-la- Bibiste poursuivit son chemin.

(Et ceci fut la déception de Bibi-la-Bibiste)

1. *Nous aurions mis « Providence » si le roman avait été destiné à « La Croix ».*

CHAPITRE CINQUIÈME

RIDEAU

Dans un lit d'hôpital s'éteignit Bibi-la-Bibiste. Comme Marie sa patronne, comme Jehanne d'Arc, elle était vierge. Mais sa fiche portait la mention « Syphilitique ».

O puissance magique d'un regard amoureux !

(Et ceci est le dernier et le plus tragique chapitre du roman de Bibi-la-Bibiste)

QUESTIONS

1. Que diriez-vous du ton de ce texte ? Est-il comique ? ironique ? cynique ? gai ? Citez le texte à l'appui de votre réponse.
2. Quel rapport existe-t-il entre le titre des chapitres et leur contenu ?
3. En quoi ce texte de la vie de Bibi-la-Bibiste démontre-t-il son anticléricalisme ?

▰▰▰ *Colette*

L'ÉTOILE VESPER (1946)

Vers la fin de sa longue carrière d'écrivain, Colette écrit quelques-uns de ses ouvrages les plus émouvants, parmi lesquels des volumes de souvenirs. Dans les deux extraits suivants, elle évoque sa grossesse et sa nouvelle condition de mère ainsi que son penchant pour la tapisserie. Le sujet de l'écriture y occupe une place importante.

I.

L'enfant tardif — j'avais quarante ans —, je me souviens d'avoir accueilli la certitude de sa présence avec une méfiance réfléchie, en la taisant. C'est de moi-même que je me méfiais. Il n'était pas question d'appréhension physique. Je craignais ma maturité, ma possible inaptitude à aimer, à comprendre, à m'imprégner. L'amour — je le croyais — m'avait déjà fait beaucoup de tort, en *m'accaparant*[1] depuis vingt ans à son service exclusif.

Il n'est ni beau ni bon de commencer un enfant en réfléchissant. Peu entraînée à interroger mon avenir, je préparais pour la première fois une échéance précise, à laquelle il eût bien suffi de penser quatre semaines avant. Je réfléchissais, je me faisais lucide et raisonnable. Les chattes intelligentes sont en général mauvaises mères, pèchent par excès de zèle ou par distraction. Elles promènent, pincés par la peau de la nuque, leurs petits ; le creux d'un fauteuil est un nid confortable, moins pourtant que le dessous de l'édredon, mais peut-être le comble du confort réside-t-il dans le deuxième tiroir de la commode ?...

Les trois premiers mois, je ne divulguais presque pas mon encombrant souci de faire pour le mieux. Charles Sauerwein m'apporta ses conseils d'ami et de père de famille. Il eut un mot qui me frappa : « Sais-tu ce que tu fais ? Tu fais une grossesse d'homme. Une grossesse, il faut que ce soit plus gai que ça. Mets ton chapeau et viens prendre une glace à la fraise chez Poirée-Blanche. »

Heureusement je changeais, et je ne m'en aperçus pas d'abord. Autour de moi chacun se mit à proclamer ma bonne mine et ma bonne humeur. L'arrière-sourire involontaire devenait visible jusque sur le hibou optimiste — car je continuais sereinement à jouer l'*Oiseau de nuit*[2], parmi les *pugilats*[3] habiles, les coups de fourche, les corps à corps sur la table, sous la table. Une grossesse d'homme ? Une grossesse de champion, même... Et un ventre plat et musclé de gymnaste...

Mais il advint, au quatrième mois, que mon camarade Georges Wague me remit en mémoire l'« *affaire de Genève* »[4]. L'affaire de Genève, elle était à cheval sur le cinquième et le sixième mois... J'avouai tout, précipitam-

---

1. m'occupant, me monopolisant
2. A cette époque Colette jouait dans les spectacles de variétés que l'on montait dans les music-halls.
3. bagarres à coups de poing
4. Wague rappelle Colette à l'époque quand sa femme, Christiane Kerf, a joué dans un spectacle à Genève pendant les cinquième et sixième mois de sa grossesse.

295

ment, et je laissai derrière moi deux amis consternés, mes deux partenaires, Wague et Christine Kerf, qui contemplaient les ruines de l'affaire genevoise...

Insidieusement, sans hâte, la béatitude des femelles pleines m'envahissait. Je n'étais plus tributaire d'aucun malaise, d'aucun malheur. Euphorie, *ronronnement*[5] — de quel nom, le scientifique ou le familier, nommer cette préservation ? Il faut bien qu'elle m'ait comblée, puisque je ne l'oublie pas et que je pense à elle dans le moment où la vie ne peut plus m'apporter de plénitude...

On se lasse de taire ce qu'on n'a jamais dit, en l'espèce l'état d'orgueil, de banale magnificence que je goûtai à préparer mon fruit. Le souvenir que j'en garde est lié à celui de l'« affaire de Genève ». Car après la désagrégation que j'infligeais à notre « numéro », je rappelais Wague et Christine Kerf, et forte de ma belle santé, de ma bonne humeur, je remettais d'aplomb notre trio et nos projets de départ. Emu, Georges Wague cacha qu'il l'était, me traita de *hulotte*[6] pondeuse et me garantit que mon enfant serait *nyctalope*[7]. Au jour dit, nous partîmes, et je fêtai mon importance nouvelle en choisissant à l'hôtel la meilleure chambre. Le lac berçait ses cygnes sur leur reflet, les neiges alpestres mollissaient coiffées de vapeurs, je riais au pain suisse, au miel, au café suisses...

— Attention aux envies, disait Wague. Qu'est-ce que tu prends à ton petit déjeuner, depuis que t'as fauté ?

— Comme avant la faute, du café au lait.

— Bon, je te le commande en descendant, pour huit heures demain matin ?

— Pour huit heures...

A huit heures, le lendemain, on frappait à ma porte, et une affreuse petite voix affectée susurrait :

— C'est la femme de chambre !

Si vous n'avez jamais vu un solide garçon, noir de poil et tout muscles secs, demi-nu dans une chemise empruntée à Kerf, un ruban rouge nouant ses crins sur la tempe, et ficelé dans une jupe tailleur, vous n'imaginerez pas combien une femme, enceinte et gaie, peut rire. Grave, son drapeau de cheveux noirs — étrange parure pour un travesti ! — sur l'épaule, Kerf suivait, porteuse d'un petit filtre en fer-blanc et précédée d'un parfum de café frais.

Bons compagnons ! Pour que j'eusse un petit déjeuner qui ne ressemblât pas au « *pissat*[8] d'hôtel », ils ont filtré le café frais, bouilli le demi-litre de lait sur la flamme d'alcool, acheté les soirs les petits pains mollets et mis sur la fenêtre, la nuit, le cube de beurre fin. J'étais couchée, j'étais contente, je tentais de remercier, mais Wague prenait, sous le remerciement, sa figure de Basque frigorifié : « C'est pas pour toi, c'est pour diminuer les frais généraux. » Et Kerf ajoutait : « C'est pas pour toi, c'est pour ton petit. »

Le soir, *en scène*[9], pendant le pugilat bien réglé, je sentais qu'un bras précautionneux s'insinuait entre mes reins et la table, aidant mon effort qu'il semblait paralyser...

Chaque soir, je disais un peu adieu à l'un des bons temps de ma vie. Je savais bien que je le regretterais. Mais l'allégresse, le ronronnement, l'euphorie submergeaient tout, et sur moi régnaient la douce bestialité, la nonchalance dont me chargeaient mon poids accru et les sourds appels de la créature que je formais...

Sixième, septième mois... Des valises à emplir, un départ pour le Limousin, une allégresse qui méprisait le repos... Comme

5. bruit que fait un chat quand il est content   6. espèce d'hibou, oiseau rapace nocturne
7. personne, animal qui peut bien voir pendant la nuit ou dans l'obscurité
8. vulgaire, urine de certains animaux   9. la scène du théâtre

je devenais pesante, surtout le soir, pour remonter la route en spirale, autour de la butte qui menait à ma demeure, je recourus à mes deux chiens de berger, Bagheera et Fils : ils me *halaient*[10], au bout de leurs deux laisses. Premières fraises, premières roses... Puis-je appeler ma grossesse autrement qu'une longue fête ? On oublie les *affres*[11] du terme, on n'oublie pas une longue fête unique : je n'en ai rien oublié. Je me souviens surtout que le sommeil, à des heures capricieuses, s'emparait de moi, et que j'étais reprise, comme dans mon enfance, par le besoin de dormir sur la terre, sur l'herbe, sur la paille échauffée. Unique « envie », saine envie...

Vers la fin, j'avais l'air d'un rat qui traîne un œuf volé. Incommode à moi-même, il m'arrivait d'être trop fatiguée pour me coucher, et d'épuiser, dans un fauteuil confortable, les ressources d'un livre ou d'un journal avant de gagner mon lit. Un soir que j'avais *tari*[12] un quotidien jusques et y compris les pronostics des courses et le nom du gérant, je descendis jusqu'au feuilleton. Un feuilleton de la grande classe, tout en comtes et en marquis, en chevaux de coupés qui ne connaissaient d'autre allure, les nobles bêtes, que le triple galop...

Fiévreusement, le comte arpentait son cabinet de travail. Son vêtement d'intérieur, en velours noir, accentuait encore la pâleur de son visage. Il appuya sur un timbre ; un valet de pied parut.

— Priez Madame la comtesse de venir me rejoindre, ici même, ordonna le comte d'un ton bref.

Au bout d'un moment, Yolande entra. Elle n'avait rien perdu de son énergie, mais on la devinait défaillante. Le comte lui tendit la fatale lettre qui frémissait entre ses doigts crispés.

— Madame, dit-il les dents serrées, êtes-vous décidée à révéler le nom de l'auteur de cette lettre ?

Yolande ne répondit pas tout de suite. Droite et blanche comme un lys, elle fit un pas en avant, et articula, héroïque :

— Merde pour Ernest.

Je relus la dernière ligne, pour dissiper l'hallucination... J'avais bien lu. Vengeance de typographe congédié ? Grosse *fumisterie*[13] ? La réplique de la comtesse me rendit la force de rire et de gagner mon lit, sur lequel le vent de juin *égrenait*, par la porte-fenêtre ouverte, *les fleurs d'un acacia*[14].

Sous le poids, sous la fatigue, ma longue fête ne s'interrompait pas encore. On me portait sur un pavois de privilèges et de soins. « Prenez ce fauteuil ! — Non, il est trop bas. Celui-ci plutôt. — Je t'ai fait une tarte aux fraises. — Voici le modèle des petits *chaussons*[15], vous commencerez par monter quinze mailles... »

Ni quinze, ni dix. Ni broder un bavoir, ni couper une brassière, ni rêver sur la laine neige. Quand j'essayais de me figurer ma créature, je l'imaginais nue, et non *pomponnée*[16]. Elle se contenta d'une sombre et pratique layette anglaise, sans petites valenciennes froncées, sans nids d'abeilles, et achetée — par superstition — au dernier moment.

La « grossesse d'homme » ne perdit pas tous ses droits ; je travaillais à la dernière partie de *L'Entrave*. L'enfant et le roman me couraient sus, et *La Vie parisienne*, qui publiait en feuilleton mon roman inachevé, me gagnait de vitesse. L'enfant manifesta qu'il arrivait premier, et je vissai le capuchon du stylo.

Ma longue fête prit fin par une journée de juillet sans nuages. L'enfant impérieux, en route vers sa seconde vie, malmenait un

---

10. tiraient 11. tourments 12. épuisé 13. plaisanterie
14. dégarnait de ses fleurs un acacia 15. chaussures tricotées pour un nouveau-né
16. parée avec soin

corps non moins impatient que lui-même, qui résistait. Dans mon petit jardin entouré de jardins, garée du soleil, munie de livres et de journaux, je patientais. J'écoutais les coqs chanteurs des voisins, et les battements de mon cœur accéléré. Quand personne ne me surveillait, je décrochais de son support la lance à eau et je versais au jardin altéré — que je ne pourrais secourir le lendemain et les jours suivants — un acompte d'arrosage.

La suite... La suite n'importe pas, et je ne lui fais pas de place ici. La suite, c'est le cri prolongé qui sort de toutes les femmes *en gésine*[17]. Si je veux, aujourd'hui même, écouter son écho, je n'ai qu'à ouvrir la fenêtre sur le Palais-Royal : de dessous l'arcade monte la clameur modeste d'une voisine qui pousse au monde son sixième garçon. La suite, c'est le sommeil, l'appétit égoïstes, réparateurs. Mais c'est aussi, une fois, l'essai de *reptation*[18] vers moi de ma petite larve emmaillotée, que l'on avait posée un moment sur mon lit. Perfection de l'animal ! Elle devina, flaira la présence de mon lait interdit, s'efforça vers ma source aveuglée. Jamais je ne pleurai d'un cœur aussi révolté. Qu'est le mal de demander en vain, au prix de la douleur de se refuser ?

La suite, c'est la contemplation d'une personne nouvelle, qui est entrée dans la maison sans venir du dehors. La suite, étrange, c'est le refus hautain, définitif, de l'austère chienne *beauceronne*[19], qui ne consentit plus jamais à entrer dans la chambre du berceau. Longtemps je luttai pour *fléchir*[20] cette pensive ennemie qui ne voulait pas de rivale dans mon cœur, jusqu'à lui offrir sur mes bras ma fille endormie, une petite main pendante, des pieds nus couleur de rose, jusqu'à lui dire : « Regarde-la, lèche-la,

prends-la, je te la donne... » La chienne ne me consentait qu'un silence ulcéré, un regard d'or rouge qui se détournait aussitôt.

Mettais-je, à ma contemplation, assez d'amour ? Je n'ose pas l'affirmer. Certes, j'avais l'habitude — je l'ai encore — de l'émerveillement. Je l'exerçais sur l'assemblage de prodiges qu'est le nouveau-né. Ses ongles, pareils en transparence à l'écaille bombée de la crevette rose, la plante de ses pieds, venus à nous sans toucher terre... Le léger plumage de ses cils, abaissés sur la joue, interposés entre les paysages terrestres et le songe bleuâtre de l'œil... Le petit sexe, amande à peine incisée, bivalve clos exactement, lèvre à lèvre...

Mais la minutieuse admiration que je dédiais à ma fille, je ne la nommais pas, je ne la sentais pas amour. Je *guettais*[21]. J'étudiais la charmante autorité de ma jeune infirmière, qui roulait et enfarinait comme pâte le petit corps aux poings fermés, le suspendait d'une main par les pieds. Je ne puisais pas, à des spectacles que ma vie avait si longtemps attendus, la vigilance et l'émulation des mères éblouies. Quand viendrait donc, pour moi, le signe qui accomplît ma deuxième, ma plus difficile *effraction*[22] ? Je dus accepter qu'une somme d'avertissements, de furtifs soulèvements jaloux, des prémonitions fausses — et même des vraies — la fierté de disposer d'une vie dont j'étais l'humble créancière, la conscience un peu perfide de donner à l'autre amour une leçon de modestie me changeassent enfin en une mère ordinaire. Encore ne me rasérénai-je que lorsque le langage intelligible fleurit sur les lèvres ravissantes, lorsque la connaissance, la malice et même la tendresse firent d'un *poupon*[23] standard une fille, et d'une fille ma fille.

---

17. au point d'accoucher   18. action de ramper   19. de la Beauce   20. adoucir, attendrir
21. surveillais avec attention   22. forcement d'une clôture, d'une serrure   23. bébé

Dans la compétition, livre contre enfantement, c'est le roman, Dieu merci, qui eut le dessous. Honnêtement, j'étais retournée à *L'Entrave* inachevée, qui ne se remit pas des coups portés par la faible et triomphante créature. Voyez, lecteurs hypothétiques, voyez cette fin *étriquée*[24], ce couloir insuffisant par où j'ai voulu que passassent mes héros *amenuisés*[25]. Voyez le ton bénisseur d'une conclusion à laquelle ils ne croient pas, et l'accord *plagal*[26], dirait un musicien, hâtivement plaqué...

Depuis, j'ai tenté de récrire la fin de *L'Entrave*. Je n'ai pas pu. Entre la coupure et la reprise, j'avais commis la laborieuse délectation de procréer. Mon brin de virilité me sauva du danger qui expose l'écrivain, promu parent heureux et tendre, à tourner auteur médiocre, à préférer désormais ce que récompense une visible et matérielle croissance : le culte des enfants, des plantes, des élevages sous leurs formes diverses. Un vieux garçon de quarante ans, sous la femme encore jeune que j'étais, veilla au salut d'une partie peut-être précieuse.

Quand j'étais jeune, si je m'occupais, par exception, à un ouvrage d'aiguille, Sido hochait son front divinateur : « Tu n'auras jamais l'air que d'un garçon qui coud. » Ne m'eût-elle pas dit : « Tu ne seras jamais qu'un écrivain qui a fait un enfant. » Elle n'aurait pas ignoré, elle, le caractère accidentel de ma maternité.

———

II.

Il m'a fallu beaucoup de temps pour noircir une quarantaine de volumes. Que d'heures dérobées au voyage, à la *flânerie*[27], à la lecture, voire à une féminine et saine coquetterie. Comment diable s'arrangeait George Sand ? Cette robuste ouvrière de lettres trouvait moyen de finir un roman, d'en commencer un autre dans la même heure. Elle n'en perdait ni un amant, ni une bouffée de *narghilé*[28], sans préjudice d'une *Histoire de ma vie* en vingt volumes, et j'en tombe d'étonnement. Puissamment, elle agença pêle-mêle son travail, ses chagrins guérissables et ses félicités limitées. Je n'aurais pas su en faire autant, et là où elle pensait à la grange pleine je me suis attardée à regarder la verte fleur du blé. Mauriac, d'une cuisante louange, me console : « Où ne s'est-elle pas fourrée, cette grosse abeille ? »

Pour l'heure, elle se fait un tout petit miel des deux fleurs — elles sont deux maintenant — sur le marronnier rose. La journée penche vers le soir. Est-ce que tout n'est pas soir, Vesper, pour moi ? Jours non point avares, mais rapides. Le sixième garçon qui naissait cette semaine sous mes fenêtres ne commence-t-il pas à marcher ? L'aîné des six, berger de cette mâle séquelle, la mène au jardin, où elle s'égaille. Pour rentrer il les rassemble, charge un de ses agneaux sous chaque bras. Ils font une croissance de poussins, celui qui rampait se met à courir, celui qui frisait à grosses boucles est tondu comme un homme, et je m'y embrouille. Tout change si je détourne un moment les yeux. La vie d'un être à peu près immobile est un *tourbillon*[29] de hâte et de variété.

Il faut bien qu'un semblant tienne lieu de ce qui longtemps me rendait fière : ma compétence de bricoleur, mon amitié avec le marteau et le clou, le râteau et le plantoir.

A l'âge que j'atteins, Sido ne luttait-elle pas corps à corps contre la grosse « armoire des Prussiens », percée d'une balle en 1870 ? Pour moi c'en est fini de mon orgueil de

---

24. trop limitée 25. diminués
26. se dit d'un mode grégorien commençant une quarte au-dessous du mode authentique
27. promenade sans hâte, au hasard 28. houka, pipe orientale
29. mouvement tournant et rapide

plombier et d'ébéniste. Je n'assume d'autre utilité que ma présence, encore limité-je cette utilité-là à ceux qui m'aiment. Et ayant, un demi-siècle, écrit noir sur blanc, j'écris en couleurs sur canevas depuis tantôt dix années.

L'aiguille mousse aux doigts, je conduis la laine captive du *chas*[30] oblong. Mes amies disent que je m'y amuse, mon meilleur ami sait que je m'y repose. Simplement, j'y ai trouvé ma fin et décidé que la verdure serait bleue, l'anthémis multicolore, la cerise démesurée et marquée, sur son équateur, de quatre points blancs...

Ma vocation pour la tapisserie, comme on voit, n'est pas récente. Ce point naïf comme l'enfance de l'art, je n'ai pas osé en faire l'art de mon enfance. Le « garçon qui coud » se délivre ici d'un secret, adopte un plaisant travail, *endosse*[31] une vertu nourrie de tradition. Celle-ci servit votre diplomatie, ténébreuses jeunes filles du XIXe siècle, étouffées dans l'ombre maternelle et tirant l'aiguille... Balzac vous épie. « A quoi penses-tu, *Philomène*[32]. Tu vas au-delà de la raie... » Trois points de trop sur le tracé de la pantoufle qu'elle destine à son père, et Philomène de Watteville va livrer sa préoccupation profonde et criminelle... Mais elle défait les trois points qui dépassent la raie et se remet à *ourdir*[33], dans l'invisible et le périlleux, la ruine d'Albert Savarus. J'y apporte plus d'innocence.

Le parallélogramme du point croisé est tenu de nous donner l'illusion des courbes. Quatre points figurent la ronde pupille d'un œil et seize son iris, deux cents sont une colombe dodue et rengorgée. Une fureur d'ingénuité enchante les modèles du point croisé. Quel art consomme autant de cœurs et de tourterelles, de myosotis, de brebis, de roses à nombril, de coussins qui disent « papa », de médaillons qui jurent « amitié » ? Sur une pierre tombale — n'est-ce pas, cher *Dignimont*[34] ? — prie un chien à petits carreaux, tandis qu'autour du mausolée voltigent des mots cabalistiques tels que ABC, DEF, GHIJK, QRSTU... Mais franchis les balbutiements et les emblèmes émétiques, nous trouvons dans les meilleures époques du point croisé ces floraisons impétueuses, ces couleurs *gymnotes*[35] qui galvanisent le « distingué ». Ou je me trompe, ou il me semble bien — de par la voilure de canevas, *l'agrès*[36] de laine, de par les *volubilis*[37] qui couvent, dans leurs entonnoirs d'azur, des étoiles de mer pourprées —, il me semble que j'aborde un *havre*[38].

Il y a quelques années, le point de tapisserie a tenté *Christian Bérard*[39]. Il ne pouvait que réussir où d'autres eussent échoué, et il enflamma des ouvrières aristocratiques. On sait qu'elles ne sont pas la constance même. De leur beau feu, il reste, je pense, quelque fauteuil bleu céleste semé de queues d'hermine, quelque petit ténériffe coiffé à la Sévigné sur fond groseille. Puis le maniérisme, le zèle firent en sorte que le point croisé rejoignît dans l'oubli le macramé et le filet brodé au point de reprise. Je ne vois plus que Mme Lanvin qui fasse de la tapisserie par besoin de faire de la tapisserie, c'est-à-dire de projeter sur le canevas le surplus de ses furibondes facultés créatrices.

---

30. trou   31. prend
32. personnage du roman de Balzac, *Albert Savarus*. Voir la note 12 du texte de Colette « La Couseuse » dans la section « En famille ».
33. poét., tisser
34. André Dignimont, peintre et graveur français (1891–1965), qui a illustré des ouvrages de Colette.
35. électriques   36. cordes, gréement d'un bateau   37. fleurs grimpantes ornementales
38. port, refuge   39. peintre français (1902–1949)

Il ne m'appartient pas de dire si je dépense, à broder au point croisé, une *surérogation*[40] quelconque. Je perce, et je reperce. L'*équille*[41] — l'aiguille — brille entre deux fils, remorque sa queue de laine. Mes Mémoires s'écrivent en verdure bleue, en lilas rose, en anthémis multicolores. Je commencerai d'après nature le portrait de mon étoile Vesper. Mon geste mille fois répété sait « par cœur » tous les airs. « Nous autres *écrivassiers*[42], disait Carco, nous sommes les seuls à ne pas pouvoir chanter en travaillant. » Mon nouveau travail chante. Il chante *Boléro* comme tout le monde. Il chante : « Croyant trouver de la *bécasse*[43] au bas des prés... » Il chante : « Quand j'étais chez mon père — Petit Camuson... »

Désapprendre d'écrire, cela ne doit pas demander beaucoup de temps. Je vais toujours essayer. Je saurai dire : « Je n'y suis pour personne, sauf pour ce myosotis quadrangulaire, pour cette rose en forme de puits d'amour, pour le silence où vient de se taire le bruit d'*affouillement*[44] que produit la recherche d'un mot. »

Avant de toucher but, je m'exerce. Je ne sais pas encore quand je réussirai à ne pas écrire ; l'obsession, l'obligation sont vieilles d'un demi-siècle. J'ai l'auriculaire droit un peu arqué, parce que la main droite, en écrivant, prenait appui sur lui, comme fait le kangourou sur sa queue. Un esprit fatigué continue au fond de moi sa recherche de gourmet, veut un mot meilleur, et meilleur que meilleur. Heureusement, l'idée est moins exigeante, et bonne fille pourvu qu'on l'habille bien. Elle est accoutumée à attendre, mi-endormie, sa *pâture*[45] fraîche de verbe.

Toute ma vie, je me suis donné beaucoup de peine pour des inconnus. C'est qu'en me lisant ils m'aimaient tout à coup, et parfois il me le disaient. Evidemment je ne compte pas sur un ouvrage de tapisserie pour les conquérir désormais... Comme il est difficile de mettre un terme à soi-même... S'il ne faut qu'essayer, c'est dit, j'essaie.

Sur une route sonore s'accorde, puis se désaccorde pour s'accorder encore, le trot de deux chevaux attelés en paire. Guidées par la même main, plume et aiguille, habitude du travail et sage envie d'y mettre fin lient amitié, se séparent, se réconcilient... Mes lents *coursiers*,[46] tâchez à aller de compagnie : je vois d'ici le bout de la route.

QUESTIONS

Premier extrait

1. De quoi Colette se méfie-t-elle lors de sa grossesse ?
2. Comment décrit-elle les étapes qu'elle traverse avant d'accoucher ? Qu'est-ce qu'une « grossesse d'homme » ? De quel œil Colette voit-elle la « béatitude des femelles pleines » ?

40. ce qu'on fait qui est au-delà de ce qui est obligé
41. poisson longue et mince qui s'enfouit dans le sable
42. péjoratif, homme ou femme de lettres médiocre   43. oiseau
44. action de creusement des eaux sur une rive
45. fig., ce qui sert d'aliment à une faculté, à une passion
46. grand et beau cheval de bataille

3. Quelles sont les émotions provoquées par la naissance de sa fille ?

4. Décrivez la compétition entre l'enfantement et le livre. Quelle serait la différence si ce n'était pas un écrivain qui avait fait un enfant, mais une mère qui avait fait un livre ? Quelle valeur Colette accorde-t-elle aux deux identités ?

5. Selon vous, pourquoi le moment de l'accouchement tient-il si peu de place ici ?

Deuxième extrait

1. Dans quel contexte Colette évoque-t-elle George Sand et sa mère Sido ? En quoi Colette diffère-t-elle de ces deux femmes ?

2. Quel rapport Colette établit-elle entre sa vocation pour la tapisserie et sa longue pratique de l'écriture ?

3. Comment Colette fait-elle de l'étoile vesper son propre emblème ?

4. Expliquez l'image des deux coursiers à la fin du texte.

Simone de Beauvoir

LA FORCE DES CHOSES (1963)

Les mémoires de Simone de Beauvoir sont peut-être son œuvre la plus importante. Dans les quatre volumes de cette autobiographie d'une très grande intelligence, Beauvoir fournit un témoignage précieux sur la vie intellectuelle, psychologique et culturelle de son époque. Dans ce deuxième volume écrit vers la fin de sa cinquantaine, Beauvoir fait un bilan saisissant de sa carrière et de son vieillissement.

Je n'ai plus guère envie de voyager sur cette terre vidée de ses merveilles : on n'attend rien si on n'attend pas du tout. Mais je voudrais bien savoir la suite de notre histoire. Les jeunes, ce sont de futurs adultes, mais je m'intéresse à eux ; l'avenir est dans leurs mains et si dans leurs projets je reconnais les miens, il me semble que ma vie se prolonge par-delà ma tombe. Je me plais en leur compagnie ; cependant le réconfort qu'ils m'apportent est douteux : perpétuant ce monde, ils me le volent. Mycènes sera à eux, la Provence et Rembrandt, et les places romaines. Quelle supériorité d'être vivant ! Tous les regards qui se sont posés avant le mien sur l'Acropole me semblent périmés. Dans ces yeux de vingt ans, je me vois déjà morte et empaillée.

Qui vois-je ? Vieillir c'est se définir et se réduire. Je me suis débattue contre les étiquettes ; mais je n'ai pas pu empêcher les années de m'emprisonner. J'habiterai longtemps ce décor où ma vie s'est déposée ; je resterai fidèle aux amitiés anciennes ; le stock de mes souvenirs, même s'il s'enrichit un peu, demeurera. J'ai écrit certains livres, pas d'autres. Quelque chose, à ce propos, me déconcerte. J'ai vécu tendue vers l'avenir et maintenant, je me récapitule, au passé : on dirait que le présent a été *escamoté*[1]. J'ai pensé

pendant des années que mon œuvre était devant moi, et voilà qu'elle est derrière : à aucun moment elle n'a eu lieu. Ça ressemble à ce qu'on appelle en mathématiques une coupure, ce nombre qui n'a de place dans aucune des deux séries qu'il sépare. J'apprenais pour un jour à me servir de ma science ; j'ai énormément oublié et, de ce qui surnage, je ne vois rien à faire. Me remémorant mon histoire, je me trouve toujours en deçà ou au-delà d'une chose qui ne s'est jamais accomplie. Seuls mes sentiments ont été éprouvés comme une plénitude.

L'écrivain a tout de même la chance d'échapper à la pétrification dans les instants où il écrit. A chaque nouveau livre, je débute. Je doute, je me décourage, le travail des années passées est aboli, mes *brouillons*[2] sont si informes qu'il me semble impossible de poursuivre l'entreprise : jusqu'au moment — insaisissable, là aussi il y a coupure — où il est devenu impossible de ne pas l'achever. Toute page, toute phrase exige une invention fraîche, une décision sans précédent. La création est aventure, elle est jeunesse et liberté.

Mais aussitôt quittée ma table de travail, le temps écoulé se rassemble derrière moi. J'ai d'autres choses à penser ; brusquement, je me cogne à mon âge. Cette femme

1. sauté   2. ébauches, première rédaction d'un écrit

ultra-mûre est ma contemporaine : je reconnais ce visage de jeune fille attardé sur une vieille peau. Ce monsieur *chenu*[3] qui ressemble à un de mes grands-oncles, me dit en souriant que nous avons joué ensemble au Luxembourg. « Vous me rappelez ma mère », me dit une femme d'une trentaine d'années. A tous les tournants la vérité me saute dessus et je comprends mal par quelle ruse c'est du dehors qu'elle m'atteint, alors qu'elle m'habite.

La vieillesse : de loin on la prend pour une institution : mais ce sont des gens jeunes qui soudain se trouvent être vieux. Un jour, je me suis dit : « J'ai quarante ans ! » Quand je me suis réveillée de cet étonnement, j'en avais cinquante. La stupeur qui me saisit alors ne s'est pas dissipée.

Je n'arrive pas à y croire. Quand je lis imprimé : Simone de Beauvoir, on me parle d'une jeune femme qui est moi. Souvent quand je dors je rêve que j'ai en rêve cinquante-quatre ans, que j'ouvre les yeux, et que j'en ai trente : « Quel affreux cauchemar j'ai fait ! » se dit la jeune femme faussement réveillée. Parfois aussi, avant que je revienne au monde, une bête géante s'assied sur ma poitrine : « C'est vrai ! c'est le cauchemar d'avoir plus de cinquante ans qui est vrai ! » Comment ce qui n'a ni forme ni substance, le temps, peut-il m'écraser d'un poids si lourd que je cesse de respirer ? comment ce qui n'existe pas, l'avenir, peut-il si implacablement se calculer ? Mon soixante-douzième anniversaire est aussi proche que le jour si proche de la libération.

Pour m'en convaincre, je n'ai qu'à me planter devant la glace. A quarante ans, un jour, j'ai pensé : « Au fond du miroir la vieillesse guette ; et c'est fatal, elle m'aura. » Elle m'a. Souvent je m'arrête, *éberluée*[4], devant cette chose incroyable qui me sert de visage. Je comprends la Castiglione qui avait brisé tous les miroirs. Il me semblait que je me souciais peu de mon apparence. Ainsi les gens qui mangent à leur faim et qui se portent bien oublient leur estomac ; tant que j'ai pu regarder ma figure sans déplaisir, je l'oubliais, elle allait de soi. Rien ne va plus. Je déteste mon image : au-dessus des yeux, la casquette, les poches en dessous, la face trop pleine, et cet air de tristesse autour de la bouche que donnent les rides. Peut-être les gens qui me croisent voient-ils simplement une quinquagénaire qui n'est ni bien, ni mal, elle a l'âge qu'elle a. Mais moi je vois mon ancienne tête où une *vérole*[5] s'est mise dont je ne guérirai pas.

Elle m'infecte aussi le cœur. J'ai perdu ce pouvoir que j'avais de séparer les ténèbres de la lumière, me ménageant, au prix de quelques tornades, des ciels radieux. Mes révoltes sont découragées par l'imminence de ma fin et la fatalité des dégradations ; mais aussi mes bonheurs ont pâli. La mort n'est plus dans les lointains une aventure brutale ; elle hante mon sommeil ; éveillée, je sens son ombre entre le monde et moi : elle a déjà commencé. Voilà ce que je ne prévoyais pas : ça commence tôt et ça *ronge*[6]. Peut-être s'achèvera-t-elle sans beaucoup de douleur, toute chose m'ayant quittée, si bien que cette présence à laquelle je ne voulais pas renoncer, la mienne, ne sera plus présence à rien, ne sera plus rien et se laissera *balayer*[7] avec indifférence. L'un après l'autre ils sont grignotés, ils craquent, ils vont craquer les liens qui me retenaient à la terre.

Oui, le moment est arrivé de dire : jamais plus ! Ce n'est pas moi qui me détache de mes anciens bonheurs, ce sont eux qui se détachent de moi : les chemins de

---

3. qui est devenu blanc de vieillesse   4. étonnée fortement
5. maladie éruptive laissant des cicatrices   6. dévore, tourmente   7. chasser, emporter

montagne se refusent à mes pieds. Jamais plus je ne m'écroulerai, grisée de fatigue, dans l'odeur du foin ; jamais plus je ne glisserai solitaire sur la neige des matins. Jamais plus un homme. Maintenant, autant que mon corps mon imagination en a pris son parti. Malgré tout, c'est étrange de n'être plus un corps ; il y a des moments où cette bizarrerie, par son caractère définitif, me glace le sang. Ce qui me navre, bien plus que ces privations, c'est de ne plus rencontrer en moi de désirs neufs : ils se flétrissent avant de naître dans ce temps raréfié qui est désormais le mien. Jadis les jours glissaient sans hâte, j'allais plus vite qu'eux, mes projets m'emportaient. Maintenant, les heures trop courtes me mènent *à bride abattue*[8] vers ma tombe. J'évite de penser : dans dix ans, dans un an. Les souvenirs s'exténuent, les mythes s'écaillent, les projets avortent dans l'œuf : je suis là et les choses sont là. Si ce silence doit durer, qu'il semble long, mon bref avenir !

Et quelles menaces il enferme ! La seule chose à la fois neuve et importante qui puisse m'arriver, c'est le malheur. Ou je verrai Sartre mort, ou je mourrai avant lui. C'est affreux de ne pas être là pour consoler quelqu'un de la peine qu'on lui fait en le quittant ; c'est affreux qu'il vous abandonne et se taise. A moins de la plus improbable des chances, un de ces lots sera le mien. Parfois je souhaite en finir vite afin d'abréger cette angoisse.

Pourtant je déteste autant qu'autrefois m'anéantir. Je pense avec mélancolie à tous les livres lus, aux endroits visités, au savoir amassé et qui ne sera plus. Toute la musique, toute la peinture, toute la culture, tant de lieux : soudain plus rien. Ce n'est pas un miel, personne ne s'en nourrira. Au mieux, si on me lit, le lecteur pensera : elle en avait vu des choses ! Mais cet ensemble unique, mon expérience à moi, avec son ordre et ses hasards — l'Opéra de Pékin, les arènes d'Huelva, le candomblé de Bahia, les dunes d'El-Oued, Wabansia Avenue, les aubes de Provence, Tirynthe, Castro parlant à cinq cent mille Cubains, un ciel de soufre au-dessus d'une mer de nuages, le hêtre pourpre, les nuits blanches de Leningrad, les cloches de la libération, une lune orange au-dessus du Pirée, un soleil rouge montant au-dessus du désert, Torcello, Rome, toutes ces choses dont j'ai parlé, d'autres dont je n'ai rien dit — nulle part cela ne ressuscitera. Si du moins elle avait enrichi la terre ; si elle avait engendré... quoi ? une colline ? une fusée ? Mais non. Rien n'aura eu lieu. Je revois la haie de noisetiers que le vent bousculait et les promesses dont j'affolais mon cœur quand je contemplais cette mine d'or à mes pieds, toute une vie à vivre. Elles ont été tenues. Cependant, tournant un regard incrédule vers cette crédule adolescente, je mesure avec stupeur à quel point j'ai été *flouée*[9].

Juin 60–mars 63.

QUESTIONS

1. Commentez la phrase : « Vieillir c'est se définir et se réduire. » Comment Beauvoir décrit-elle sa vieillesse ?
2. Quelle distinction établit-elle entre ses sentiments et son travail ? Qu'est-ce que le travail lui apporte ?

8. rapidement   9. volée par duperie, trompée

3. Comment la vieillesse transforme-t-elle sa notion du temps ? Citez des exemples du texte.

4. Quel est le rapport entre l'image que Beauvoir aperçoit d'elle dans le miroir et son être profond ? Peut-on détester son image et ne pas se détester soi-même ? Pourquoi ?

5. De quoi la vieillesse prive-t-elle Beauvoir ?

Marguerite Duras

L'AMANT (1984)

Ce roman de Marguerite Duras se lit souvent comme un texte autobiographique.
Dans le passage suivant, la narratrice décrit sa rencontre avec un homme qu'elle ne
connaît pas. Cet incident l'amène par la suite à évoquer le vieillissement de son propre
visage.

Un jour, j'étais âgée déjà, dans le hall d'un lieu public, un homme est venu vers moi. Il s'est fait connaître et il m'a dit : « Je vous connais depuis toujours. Tout le monde dit que vous étiez belle lorsque vous étiez jeune, je suis venu pour vous dire que pour moi je vous trouve plus belle maintenant que lorsque vous étiez jeune, j'aimais moins votre visage de jeune femme que celui que vous avez maintenant, dévasté. »

Je pense souvent à cette image que je suis seule à voir encore et dont je n'ai jamais parlé. Elle est toujours là dans le même silence, émerveillante. C'est entre toutes celle qui me plaît de moi-même, celle où je me reconnais, où je m'enchante.

Très vite dans ma vie il a été trop tard. A dix-huit ans il était déjà trop tard. Entre dix-huit ans et vingt-cinq ans mon visage est parti dans une direction imprévue. A dix-huit ans j'ai vieilli. Je ne sais pas si c'est tout le monde, je n'ai jamais demandé. Il me semble qu'on m'a parlé de cette poussée du temps qui vous frappe quelquefois alors qu'on traverse les âges les plus jeunes, les plus célébrés de la vie. Ce vieillissement a été brutal. Je l'ai vu gagner mes traits un à un, changer le rapport qu'il y avait entre eux, faire les yeux plus grands, le regard plus triste, la bouche plus définitive, marquer le front de cassures profondes. Au contraire d'en être effrayée j'ai vu s'opérer ce vieillissement de mon visage avec l'intérêt que j'aurais pris par exemple au déroulement d'une lecture. Je savais aussi que je ne me trompais pas, qu'un jour il se ralentirait et qu'il prendrait son cours normal. Les gens qui m'avaient connue à dix-sept ans lors de mon voyage en France ont été impressionnés quand ils m'ont revue, deux ans après, à dix-neuf ans. Ce visage-là, nouveau, je l'ai gardé. Il a été mon visage. Il a vieilli encore bien sûr, mais relativement moins qu'il n'aurait dû. J'ai un visage lacéré de rides sèches et profondes, à la peau cassée. Il ne s'est pas *affaissé*[1] comme certains visages à traits fins, il a gardé les mêmes contours mais sa matière est détruite. J'ai un visage détruit.

---

1. effondré

QUESTIONS

1. Comparez ce regard dans le miroir avec celui de Renée Vivien et celui de Simone de Beauvoir.
2. En quel sens peut-on dire que regarder un visage, c'est le lire ?
3. Comment réagissez-vous devant cette image du visage « détruit » ? Justifiez votre réponse en relevant des images et en caractérisant le style du passage.

Simone Schwarz-Bart (1938–)

D'origine guadeloupéenne, Simone Brumant est née en France, à Saintes, en Charente-Maritime. Sa mère, nommée institutrice à Petit-Bourg, retourne alors en Guadeloupe, en compagnie de sa fille âgée de trois ans. A Petit-Bourg, Brumant grandit dans un milieu rural, au contact des coutumes et du parler créole des Antilles. C'est là qu'elle rencontre le personnage de Diaphane, dite Fanotte, qui, plus tard, devait lui inspirer le personnage littéraire de Télumée, incarnation de la force, de la sagesse et d'un passé antillais menacés de disparition. Elle suit un enseignement secondaire à Pointe-à-Pitre, puis à Basse-Terre, et se rend en France pour passer son baccalauréat. Par la suite, elle entreprend des études de droit pendant un an. Après avoir voyagé en Israël et aux Antilles, en compagnie de son mari l'écrivain André Schwarz-Bart, c'est à Dakar que Simone Schwarz-Bart finit ses études de droit. Lors de leur séjour en Suisse, Simone poursuit des études de lettres à l'Université de Lausanne. En 1965, elle écrit son premier roman, *Pluie et Vent sur Télumée Miracle*. Dans ce texte autobiographique, le récit crée un langage nouveau entre le créole et le français. Schwarz-Bart rappelle quelques paroles de Télumée : « Ce n'est pas seulement sa vie, mais aussi le symbole de toute une génération de femmes connues ici, à qui je dois d'être antillaise, de me sentir comme je me sens. » En 1978, les Schwarz-Bart s'installent à Goyave, en Guadeloupe.

Un plat de porc aux bananes vertes. En collaboration avec André Schwarz-Bart (1967)
Pluie et Vent sur Télumée Miracle (1972)
Ti-Jean l'horizon (1979)
Ton beau capitaine (1987)
Hommage à la femme noire (1989)

PLUIE ET VENT SUR TÉLUMÉE MIRACLE (1972)

Le texte suivant est un souvenir de tendresse familiale, où les émotions humaines entrent en phase avec la nature. En le lisant, réfléchissez à la manière dont Schwarz-Bart souligne les rapports qui lient étroitement les personnages entre eux, et chacun d'eux à son passé ainsi qu'à la nature.

Grand-mère n'était plus d'âge à se courber sur la terre des blancs, *amarrer les cannes*[1], arracher les mauvaises herbes et *sarcler*[2], couper le vent, mariner son corps au soleil comme elle avait fait toute sa vie. Son temps d'ancienne était venu, le cours de sa

---

1. fixer les cannes à sucre   2. désherber

vie avait baissé ; c'était maintenant une eau maigre qui s'écoulait lentement entre les pierres, en un petit mouvement quotidien, quelques gestes pour quelques sous. Elle avait son jardin, son porc, ses lapins et ses poules, elle cuisait des galettes de manioc sur une platine, des gâteaux aux cocos, faisait des sucres d'orge, cristallisait des patates douces, des surelles et des fruits-défendus qu'elle remettait tous les matins au père Abel, dont la boutique était contiguë à notre case. Je l'aidais comme je pouvais, allais chercher de l'eau, courais après le porc, les poules, courais après les crabes de terre à carapace velue, si délectables au gros sel, courais après les mauvaises herbes en compagnie des « ti bandes », dans les champs de canne de l'Usine, courais avec ma petite charge d'*engrais*[3], courais, sans cesse, avec quelque chose sur la tête : la *touque*[4] d'eau, le panier d'herbes, la caisse d'engrais qui me brûlait les yeux au premier coup de vent, ou bien me dégoulinait sur le visage, à la pluie, tandis que j'accrochais mes doigts de pieds en terre, surtout dans les crêtes, afin de ne pas renverser la caisse et ma journée avec.

Parfois, un chant s'élevait quelque part, une musique douloureuse venait à ma poitrine et c'était comme si un nuage s'interposait entre ciel et terre, recouvrant le vert des arbres, le jaune des chemins, le noir des peaux humaines d'une couche légère de poussière grise. Cela arrivait surtout au bord de la rivière, le dimanche matin, durant la *lessive*[5] de Reine Sans Nom, quand les femmes alentour se mettaient à rire, à rire d'une manière très particulière, juste de la bouche et des dents, comme si elles toussaient. Alors, dans la voltige du linge, les femmes *bruissaient*[6] de paroles empoisonnées, la vie tour-

nait en eau et dérision et Fond-Zombi tout entier semblait *gicler*[7], se tordre et se répandre dans l'eau sale, en même temps que les jets de mousse vaporeuse et brillante. L'une d'elles, une certaine dame Vitaline Brindosier, personne grasse et ronde, âgée, les cheveux blancs comme neige et les yeux pleins d'innocence, avait un talent tout particulier pour jeter le trouble dans les esprits. Quand les âmes devenaient pesantes, quand l'heure était à la dérision et à la nullité de la vie du nègre, Mme Brindosier secouait ses bras comme des ailes, victorieusement, et elle clamait que la vie était un vêtement déchiré, une *loque*[8] impossible à recoudre. Et là-dessus elle ne se tenait plus de joie, riait, battait ses beaux bras ronds, ajoutait sur un ton doux-amer... ah, nous les nègres de Guadeloupe, on peut vraiment dire que nous sommes à plat ventre, ah, ah... Et les autres femmes avaient alors ce rire étrange, une sorte de toux brève, juste de la bouche et des dents, et soudain l'ombre descendait sur moi et je me demandais si je n'étais pas venue sur la terre par erreur, cependant que la voix de Reine Sans Nom se faisait entendre, chuchotante, tout contre mon oreille... allons viens, Télumée, viens-t'en très vite, car ce ne sont là que de grosses baleines échouées dont la mer ne veut plus, et si les petits poissons les écoutent, sais-tu? ils perdront leurs nageoires... Nous sortions précipitamment de la rivière, elle s'appuyant à mon épaule, et le linge empilé sur nos têtes, nous gagnions à pas lents la petite case de bonne-maman. Parfois elle s'arrêtait au bord du chemin, transpirante, et me regardant d'un air amusé... Télumée, mon petit verre en cristal, disait-elle pensivement, trois *sentiers*[9] sont mauvais pour l'homme : voir la beauté du monde, et

---

3. matière propre à fertiliser des terres   4. récipient métallique
5. lavage des vêtements   6. faisaient un bruit faible, confus et continu ; murmuraient
7. jaillir   8. vêtement, étoffe usé, déchiré   9. chemins étroits

dire qu'il est laid, se lever de grand matin pour faire ce dont on est incapable, et donner libre cours à ses songes, sans se surveiller, car qui songe devient victime de son propre songe... Puis elle se remettait en route, susurrant déjà une chanson, quelque *biguine*[10] des temps anciens qu'elle modulait de façon très particulière, avec une sorte d'ironie voilée, destinée à me faire comprendre, précisément, que certaines paroles étaient nulles et *non avenues*[11], toujours bonnes à entendre et meilleures à oublier. Alors je fermais les paupières, et, serrant très fort la main de bonne-maman, je me disais que ça devait bien exister, une manière d'accommoder la vie telle que les nègres la supportent, un peu, sans la sentir ainsi sur leurs épaules, à peser, peser jour après jour, heure par heure, seconde par seconde...

En arrivant, nous étendions le linge sur les buissons environnants, et la journée finissait là-dessus. C'était l'heure où la brise se lève, monte doucement la colline, gonflée de toutes les odeurs qu'elle a ramassées en chemin. Grand-mère prenait position dans sa berceuse, au seuil de la case, m'attirait contre ses jupes et, soupirant d'aise à chaque mouvement de ses doigts, entreprenait tranquillement de me faire les nattes. Entre ses mains, le peigne de métal ne griffait que le vent. Elle humectait chaque touffe d'une coulée d'huile de carapate, afin de lui donner souplesse et brillant, et, avec des précautions de couseuse, elle démêlait ses fils, les rassemblait en mèches, puis en tresses rigides, qu'elle enroulait sur toute la surface de mon crâne. Et ne s'interrompant que pour se gratter le cou, le haut du dos, une oreille qui la chagrinait, elle modulait finement des mazoukes lentes, des valses et des biguines doux-sirop, car elle avait le bonheur mélancolique. Il y avait Yaya, Ti-Rose Congo, Agoulou, Peine procurée par soi-même et tant d'autres merveilles des temps anciens, tant de belles choses oubliées, qui ne flattent plus l'oreille des vivants. Elle connaissait aussi de vieux chants d'esclaves et je me demandais pourquoi, les murmurant, grand-mère maniait mes cheveux avec encore plus de douceur, comme si ses doigts en devenaient liquides de pitié. Lorsqu'elle chantait les chansons ordinaires, la voix de Reine Sans Nom ressemblait à son visage où seules les joues, à hauteur de pommette, formaient deux taches de lumière. Mais pour les chants d'esclaves, soudain la fine voix se détachait de ses traits de vieille et s'élevant dans les airs, montait très haut dans l'aigu, dans le large et le profond, atteignant des régions lointaines et étrangères à Fond-Zombi, et je me demandais si Reine Sans Nom n'était pas descendue sur terre par erreur, elle aussi. Et j'écoutais la voix déchirante, son appel mystérieux, et l'eau commençait à se troubler sérieusement dans ma tête, surtout lorsque grand-mère chantait :

> *Maman où est où est où est Idahé*
> *Ida est vendue et livrée Idahé*
> *Ida est vendue et livrée Idahé...*

A ce moment-là, grand-mère se penchait sur moi, caressait mes cheveux et leur faisait un petit compliment, bien qu'elle les sût plus courts et entortillés qu'il n'est convenable. Et j'aimais toujours les entendre, ses compliments, et comme je soupirais contre son ventre, elle me soulevait le menton, plongeait son regard dans le mien et chuchotait, avec un air d'étonnement :

— Télumée, petit verre de cristal, mais qu'est-ce que vous avez donc, dans votre corps vivant... pour faire valser comme ça un vieux cœur de négresse ?...

---

10. danse originaire des Antilles, à deux temps   11. inexistantes

QUESTIONS

1. Quels éléments vous frappent dans cette description de la grand-mère et de la petite fille ? Sont-elles complémentaires ? Qu'est-ce-qui rend leur rapport particulièrement fort ?

2. Quels sont les événements privilégiés ici ? Pourquoi, selon vous ? Quelle est l'ambiance de ce passage ?

Marie-Claire Bancquart (1932–)

Marie-Claire Bancquart est née à Aubin en France. Ecrivain, poète, romancière, universitaire, Bancquart, née Chauvet, étudie à la Sorbonne où elle finit par enseigner. Agrégée de Lettres classiques, docteur d'Etat ès Lettres, Bancquart pratique à la fois enseignement et écriture. Elle épouse en 1955 le compositeur Alain Bancquart. Marie-Claire Bancquart est membre de l'Académie Mallarmé et du Pen Club. Elle reçoit différents prix littéraires, dont le prix Sainte-Beuve et en 1985, se voit décerner le prix de la critique de l'Académie française pour l'ensemble de son œuvre.

Paris des Surréalistes (1973)

Images littéraires de Paris fin-de-siècle (1978)

Mémoire d'abolie (1979)

Voix (1980)

Partition (1981)

L'Inquisiteur (1981)

Votre visage jusqu'à l'os (1983)

Les Tarots d'Ulysse (1984)

Anatole France, un sceptique passionné (1984)

Opportunité des oiseaux (1986)

Opéra des limites (1988)

Photos de famille (1989)

Elise en automne (1991)

Sans lieu sinon l'attente (1991)

Définition

La mort ?

— C'est fin de citation

Peut-être après la vie connaîtrons-nous le texte vrai.

SUJETS DE DISCUSSION ET DE COMPOSITION

1. La conscience qu'une femme prend de l'âge s'acquiert souvent par la vue d'elle-même ou d'une autre. Quelles images dans ces textes déclenchent chez l'auteur des réflexions sur la vieillesse ?

2. A quel moment une jeune fille devient-elle une femme ? Et quand une femme commence-t-elle à prendre de l'âge ? En réfléchissant aux idées reçues sur la femme âgée, expliquez en quel sens les textes de cette section nous permettent de repenser les notions de la culture sur la femme âgée.

3. Dans votre vie, y a-t-il des femmes âgées que vous connaissez bien ? Quel rôle jouent-elles dans votre famille ? Comment envisagent-elles leur vie, selon vous ?